多吉平措 著

空间与历史
布达拉宫沿革史论

社会科学文献出版社
SOCIAL SCIENCES ACADEMIC PRESS (CHINA)

目录

绪　论

布达拉宫一直以来颇受世人的关注，其体现的布达拉宫的历史沿革研究点单从时间跨度上讲，涉及从吐蕃时期到近代上千年的大历史。又因历史沿革背后有特定文化的内部需求在推动、影响，布达拉宫在各个历史阶段展现出来的文化形式千姿百态。布达拉宫历史研究不是从无到有的简单模式，而是佛教概念形成本土化、特定史书对布达拉的建构和具体建筑物在红山的由来等问题相互交织的文化现象。目前学界对布达拉宫整体历史的研究仍然处于起步阶段，以历史沿革叙述为主线，揭露背后社会文化现象的专门性讨论相对少见。

一　作为学术研究对象的布达拉宫

布达拉宫的历史掺杂着许多神奇的色彩，人们相信布达拉宫就是吐蕃赞普松赞干布主持修造的，这座拥有宏大规模的王宫矗立于拉萨红山之巅，部分建筑经过一千三百多年的沧桑巨变依然保存到了今日，这是传统的认知。当下，随着新史料的发现、学科研究方式的不断更新以及各种学科交叉研究模式的不断深入，布达拉宫历史沿革研究在学术研究的视角下，对传统的视角和带有明显宗教色彩的史料进行综合分析，把布达拉宫当成学术研究的对象，探讨布达拉宫在每个发展时期的历史事实。

（一）

人们通常把布达拉宫的由来追溯到 7 世纪中叶吐蕃赞普松赞干布

时期，吐蕃第三十二代赞普松赞干布为了迎娶尼婆逻墀尊公主和大唐文成公主，在逻些城中央的红山上修建了巍峨的王宫，宫门朝南，高有九层，里面有九百九十九间房屋，加上红山顶上赞普宫殿共一千间宫室，城墙层层环绕，各出口守卫森严，有"一夫当关，万夫莫开"的阵势。此外，王宫南边城墙上又挖出十庹深的深沟，且铺有木板与板砖，一匹马奔走在上面，有几十匹马同时奔腾之势。在此南面修建了有九层楼高的墀尊公主宫堡"扎拉扎西"神宫，并与赞普王宫之间以铁索、云桥相连，能够往来自如，松赞干布则居住在王宫之内，这座宫殿就是"布达拉"宫。到了吐蕃赞普芒松芒赞时期，唐蕃之间连年发生战事，芒松芒赞薨后，五十万唐军攻入吐蕃，吐蕃众人闻讯后害怕唐军抢走释迦牟尼十二岁等身像，于是把佛像从小昭寺转移到了大昭寺内。唐军攻入吐蕃后，虽然没能找到释迦牟尼佛像，但是烧毁和破坏了赞普王宫"布达拉"等处，松赞干布修建的巍峨王宫从此渐遭破坏。到了8世纪，吐蕃王室大肆引进佛教而导致佛、苯之争愈演愈烈，最终苯教神灵为了报复赞普王室对佛教的偏宠，借用天雷击毁松赞干布修建的王宫"布达拉"所在的红山。遭受战火破坏的吐蕃王宫再一次受到天灾而彻底毁坏，宫殿不存，红山也变成了一处荒芜之地。9世纪中叶，随着吐蕃王朝的崩溃，平民暴动四起，挖掘赞普陵墓、烧毁赞普王宫等举盛行于世。作为赞普王宫的"布达拉"也就难以幸免被人夷为平地。但是所谓吐蕃时期的法王洞却一直没有遭受大的破坏，其建筑外观以及洞内的法王、妃子、王子和大臣塑像以及四周墙壁上的壁画等文物遗存一直保存到今天。

吐蕃王朝结束之后，藏族腹心地区的历史进入了分裂割据时期，各种割据势力各自为政，形成了"一地一政权、一地一教派"的局面，曾经的吐蕃王朝都城逻些逐渐失去了核心地位，位于逻些城红山上的"布达拉"更是淡出了人们的视线。大约11世纪，藏地出现了许多殊胜之地，拉萨红山开始再次被人关注，有人在此修行讲法，曾经辉煌的宫殿却如同一处僻静之地出现在人们的视线当中。从此，世人认为红山或者"布达拉"虽久经沧桑，但是作为王宫的核心建筑依然保留下来，其神圣性也从未改变。从萨迦地方政权时期起，地方势力开始把红山的殊胜性与家族势力进行衔接，试图为自己的政权寻找神圣性和权威性。雄踞拉萨河谷的家族大力支持当时的宗教人物在红山上传经布道，吐蕃王朝时期的"布达拉"变得更加殊胜化，使得17世纪甘丹颇章地方政权重建布达拉宫成为顺理成章之事。通过之后近三百年时间里不断扩建与修缮，布达拉宫逐步成为西藏最独特的文化标识和族群认同感最强的表现形式。近代，面对转型的藏族社会，神圣与传统的布达拉宫，成为西藏社会步入转型期的前沿阵地，许多具有近现代化特点的机构出现在布达拉宫，布达拉宫及其建筑的部分功能也开始转型，又一次迎合了社会发展的大趋势。

现代人的普遍观念中，尤其是从他者的视角来看，布达拉宫建筑及其所延伸的象征意义如"白宫与红宫""政权与教法""白宫修建在前，红宫修建在后"等绝对地二分化，但是作为一种文化的表达形式，依然需要剥离其复杂的内涵。

（二）

其实，吐蕃时期的"布达拉"是佛教后弘期人民共同想象的结果，吐蕃依靠强大的军事力量，建立了涵括青藏高原大部分区域的政治组织，对外的军事扩张与对内发达的王权统治给人留下了深刻的印象。作为王权最高统帅的赞普，当然是民众一致崇拜的绝对偶像。但是，多种因素导致了吐蕃王朝在9世纪中叶分崩离析，强大的王朝一去不返，青藏高原陷入了长时期的政治分裂阶段。政治上的分裂与割据，反倒促成了文化发展的繁荣景象。从吐蕃王朝时期就有一定基础的佛教，此时成为社会精英分子狂热追求的对象，开始了佛教第二次传播到藏族社会的局面，史称"藏传佛教后弘期"。大量的梵文显密典籍被翻译成藏文，介绍系统的佛教诸部派的理论影响到藏族社会，其中推介佛教浩瀚的神明体系成为重要的一环。作为佛教神明体系中占据重要位置的观音文化自然成为贴近当时藏族社会大环境的文化形式，把大慈大悲的观音观念植入正在建构本土文化的记忆当中，形成了以《玛尼宝训》（མ་ཎི་བཀའ་འབུམ）和《柱间史》（བཀའ་ཆེམས་ཀ་ཁོལ་མ）等为代表的藏族佛教经典式典籍，又把佛教的观音文化与吐蕃王朝的赞普生平进行结合，形成了藏传佛教化的"吐蕃王朝历史"。松赞干布的生平在上述典籍中被大肆渲染，其中修建巍峨的"布达拉"宫殿成为其生平的重要组成部分，是后世把布达拉的由来追溯到吐蕃王朝的直接源头。后弘期之后，佛教化的史书中"吐蕃时期布达拉"顺利地成为"典范史书"的重要组成部分。

抛开佛教史书的主观建构，后弘期时期拉萨红山的真实状态在一些史书中有零星的记载，由此看出，很长一段时间里，红山就是一处杂草丛生的僻静山岗。大约到了 11 世纪，开始有一些佛教徒在此讲经说法，但规模和影响依然较小，此处是一处相对幽静之地。由此断定，除了主流的佛教化史书，此时人们对红山作为所谓吐蕃王朝布达拉宫殿的认知并不统一，也不完善。随着藏传佛教后弘期的发展，藏区的佛教圣地观念开始显现，地处拉萨河谷中央位置的红山自然也是佛教后弘期所要圣地化的首选地。加上吐蕃时期拉萨河谷的历史遗迹也都在红山附近，这一隆起的山岗开始被赋予观音净土、吐蕃王宫遗址等特殊文化内涵与使命，拉萨红山从此成为吐蕃王朝结束后佛教后弘期环境下人民建构早期吐蕃历史等群体记忆的真实载体。

萨迦地方政权时期，位居拉萨河谷的蔡巴万户在拉萨红山上修建了庙宇，这就是今天我们能够看到的布达拉宫法王洞主体建筑及相关文物遗迹。由于受到佛教后弘期"典范史书"的影响，后期人们更加相信这一类遗迹就是吐蕃王朝时期遗物无疑。但是，按照这类史书记载，当时修建了巍峨的豪华宫殿，而如今的法王洞，不管从建筑样式还是殿宇布局上看均与"豪华宫殿"有着巨大差别，看上去仅仅是一处狭窄而简陋的小殿而已，不得不让人对上述"巍峨王宫"之说产生困惑与疑虑。另外，纵观当时的文化发展史，在萨迦地方政权主导的卫藏腹心地区除了红山上的法王洞，拉萨大昭寺的法王殿、雍布拉康和昌珠寺两处法王殿都是这一时期建造的。为何 14 世纪前后突然出现法王洞模式的相关文物遗迹？当时西藏地方的各个割据势力，为了确保其政权的权威性，把吐蕃王朝的赞普等被神明化的人物一同展现在一间殿堂内，萨迦或者蔡巴万户都是佛教后弘期之后形成的家族势力，以教派的家族势力统治每一区域需要塑造正统性、权威性和世俗性，所谓观音转世的赞普及其臣子形象最符合这一要求，也是最容易为大众所接受的，这一做法超出了"家族—教派"模式，更具普遍性。到了明代帕竹地方政权时期，拉萨红山的圣地观念继续得以加强，帕竹万户下属柳梧家族等地方势力先后迎请宗喀巴、第五世噶玛巴等具有影响力的宗教人物到红山上进行供奉，进一步扩大了红山作为殊胜地的影响力，同时地方世俗势力开始借助殊胜地的模式，试图为自己的政权裹上一层宗教和世俗两方面的正统性外衣。

17世纪前叶，兴起于后藏的藏巴汗地方势力一度到达拉萨河谷，并且在拉萨红山上修建了具有军事防御功能的宗堡建筑。红山不仅成了地方政权在军事争夺中发挥军事防御作用的险要之地，也为后来修建布达拉宫奠定了一定的基础。17世纪中叶，随着甘丹颇章地方政权的正式建立，拉萨红山上修建了代表地方政权最高统治机构的布达拉宫，即今天布达拉宫的雏形，把近千年来佛教本土化过程中观音净土观念与拉萨红山合一，完成了这一文化现象的最终建构。从此，布达拉宫成为观音净土在藏地最具影响力、最具权威的圣地，成为以藏族为主体的群体共通的记忆所在，是集体记忆中建构吐蕃王朝巍峨宫殿、佛教观音净土以及近代地方政权的至高统治机构等包含多种思想内涵之地。

（三）

历史研究最终是要为现实服务的，本书的研究目的是把布达拉宫的形成、发展和变迁之社会背景与相对的文化意义作为所要探讨的核心问题，进而探究这一文化现象对后世产生的影响等问题。然而以佛教典籍作为历史背景的传统史学，在千百年来几乎一成不变地讲述布达拉宫这一特殊空间在特定文化背景下单纯的建构过程。这给研究或反思"布达拉宫历史"的形成带来了各种困扰，这一特殊文化的形成等问题缺乏理性的关切。想要了解和研究布达拉宫文化现象的形成、发展和嬗变问题，需要利用现代学科的多样化、多视角的分析与研究方法。

首先，布达拉宫的历史沿革研究是时间上跨度千年的大历史的研究任务，是针对早期王朝记忆、佛教观音道场在藏地的传播，以及近代地方政权中心的形成等不同内容进行的探讨。以梳理和叙述布达拉宫历史发展脉络来探讨其在每个发展时期对藏族社会、历史和群体心态所起到的作用是贯穿始终的核心问题。对布达拉宫历史沿革的研究，需要借助历史学的"大历史"视角。据《说文解字》中称："历者，过也，传也。"按照当代史学理论的解释，"'过'是指空间上的移动，'传'是表示时间上的移动"。[①] 二者合而为一就是指过去的事实。传统观念中"史"意为过去的事实，即"历史"一词。而"沿革"的"沿"为延续，"革"为变迁，这里是指某一事物发展变迁的历程和客观规律。布达拉宫历史沿革并非指这一建筑物的兴建、改扩和变迁的历程，而是作为一种文化现象及其发展轨迹融入"大历史"视角中，从文化发展的细节分析其文化运行的客观规律。

其次，布达拉宫早期历史形成的一系列问题，单从历史沿革的角度研究似乎得不出更加合理的解释，还得把它作为社会学的研究命题，纳入记忆文化和群体记忆等现代社会学现象研究范畴，以记忆文化的"社会框架"理论探讨布达拉宫早期历史是否为群体记忆文化的典型表现等思路去探寻。11世纪以来，松赞干布从尼婆逻和唐朝迎请公主后，修建宫殿作为回忆"吐蕃历史"的原型。这符合了集体记忆这一文化理论的重要任务既要履行社会责任，同时强调了群体作为记忆文化的主导是不可以被遗忘的，群体是这一文化建构中的主体和核心。因此，在布达拉宫历史沿革史背后，最终要探讨的是塑造这一文化记忆的群体及其思维模式。社会学家强调任何一个群体倘若想使自身稳定就必须想方设法地为自己创造，为群体成员间的各种交流提供一种场所，而且是一种成员之间进行身份认同的场所，这也是其共同记忆的主要线索。以群体来构建记忆文化就是体现吐蕃时期人类生态的集体思维，为之后慢慢变成塑造藏民族的原型起到了至关重要的作用。一个所谓的共同体或者群体脱离了其原有的空间，则必然会通过其神圣空间来建构

---

① 葛剑雄、周筱赟：《历史学是什么》，北京大学出版社，2002，第4页。

这个共同体。① 社会学的这一思考模式与民族学研究方法中"民族是想象而来的政治意义上共同体"的理论有些相似之处，更重要的是对如何解释后世重构吐蕃时期"布达拉宫"从原有的群体空间到神圣空间之间的目的、具体过程和结果等问题有很好的借鉴作用。

再次，研究布达拉宫历史必须在空间上对 1000 多年前的拉萨河谷流域的人类生态进行关注，这是现实意义上"布达拉"宫形成的基础。拉萨河谷是青藏高原人口最为密集和历史年代最久远的地区，在千年的历史进程中，该地自然生态的变化和人们的生业方式支撑着作为上层意识的权力运行等文化模式的具体体现。这一方面的研究需要借助历史人类学的研究视角，对自然环境、经济生产以及文化运行等方面进行科学的分析，以避免纯粹历史学研究模式下，史料研究所带来的种种困扰与局限性。

复次，对历史文献的研究不得不面对的难点是对文献形成的历史背景做客观的研究与评价，这是历史学的基本任务。特殊的历史著书环境下，影响表达客观历史的大环境，包括民族情感、社会性质和文化思想等固定背景。在藏族社会，以佛教史家主导的史学著书环境就是一切为了佛教源流正统性服务，这就是客观存在的大环境。具体到布达拉宫研究，大量叙述固化或深深地陷于这一著述环境中。我们在选择、运用和分析相关史料时，必须正确理解著述环境，如当代史家所说"不能完全相信前人的文字记载"，② 即特殊的著述环境，才能得出较为理想的结果。在这样的框架下探讨布达拉宫历史，除了相关历史记述的收集、整理，更重要的是对相关史书的形成背景和史家生平等内容进行分析和反思，寻找该记述的著述环境。因此，解读著述环境本身就显得极为重要，这就必须要抛开宗教主导观念，需要利用史学反思、"叙事的转向"③ 理论或者史料考据学等相关知识。另外，本书从

① 〔德〕扬·阿斯曼：《文化记忆：早期高级文化中的文字、回忆和政治身份》，金寿福、黄晓晨译，北京大学出版社，2015，第 32 页。
② 〔法〕马克·布洛赫：《为历史学辩护》，张和声、程郁译，中国人民大学出版社，2006。
③ 彭刚：《叙事的转向：当代西方史学理论的考察》，北京大学出版社，2017，第 2 页。

史学研究范畴内的命题，以史学史发展的视角对藏族历史上"吐蕃时期"史料来源的传统进行了梳理与分析，为更好地把握布达拉宫历史由来研究起到辅助作用。

最后，利用个案研究方式，对"布达拉"概念在藏地形成、圣观音像、法王洞、白宫和红宫营造以及布达拉宫修缮问题反思等，分别以最常见的文献考据和梳理等史证研究方法，通过对个案、细节和琐碎的问题进行整理、排序和串联，建构布达拉宫历史研究的大框架。以与布达拉宫关系特别密切的、具有典型意义的建筑和可移动文物的研究模式来辅助性地解释布达拉宫历史发展变迁问题，为历史研究提供必要的支撑。

总之，力求通过历史学研究中的文献分析、考证方法和文物考古学等相关学科的研究方法，加上利用人类学、民族学和社会学等现代学科的方法、理论和视角，以西藏地方政权更迭的时间顺序，对拉萨河谷的人类生态变迁进行研究；根据"布达拉"这一特定佛教文化概念的形成，梳理其产生的历史、文化背景和在藏族社会中传播的历史脉络；对这一概念所延伸的"布达拉宫"历史沿革的考证；探讨"布达拉"文化现象在西藏传播过程中宗教概念如何与历史叙述相互影响，以此从地方政权中心的塑造和神圣空间的形成等角度去探讨布达拉宫历史及其背后所呈现的诸多文化现象。

（四）

文中涉及的一些特殊概念需要进行必要的界定与说明，如下。

布达拉：这是一个特定的概念，佛教文化中起初表示观音道场，之后成为特定民族情感的表达方式。这里特指17世纪以前，在拉萨红山上的所谓宫殿建筑，或者除此之外，建构或认定的观音道场及其文化现象。17世纪，正式修建布达拉宫后，"布达拉"表示这一建筑物所涵盖的文化内涵和民族情感意识的表达形式，并非指具体的建筑物。

布达拉宫：这里仅仅是指从17世纪中叶开始在拉萨红山上修建后才形成的建筑群的名称，本书中该词并不能指17世纪之前所谓早期建筑及其相关内涵，也与文中"布达拉""布达拉宫文化"等存在一定差别。

宗堡:"宗堡"(ཇྲ)指修建位置一般在山顶制高点的建筑物,并筑有防御性围墙,军事目的十分明确,早期"布达拉"正好符合了这一基本界定。其作为藏文术语,通过汉文翻译后成为一种类似合成词语。其实"宗堡"有两层意义,一是旧时西藏地方行政体系中县一级管理机构之称谓;二是修建在高岗或险要之地,功能上具有行政机构职能的建筑物称作宗,为了突显第二种意思,在这里专门用"堡"来表达"宗"这一特殊建筑物的特征。因此,本书中涉及"宗堡"并不一定具有行政管理机构之功能,更多的是出于"布达拉"这一特殊山崖形建筑物来表述其形状和位置。

二　研究现状与文献综述

不同时期建构的布达拉宫历史叙事,是了解布达拉宫历史沿革的途径之一。以历史学视角重新叙述布达拉宫沿革史,与宗教学研究等学科方法相比较,显得相对直观与方便,加上藏族社会历来有记述历史的丰富经验和悠久传统,只要进行仔细的梳理和分析则可为研究该领域提供一些独特思路。但是,藏族史学也有其独特的"著书环境"[1],后世对布达拉宫历史重构的随意性,使得某些史实在"历史"叙事中渐趋模糊,比如早期(即 17 世纪以前)布达拉宫历史原貌研究正是如此。在后弘期,尤其是受《柱间史》和《玛尼宝训》等传统佛教史书的影响,早期红山的历史建构研究,在学术界始终是一个瓶颈,了解早期布达拉宫历史沿革的难度也是可想而知的。

目前,有关布达拉或者红山建筑相关的确切年代记载只能追溯到 14 世纪,虽然这与布达拉宫历史起源于吐蕃时期一说相距较远,但对研究布达拉宫历史沿革有着较为重要的参考价值和研究意义。比起传统认识,可以把布达拉或者红山上具体建筑遗迹和文物遗存证据往前推进 300 多年,不过相关史料目前还未被学界广泛引证。

直到 17 世纪,布达拉宫主体建筑才全面开始兴建,随着这一宫堡

---

① 梁启超:《中国历史研究法　中国历史研究法补编》,四川人民出版社,2018,第 46 页。

式建筑的建成，原有有关"布达拉"的特定文化内涵和特殊表达方式得到了前所未有的加强与统一，形成了"布达拉"文化体系和文化情感。作为这一文化情感的外在表现形式即布达拉宫建筑，是我们可以直接感知进而研究之对象。随着现代意义上的布达拉宫及其文化概念的确定，此后不仅有多种藏汉历史文献，也有专门档案保存下来，只要稍加整理，基本上可以梳理17世纪以来的布达拉宫历史沿革，包括建筑源流，每个时期建筑风格和工艺；馆藏经典文物由来；每个时期对布达拉宫保护、修缮、管理和文化内涵阐释；等等。需要说明的是，相对于布达拉宫历史沿革研究，馆藏各类文物的由来相对容易说清其历史，各类文物交接档案和殿堂、房屋《清册》等史料中重要文物记载较为全面而细致，保存现状亦较为可观。因此，历史沿革的基本脉络和馆藏文物源流将会形成本书的基本线索。

（一）研究现状

根据藏文史料相关记载，布达拉宫历史可以追溯到吐蕃时期，但是经过漫长的历史变迁，早期布达拉宫建筑外形现已无从考证，现代意义上的布达拉宫是在17世纪进行重建后形成，又经过几百年变迁才形成今日之规模。早在17世纪中叶，游历拉萨的耶稣教会人员用文字和素描形式记录了布达拉宫（白宫）样式。18世纪中期，汉文史料中也专门记述了布达拉宫建筑外形等相关信息，这些均可看作他者视觉下布达拉宫研究之雏形。而在西藏，随着大规模修建布达拉宫红宫部分，房屋档案等许多原始资料被留存下来，这些为本研究起到了重要推进作用。下面就从国内外的研究史回顾和一些重点藏文史料价值分析来展开讨论。

有关布达拉宫相关介绍和研究在我国的起步很早，早在18世纪初形成的《西藏志》，杨应琚所修《西宁府新志》（1762年），18世纪末期编修《卫藏通志》卷六中均对布达拉宫建筑特征进行了记录，成为清朝政府了解和研究布达拉宫之重要史料依据。到了20世纪中期，戴新三的《布达拉宫跳神大会》（1947年）在《康藏研究月刊》上刊登后引起了不小的反响。

1959 年 6 月，中共中央宣传部从国家文物局、考古所、古建所、故宫博物院、南京博物院和北京大学六家单位选调了王毅、宋伯胤、宿白、顾铁夫、魏树勋、韦鸿年、阴法鲁等人组成专家团队到西藏参加文物调查工作，其中王毅、宋伯胤和宿白三人的报告中皆有对布达拉宫的调查内容。王毅的《西藏文物见闻录》中介绍了布达拉宫的建筑；宋伯胤的《西藏文物调查纪实》（后收录《宋伯胤文集·民族调查卷》）中介绍了他们当时四次上布达拉宫，对布达拉宫馆藏明代诰命、诏令、丝织品、瓷、玉器、塑像、唐卡、壁画、牌匾、珠宝等文物及部分建筑样式和布局进行了考察，并针对布达拉宫等地发现的明代诰敕进行了较为详细的解读；宿白也对布达拉宫主要殿堂的建筑、馆藏文物及其汉文资料如《西宁府新志》《西藏志》等中有关布达拉宫的内容进行了梳理，对布达拉宫建筑历史等做了具有一定学术价值的研究。此外，宿白同样对布达拉宫馆藏明代文书内容进行了解读。到了 20 世纪 80 年代，宿白又参考和补充了如 20 世纪 80 年代以来出版的《布达拉宫》《西藏佛教发展史略》等材料，对布达拉宫相关内容进行充实后形成《布达拉宫主要殿堂和库藏的部分明代文书》，收录于 1996 年出版的《藏传佛教寺院考古》一书，成为了解、研究 20 世纪中期布达拉宫等文物遗迹现状之重要参考。1985 年 8 月出版的《拉萨文物志》中也介绍了布达拉宫主要的建筑布局、文物保存情况和其简单的历史源流，以官方修志的方式介绍了布达拉宫的综合价值，具有一定的参考价值。1985 年，由洛桑土登编著，文物出版社出版的《布达拉宫》是一部新中国成立后由藏族学者用藏文撰写的学术性读物；与此同时，东嘎·洛桑赤列编纂的《布达拉宫》，虽然篇幅不多，依然是重要的参考文献之一。1983 年完成初稿，1998 年由中国建筑工业出版社出版，西藏自治区建筑勘察设计院和中国建筑技术研究院历史所编著的《布达拉宫》是第一部真正意义上的学术性专著，对布达拉宫的建筑演变和维修等情况做了较为详细的描述。1987 年，由西藏布达拉宫管理处编著的《布达拉宫》（藏文版）则成为直到目前实用性最强的一部介绍性专著。

20 世纪 80 年代以来，布达拉宫开始进行大规模修缮工事，其中第一期维修由国内顶级古建筑修缮专家团队以及有过古建筑设计、维修经验的西藏本土设计人员、维修匠人共同完成。修缮团队对布达拉宫做了维修前的全面考察，并编纂了修缮报告。1993年，由姜怀英、噶苏·彭措朗杰、王明星等编著的《西藏布达拉宫修缮工程报告》，是专门针对布达拉宫建筑维修所做的研究性综合报告。《西藏布达拉宫修缮工程报告》一书分序篇、研究篇、维修篇和附录四大部分。编纂人员结构搭配较为合理，报告在体例设计上符合学术规范，尤其是在研究篇中基本上概括了本书所要探讨的大部分内容，具体史料运用中也利用许多藏文原始材料，不乏说服力，如对布达拉宫殿堂等建筑遗迹、壁画和造像等可移动文物的描述也具有很强的科学依据，对布达拉宫相关术语的翻译和运用有着很强借鉴作用。另外，维修工程涉及建筑本身，因此该书中有大量的科学数据，这些重要的研究成果对本书起到了重要推进作用。当然，作为重大项目报告类成果，不允许占据大量篇幅展示学术研究内容，尤其是布达拉宫历史研究内容。因此，该书对历史沿革叙述部分稍显单薄，但不会影响整体成果，作为一部重要学术参考书籍在业内至今仍备受推崇。

近年来布达拉宫管理处编著、发行了《布达拉宫珍宝馆图录》、《布达拉宫藏品保护与研究》（汉文）、《布达拉宫馆刊》（藏文）等一系列学术书籍和刊物；此外，嘉措顿珠《布达拉宫志》（1991年第3期），单明婉《布达拉宫奴隶制古堡浅析》（1992年第Z1期），杨维周《加强对世界遗产布达拉宫的综合研究——兼谈确立布达拉宫学》（2006年第2期），王清华《布达拉宫的历史变迁研究》（2012年5月），曹荣《布达拉宫建筑特点与传统宗教的相互影响》（2014年3月），孙琳《布达拉宫的壁画艺术》（2014年第8期），胡琦、吕超、熊坤新《布达拉宫建筑的伦理意蕴》（2014年第3期），赵敏《布达拉宫建筑艺术》（2017年第5期）等成果也具有一定的参考价值。另外，笔者撰写的《布达拉宫法王洞建筑演变及艺术风格考察》（2020年第4期），以历史文献学为基础，利用建筑、文物和艺术等学科的研究方法专门对布达拉宫法王洞这一极具争议的建筑物及相关文物遗迹进行了考察，由法王洞作为切入点，展开了法王洞是否为吐蕃时期建筑遗迹的讨论。这是始终贯穿本书的最大问题，也将在本书中进一步分析与阐述。

总之，上述提到的专题文章都对布达拉宫相关问题进行过专门研究，可以说成果不断、价值不菲，为进一步研究布达拉宫沿革史提供了重要参考价值。

（二）藏文史料及其价值

当下谈论或者研究布达拉宫历史，首先需要在视角上有所转变。在藏文语境中有关布达拉宫的史料不算太少，但以教法史为主流的传统藏族史学方法或史料叙述方法已然难以符合科学研究的发展趋势，必须要辩证地加以运用。

1. 有关吐蕃时期布达拉宫历史的文献

探讨吐蕃时期布达拉宫建造历史是一种挑战，几乎没有信史可以运用，但倘若避而不谈，又在整体结构上有所缺憾。吐蕃时期布达拉宫历史叙述在后期形成的《柱间史》《玛尼宝训》《西藏王统记》中皆有提起。其中《西藏王统记》中"布达拉宫"的相关史料基本上来源于《柱间史》。

《柱间史》又称《赞普遗训》，通常称其为伏藏文献，由阿底峡从大昭寺柱础下掘出，主要讲述吐蕃历史，松赞干布弘扬佛法的历史功绩，塑造了松赞干布为观音化身的形象。按照现代学者研究分析，《柱间史》是观音文化信仰本土化的体现[①]。可以肯定的是，对讨论吐蕃历史，尤其是修建布达拉宫等的历史，这部著作起着关键性作用。《柱间史》中虽不乏吐蕃历史原貌，但受后弘期影响，在文献传承习俗上，每传到某一个传承人手上时，都会进行"补充完善"，现代研究人员也发现了这一规律[②]，因此对该书传承秩序的研究也成为这一领域的一个重要方面。到了佛教后弘期，吐蕃历史大部分原貌逐渐变得碎片化，反而是受佛教影响，观音信仰体系下以佛教观念来重构吐蕃历史的印

---

① 参见当增扎西著《藏族观音文化研究》，中国藏学出版社，2013，第203~205页。
② 参见群培、亚东·达瓦次仁《藏族史学名著〈柱间史〉的初次发现与抄本传承考证》，《西藏大学学报》（社会科学版）2009年第4期，第63页。

记较为明显，其中松赞干布头顶阿弥陀佛像表现手法就是从 12 世纪之后兴起的典型，这点在研究布达拉宫法王洞修建史等方面将会起到关键作用。因此，《柱间史》在本书中将作为重点的探讨文献。不过也有学者直截了当地认为该部著作是 12 世纪前后西藏本土佛教史家伪托之作。① 但是，综合来看，该部著作至少保留了部分吐蕃历史原貌，在此基础上由后来史家进行有意"补充"为之。

《柱间史》中有关布达拉宫的记载如下：

> 红山外围墙长约一由旬，其他两座山包括在内，红山处王宫则被外、中以及里三层建筑布局层层包围着，整个王宫由九百九十九间房屋及顶层一间佛殿，共一千间房屋组成。宫殿屋顶被无数长矛、旗幡装点；南边有九层赞普妃之宫，四周有四个大门，四大门又修有四个角楼，各个角楼由守卫日夜紧紧守护；赞普宫与妃子宫之间则被银、铜所制桥梁相连，东门边上则有跑马场，其深有两人高，宽十八度，长三百度，地基是用陶土、砖块和木板层层铺设，两侧则被诸多珍宝所镶嵌，立涂色之栅栏，战马跑起来，就有万马奔腾之势。②

这一记载从 11、12 世纪起一直影响着藏族历史叙述模式，可以说是后来建构布达拉宫历史最完整、最详细的"史料"来源。

《玛尼宝训》被称为松赞干布传记，与《柱间史》一起成为藏传佛教后弘期以来史家编纂《松赞干布传记》之姊妹篇。《玛尼宝训》中记载：

> 玛布日宫城墙有一由旬，四楼角由砖所砌，宽约三十四丈，

---

① 参见王尧、陈庆英主编《西藏历史文化辞典》，西藏人民出版社、浙江人民出版社，1998，第 325 页。

② རྫོ་འ་ཏེ་ནས་གཏེར་ནས་བཏོན་པ། སྲོང་ལན་རྒྱ་མཚོ་ཤུ་དཔྱ་ཤད། བཀའ་ཆེམས་ཀ་ཁོལ་མ། ལན་གྲུ་ལྱི་རིགས་དཔེ་སྐྲུན་ཁང་། རྒྱལ་1989ལོ། ན་144ནས་146

高有九层楼，虎山、狮子山皆收于城内。建筑结构如门墙、椽子、弓母等皆由白银所造，且镶嵌珍珠之璎珞绸缎相连，清脆悦耳铃铛声不绝于耳。四大门及门墙赛天宫。城墙内九层楼城堡九百九十九间，与红山顶上宫殿相加共一千间，每个房屋顶上插着挂有红色绸缎之杆，如万林耸立，巍峨壮观，恰似夜叉城朗噶布日（ སྱིན་པོའི་གྲོང་ཁྱེར་ལང་ཀ་པུ་རི ），使人望而生畏。此宫殿以地势险恶而言，即便四面临敌，只需五人就可御敌，即顶上赞普宫常由一人即可守护，四面角楼亦分别只需一人可以镇守。在南面有九层楼高的宫堡与赞普宫以云桥相连，使得赞普与妃子往来自如，如此宫殿他人望而心生胆怯。东门挖有长约三百庹、宽约十八庹的深沟，粗细不等板砖层层铺于深沟之上，使得一马奔跑之时，如有三马奔腾状。如此宫殿情景绘在拉萨大昭寺西面墙上，此为墀尊公主修建红山宫殿之历史。①

松赞干布迎请墀尊公主后，就为公主在红山脚下及山顶上修建宫殿，按照《玛尼宝训》之记载，松赞干布在宫殿内行各种神奇之事。②可以看出，12世纪开始松赞干布与观音及其净土"布达拉"正式形成了一种互补的理论框架。

对著名史书《西藏王统记》的讨论，在藏学界是一个较为活跃且成熟的话题，国内外学术界对此研究得出很多不俗的成果。《西藏王统记》内容大篇幅采用了上述两部史料风格或传承，较完整地描述了所谓布达拉宫之样式：

---

① ཆོས་རྒྱལ་སྲོང་བཙན་སྒམ་པོ་སོགས། མ་ཎི་བཀའ་འབུམ། སྒྲིགས་པམ་དང་པོ། ལྷ་ས། བོད་ལྗོངས་མི་དམངས་དཔེ་སྐྲུན་ཁང་། སྤྱི་ལོ 2011 ༧ 295
② 原文如下：གནས་རི་པོ་ཏ་ལའི་རྩེ་མོ་སྤྲང་གཤལ་ཡས་ཁང་ནས། བོད་ཁ་ཆན་གྱི་རྒྱལ་འཕྲུལ་འདུན་ས་རྩེ་ལ་བཀ་བར་ཏ་ལ་བབ་པར་བཞེངས་ནས། 载 ཆོས་རྒྱལ་སྲོང་བཙན་སྒམ་པོ་སོགས། མ་ཎི་བཀའ་འབུམ། སྒྲིགས་པམ་དང་པོ། ལྷ་ས། བོད་ལྗོངས་མི་དམངས་དཔེ་སྐྲུན་ཁང་། 2011 ༧ 382

前往红山顶上，并修建王宫而居之。①

该书对在红山上修建宫殿一事也有非常详细的描述：

> 于木阴羊年奠基城堡，高度比三十围墙还高且宽敞。每一边长度约有一由旬。大门朝南，红色宫殿九百间房，加上顶上赞普之寝宫，共一千间。以上善方面，宫殿屋檐被各种珍宝装点，凸墙、鱼背墙等处挂着各种铃铛，被诸多无法直视的珍宝和绫罗绸缎装饰，神奇犹如赛神宫；以威严方面，犹如罗刹城堡郎噶布日般，宫殿顶上插着被捆绑的锋利之刀枪戟等兵器；以险要方面，即便敌军前来攻打，只需五人即可镇守。此外，南边城墙上又挖出十庹深沟，之上铺上木板，木板之上再铺板砖，一马奔走其上，犹如十马同时奔腾之势。在其南边，又仿照砖头所砌之城，修建唤作扎拉扎西神宫（བྲག་ལྷ་བྲག་ཤེས་པོ་བྲང）即墀尊所要居住的九层宫堡，宫殿宽大而高耸，形状极为华美。赞普与妃子宫殿间，铁链环环相连，点缀旗幡，挂有拂尘、铃铛等物件，美音不止，在此之上赞普和妃子相互往来。完成如此宫殿后，赞普与众人共度喜宴。②

又称：

> 等到墀尊公主和文成公主两人主持修建大、小昭寺后，在松赞干布的迎请之下来到了布达拉顶上宫殿内。③

《西藏王统记》的成书，紧跟了后来史书构建吐蕃时期布达拉宫历

---

① བྲ་མ་དཀར་པོ་བསོད་ནམས་རྒྱལ་མཚན། བྲ་མ་དཀར་པོའི་གསུང་འབུམ་སྐྱེས་བུ་དམ་ཉིན་། ལྷ་ས། བོད་ལྗོངས་བོད་ཡིག་དཔེ་རྙིང་དཔེ་སྐྲུན་ཁང་། སྤྱི་ལོ 2016ལོ་ ཤ171
② བྲ་མ་དཀར་པོ་བསོད་ནམས་རྒྱལ་མཚན། བྲ་མ་དཀར་པོའི་གསུང་འབུམ་སྐྱེས་བུ་དམ་ཉིན་། ལྷ་ས། བོད་ལྗོངས་བོད་ཡིག་དཔེ་རྙིང་དཔེ་སྐྲུན་ཁང་། སྤྱི་ལོ 2016ལོ་ ཤ195ནས196
③ བྲ་མ་དཀར་པོ་བསོད་ནམས་རྒྱལ་མཚན། བྲ་མ་དཀར་པོའི་གསུང་འབུམ་སྐྱེས་བུ་དམ་ཉིན་། ལྷ་ས། བོད་ལྗོངས་བོད་ཡིག་དཔེ་རྙིང་དཔེ་སྐྲུན་ཁང་། སྤྱི་ལོ 2016ལོ་ ཤ240

史的步伐，在以上三部史书之间延续的叙述传承之下，所谓吐蕃时期布达拉宫修建历史很好地嫁接在传统史料之中，成为之后许多藏族史家如巴卧·祖拉成哇和五世达赖喇嘛等人所推崇的范本，然而从科学的角度去研究和分析，这点也是后弘期之后所叙述的内容而已。

2. 国外研究动态

根据笔者目前掌握的材料来看，国外有关布达拉宫的介绍始于17世纪。17世纪60年代，耶稣会白乃心神父到过拉萨，鉴于种种原因笔者还无法完全掌握原文相关信息，这里以伍昆明先生的研究成果作为参考。从伍昆明先生《早期传教士进藏活动史》书中内容来看，白乃心等人在拉萨停留时间等问题仍有争论[①]，但是到过拉萨应该是事实。尤其是克舍尔根据白乃心书信集而编的《中国图说》一书中描绘过当时布达拉宫建筑样式[②]，虽然该书所载只是一幅极不严谨的手绘图，但标有"BIETALA"拉丁字样，应为当时布达拉宫建筑外貌。宫殿整体样式与藏族传统宫堡类建筑有较大区别，或许是当事人的一种想象化的表达方式，但是与《中国图说》和布达拉宫手绘图等信息综合之下，可以说在当时西方世界引起了不小轰动。该本图说不仅是首部向世界介绍有关布达拉宫的书籍，更是第一部绘有布达拉宫（红宫修建之前）整体图案的珍贵资料，从此西方世界更是对拉萨及布达拉宫充满着各种遐想。

18世纪初期，意大利基督教神父德西迪利进藏。他在拉萨期间，不仅亲身经历并记录下了许多在拉萨发生的重大历史事件[③]，更是把西藏及其周边地区风俗民情等文化现象也记录得较为详细，当然包括对当时刚刚修建完成的布达拉宫外貌进行描述等。需要说明的是，德西迪利在记述布达拉宫时，也参考了《中国图说》，可见其影响力，进而可以肯定的是《中国图说》中的手绘图画就是布达拉宫无疑。德西迪利著作全

---

① 伍昆明：《早期传教士进藏活动史》，中国藏学出版社，1992，第323~324页。
② 伍昆明：《早期传教士进藏活动史》，第338页。
③ 《德西迪利西藏纪行》中的第十章和第十一章重点记录了18世纪初期，在西藏的和硕特蒙古势力与西藏地方势力之间的争斗，以及准噶尔蒙古袭扰西藏的历史事件，是一部重要的历史文献资料。参见〔意〕依波利多·德西迪利撰，菲利普·费立比编《德西迪利西藏纪行》，杨民译，西藏人民出版社，2004，第138~143页。

称《德西迪利西藏纪行》，属于游记，其中谈到了布达拉宫外貌和一些其他信息，但由于受当时各种因素的影响，他未能完全进入布达拉宫内部，对内部建筑结构、功能和主要文物等研究也就无从谈起，只是把布达拉宫建筑整体外形、宫殿建筑材质、宫殿前后道路、宫殿前广场以及禄康（ཀླུ་ཁང་）等附属建筑做了介绍。①

此外，1860 年，由英国国家图书馆 Add Or.3031（1and2）出版的《怀斯的收藏》中首次以彩绘描绘了布达拉宫建筑外形，但未能找到原文，故在本书中无法展开讨论。

1879 年，印度学者萨拉特·钱德拉·达斯与锡金喇嘛乌金嘉措一同进入西藏，在后藏停留近六个月，离开时带走了大批珍贵梵、藏文古籍文献。1881 年，两人再次进藏，游历了大半个卫藏地区，并且在拉萨期间参观了布达拉宫。达斯在其旅行记录中对游历布达拉宫之经过描述较细致，尤其对一些殿堂、文物和建筑结构等做了记录，但在某些地方有所出入，比如他把五世达赖喇嘛灵塔说成一世达赖喇嘛灵塔②，等等。这一部名为《拉萨及西藏中部旅行记》的旅行记录于 1902 年由英国皇家地理学会在伦敦正式出版，后由陈观胜和李培茱翻译成中文，于 2006 年由中国藏学出版社出版。达斯两次入藏均为英军入侵西藏提供相关情报，在第一次抗英战争的严峻形势下，西藏地方政府严惩了达斯在藏期间与之有关的人员、家族和寺院，达斯不得不匆忙逃回印度。③

相比于前人的一些零散记载，英国外交官查尔斯·贝尔的《十三世达赖喇嘛传》对布达拉宫的记载具有较高参考价值。20 世纪初，英国著名外交官员查尔斯·贝尔在第二次英军入侵西藏之后来到拉萨，1908年到 1921 年的大多数时间就在拉萨生活，之后于 1933 年再次来到西藏进行私人访问，可以说是近代最了解西藏，又非常熟悉拉萨的一名外

① 参见〔意〕依波利多·德西迪利撰，菲利普·费立比编《德西迪利西藏纪行》，杨民译，第 111~112 页。
② 参见〔印〕萨拉特·钱德拉·达斯著《拉萨及西藏中部旅行记》，陈观胜、李培茱译，中国藏学出版社，2006，第 135 页。
③ 参见〔印〕萨拉特·钱德拉·达斯著《拉萨及西藏中部旅行记》，陈观胜、李培茱译，"前言"。

国人员。由于担负特殊政治使命，查尔斯·贝尔在拉萨期间多次出入布达拉宫，因此其著作中用较大篇幅描述了布达拉宫内的情况。首先他对"布达拉"之名称做了解释，又对布达拉宫日常看管人员的身份等进行描述，然后介绍了一些重要场所如法王洞、黎玛拉康殿（合金殿）和东大殿，之后重点讲述了布达拉宫内金库即差德列空（立付局）和南赛（天王）财库平常收支方式，对"南杰扎仓"僧员组成及日常生活模式等方面也做了介绍，这对本书第四章部分具有直接参考价值。同时，重点探讨了布达拉宫内的灵塔保存现状；最后对布达拉宫相关节日习俗及雪城做了介绍，其史料价值远胜于先前其他文献。除此之外，书中谈到了一位名叫斯宾塞·查普曼的人也对布达拉宫进行过研究，^①但因未能找到原文，在此只能暂且搁置。

20 世纪 40 年代，意大利著名学者杜齐到过布达拉宫，他在《到拉萨及其更远方》一书中对布达拉宫情况做了介绍，但仅仅是简单描述和一笔带过，因此对本书的研究无重要引证价值。

20 世纪 50 年代末期以来，随着西藏民主改革的推进，外国势力被驱逐出西藏。20 世纪 80 年代，随着改革开放，才有一些国外学者陆续抵达拉萨从事相关研究工作，其中不乏专门研究布达拉宫或者针对布达拉宫文物研究成果相继问世。

首先，作为本书引证的文献之一，瑞士著名藏族学者卡尔梅·桑旦坚赞（མཁར་མེད་བསམ་གཏན་རྒྱལ་མཚན་）专门以《五世达赖喇嘛传记》作为切入点，于 1988 年编译 *SECRET VISIONS OF THE FIFTH DALAI LAMA—The Goid Manuscript in the Fournier Collection* 一书。与此同时，由法国国家科学研究中心研究员费尔南多·梅耶撰写的《拉萨的布达拉宫》^②一文，由熊文彬翻译成中文后收录于《西藏艺术：1981—1997 年 *ORIENTATIONS* 文萃》一书中。文章主要是以五世达赖喇嘛自传作为参考，对五世达赖喇嘛如何主持修建布达拉宫白宫部分和修建布

---

① 〔英〕查尔斯·贝尔著，西藏社会科学院西藏学汉文文献编辑室编印《十三世达赖喇嘛传》，冯其友、何盛秋、刘仁杰、尹建新、段稚荃、莫兆鹏译，1985，第 396~397 页。
② 熊文彬译《西藏艺术：1981—1997 年 *ORIENTATIONS* 文萃》，文物出版社，2012，第 49~69 页。

达拉宫的意义和修建经过等方面做了探讨。值得注意的是，文章重点反思了吐蕃时期是否正式修建过所谓布达拉宫，这对本书研究过程将会起到推进作用。除此之外，文章对布达拉宫建筑模式包括形制、材质、工序等方面做了探讨，可以说是国外研究布达拉宫最详细的文章之一，但是也有其自身的不足。由于没能掌握更多第一手藏文资料，加上未能更加细致深入进行调查，因此他的许多观点存在偏差。[①]

上文提到的《西藏艺术：1981—1997 年 ORIENTATIONS 文萃》中还收录了一篇与布达拉宫有关的学术文章，即伊恩·艾尔索普《布达拉宫藏圣自在菩萨像》（该篇也在《国外藏学研究译文集》第十八辑录上刊登过），是针对布达拉宫圣观音殿主尊圣观音像的考察。他以佛像样式比较方法，以布达拉宫圣观音像早期由来为引，对普遍流行于西藏西部及中部地区的圣观音文化现象做了深入研究，并以藏文史料《西藏王统记》作为依据提出了圣观音"四兄弟"流传之故事，最后提出"虽然圣世自在菩萨的这些雕像依然笼罩在神秘的面纱之中，但相关传说和历史文献，以及现有艺术证据都表明，圣世自在菩萨及甚至少有一位尼泊尔兄弟的雕塑，无疑是喜马拉雅大乘佛教早期的珍贵文物"[②]。对布达拉宫内最重要，也是最具争议性文物——圣观音像进行研究，可以说与早期布达拉宫历史和"布达拉"文化模式有着直接关联。由于西藏文化的特殊背景，藏语语境下很难找到能与圣观音像有直接关联的早期可靠史料，使得早期"观音文化"或者"布达拉"文化起源成为一种捉摸不透的文化现象。在同类题材的研究过程中借助国外学者科学的研究方法，为研究类似文化现象提供了新的视角。因此，该文章对本书研究早期布达拉宫历史源流问题和"布达拉"文化模式能够起到一定启发作用。

进入 21 世纪，与布达拉宫相关最重要的一部著作是 2001 年由冯·施罗德编著的 BUDDHIST SCULPTURES IN TIBET 一书。该书收

---

① 原文如下："布达拉宫修建的年代存在许多问题。诸如，为什么白宫建筑竣工和红宫建筑动工之前前后后相隔 14 年之久？"参见熊文彬译《西藏艺术：1981—1997 年 ORIENTATIONS 文萃》，第 53 页。

② 熊文彬译《西藏艺术：1981—1997 年 ORIENTATIONS 文萃》，第 102 页。

集了大量佛教造像，尤其是在西藏调查期间，得以近距离接触珍藏于布达拉宫黎玛拉康殿（ལི་མ་ལྷ་ཁང་）、萨松拉康殿（ས་གསུམ་ལྷ་ཁང་）等内造像的机会，虽然其著作中所记录的远远不只布达拉宫馆藏佛教造像，但是布达拉宫内种类齐全、样式繁多的各种造像也为其完成著作提供了无与伦比的条件。该书虽然缺乏一定范围的史料运用，如早期藏族历史、宗教等文献，也未能深入开展佛像样式之文化背景等问题的研究[①]，但是以科学手段大范围分析了每尊造像材质成分比例，尤其是合金比例数据，使其得到的文物年代等信息具有很强的说服力。2010 年，米歇尔·汉斯（Michael Hens）著有 *King Songtsen Gampo Revisited:The Royal Statues in the Potala Palace and in the Jokhang at Lhasa Problems of Historical and Stylistic Evidence*（《拉萨布达拉宫和大昭寺松赞干布塑像的再观察：几个历史和风格证据问题的探讨》）一文，以纯粹图像风格比较研究方法断定法王洞文物遗存的形成年代，以此来重新构建布达拉宫建筑的早期历史。

2014 年，米歇尔·汉斯的巨著 *THE CULTURAL MONUMENTS OF TIBET THE CENTRAL REGIONS VOLUME I THE CENTRAL TIBETAN PROVINCE OF U PRESTEL*（《西藏中部地区文化古迹卷一·西藏中部地区》）中大约两万字的篇幅介绍了布达拉宫的文化遗迹。他在 *The Potala Palace—Sacred and Secular Residence of the Dalai Lamas O Prestel Verlag*（《布达拉宫——达赖喇嘛的神圣与世俗之居所》）文章中，从三个部分回顾了布达拉宫的上千年历史及其特殊建筑外观下所蕴含的文化情感。第一部分 *The Potala before the Potala Palace, 7th to 16th Century—History, Buildings, Images*（《作为宫殿之前的布达拉宫：7 至 16 世纪——历史、建筑、形象》）中回顾了 "布达拉" 在藏族传统社会中的理解，把拉萨红山上的建筑物比作 "与南部的布达拉山没有什么区别" 其实就是 17 世纪的观点。[②] 松赞干布国王五百

---

① 李翎:《藏传佛教阿弥陀佛与观音像研究》，甘肃民族出版社，2012，第 11 页。

② Michael Hens. *THE CULTURAL MONUMENTS OF TIBET THE CENTRAL REGIONS VOLUME I THE CENTRAL TIBETAN PROVINCE OF U PRESTEL. The Potala Palace—Sacred and Secular Residence of the Dalai Lamas* O Prestel Verlag, Munich. London. New York, 2014.p.88

年后的藏文文献所记载毫不怀疑，拉萨红山上有一座原始的山顶堡垒，其中一些突显的遗迹是在 1645 年开始建造时留下的。还以同时期的唐朝文献和敦煌编年史以及考古学证据都不能证明吐蕃时期所谓布达拉宫的建筑结构或相关图像，得出了西藏文献资料认为的布达拉宫原型是松赞干布的妃子尼婆逻墀尊公主建造的一事无法得到早期文献的肯定。^①汉斯认为悉补野部落时期甚至后来的吐蕃王朝时期，赞普统治的中心并不在拉萨红山，而《韦协》中提到的"逻些宫"（ཕུ་ནའི་མཁར་）显然只是雅鲁藏布江和吉曲河谷之间几个驻锡地点之一，^②这点对本书一直在探讨的吐蕃时期拉萨红山上有没有修建宫殿的问题具有重要的参考价值。

此外，作为"布达拉"或者观音文化的探究也是重要的一方面，汉斯也注意到了古代印度传统中红山被称为"布达拉"山，这也是从印度南部地方兴起的文化概念。他还以《华严经》中对"布达拉"的描述为依据，从而引申了布达拉宫馆藏圣观音像的讨论，最终得出观音信仰有可能起源于印度南部这一被称作"布达拉"的地方之说法，^③这些都是本书所要讨论的主要内容。

汉斯对布达拉宫的研究也是按时间先后顺序进行的，他对法王洞的研究也是相对客观的，然而他没能找到更多、更具说服力的藏文史料而使结论略显仓促。按照《青史》等资料，汉斯也对拉萨红山有关的历史人物进行了梳理，这与本书所梳理的线索方式相似。只不过，对本书中关于蔡巴时期的布达拉宫历史探讨，汉斯未能给予更多的关注，其整体的思考方式脱离了传统的藏文史料影响。这促使本书加以重视。第二部分是 *The Potala Palace of the Dalai Lamas, 17th to 20th Century*，分别从 *The White Palace—Audience Halls and Private Rooms*（白宫：朝拜

---

① Michael Hens. *THE CULTURAL MONUMENTS OF TIBET THE CENTRAL REGIONS VOLUME I THE CENTRAL TIBETAN PROVINCE OF U PRESTEL. The Potala Palace—Sacred and Secular Residence of the Dalai Lamas* O Prestel Verlag, Munich. London. New York, 2014.p.88

② Michael Hens. *THE CULTURAL MONUMENTS OF TIBET THE CENTRAL REGIONS VOLUME I THE CENTRAL TIBETAN PROVINCE OF U PRESTEL. The Potala Palace—Sacred and Secular Residence of the Dalai Lamas* O Prestel Verlag, Munich. London. New York, 2014.p.89

③ Michael Hens. *THE CULTURAL MONUMENTS OF TIBET THE CENTRAL REGIONS VOLUME I THE CENTRAL TIBETAN PROVINCE OF U PRESTEL. The Potala Palace—Sacred and Secular Residence of the Dalai Lamas* O Prestel Verlag, Munich. London. New York, 2014.p.90

大厅与私人寝宫)、*The Red Palace— Sanctuaries and Mausoleums*（红宫：圣所与陵殿）以及 *Divine Palace and Government Fortress—The Architecture of the Tibetan Theocracy*（神圣宫殿与政府机构：西藏神权政治的建筑）三个方面来解读布达拉宫的建筑演变。首先，关于白宫（The White Palace）的研究，对修建白宫的目的和过程做了详细说明，材料方面与本书所用藏文史料一致，特别是针对白宫内新勉唐画派所参与绘制的东大殿壁画等内容做了较为深入的探讨。其次，关于红宫（The Red Palace）的研究，主要是以第司·桑结嘉措等人留下的第一手文献资料和现场考察相互结合，对红宫主题建筑结构方面做了细致和深入的研究。具体来说，从西大殿及其四周各殿堂的建造历史和建筑结构出发，特别是认为西大殿四周壁画疑为 1922~1924 年重新绘制等观点[①] 相对客观和前沿。此外，还包括对时轮坛城殿、合金殿、立体坛城殿以及殿内珍贵造像的探讨。之后是对五世达赖喇嘛灵塔殿（གསེར་གདུང་འཛམ་གླིང་རྒྱན་གཅིག）的探讨，包括殿堂的结构、殿内其他文物。主要是对五世达赖喇嘛灵塔的大小，镶嵌的宝石等装饰物以及建造史实等按照相关文献做了详细介绍。之后对七世、八世、九世、十世、十一世、十二世、十三世达赖喇嘛灵塔殿建筑和殿内文物做了说明，特别是对十三世达赖喇嘛灵塔殿的壁画内容、绘制时间和背景以及布达拉宫金顶的形制与使用功能等做了解释。

这一部分中，汉斯重点以萨松南杰殿（ས་གསུམ་རྣམ་རྒྱལ）内几件文物作为切入点，探讨了西藏地方与清代政府，特别是清代皇帝个人之间的关系。以萨松南杰殿内供奉的皇帝长寿牌为例，提出了世俗统治者与佛教的菩萨身份合二为一在统治过程中的普遍性问题和皇帝个人所宣称的精神谱系，认为这一"皇帝—菩萨"像送往西藏的政治背景无疑是宣称自己作为文殊菩萨的化身能更具亲和力地展示清帝国对西藏—蒙古地区的影响力，达到与清代西部边疆建立特殊的统治关系之最终目的。该部分认为中国皇

[①] Michael Hens. *THE CULTURAL MONUMENTS OF TIBET THE CENTRAL REGIONS VOLUME I THE CENTRAL TIBETAN PROVINCE OF U PRESTEL. The Potala Palace—Sacred and Secular Residence of the Dalai Lamas* O Prestel Verlag, Munich. London. New York, 2014.p.91

帝以信奉佛教的国王和世界统治者的身份目视着西藏，目的是继续安抚边疆与邻国，将它们统一到清代版图。该部分还提到乾隆画像到达布达拉宫的准确时间，以及应该出自意大利的 Giuseppe Castiglione 创作等设想。[①]

再次，神圣宫殿与政府机构：西藏神权政治的建筑（*Divine Palace and Government Fortress—The Architecture of the Tibetan Theocracy*）。主要从布达拉宫建筑形制与地方政权之间的关系问题展开讨论。这一方面认为，布达拉宫被构造成一个更合适以格鲁派为主的政权统治，其影响力在西藏从 16 世纪就大大提升，并且宗教和世俗权力现在在这个"宗教与世俗"特殊模式下得到共存。[②]汉斯认为这种双重功能在某种程度上让人想起了不单是作为行政机构而存在的宗教的问题。另外，传统的宗堡建筑形式可以追溯到 14 世纪，从那时起西藏普遍存在这一行政权力中心模式，在蒙古统治下的萨迦和帕竹地方政权时期就引入了这个模式来管理更大的区域。神圣与世俗这两个方面，在布达拉山上都可以追溯到一千年前，体现了从帝制时期到西藏约 300 年的神权统治时期，西藏中心地带的精神与世俗权力的"传承"背后的社会文化现象。[③]相比于以往的布达拉宫研究，这些方面的思考是深入的，考证的方式和得出的结论也是相对客观的。

第三部分是 *The Shöl Quarter—The Downtown Potala Village*（《"雪城"——布达拉宫脚下的村落》）。这一部分主要以雪城内的几个主要建筑物来开展讨论，认为布达拉宫雪城建于 1645~1650 年。虽然，布达拉宫的"雪城"在 1661 年之前就已经存在，但也没有证据能够证明"Shöl"（"雪城"）可能是拉萨最古老的居住区，这为本书所要探讨的拉萨城的早期形成等问题提供了不同视角。除此之外，汉斯对"雪

---

① Michael Hens. *THE CULTURAL MONUMENTS OF TIBET THE CENTRAL REGIONS VOLUME I THE CENTRAL TIBETAN PROVINCE OF U PRESTEL. The Potala Palace—Sacred and Secular Residence of the Dalai Lamas* O Prestel Verlag, Munich. London. New York, 2014.p.91

② Michael Hens. *THE CULTURAL MONUMENTS OF TIBET THE CENTRAL REGIONS VOLUME I THE CENTRAL TIBETAN PROVINCE OF U PRESTEL. The Potala Palace—Sacred and Secular Residence of the Dalai Lamas* O Prestel Verlag, Munich. London. New York, 2014.p.93

③ Michael Hens. *THE CULTURAL MONUMENTS OF TIBET THE CENTRAL REGIONS VOLUME I THE CENTRAL TIBETAN PROVINCE OF U PRESTEL. The Potala Palace—Sacred and Secular Residence of the Dalai Lamas* O Prestel Verlag, Munich. London. New York, 2014.p.99

城"的研究并没有特别之处。

　　总之，到目前为止，汉斯对布达拉宫的研究结果是学界最前沿的成果之一，在学界占据着重要地位，他所引证的资料之翔实、思考问题的角度和以具体某一件文物作为切入点的研究方法对本书有着巨大的参考意义，特别是对系统开展布达拉宫文化研究有重要的借鉴和学习价值。但是，汉斯毕竟对传统史料，特别是对档案类文献的掌握程度有限，加上未能做更加细致的调查，从而存在一些不足之处。

　　2020 年 9 月，已故藏学家德康·索朗曲杰（བདེ་ཁང་བསོད་ནམས་ཆོས་རྒྱལ།）把旅外藏学家卡尔梅·桑丹坚赞的相关著作译成藏文后由中国藏学出版社出版，书名叫作མདའ་དང་འཕང་། བོད་ཀྱི་ལོ་རྒྱུས་དང་། གཏམ་རྒྱུད། རིག་གཞུང་། ཆོས་ལུགས་དང་ཆོས་དང་ཆོ་ག། ཕྱལ་གསོམ་གཉིས་ཕྱུགས་སོགས་ལ་དཔྱད་པའི་གཏམ་ཚོགས། སྲུང་ཁ།，即《卡尔梅·桑丹坚赞选集：藏族历史、传说、宗教仪轨和信仰研究》（下册），这是这位当今享有盛名的外籍藏学家的学术成果第二次系统介绍到藏语世界。早在 2003 年，上述文集的上、中册就由该译者翻译后由中国藏学出版社出版，这次是增加了新的内容后重版。原文都是 20 世纪 90 年代至 21 世纪初期完成的。其中，《有关五世达赖喇嘛密宗显现仪轨及其由来》（གོང་ས་སྐུ་ཕྲེང་ལྔ་པའི་དག་སྣང་དང་འབྲེལ་བའི་ཆོ་ག་དང་དེ་དག་གི་འབྱུང་ཁུངས་ལ་དཔྱད་པ།）一篇以宗教文献学的视角对五世达赖喇嘛所信奉的宁玛派的仪轨典籍进行探讨，以此考证了五世达赖喇嘛创立甘丹颇章地方政权初期，如何利用宗教仪轨的规范塑造了其观音本生传承的神圣性和甘丹颇章初期的地方政权的宗教权威性和独特性，这对研究观音文化与布达拉宫建筑合二为一文化现象的命题有着重要的参考价值。此外，以馆藏文献研究角度对布达拉宫历史文化现象的形成研究也有特殊性；《初探五世达赖喇嘛传·十方妙音》（ཡོངས་སུ་གྲགས་པའི་རྒྱལ་བ་ལྔ་པ་ཆེན་པོའི་རྣམ་ཐར་མཚོག་ཏུ་དགའ་བའི་སྒྲ་དབྱངས་ཀྱི་སྣོར་རགས་ཚམ་བྲེང་པ།）是针对五世达赖喇嘛传记方面的探讨，同样以文献学的角度考察了五世达赖喇嘛自传形成等系列问题。众所周知，五世达赖喇嘛作为甘丹颇章地方政权的开创者和真正意义上的布达拉宫奠基人，在西藏历史上占据举足轻重的地位，特别是对布达拉宫的研究无法逾越对该人物的研究，而记载其生平的文献也是非常丰富，最著名的是三部《自传》和第司·桑结嘉措（ སྡེ་སྲིད་སངས་རྒྱས་རྒྱ་མཚོ་ ）编著的三部《自传后续》，但是这里提到的传记就是五世达赖喇嘛《自传》（ དུ་ཀཱུ་ལའི་གོས་བཟང་ ）内容的蓝本，由门卓瓦（ སྨོན་འགྲོ་བ་ ）撰写，涉及甘丹颇章地方政权的建立、五世达赖喇嘛生平及其相关人物评述，对研究 17 世纪上半叶西藏地方历史具有重要参考价值，也对布达拉宫历史沿革的探讨以及对 17 世纪之后形成的以布达拉宫为典型的群体文化形式等研究有直接的帮助；最后一篇（ རྩེ་པོ་ཏ་ལའི་ཕོ་བྲང་དམར་པོའི་ནང་བཞེངས་པའི་ལྡེབས་རིས་ལ་རགས་ཙམ་དཔྱད་པ། ）则是针对布达拉宫红宫西大殿壁画的研究，作者在 20 世纪末几次到布达拉宫实地考察，对西大殿建筑布局、壁画内容以及文献中西大殿等建筑结构与现实结构进行了比较，以第司·桑结嘉措的生平和修建布达拉宫（红宫）作为考察对象，从壁画和建筑等文物角度对当时西藏地方历史的部分大事件进行了考证，这是国外学者又一次试图通过实地考察方式解读布达拉宫的努力。显然，基于种种原因，该篇也存在一些不足之处。

综上所述，在 17 世纪之前，难以找到可靠资料来叙述布达拉宫建筑史。因此，运用文物遗存比较的研究方法，是一种新的模式和视野，但是这也存在着明显的局限性，如汉斯所说[①]，由于没能掌握史料信息而使用简单的图像及其样式比较法来断定年代有其不可避免的短板。

总体来看，国外的相关研究起步较早，学术素养、视野开阔性和思维习惯等方面优势巨大，为我们开展相关研究提供了诸多好的视角。但由于客观条件的制约，国外研究学者缺乏对布达拉宫进行深入的实地调查，也未能掌握关键性史料，比如布达拉宫相关早期人物传记、17 世纪以来的房屋档案、灵塔志等，其局限性也是比较明显的。

3. 14 世纪有关布达拉宫历史的文献

随着吐蕃王朝的解体，接踵而至的是各地连年的战争，对藏族社会的冲击是多方面的，使得许多吐蕃时期的历史记忆逐渐模糊。12、13

---

① Michael Hens. *King Songtsen Gampo Revisited:The Royal Statues in the Potala Palace and in the Jokhang at Lhasa Problems of Historical and Stylistic Evidence.* 参见四川大学中国藏学研究所主编《藏学学刊》2004 年第 1 辑，第 99 页。

世纪之后，人们才开始重塑吐蕃时期历史，其中布达拉宫或者拉萨红山上的历史叙述在这一时期才初见端倪。

《蔡巴噶举法主喇嘛·尚文集》（六卷）（དཔལ་ལྡན་ཚལ་པ་བཀའ་བརྒྱུད་ཀྱི་བསྟན་པའི་མངའ་བདག་ཞང་གཡུ་བྲག་པ་བཙུན་འགྲུས་གྲགས་པའི་གསུང་འབུམ་རིན་པོ་ཆེ་སྐྱེགས་བམ་དྲུག་པ་བཞུགས་སོ།།）中的《喇嘛·尚传记君臣言》（ཞང་རིན་པོ་ཆེའི་རྣམ་ཐར་རྒྱལ་བློན་མ་བཞུགས་སོ།།）、《喇嘛·尚传略传疏》（འགྲོ་མགོན་རིན་པོ་ཆེའི་རྣམ་ཐར་བསྡུས་པ་དགོས་འདོད་རེ་སྐོང་མའི་འགྲེལ་པ་བཞུགས་སོ།།）和《蔡巴噶举法主喇嘛·尚文集》（七卷）（དཔལ་ལྡན་ཚལ་པ་བཀའ་བརྒྱུད་ཀྱི་བསྟན་པའི་མངའ་བདག་ཞང་གཡུ་བྲག་པ་བཙུན་འགྲུས་གྲགས་པའི་གསུང་འབུམ་རིན་པོ་ཆེ་སྐྱེགས་བམ་བདུན་པ་བཞུགས་སོ།།）中的《喇嘛·尚秘法集》（ཞང་བཀའ་རྒྱ་མའི་སྐོར་ཆོས་ཚན་གྱོ་བཅུད།）、《喇嘛·尚秘传》（ཤྭས་མའི་བཀའ་རང་བབ་རྣམ་ཐར་སྨས་པ་ཨིག་བྱེད་བཞུགས་སོ།།）、《喇嘛·尚金刚乘四言》（བཀའ་རང་བབས་མ་གསང་སྔགས་རྡོ་རྗེ་ཐེག་པའི་རྣམ་ཐར་བཞི།）等从 12~14 世纪形成[①]的蔡巴噶举文献，对了解后弘期之后拉萨城的形成与变迁的意义重大。

《蔡巴·美朗多吉传》（དཔལ་ལྡན་ཚ་ལ་དགེ་སྣོང་ཆེན་པོ་ཞེས་པ་ཆལ་པ་དུང་ཆེ་སྨོན་ལམ་པའི་རྣམ་ཐར་བཞུགས་སོ།།）是藏族著名史学家蔡巴·贡嘎多吉继《红史》之后又一部重要史籍专著，记录了其父蔡巴万户长美朗多吉（ཆལ་པ་སྨོན་ལམ་རྡོ་）一生的经历，是 14 世纪重要的文献资料。也许是保存方式的原因，在传统的藏文历史著作或者相关叙述中该书很少被提起。该书详细记录了蔡巴·美朗多吉如何治理蔡巴万户所属地方与属民，如何登上蔡巴万户长之位、管理蔡巴万户下属佛寺。其中对修缮拉萨大、小昭寺，对拉萨红山顶上建造殿宇和塑像等重要历史信息的记录，对早期布达拉宫历史、布达拉宫内早期殿堂和文物遗迹等研究领域参考意义巨大。《蔡巴·美朗多吉传》把布达拉宫修建史实往前推进了三百多年，这在布达拉宫修缮史研究方面意义非凡。

《蔡巴·美朗多吉传》史料的重要性不言而喻，但是若没有其他史

---

① 原文如下：བསྟན་པ་གཡུ་དྲུག་བྱ་བར་དུ་དགེ་སྣོང་གཙང་པ་མ་སོ་ལ་གསུངས་པ་དགོས་འདོད་རེ་སྐོང་མའི་འབྲེལ་མགོན་རིན་པོ་ཆེའི་རྣམ་ཐར་བསྟན་པ་དགོས་འདོད་རེ་སྐོང་མའི་འབྲེལ་བ་བཞུགས་སོ།།ཞེས་མ་འགྲོ་བའི་རིན་པོ་ཆེ་ནི་ཟིན་ལས་འདས་ནས1353 རྒྱ་སོ་འབུག་དཀར་པོ་ལོ་རྒྱུ་གྱི་སྐྲ་བའི་ཆེ་ཁ་ནས་རྣམ་བསམས་པའི་འབྲེལ་བ་ནི་ཆོས་ལ་དགེ་སྨང་མའི་ཞང་ཉིན་མ་བཀང་ནས་སྤྱུན་དགོས་སྐོང་བ་རྗེ་འཛིན་མ་དགོ་བའི་སྐྱོབས་ཀྱི་གཟན་ལ་ཡང་ཆོས་ལ་བཅུག་དུག་ཐུ་སོང་། 载 དཔལ་ལྡན་ཚལ་པ་བཀའ་བརྒྱུད་ཀྱི་བསྟན་པའི་མངའ་བདག་ཞང་གཡུ་བྲག་པ་བཙུན་འགྲུས་གྲགས་པའི་གསུང་འབུམ་རིན་པོ་ཆེ་སྐྱེགས་བམ་དྲུག་པ་བཞུགས་སོ།།ཤིང་པར་ 第68

料与其相互印证，对其真实性会存在一些疑虑。在《雅砻教法史》中找到了与《蔡巴·美朗多吉传》内容如出一辙的记载。基于两种文献成书年代相近，加上二者都不约而同地提到了当年在布达拉或者在拉萨红山顶上修建相关建筑工事，这不仅对研究布达拉宫早期历史起到了关键性作用，更重要的是后者对《蔡巴·美朗多吉传》可信度进行了印证，因此也作为本书参考史料进行重点运用。

西藏地区高僧传记有其独特的史料价值，高僧传记不同于其他如《教法史》《王统记》《寺院志》等叙事模式，主要是编纂体例与通史类有别，是完全按照人物活动的时间和地点作为叙述轨迹，因此在具体运用过程中也更加注重细节性。如在《聂文·索朗桑布传》（གནག་དབོན་བསོད་ནམས་བཟང་པོའི་རྣམ་ཐར།）中，顺带提到了14世纪布达拉山上建筑工事细节，这对研究布达拉宫修建历史也是尤为重要的，更为上述史料记述提供了一些辅证，因此对本书第二章起到较强的推进作用。《聂文·索朗桑布传》中虽然提到了相关人物当年在布达拉宫或红山顶上修建佛塔之事，但是涉及的人物和事情经过都描写得非常简单，属于线索性描述，而在《乃宁寺志》（གནས་རྙིང་གྱི་དཀར།）中对上述人物身份的确认等有了进一步明确，二者相互结合才能展示这一事件较为饱满的原貌。

4. 17世纪之后的文献

17世纪对于整个西藏历史都有着重要意义，对于布达拉宫历史沿革也是如此。17世纪中晚期的两次大型工事成就了今天的布达拉宫。而关于17世纪布达拉宫修建史资料非《五世达赖喇嘛自传》（ཟ་ཧོར་གྱི་བནྡེ་ངག་དབང་བློ་བཟང་རྒྱ་མཚོའི་འདི་སྣང་འཁྲུལ་བའི་རོལ་རྩེད་རྟོགས་བརྗོད་ཀྱི་ཚུལ་དུ་བཀོད་པ་དུ་ཀུ་ལའི་གོས་བཟང་）和《五世达赖喇嘛灵塔志》（གསེར་གདུང་འཛམ་གླིང་རྒྱན་གཅིག་གི་དཀར་ཆག་ཐར་གླིང་རྒྱ་མཚོར་འཇུག་པའི་གྲུ་གཟིངས་）莫属。

《五世达赖喇嘛自传》（ཟ་ཧོར་གྱི་བནྡེ་ངག་དབང་བློ་བཟང་རྒྱ་མཚོའི་འདི་སྣང་འཁྲུལ་བའི་རོལ་རྩེད་རྟོགས་བརྗོད་ཀྱི་ཚུལ་དུ་བཀོད་པ་དུ་ཀུ་ལའི་གོས་བཟང་གླེགས་བམ་དང་པོ། གཉིས་པ། གསུམ་པ།）共三卷，是五世达赖喇嘛生平自传。五世达赖喇嘛是藏族历史上最具影响力的史家之一，《西藏王臣记》、《五世达赖喇嘛自传》以及

其编撰的十余位高僧人物传记①为勾勒 16~17 世纪西藏地方整体历史提供了较为全面的史料素材。按照《五世达赖喇嘛自传》的记载，该书于 1667 年开始撰写，截止到 1681 年 9 月，主要对五世达赖喇嘛家族史、如何被认定为四世达赖喇嘛转世灵童和登上达赖喇嘛法座，17 世纪前叶西藏地方政治社会背景，建立甘丹颇章地方政权的经过，如何修建布达拉宫白宫部分，觐见顺治皇帝情景及对其一生的宗教、政治、文化、生活等方面进行了详细、真实的记录，这点也从该书取名为"ད་ཀུ་ལའི་གོས་བཟང"（即"云裳"二字）②可窥探一二。《五世达赖喇嘛自传》是叙述 17 世纪西藏地方历史的重要史料，在布达拉宫修建史以及如何把布达拉文化概念植入西藏社会的阐释方面具有权威性。《五世达赖喇嘛自传》开创了藏族传记史学新局面，从此历代达赖喇嘛、历代班禅喇嘛等重要历史人物传记均由专人撰写，并且成为了解西藏地方史的史料来源之一。《五世达赖喇嘛自传》分为两部分，《五世达赖喇嘛自传》一至三部为五世达赖喇嘛自己编著，五世达赖喇嘛圆寂后，第司·桑结嘉措又为《五世达赖喇嘛自传》续写三部即四至六部，主要有观世音文化信

---

① 五世达赖喇嘛先后编纂或撰写有《三世达赖喇嘛索南嘉措传》（རྗེ་བཙུན་ཐམས་ཅད་མཁྱེན་པ་བསོད་ནམས་རྒྱ་མཚོའི་རྣམ་ཐར་དངུལ་གྱི་རྒྱ་མཚོའི་ཤིང་རྟ）、《四世达赖喇嘛云登嘉措传》（འཇིག་རྟེན་དབང་ཕྱུག་ཐམས་ཅད་མཁྱེན་པ་ཡོན་ཏན་རྒྱ་མཚོའི་རྣམ་ཐར་ནོར་བུའི་ཕྲེང་བ）、《四世班禅洛桑曲吉坚赞秘传》（ཤུག་གདན་རྗེ་འཆང་བློ་བཟང་ཆོས་ཀྱི་རྒྱལ་མཚན་གྱི་རྣམ་ཐར་ཉུང་གསལ་གྱི་གསལ་བའི་རྣམ་ཐར་ཉིན）、《贡布索南却丹传》（དུས་གསུམ་རྒྱལ་བ་མ་ལུས་བསྐྱེད་པའི་ཡུམ་ཆེན་དཔལ་ལྡན་དགྱེས་པ་རྡོ་རྗེ་རྒྱལ་མཚོ་གྲོལ་བའི་ཤིང་རྟ་ཆེན་པོ་ཞེས་བྱ་བ་བཞུགས་སོ）、《甘丹法台贡确群培传》（འཇམ་དཔལ་དབྱངས་ཆོས་ཀྱི་མཚོན་ཆ་ལ་སོགས་པའི་མཁས་པའི་དགའ་སྟོན）、《昆敦·边觉伦珠传》（ཤུག་གདན་འཆང་བའི་ཤིང་རྟ）、《降巴仁增阿吉旺波传》（ཤུག་པ་འཆང་གི་རྣམ་ཐར）、《素尔钦·曲英让卓传》（ཟུར་ཆེན་ཐམས་ཅད་མཁྱེན་པ་ཆོས་དབྱིངས་རང་གྲོལ་གྱི་ཞལ་སྔ་ནས་ཀྱི་རྣམ་པར་ཐར་པའི་ཉིན）、《娘敦查仓巴·罗追确吉多吉传》（ཉང་སྟོན་ཁྲ་ཚང་པ་བློ་གྲོས་ཆོས་ཀྱི་རྡོ་རྗེའི་རྣམ་པར་ཐར་པ་ལྡེབ་ལུང་རྣ）、《擦尔钦·罗赛嘉措传》（རིགས་དང་དཀྱིལ་འཁོར་རྒྱ་མཚོའི་མངའ་བདག་ཆེན་པོ）、《大瑜伽士旺秋热登传》（རྒྱལ་ཀུན་ཁྱབ་བདག་ཧེ་རུ་ཀ་དཔལ་འབྱུང་རྨད་དུ་བྱུང་བའི་རྟོགས་པ་བརྗོད་པ）、《夏鲁·贡布索南确珠传》（དུས་གསུམ་གྱི་རྒྱལ་བ་ཐམས་ཅད་མ་ལུས་པའི་གོ་འཕང་རིན་ཆེན་བསམ་ས་གྲུབ་པའི་གདིང་ཆེན་པོ་ཡིད་དགའ་བའི་སྐྱེས་བུ）等。

② 原文如下：ཉིའི་རྣམ་པར་ད་ཀུ་ལའི་གོས་བཟང་ཞེས་འདུལ་བ་ལུང་ཕྲན་ཚེགས་དང་མངོན་པ་མཛོད་ཀྱི་འགྲེལ་བཤད་པའི་གོས་རིན་ཆེ་རྣ་རྣ་བ་བུན་མ་ལ་སོགས་པ་ཡི་ཉིན་འཛིན་པོ་ད་ཀུ་ལ་དང་ཨང་ཆེན་པ་བཞིའི་གསུང་གི་ལེགས་ཆ་ཆ་རྣ་ཤིང་རྟ་རྒྱལ་གྱི་དབང་ཕྱུག་ད་ཀུ་ལ་དང་བློ་བཟང་རྒྱ་མཚོ། སྤྱན་ཚོ། ཞེས་རྣ་རྒྱ་རྣ་རྒྱ་མཚོ། 载 སྟེ་ཤུག་འབངས་ཟ་ཟ་མཚོ། ཏིན་ཙོ་ཞི་དང་སྟེ་ཤིང་རྟ་གོས་བཟང་དུ་རྒྱ་མཚོ་ཕྱུག་པོ་ད་ཀུ་ལའི་གོས་བཟང་སྐྱེས་ནས་ནས་པའི་འཛིན་པ་ལ་བདུན། 和 ཅིང་ གུང་གོ་བོ་རིག་པའི་དགྲ་རྣ་འཇ་རྨད་རྨ།《2013 མ 第299

仰如何传入雪域高原、历代达赖喇嘛生平、五世达赖喇嘛历史功绩、五世达赖喇嘛圆寂及如何寻找其转世灵童、如何修建布达拉宫红宫部分等内容，以时空纵横交替形式描写，形成了五世达赖喇嘛大传。除此六部外，第司·桑结嘉措又为五世达赖喇嘛如何转世成六世之源流编纂了自传系列第七部，即《六世达赖喇嘛仓央嘉措传》（ཐམས་ཅད་མཁྱེན་པ་དྲུག་པ་བློ་བཟང་རིན་ཆེན་ཚངས་དབྱངས་རྒྱ་མཚོའི་ཐུན་མོང་ཕྱིའི་རྣམ་པར་ཐར་པ་དུ་ཀཱུ་ལའི་འཕྲོ་འཐུད་རབ་གསལ་གསེར་གྱི་སྙེ་མ་སྨྲགས་བཀང་དཔོ་བཞུགས་སོ།།），可以看出五世达赖喇嘛自传系列共七部，以其自传和第司续写两部分组成，包括了五、六世两代达赖喇嘛生平，但是现代研究人员对这点了解还不够深入，因此导致一些误差出现[①]，当然，这是题外话。五世达赖喇嘛时期，布达拉概念文化体系与拉萨红山上布达拉宫这一建筑之间实现了无缝衔接，成为布达拉宫整体文化的表现模式。在本书中，《五世达赖喇嘛自传》将对了解这一文化概念起到重要作用。

　　《五世达赖喇嘛灵塔志·瞻部洲庄严》由第司·桑结嘉措编纂。修建布达拉宫红宫是以安置五世达赖喇嘛灵塔及灵塔殿为直接目的。五世达赖喇嘛灵塔是公认的珍贵文化遗产，不论是灵塔体积，还是灵塔所嵌各类珍宝，装藏的各种佛教圣物以及通体所耗黄金等数量、质量和稀世程度都是人类文明史上的一个奇迹。《五世达赖喇嘛灵塔志·瞻部洲庄严》总体上以布达拉宫特有的"十三种殊胜性"，按照显密典籍引经据典，阐释观世音信仰即布达拉宫文化体系的殊胜之处，可以看作布达拉文化体系中最重要、最经典的文献之一。具体以建筑修缮即布达拉宫红宫部分的兴建先后作为主线，具体到对每一个殿堂面积大小、门窗朝向与具体用途、施造与供奉造像、典籍和其他文物、兴建所耗费物资、参与工事的具体监工、从各工种首席匠人到普通民工数量，工事所需耗材由来、数量、质量等方面都做了详细记录。同时，对建筑工艺特点如建筑布局、结构和绘画等做了点评。此外，还统计记录了修建布达拉宫红宫时工事参与人的所需费用包括薪酬银两、肉类、糌粑和茶叶等，成为

---

① 《五世达赖喇嘛自传——云裳》由五世达赖喇嘛和桑结嘉措共同完成，全书木刻版共分四函，参见拉巴平措、陈庆英主编《西藏通史》（清代卷下），中国藏学出版社，2015，第1144页。

真实了解 17 世纪西藏社会经济面貌的一部重要史料。具体到灵塔本身所需黄金由来和所要镶嵌珍宝，以数量、大小、样式和稀世程度进行详细记录，堪称藏族文物点校方面教科书式的文献。《五世达赖喇嘛灵塔志·瞻部洲庄严》内容浩瀚，价值体现是多方面的，这部珍贵典籍对于研究藏族的文物、经济、建筑等有着不可比拟的参考和应用价值。了解布达拉宫历史，这部著作的重要性是不言而喻的。《五世达赖喇嘛灵塔志》完成后，历代达赖喇嘛和班禅喇嘛等重要人物圆寂后修建灵塔并撰写《灵塔志》成为一种习俗，除了宗教、历史上的意义，为文物保护领域提供了一种全新的史料类别。

第司·桑结嘉措主持修建红宫时，除了编纂《五世达赖喇嘛灵塔志·瞻部洲庄严》等大部头档案类文献，还起草有布达拉宫《房屋书》（ཁང་དེབ་）等专门档案，是对布达拉宫红宫每一间房屋，到底用了多少根柱子、多少扇窗户、门朝何方、内部装饰情况（如柱座到梁之间木构件上装饰物，门窗大小、颜色和装饰结构）等方面的记录。这对房屋结构探测，特别是现阶段以修旧如旧的原则维修布达拉宫老建筑提供了最真实的资料依据。按照《房屋书》可以在现场调查得知布达拉宫到底保存了多少间历代的房屋，哪些房屋在历史过程中进行过修缮和改变原有布局，为当前修缮领域研究提供了重要参考意义。《房屋书》与上述的《灵塔志》相互结合基本上可以得知布达拉宫早期建筑的具体情况，是不可多得的第一手资料。

五世达赖喇嘛之后，除六世达赖喇嘛仓央嘉措，其余历代达赖喇嘛灵塔皆安置于布达拉宫内，起初也都单独修造了灵塔殿，七世达赖喇嘛圆寂后，布达拉宫红宫西南角改动原建筑布局修建了七世灵塔殿，并由六世班禅班丹益西编纂《七世达赖喇嘛灵塔志》。与上述《五世达赖喇嘛灵塔志》一样，也对七世灵塔殿修建历史经过，参与工事人员、所需耗材等进行了记录。《七世达赖喇嘛灵塔志》（རིགས་དང་དཀྱིལ་འཁོར་ཀུན་གྱི་བདག་པོ་རྗེ་འཆང་ཆེན་ལྷ་བཟང་གསུམ་འགྲོ་བའི་བླ་མ་མཆོག་གི་སྐུ་གདུང་ཡིད་བཞིན་གྱི་ནོར་བུ་སྦྱིན་པོར་བཞུགས་པའི་ལྷར་བཙས་སྐུ་དགུའི་མཆོད་སྡོང་ཆེན་པོའི་ཐོག་མཐའ་བར་གསུམ་གྱི་ཆེ་བའི་ཡོན་ཏན་བརྗོད་པར་བྱེད་པའི་གཏམ་རྒྱ་འཕྱལ་འོད་ཟེར་ཕྱོགས་བརྒྱར་འགྱེད་པའི་སྡེར་བྱེད་ཅེས་བྱ་བ་）

བཞུགས་སོ།། ）和《七世达赖喇嘛灵塔殿文物点校清册》（གསེར་གདུང་བཀྲ་ཤིས་ འོད་འབར་ཁང་གི་སྐྱོད་དེབ། ）等档案类文献直接把殿内所供文物进行详细点校后让后来管理者以此为据世代传承。《八世达赖喇嘛灵塔志》（ཕུན་ཚོགས་ འདོད་རྒུའི་གཏེར་མཛོད་གསེར་གདུང་རིན་པོ་ཆེ་དགེ་ལེགས་ཀཞི་འབར་གྱི་དཀར་ཆག་རོ་མཚར་ནོར་ བུའི་ཕེམས་སྐས་དང་ལྷན་འཇུག་དགོས་ཞེས་བྱ་བ་བཞུགས་སོ།། ）、《九世达赖喇嘛灵塔志》（ སྐྱིད་ཞིའི་དཔལ་ལེགས་མ་ལུས་པའི་འབྱུང་གནས་མཆོད་སྡོང་ཆེན་པོ་ས་གསུམ་ན་མཛེས་པར་དགའ་བ་ རྗེ་ལྔར་བསྐྱེད་ཚུལ་གྱི་དཀར་ཆག་ལེགས་བཤད་འདོད་རྒུ་འཛོ་བ་དཔག་བསམ་ལྗོང་འདུའི་དབང་པོའི་ སྙེ་མ་ཞེས་བྱ་བ་བཞུགས་སོ།། ）、《十世达赖喇嘛灵塔志》（ ལྔར་བཅུས་སྐྱིད་ཞིའི་གཙུག་རྒྱན་ རྗེ་བཙུན་དཔག་དབང་བློ་བཟང་རྒྱ་མཚོ་འཛམ་དཔལ་བསྙུན་འཇིན་ཆུལ་ཁྱིམས་རྒྱ་མཚོ་དཔལ་བཟང་པོའི་ སྐུ་གདུང་སྐྱིད་པོར་བཞུགས་པའི་མཆོད་སྡོང་ལཞམས་གསུམ་རྒྱན་མཆོག་གི་དཀར་ཆག་ཟུང་འཇུག་གཞལ་ མེད་ཁང་དུ་འཇུག་པའི་ཐེམ་སྐས་བཞུགས་སོ།། ）、《十三世达赖喇嘛灵塔志》（ སྐྱིད་ཞིའི་ མགོན་གཅིག་རྒྱལ་མཆོག་བཅུ་གསུམ་པ་ཆེན་པོའི་སྐུ་གདུང་སྐྱིད་པོར་བཞུགས་པའི་མཆོད་སྡོང་དང་ ལེགས་འདོག་འཛོའི་དཀར་ཆག་གངས་ཅན་ཕན་བདེའི་སྒྱུ་ནོར་བསམ་འཞེལ་དབང་གི་རྒྱལ་པོའི་བང་ མཛོད་ཅེས་བྱ་བ་བཞུགས་སོ།། ）等上述五部文献当中，对布达拉宫历次修缮和改建、扩建具体情况有详细记录，对从 18 世纪开始布达拉宫建筑布局如何进行改建、扩建及部分重要文物何时修造于布达拉宫进行了记录，为布达拉宫文物研究领域等提供了资料上的便利。除此之外，这些类似档案类文献几乎没有在学界进行过讨论，因此有其独特性、新颖性和权威性。

《法王洞志》（ ཆོས་བྲང་ཆེན་པོ་པོ་ཏ་ལའི་ཆོས་རྒྱལ་ལྷ་ཁང་བཀའ་འགྱུར་ལྷ་ཁང་དང་བཅས་ པའི་དེབ་ཐེར་འདོད་དགུའི་དཔག་བསམ་སྟོན་ཤིང་བཞུགས། ）、《帕巴拉康文物点校清册》（ པོ་བྲང་ཆེན་པོ་པོ་ཏ་ལའི་འཕགས་པ་ལོ་ཀེ་ཤྭ་རའི་མཆོད་ཁང་གི་དེབ་ཐེར་རིན་ཆེན་བང་མཛོད། ）、《黎玛拉康殿文物点校清册》（ པོ་ཏ་ལའི་ལི་མ་ལྷ་ཁང་གསར་པའི་རྟེན་མཆོད་རྣམས་དང་བཅས་ པའི་དེབ། ），这些档案基本上是 17 世纪完成开篇部分的编纂后，经历次进行填补而成，作每间殿堂更换香灯师或者保管员时点校之用。因此，对每一件文物名称、来历、质地、型号和其他信息有较详细的记录，对以文物角度解读布达拉宫历史、解读布达拉宫每一处殿堂和文物本身具有很高的参考价值。以《法王洞志》为例，由第司·桑结嘉措于 17 世纪末期起草，是布达拉宫（红宫）历史同时期形成的一部重要文献。其

中对某些重要文物的记录对整个布达拉宫研究有着重要意义，如其中谈
到的六面文殊阎摩（འཇམ་དཔལ་གཤེན་རྗེ་གདོང་དྲུག་）、松赞干布、禄东赞和两
位妃子塑像等记载，也有其特殊之处。《帕巴拉康文物点校清册》也是
自 17 世纪末期起草，后不断填充所形成，帕巴拉康作为布达拉宫主殿，
具有内存文物历史悠久、代表性强、价值高等特点。《文物点校清册》
（སྒྲོད་དེབ་）除正文内容，还标注有很多注解，如某一件文物在何时从原
来的殿堂移至别处或进行修补等内容。《黎玛拉康殿文物点校清册》是
研究布达拉宫或者整个佛教早期合金造像技术的重要文献。佛教传入西
藏后，西藏非常重视佛教造像研究，历代文人和造像师等匠人均对合
金造像情有独钟，且著有许多专门讲述合金造像的文献典籍。布达拉
宫黎玛拉康意为合金殿，顾名思义，内存众多以合金造像为主的珍贵
文物。这些清册对上千件造像质地、型号等相关信息的记录也是精确
无比，故价值不言而喻。

　　《颁发给雪域大众政教教诲准则·天鼓之音》（བོད་ལྗོངས་སུ་འཁོད་པའི་སྐུ་
འགྲོ་རྣམས་ལ་ལྱུགས་གཉིས་ཀྱི་བྱང་དོར་བསྩབ་བྱའི་ཚ་ཚིག་སྩལ་བའི་རིམ་པ་ཕྱོགས་བཀོད་ལ་ཨེ་ཇ་
དབྱངས་ཞེས་བྱ་བ་བཞུགས་སོ།།）和《向雪域大众、甘丹颇章众官员、布达拉宫
内大小僧俗官员、隶属仆役、护院以及"差德列空"各掌事所说之话》
（འཛམ་བུའི་སྐུ་དབང་ཀྱི་ས་ཞེས་པའི་སྐྱིང་ཆེན་པོའི་ནང་ཚན་བསལ་ལྱུན་ར་དཀྲས་བོས་ཨོར་ཡུག
ཏུ་མཛེས་པའི་ཞིང་འདིར་གནས་ཀིང་རྒྱ་བའི་སྐུ་སྐུ་རྣ་མཆོག་དམན་བར་ལྱུ་དང་། བྱེ་བྲག་དཀར་
ལྱུན་པོ་བྲང་བའི་ཚབ་སྱིད་ལས་གཞིའི་སྲེ་འཛིན། ལྷག་པར་ཇེ་པོ་བྲང་འདིར་ཉིད་དུ་འདུ་འཁོར་ཀྱི་སྐྱི་
བ་འགྲོ་འཆིའང་ནང་མ་མཁན་སྟེ་ཇེ་ཆུང་། པོགས་མདུན་ཆེ་སྐམ། ཇེ་གོད་ཀྱི་ལས་ཚན་པ། དྲུང་དྲག
འབྱིང་དགུལ་གསུམ། དྲུང་གཏོགས་ནང་གཞན། སྐོ་ར་དང་གཉིས་སོགས་དང་། སྱར་སྱོལ་དཉིས་བསལ་
འཁུར་འཛིའི་བྱུ་འདོམས་ཀྱི་ཐྱིད་པོ་ཇེ་འཆྱུལ་བའི་པ་ན་འཛིན་རིམ་འབྱོར་བཙམ་མཐའབ་དག་ལ་
བཤོ་བ།）为由十三世达赖喇嘛于 1899 年和 1913 年两次颁布的文告，均
收录于《十三世达赖喇嘛文集》。二者内容上没有太多不同，之前就有
类似文告颁布且抄写于布达拉宫"达仓郭母"（ལྱག་ཚང་སྒོར་མོ་）[1] 墙上，之
后又对该文告内容补充完善后抄写在"无字碑"（རྗ་རི་ནང་མ་）处一面墙

---

① ལྱག་ཚང་སྒོར་མོ་：地名，位于布达拉宫僧官学校一层南边的圆形小庭院。

上。无字碑处文告保存程度还算较好，盖有专门屋顶加以保护，字迹清晰可见。而"达仓郭母"墙壁上的文告，如今早已不见其影，连大致位置都难以弄清，但是两份文告均收录于《文集》并流传至今，这为开展相关探讨提供了便利。

布达拉宫从17世纪以来作为西藏地方政权中心，象征着地方政府的权威，因此对其保护、管理，布达拉宫内如何规定他人行为准则等成为西藏地方政治体制文化的重要内容。十三世达赖喇嘛时期，对布达拉宫日常保护管理以及相关人员在布达拉宫要遵循何种准则进一步明确，并以文告形式颁布后成为具有实际应用价值的地方性法规。《文告》中的许多内容到现在也可以作为标尺，对当下布达拉宫的保护和管理等规章制度提供参考和借鉴。尤其是关于文化遗产的保护研究等新型学科领域，《文告》内容具有很强的参考意义。特别是以《文告》内容来阐述新形势下如何保护、管理和利用布达拉宫文化遗产地特殊价值，是研究布达拉宫历史沿革延伸出的一个内容，也为布达拉宫历史研究提供了新的思路。

《原西藏地方政府机构》（ དེ་སྔའི་བོད་ས་གནས་སྲིད་གཞུང་གི་སྒྲིག་གཞི། ）、《原西藏地方政府行政机构》（ དེ་སྔའི་བོད་ས་གནས་སྲིད་གཞུང་གི་སྲིད་འཛིན་སྒྲིག་གཞི། ），这两种文献成书年代较晚，分别在20世纪80年代和90年代初期成型，第一篇由曾担任原西藏地方政府"噶仲"（ བཀའ་དྲུང་ ）即噶厦秘书之一的格杰巴·旦增多吉撰写，第二篇则是夏扎·甘丹班觉、恰宗·其美杰布（ ཆབ་ཚོམ་འཆི་མེད་རྒྱལ་པོ། ）和色新·洛桑顿珠等人共同完成，都对布达拉宫内原西藏地方行政机关及其具体位置、官员等级结构和机构功能等做了描述。两篇文章的作者皆为原西藏地方政府俗官，因此具有原创性，但文中只是按照藏族传统历史叙事模式进行描述，没有进行其他学科辅助研究。本书中将布达拉宫建筑结构和功能与布达拉宫内部行政体制模式进行具体结合，以布达拉宫建筑功能研究来解读西藏地方政治体制演变方面的问题，这一点我们可以参照《清沈阳故宫研究》（武斌主编，陈伯超、佟悦副主编，辽宁大学出版社，2006）和《故宫辞典》（万依主编，故宫出版社，2016）等文献。

5.人物采访篇

本书中许多细节方面需利用人物采访资料进行补充。人物采访内容重点分为布达拉宫管理模式、布达拉宫相关历史记忆、布达拉宫维修经历、布达拉宫文物登记等情况。分别对洞波·土登坚赞（དོན་པོ་ཐུབ་བསྟན་རྒྱལ་མཆན་）（现已故）、顿旺·索多（དོན་དབང་བསོད་སྟོབས་）、南扎·强巴格桑（རྣམ་གྲ་བྱམས་པ་སྐལ་བཟང་）和朗苏·日桑（སྣང་མཚོང་རྱེར་པ་རིག་བཟང་）、夏珠（ཤ་ཕྱུག་）等当年与布达拉宫有交集的一些历史老人进行采访，这些人都曾亲历民主改革之前的布达拉宫历史变迁。其中对原南杰扎仓僧人强巴格桑的采访是 2013 年进行的，先生如今早已仙逝；对顿旺·索多老先生的采访是分别于 2017 年 9 月和 2019 年 8 月进行的，先生于 2019 年 11 月逝世，享年 93 岁。其余在世者也均已过了杖朝之年，有些更是迈入耄耋，通过对他们的采访可以补充很多细节。此外，针对从 20 世纪 70 年代以来如何管理布达拉宫、保护与维修等也向几位当事人进行过采访，补充无法从案卷或者文本当中查阅到的珍贵资料，这些将对本书起到很大的帮助作用。

三　结构安排与主要内容

与以往的传统历史学的研究视角不同，在梳理布达拉宫具体历史沿革的基础上，本书打破了单一的历史事实叙述，把研究重点放在"布达拉"这一特殊文化形式在不同历史时期表现出的文化内涵，把建筑、文物、人物和事件作为这一框架的具体组成部分，试图从空间和时间上展现一种较为多元的布达拉宫历史及其文化的发展脉络。具体章节的安排上以历史发展的先后顺序为线索，对每一时期内有关布达拉宫的历史事实进行探讨。

第一章主要从文化概念的形成、传播及其影响方面探讨了作为观音信仰文化中"布达拉"在藏地的形成及其蕴含的文化内涵。"布达拉"（པོ་ཏ་ལ་）是观音文化的重要组成部分和具体体现。最初形成于印度南部，与此地的海洋文化有着直接关系，但是到了后期内容补充和虚构成分日益增多，比如对观音净土内容的描写开始变得具象化，为藏地佛教文献中塑造观音净土观留下了想象的空间。佛教传入藏地的历史只有 1300 多年，而吐蕃王朝时期虽然有观音文化作为最早传入藏地的佛教内容之一，"布达拉"观念兴盛还是在后弘期时期，统一王朝的结束，为观音文化尤其是"布达拉"文化提供了难得的机遇。各教派、各世俗势力都试图寻找和建立藏地的"布达拉"净土。到了 17 世纪，西藏甘丹颇章地方政权的建立，才使位于拉萨的红山和观音净土"布达拉"得到完美的结合，并且开始塑造了拉萨红山就是藏地观音净土的理论范式，这一范式为形成近代群体的统一意识起到了巨大作用。本章有观音信仰传入藏地、"布达拉"概念在藏地的传播和"布达拉"观念形成的背景三个方面的内容。

第二章主要从地域空间上探讨了布达拉宫所在拉萨河谷的人类生态。布达拉宫最早"出现"是在 1300 多年前的吐蕃王朝时期，松赞干布为公主修建宫殿成为布达拉宫的最早历史。但是考证 1300 多年前吐蕃到底有无修建城堡的自然与社会环境是研究吐蕃王朝时期布达拉宫历史的另外一种途径。抛开宗教信仰的成分，从藏族社会历史发展的客观事实来探讨，当时吐蕃社会发展过程中到底有没有修造城堡型宫殿建筑的需求，这点需要从青藏高原的自然环境、吐蕃王朝政权运行模式和藏族社会发展特点，尤其是 1300 多年前拉萨河谷的人类生态模式这一视角去分析和解读。本章从三个层面的内容进行论述，即以考古学和文献学等知识来对 1300 多年前的拉萨河谷的人类生态状况进行研究，并结合了文献中的"布达拉"以及吐蕃历史的史料传统。

第三章主要按历史沿革的顺序，对 11~17 世纪前叶拉萨城的历史变迁，特别是拉萨红山如何从一处僻静的小山岗成为布达拉宫这一庞大建筑群的载体的历史过程进行研究。关于拉萨城的形成，学术界少有相关成果，而布达拉宫作为拉萨城的地标性建筑，要探讨其历史脉络，必须要梳理拉萨城形成和发展的轨迹，这对更好地认识布达拉宫文化内涵的形成也有重要意义。本章分三个时期即 11~13 世纪、14 世纪、14~17 世纪前叶来展开论述，包括蔡巴噶举的早期经营、布达拉宫"法王洞"及"法王殿"模式、圣观音像的探讨以及群雄逐鹿拉萨城等内容。

　　第四章是布达拉宫的正式修建。17 世纪，西藏地方局势的明朗，为真正意义上的布达拉宫的修建提供了难得的机遇。17 世纪中叶及末期进行的大规模工事活动奠定了布达拉宫形成的基础。从最初的军事要塞式的建筑到带有强烈宗教意义的神秘空间的形成更是布达拉宫建筑所展示的文化张力。本章通过大量的史料来重现布达拉宫建筑及相关文化的形成事实。包括白宫的修建、白宫样式的来源、红宫的修建以及修建红宫的影响与意义四个方面。

　　第五章是布达拉宫文化功能的拓展。以 18 世纪至 20 世纪上半叶布达拉宫的建筑变迁和布达拉宫特有的文化现象作为研究对象。这时的布达拉宫在宗教神秘空间的基础上，鉴于地方政权的需要又设立了具有现实操作性的机构，成为布达拉宫延伸出的新功能。包括设立各种机构、从结构到功能以及终成规模三个方面的内容。

第一章　持舟而来

——"布达拉"的由来

研究布达拉宫的历史，首先要了解"布达拉"这一特殊词语的由来问题及其所涵盖的意思。"布达拉"藏语写作"ཕོ་ཏ་ལ"，梵文写作"पोताल"，藏语意即"持舟山"（རི་བོ་གྲུ་འཛིན），是观世音以慈悲之舟，普度困在犹如茫茫大海般轮回中的苦厄之众，到达无忧净地即彼岸世界之意。因此"布达拉"是指一种解脱苦厄的方式或工具，以此比喻观世音慈悲之力量，表达了一个特定地方即观音道场（སྒྱུན་རས་གཟིགས་ཀྱི་ཞིང་ཁམས），这是藏族传统观念中对布达拉的解读。布达拉作为观音文化现象的具体体现和重要组成部分，成为藏族社会漫长历史发展中最主要的信仰依托。

一　观音信仰传入藏地

观音信仰起源于古代印度是学界的共识，专门梳理其传播问题是庞大而系统的研究课题，除了要熟悉佛教典籍中的相关记载，也要参考早期印度教等佛教之外诸神像体系的形成历程；既要梳理和分析现存相关实物资料如各样式的观音造像和不同版本的观音经目，也要倚仗现代考古发掘的最新成果。从史料方面看，目前有关早期印度境内佛教传播史，尤其是观音信仰流传的史料中《大唐西域记》是不得不提的一部珍贵文献。

　　目前，学界把观音文化传入藏地的时间认定在西藏前弘期时期，根据文献记载，当时的吐蕃境内开始出现观音信仰，有零散的经卷和为数不多的观音造像，但并未形成大的气候。观音信仰传入西藏与其在印度本土的发展现状有直接的关联。根据《大唐西域记》，7 世纪前后，观音信仰的痕迹在整个古代印度国境内几乎随处可见。这说明，观音信仰体系在古代印度的传播由来已久，已经成为佛教思想体系的重要组成部分。按照学界的普遍观点，观音信仰的源流最早出现在古代印度的南部地区，这点与纯粹佛教观念中"观音'诞生'在西方极乐世界"的说法有某种内在联系。因为，"西方极乐世界"是佛教密宗思想中有关宇宙的认识，与现实的四个方位不能完全对应，换句话说，密宗曼陀罗观念中的西方也许跟现实中的南方或其他方位能够形成对应。

　　以《大唐西域记》为例，书中玄奘提到观音信仰的笔墨岂止一两处。按照玄奘的活动轨迹，他第一次提到观音的记载是到了今天阿富汗喀布尔地区的迦毕试国时期，曾亲眼见到了一尊观音像，据记载："石室西二三里大山岭上，有观自在菩萨像。有人至诚愿见者，菩萨从其像中出妙色身，安慰行者。"[①] 从玄奘当年游历路线来看，是从大雪山经过著名的梵衍那国，来到了迦毕试国，就在迦毕试国的质子伽蓝的山岭上发现的观音像。对质子伽蓝的解释是昔日犍陀罗国王迦腻色迦的王子夏天居住之地，王子笃信佛法，故此修建了伽蓝。[②] 玄奘到达之时，虽然该地区佛法已呈颓势，但此处依然有三百多名习小乘教法的僧众，并且举行夏安居等相关佛法仪俗。[③] 可见，此地的质子伽蓝及相关佛教遗迹基本上是形成于迦腻色迦王时期，并一直流传到 7 世纪。迦腻色迦是西北印度盛极一时的贵霜王朝之统领，贵霜王朝具体的统治年代虽有争论，但基本可以断定迦腻色迦王在世年代为 1 世纪至 2 世纪前后。[④] 长达 500 多年的时间里，北印度的迦毕试国地区观音信仰一直流行不衰，

---

① （唐）玄奘、辩机：《大唐西域记校注》（上），季羡林等校注，中华书局，2000，第 143 页。
② 参见（唐）玄奘、辩机《大唐西域记校注》（上），季羡林等校注，第 138~139 页。
③ 参见（唐）玄奘、辩机《大唐西域记校注》（上），季羡林等校注，第 138~139 页。
④ 参见周贵华著《世界佛教通史》（第 1 卷），中国社会科学出版社，2015，第 476 页。

传承有序。此外，玄奘到达乌仗那国即今天巴基斯坦与阿富汗交界的斯瓦特河谷时，也看到了观音精舍与造像等遗迹。在乌仗那国瞢揭厘城附近的精舍中供奉有精美的观音像。据记载，"石窣堵波西渡大河三四十里，至一精舍，中有阿缚卢枳低湿伐罗菩萨像，威灵潜被，神迹昭明，法俗相趋，供养无替"①。在这样的背景下，乌仗那国在公元前后开始受伊斯兰教等外部的强力冲击，宗教信仰亦是几经更替。然而，直至7世纪，该地依然保持着对佛教观音信仰的炙热传统。按照书中记载，观音信仰在此地不仅起源较早，且一直是以民间信仰的方式流传下来。而佛教盛行的摩揭陀国境内，玄奘同样亲睹了许多观音遗迹，比如在摩揭陀的鞮罗择迦伽蓝，有数千位习大乘佛教的僧众，并且供奉着巨大的鍮石铸造像即铜质观音像与度母像。②可以看出观音与度母这两位号称慈悲之主的佛教重要神系在当时的摩揭陀等地的传播现状。除此之外，在摩揭陀国金刚座菩提树旁，有一尊据传是阿育王时期所铸白银材质的观音像，该观音与弥勒或慈氏在此形成固定的组合。③在传统概念里中部印度的核心区域，观音信仰传播极为广泛。同时，从侧面看出，至少在7世纪，虽然该地出现了印度教的庙宇④等元素，但是佛教神系的观音造像与度母、弥勒等不同的佛教神像组合式的出现，说明佛教后弘期之后在藏地极为流行的三怙主组合即观音、文殊与大势至菩萨的固定组合并非7世纪印度摩揭陀等地流行的样式。《大唐西域记》中作者在摩揭陀，除了目睹体量巨大、材质珍贵的观音造像，也听闻许多观音传说流传于当地。在佛教圣地金刚座，佛涅槃之后，印度诸国王为了纪念这一圣地的殊胜性，专门供观音像于此，玄奘达到之际，见到了其中一尊半身埋入土中之景。而在菩提树旁，有漕矩吒商主所修窣堵波即佛塔。据传，该商主与众人泛舟南海，途中遭遇大鲨鱼，最终祷告观音菩萨而顺利到达，商主回到金刚座后修建佛塔来感念观音。而在那烂陀寺附近，玄奘

① （唐）玄奘、辩机《大唐西域记校注》（上），季羡林等校注，第288页。
② 参见（唐）玄奘、辩机《大唐西域记校注》（下），季羡林等校注，第650页。
③ 参见（唐）玄奘、辩机《大唐西域记校注》（下），季羡林等校注，第673页。
④ 参见〔巴〕穆罕默德·瓦利乌拉·汗著《犍陀罗：来自巴基斯坦的佛教文明》，五洲传播出版社，2009，陆水林译，第319页。

又发现了一尊观音立像，对此季羡林等当代印度研究人员提到了日本学者高田修在《印度南海的佛教美术》中对"在那烂陀寺遗址的第十二号塔附近发现五世纪制作的观自在立像"①是否为该尊像的讨论。因此，摩揭陀国至少在 5 世纪之前或者更早就流行观音信仰了。除了上述漕矩吒商主的故事，玄奘在提到摩揭陀国境内讨论有关观音造像或者典故时，不止一次提到了观音与南海或者南部僧伽罗国之间的关系。在提到摩揭陀国境内孤山的观音像时，又提到观音信仰与僧伽罗地界之间的关系。②这也为《大唐西域记》中观音道场布呾洛迦山位于南海做了叙述上的铺垫。

　　从《大唐西域记》中随处可见的观音像特点来看，玄奘在描述各地观音像时，对观音的造型，除了站立像或者坐像，还有部分材质外，并没有做过多的描述。也许，玄奘当时指的观音大部分是典型的观音卡萨巴尼像或六字观音像，这点在学界也达成了共识。③后期在藏文典籍中出现的不同形态的观音像，尤其是密宗的观音像已成体系，而在 7 世纪前后的印度还没有梳理出完备的神像体系。我们看到的包括观音在内的完备的神系是从藏传佛教后弘期之后开始出现的神系修炼法门典籍《巴日百法》（བ་རི་བརྒྱ་རྩ་）、《纳塘百法》（སྣར་ཐང་བརྒྱ་རྩ་）、《弥百法》（མི་ཏྲ་བརྒྱ་རྩ་）、《修法海论》（སྒྲུབ་ཐབས་བརྒྱ་རྩ་）以及更晚期的《修法宝源》（སྒྲུབ་ཐབས་རིན་འབྱུང་）中所记之事。可见，7 世纪，印度佛教神像体系中对观音的传统认识大部分还是指一面二臂、左手持莲花的寂静像造型。玄奘在描述观音信仰或者观音造像时，从开始的简单描述到之后的故事情节性愈加丰富来看，虽然印度整个国境都流行观音信仰，但是越往西北方向（即今天阿富汗和巴基斯坦等地），观音信仰就越成为纯粹的民间性信仰；越到中部直至南部印度各地，观音信仰的相关体系或情节就显现得更加饱满，可见其起源就与南部印度即今天斯里兰卡周围的海洋附近有关是历史事实。此外，玄奘在记述相关情况时，也是不断地完善观

---

①　参见（唐）玄奘、辩机《大唐西域记校注》（下），季羡林等校注，第 760 页。
②　参见（唐）玄奘、辩机《大唐西域记校注》（下），季羡林等校注，第 773 页。
③　参见李翎著《藏传佛教阿弥陀佛与观音像研究》，甘肃民族出版社，2012，第 11 页。

音信仰的相关理论，这点从他对"观自在菩萨"或梵文音译"阿缚卢枳低"等不同称呼上的变化能看出端倪。可知，作为佛家弟子的玄奘也在不断地接受印度境内流传的观音及其文化概念，这与唐代已有传播的观音信仰之间定会有所区别。

除了随处可见的观音造像，在《大唐西域记》中，玄奘提到了印度南段一称作"秣罗矩吒国"的地方，虽然所记内容大有夸张之嫌，①但也能知道从此地继续往南就有秣刺耶山和观音道场布怛洛迦山等基本的地理概念。其中，记载秣刺耶山时，特别提到了该山中长满白檀香树，而此类檀香性凉寒，故常有蛇类盘缠旃檀树而居，故称"蛇卫旃檀"或"蛇心旃檀"②。这一说法与藏地佛教后弘期之后广泛出现的"松赞干布遣比丘到印度国界，妙取'蛇心旃檀圣观音像'（ཙནྡན་སྦྲུལ་གྱི་སྙིང་པོ། ）"的故事情节有着某种特殊关联。虽然，这一故事情节如何变化到藏文伏藏典籍当中，且流行几个世纪目前仍无头绪。但是可以肯定的是，我们能够对藏文典籍中出现的"'蛇心旃檀圣观音像'（ཙནྡན་སྦྲུལ་གྱི་སྙིང་པོ། ）"的名称由来有较为客观的认识。事实上，7世纪前后，印度南部的秣刺耶山上不仅盛产性凉寒的旃檀树，且各类蛇群盘踞于山中。到了11世纪之后，藏文典籍中，对这一印度国境内的具体地望的描述穿插于佛教故事之中，构建了圣观音像的由来和吐蕃时期松赞干布的"生平事迹"。

除秣刺耶山，《大唐西域记》还提到的另一个有关观音的地方就是观音道场布怛洛迦山。佛教相关史料中，尤其是藏文典籍中不止一次提到了观音道场就是布怛洛迦山，即现代所称"布达拉"山。但是，该山的具体地望，或含糊不清，或难以指认而变得极为神秘。但《大唐西域记》中明确记载了布怛洛迦山的位置，还描述了此山即观音道场的"事实"，以游历者的视角第一次描述了观音道场"布达拉"的具体位置。③这对研究观音文化信仰在藏地传播的源流问题具有重大意义。

---

① 参见（唐）玄奘、辩机《大唐西域记校注》（下），季羡林等校注，第858页。
② 参见（唐）玄奘、辩机《大唐西域记校注》（下），季羡林等校注，第860页。
③ 参见（唐）玄奘、辩机《大唐西域记校注》（下），季羡林等校注，第861页。

就像当代学者所推崇般，①《大唐西域记》的重要性不言而喻，该书为我们展现了 7 世纪前后佛教在印度的发展现状，是一部可以为科学研究所利用的重要资料，从中能够看出观音作为具有典型意义的文化形态，一直受印度国境内佛教各流派或思想的推崇。但是，此时的印度国境内，整体的观音信仰呈现一种颓废的状态，这与整个佛教的发展变迁是密不可分的。同时，其起源于当时印度国南部，与当时的自然环境有着紧密联系，书中不止一次提到的观音能够救助人脱离大海的惊涛骇浪之险，也能躲避海边崇山峻岭间各种猛兽以及疾病等危险，以其慈悲之性度人到安全之地。这也与观音信仰传入藏地后成为主流意识有着直接关系。

图 1　猕猴与罗刹女壁画（布达拉宫管理处提供）

观音信仰最早传入藏地的时间应该是吐蕃王朝时期，这点在现有的相关史料中能够窥探一二。传统藏文典籍中虽然关于观音信仰或者法门的传播等记载相当丰富，但从文献学的角度而言缺乏科学依据。截至目前，最早记录观音信仰的藏文佛教类史书非《韦协》莫属，其中明确指

① 参见王邦维著《奇书〈大唐西域记〉》，《文史知识》2013 年第 11 期，第 5~15 页。

出松赞干布时期观音信仰的零散传统。而敦煌出土，现藏于法国国家图书馆的藏文手抄本相关经卷中，观音经目更是非常丰富，这些为我们研究早期观音信仰在藏地传播提供了更加开阔的视野与资料依据。

学界对《韦协》的争论由来已久，主要争论在于其是否为吐蕃时期的产物，即该本作者的属性问题。但目前的基本观点是《韦协》一书至晚是 12 世纪之前形成，[①] 且参考和引用了吐蕃时期的史料，[②] 因此价值斐然。学界对《韦协》的研究，以巴桑旺堆与迪恩·博格二人的合译英文本 [③] 及巴桑旺堆对《韦协》汉译本相对前沿。下面对《韦协》汉译本进行讨论。

8 世纪吐蕃赞普赤松德赞时期，佛教正式在藏地得到了较为广泛的传播，专门记录佛教传播内容的《韦协》原本随之出现。《韦协》内容大概为佛教在藏地的早期（7~8 世纪）传播，8 世纪赤松德赞迎请寂护和莲花生，并修建西藏历史上第一座佛家寺院桑耶寺，翻译佛经并进行了佛苯之争、顿渐之争，以及 9 世纪上半叶赤祖德赞时期的佛教传播情景以及穆尼赞普时期佛苯之争等。[④]《韦协》在讲述藏地早期佛教传播历史时，提到了松赞干布与观音信仰的相关记载，这对本章所探讨的早期观音信仰在藏地传播的解释意义重大。其中情节是以一段佛经故事的穿插形式描述的，谈到于阗地区流传着松赞干布为观音化身的传说，于阗佛僧为了亲睹观音尊容，特意千里迢迢来到藏地，只可惜到达之后未能如愿。不仅如此，且逢松赞干布行刑犯人之际，场面血腥无比，使得于阗僧众绝望而归。松赞干布得知消息后，命人将于阗僧人带到其前，并把自己变回观音之身，于阗僧人随之产生不变之信。[⑤] 这一充满佛教神话色彩的传说与藏地后弘期之后形成的伏藏典籍的记述风格极为相似。在《韦协》中对于这一记载的出处做了明确交代，即"这段文字

① 参见孙林著《藏族史学发展史纲要》，中国藏学出版社，2006，第 141 页。
② 参见林冠群著《唐代吐蕃史研究》，（台北）联经出版事业股份有限公司，2011，第 91 页。
③ 参见 Pasang Wangdui and Hildegard Diemberged, op, cit, Introduction, pp.11-12。
④ 参见韦·囊赛著《〈韦协〉译著》，巴擦·巴桑旺堆译，西藏人民出版社，2012，"前言"第 6 页。
⑤ 参见韦·囊赛著《〈韦协〉译著》，巴擦·巴桑旺堆译，"前言"第 3~4 页。

如实取之于《大授记》也"。① 虽然《韦协》"保留了诸多原始写本的特
点，即吐蕃文史的行文特点和叙事风格，所记述事件与吐蕃时期的金石
铭文多有吻合，较为忠实于原著"，② 但是，明显可以看到，开始有意识
地穿插着一些与吐蕃客观历史毫不相关的内容。这些内容则是直接从佛
经故事中抄录，迎合了后弘期初期佛教化"史书"的叙事风格。但是，
这一"始作俑者"也发现，如此随意之举略显唐突，因此又说明了文本
的出处，就有了上述的"如实取之于《大授记》也"的字样。可见，与
原文或者客观史实间并无关联。还有，这一佛经内容的穿插说明了《韦
协》作为较为忠实原文的写本也在受时代大环境的影响，当代学者提出
的"《韦协》写本从内容及文字书写风格来看仍属于 11 世纪的手抄本"
的论断也是较为令人信服和客观的。后弘期之后出现的各类伏藏史书或
"佛教史书"是如何一步步成为充满佛经神话色彩的"故事书籍"，将是
本书第三章进行探讨的核心内容。

此外，《大授记》即《于阗大授记》，这一佛经的形成及何时翻译成
藏文问题对《韦协》中这段记载的断代提供了有力依据。按照现代研究
人员的说法，该佛经在 9 世纪中叶开始翻译成了藏文，③ 不仅如此，"《韦
协》中关于松赞干布为菩萨化身的说法在吐蕃时期并不是孤例"④ 的说法
同样符合藏传佛教传播的客观事实。

综上而言，《韦协》尽可能地保留了吐蕃时期的历史叙述风格，随
着藏传佛教后弘期的开始，这类早期史料也是经历了佛教极速传播的
巨大洗礼，从于阗等地已经传播的佛经开始翻译成藏文，逐渐完善了
藏地后弘期主流佛教史书的基本模式。其主要表现在大力塑造吐蕃历
史的各种"想象"、神话松赞干布的生平、把观音信仰与松赞干布等吐
蕃历史人物结合的现象，就是从《于阗大授记》等佛经翻译之后开始
的。⑤ 因此，《韦协》不仅保留了较多的吐蕃历史文书的内容和写作风

---

① 韦·囊赛：《〈韦协〉译著》，巴擦·巴桑旺堆译，第 4 页。
② 韦·囊赛：《〈韦协〉译著》，巴擦·巴桑旺堆译，"前言"第 6 页。
③ 参见沈琛《吐蕃与于阗佛教交流史事考述》，《西域研究》2020 年第 3 期，第 135 页。
④ 参见沈琛《吐蕃与于阗佛教交流史事考述》，第 135 页。
⑤ 参见沈琛《吐蕃与于阗佛教交流史事考述》，第 135 页。

格，更重要的是展现了佛教影响下早期史料如何被相关内容充斥和改变的事实。

除《韦协》的讨论，要想掌握早期观音信仰在藏地的传播历史，还需要从敦煌莫高窟发现的观音经目进行展开。对敦煌出土的藏文文献中有关观音法门的经卷，学界有了系统的整理与研究，国内以当增扎西的《从法藏敦煌藏文文献看吐蕃时期的观音信仰》中对 16 卷观音经目 ① 的系统整理相对前沿。上述经目的书写纸张的大小、叶（页）数以及字体等均有所不同，这与这类经卷的用途、翻译文稿的成熟与否以及保存程度等相关。

关于莫高窟发现的藏文观音经卷翻译成藏文的大致年代，学界统一的认识是在 9 世纪中叶，即吐蕃著名译师贵·曲珠来到沙州之后。② 敦煌文献的发现者之一法国人伯希和找到了出自法称（即贵译师）之手的《诸星母陀罗尼经》，而法称 ③ 就是藏文所记载的吐蕃译师贵·曲珠。伯希和认为"是当甘州处于吐蕃统治之下时写作的，也就是大约 760~850 年之间" ④。在此期间吐蕃正在统治该区域，因此，敦煌发现的数量不俗的观音法门等佛教经卷，就是在敦煌本地翻译后得以保存，部分译本也许被人带到吐蕃腹心地区。从敦煌莫高窟发现的诸观音经目来看，当时吐蕃统治区域下的敦煌，形成了较为完备的译经制度，即伯希和认为的"在甘肃是否有一个藏族译师学校与汉族译师学校并存呢？" ⑤ 这点

---

① 内容大致为一篇 6 叶（页）《圣观音如意轮赞》（འཕགས་པ་སྒྲོལ་རས་གཟིགས་ཡིད་བཞིན་འཁོར་ལོའི་བསྟོད་པ་）、七篇叶（页）数不等的《圣观自在一百零八名号经》（འཕགས་པ་སྤྱན་རས་གཟིགས་དབང་ཕྱུག་གི་མཚན་བརྒྱ་རྩ་བརྒྱད་པ་）、两篇共 11 叶（页）《圣自在不空羂索心要陀罗尼》（འཕགས་པ་སྤྱན་རས་གཟིགས་དབང་ཕྱུག་ཡོན་ཏན་པའི་སྙིང་པོ་ཞེས་བྱ་བའི་གཟུངས་）、一篇 3 叶（页）《圣千手千眼自在菩萨无疑大悲心广大圆满陀罗尼》（འཕགས་པ་བྱང་ཆུབ་སེམས་དཔའ་སྤྱན་རས་གཟིགས་དབང་ཕྱུག་ཕྱག་སྟོང་སྤྱན་སྟོང་དང་ལྡན་པ་ཐོགས་པ་མེད་པར་ཐུགས་རྗེ་ཆེན་པོའི་སེམས་རྒྱ་ཆེར་ཡོངས་སུ་རྫོགས་པ་ཞེས་བྱ་བའི་གཟུངས་）、一篇《观自在菩萨祈愿文并咒语》（འཕགས་པ་སྤྱན་རས་གཟིགས་དབང་ཕྱུག་གི་སྨོན་ལམ་）、一篇《圣观自在明咒》（འཕགས་པ་སྤྱན་རས་གཟིགས་དབང་ཕྱུག་གི་རིག་པའི་རིག་སྔགས་）、一篇《菩萨具备千眼摄集一切身陀罗尼》（སྤྱན་རྒྱ་མཚམ་ལ་སོགས་སྟོང་དང་ལྡན་པའི་གཟུངས་）、两页《圣自在陀罗尼及仪轨》（འཕགས་པ་སྤྱན་རས་གཟིགས་དབང་ཕྱུག་གི་གཟུངས་དང་ཆོ་ག་）和一页《圣自在大悲心咒陀罗尼》（འཕགས་པ་སྒྲོལ་རས་གཟིགས་དབང་ཕྱུག་གི་ཐུགས་རྗེ་ཆེན་པོའི་གཟུངས་ཞེས་བྱ་བ་ཐུགས་སྙིང་པོ་ཞི་ཏི་དང་བཅས་སོ་）。参见当增扎西著《藏族观音文化研究》，中国藏学出版社，2013，第 155~158 页。
② 参见当增扎西著《藏族观音文化研究》，第 161 页。
③〔法〕伯希和：《伯希和敦煌石窟笔记》，耿昇译，甘肃人民出版社，2007，第 422 页。
④ 参见季羡林主编《敦煌学大辞典》，上海辞书出版社，1998，第 940~942 页。
⑤〔法〕伯希和：《伯希和敦煌石窟笔记》，耿昇译，第 422 页。

从敦煌莫高窟藏经洞发现的藏文佛经的数量和内容上能够得出更确切的答案，足见在一千多年前的敦煌地区佛经翻译成藏文的规模之大、体系之完备。

与传统观念不同，在现代研究视角下，佛教传入藏地的路线也是当时吐蕃北方或东北方西域各地逐步传入吐蕃①的观点占据主流。通过上述对《于阗大授记》和敦煌藏经阁观音经目翻译等问题的探讨，这一观点在观音信仰的传播途径中显得格外清晰。而在吐蕃腹心区域，在8世纪之后，观音信仰才开始得到零散的传播。这与吐蕃时期"年布桑哇"即神秘玄物降临吐蕃以及派人到印度学习传播佛教等"典范"式的记载相距甚远。特别是观音信仰的传播，其中一条路径即经西域传播到了吐蕃边境，之后慢慢进入藏地核心区域。到了11世纪，开始出现松赞干布被神化成观音化身等故事情节。

观音信仰作为佛教文化的重要组成部分，在藏传佛教中有着积极雄厚的文化底蕴和特殊的文化情节。观音信仰的早期起源和藏地的早期传播等问题更是本书所要探讨的重点，如前面所说，观音信仰最早诞生在古代印度的南部地区，随着佛教的大规模传播，2~3世纪之后在古代印度的全境得到较为广泛的传播。之后，古代印度的历史发生变化，佛教开始走下神坛，且不停向周边地区发展，观音信仰也是如此，它以极其适应的姿态从不同区域进入了藏族社会，形成千年来的藏族主流思想。研究发现，观音信仰传入藏地的路径也是越发清晰，除了传统认识的8世纪吐蕃境内设立印经院翻译佛典，9世纪之后，于阗、敦煌等佛教流行的西域各地将以观音法门为主的佛教文献翻译为藏文，并不断传入藏地，逐渐形成了特殊的佛教信仰体系。其中观音信仰与藏地历史相互结合，把赞普当作观音化身，并在藏地修建观音道场等故事情节，一定是11世纪之后才形成的文化表达范式。

如上所言，早期观音信仰传入藏地的时间早在佛教前弘期就开始，但是系统传入藏地还是在11世纪前后才开始的。这与佛教历史人物阿

---

① 参见季羡林著《季羡林谈佛》，当代中国出版社，2007，第40~41页。参见འཛམ་དབྱངས་ཕུན་ཚོགས།著《བོད་ཀྱི་རྒྱལ་རབས་དུ་དུན་ཚོག་ཤོག་འབར་དར་བའི་སྐོར་ལ་དཔྱད་པ།》，西藏大学硕士学位论文，2007。

底峡有着千丝万缕的联系，阿底峡的求法经历、其显密教法传承与观音信仰之间关系的痕迹都极为明显。阿底峡在金洲海域的求法与在该地流行的观音信仰以及之后他入藏后推崇的菩提发心教言等方面，可以看出观音信仰传入藏地的基本背景。

10~11 世纪在藏族历史上称作"后弘期"，是社会的一次转型期，以孟加拉国的阿底峡为代表的佛教高僧纷纷来到藏地，推动了佛教在藏地的第二次大发展。阿底峡入藏之前在印度及相关地界上的活动轨迹也是极为复杂的。其中他到金洲求法受教的经历，是远离当时印度，泛舟到东南亚地界的故事。而从其具体的海上经历来看，当时东南亚的广袤海域上，观音和度母等以慈悲为主题的佛教信仰有着极为广泛的传播基础。

阿底峡金洲求法记是他的许多传奇经历中的一次，按照藏文典籍的记载，阿底峡金洲之行历经坎坷，步步惊险。学界公认的金洲就是今天印度尼西亚的苏门答腊之地。关于该地在古代汉文史书中有较多的记述。如东晋法显《佛国记》中称此地为"耶婆提国"。《佛国记》中描绘了法显从师子国（斯里兰卡）至耶婆提国（苏门答腊）的路途经历。据记载："大海弥漫无边，不识东西，唯望日月星宿而进。若阴雨时，为逐风去，亦无所准。当夜暗时，但见大浪相搏，晃若火色，鼋鼍水性怪异之属，商人荒慄，不知那向。海深无底，又无下石住处。至天晴已，乃知东西，还复望正而进。若值伏石，则无活路。"① 到了大约 7 世纪，该区域被称作"室利佛逝"。据《东南亚的印度化国家》记载："室利佛逝约在 7 世纪后期兴起于苏门答腊的巨港，都城名佛逝（今巨港地区），后来不断扩张领土，形成一个海岛帝国。"② 而后期藏文中出现的"གསེར་གླིང་"即金洲与古代汉文当中的"室利"在转音上极为相近，也许就是同一地名。然而，目前并未找到阿底峡求法之地"金洲"一词在当时梵

---

① （东晋）法显：《佛国记》，载《东晋求法高僧法显和〈佛国记〉》，宗教文化出版社，2010，第 88 页。

② 〔法〕G. 赛代斯：《东南亚的印度化国家》，蔡华、杨保筠译，商务印书馆，2008，第 413~423 页。

文语境中的正确拼写法，因此还不能完全把二者等同。但是，"金洲"与"室利"都在今天的苏门答腊岛境是事实。"室利佛逝"从 5 世纪到 11 世纪一直为东南亚地区较为强大的政权。据记载，"11 世纪在马来群岛，苏门答腊的室利佛逝王国继续扮演着海上强国的角色"①。阿底峡到金洲的大致时间是 11 世纪前叶，正值室利佛逝王国统治时期。藏文典籍中"གསེར་གླིང་"即金洲仅仅是以方位或者地域角色出现，而非政权概念。其特点是以生产各类珠宝而闻名，②而该地生产黄金的故事一直流传在世界各地。③藏文中关于金洲的记载丰富，但是，毕竟记载阿底峡生平的众多藏文典籍都是 11 世纪之后出现的，并且经历多次的增改，因此未能留下太多有关"གསེར་གླིང་"（即金洲）的具体而有效的信息。

阿底峡到金洲求法的记载在藏文典籍中有不俗的笔墨，《阿底峡传》（ཇོ་བོ་རྗེ་དཔལ་ལྡན་ཨ་ཏི་ཤའི་རྣམ་ཐར་བཀའ་གདམས་པ་ཚོས་ཞེས་བྱ་བ་བཞུགས་སོ།། ）和《阿底峡尊者传》（ཇོ་བོ་རྗེ་དཔལ་ལྡན་ཨ་ཏི་ཤའི་རྣམ་ཐར་ཕྱོགས་བསྒྲིགས། ）等噶当派典籍中收录了噶当派早期传承者仲敦巴等人口耳相传的记载。其中有《阿底峡游历金洲记》（ཇོ་བོ་གསེར་གླིང་དུ་ཕྱིན་པའི་རྣམ་ཐར་བཞུགས། ）和《游金洲记秘传仲敦传授纳措之言》（གསེར་གླིང་དུ་ཕྱིན་པའི་རྣམ་ཐར་ལས་ཡིག་ཆུང་བ་གནང་སྟོར་མ་འགྲོ་གྱིས་དག་ཚོ་ལ་གསུངས་པའི་སྟོར་རྣམས་བཞུགས། ）等专门的篇幅，提到了阿底峡经过十二个月二十六天到达金洲。据记载，"历经十二个月二十六天后达到彼岸"④，"在金洲大师前学习大乘佛法共达十二年之久"⑤。按照现代的说法，阿底峡大约在 1013 年率徒乘船航行 13 个月后到达金洲境内，遂拜金洲大师学法。⑥阿底峡前往金洲途中，遇惊涛骇浪，惊险无处不在，

① 周贵华：《世界佛教通史》（第 12 卷），中国社会科学出版社，2015，第 487 页。
② 参见 འབྲོམ་སྟོན་རྒྱལ་བའི་འབྱུང་གནས། ཇོ་བོ་རྗེ་དཔལ་ལྡན་ཨ་ཏི་ཤའི་རྣམ་ཐར་ཕྱོགས་བསྒྲིགས། ལྷ་ས། བོད་ལྗོངས་མི་དམངས་དཔེ་སྐྲུན་ཁང་། སྐྱེ2014 ན92ནས93，原文如下：གསེར་གླིང་ཞེས་བྱ་བ་གླིང་པའི་པའི་གྲུ་ཕུན་བཙུགས་དུ་ག་ཀགས་ཀ། འཛུ་བུ་གྲུ་དང་དེ་བའི་རིན་པོ་ཆེ་ཚོས་ཡོད་པའི་གླིང་ཞིག་ཡོད་པའི་ལ་གསེར་གླིང་ཞེས་ཟེར་རོ།
③ 参见刘爽《"金洲"重现："塞尔登图"新解》，《国家航海》第二十五辑，第 65~85 页。
④ 参见 འབྲོམ་སྟོན་རྒྱལ་བའི་འབྱུང་གནས། ཇོ་བོ་རྗེ་དཔལ་ལྡན་ཨ་ཏི་ཤའི་རྣམ་ཐར་ཕྱོགས་བསྒྲིགས། ལྷ་ས། བོད་ལྗོངས་མི་དམངས་དཔེ་སྐྲུན་ཁང་། སྐྱེ2014 ན31
⑤ འབྲོམ་སྟོན་རྒྱལ་བའི་འབྱུང་གནས། ཇོ་བོ་རྗེ་དཔལ་ལྡན་ཨ་ཏི་ཤའི་རྣམ་ཐར་ཕྱོགས་བསྒྲིགས། ལྷ་ས། བོད་ལྗོངས་མི་དམངས་དཔེ་སྐྲུན་ཁང་། སྐྱེ2014 ན96 原文如下：དེ་ནས་ལོ་བཅུ་གཉིས་སུ་དཔལ་ཤ་སྒྲོ་ལ་ཆ་ཕེགས་ཤ་ཆེན་པོའི་ཚོས་ཐ་གསན་པར་བསྩལ། 该篇中的另一条记载是阿底峡经过九个月的航行到达金洲，并停留不到三年，原文如下：ཟླ་བ་དགུ་ཚམས་གསེར་གླིང་དུ་ཕྱིན་ལོ་གསུམ་ཚེ་བ་གསེར་གླིང་ལ་བསྒྲེན་ན49
⑥ 参见袁鸿《阿底峡尊者："一带一路文明使者"》，《佛门人物》2020 年第 9 期，第 70 页。

这些海浪险情当时认为是与婆罗门教的神祇有关，因此在上述藏文典籍中阿底峡前往金洲途中遇见风浪的故事与外道的自在天等结合，专门形成《海上降服自在天》一篇。讲述海上卷风不止，凶猛的鳌头层出不穷，整个海面犹如倒挂在空中，波涛汹涌的海水瞬间从空中倾泻，所驶海舟也是多次受到海浪冲击，众人虽收起帆布，抛锚停船，然船舶依然晃荡不止，大有淹没之险；①并明确提到这一系列的海上危险皆是外道大自在天所幻化之故。据记载："五个月之后，大自在天（ལྷ་དབང་ཕྱུག་ཆེན་མོ་）为破吾之菩提之心而狂风卷起，化作鳌头，空中祭出雷电于吾等。"②这说明，此时金洲地界，一直是婆罗门等外道盛行，阿底峡等人的海上遭遇，也被看作外道所为之劫，这对接下来战胜种种海上惊险，顺利到达目的地的情节变化进行了铺垫。在这一故事叙述中阿底峡等人一直仰仗佛教慈悲之心来感化和降伏外道诸幻术，最终顺利到达彼岸。据记载，阿底峡见此狂风、雷电和大鳌头之险，立即进入悲悯禅定界，并向释迦牟尼佛和观音祷告，源于释迦牟尼和观音之助，顺利克服海上之险。③如今看来，该片区域地处海湾，常年的风浪和鲨鱼的攻击等险象是常见现象，在前面所谈到的东晋法显的记载中可以清楚地看到该海域的极端天气和大鲨鱼经常出没等险象无处不在。

但是，阿底峡等人把这一海上的自然现象与宗教故事结合，体现出了观音、度母等慈悲为怀的信仰在降伏外道的"事实"。这一做法与观音信仰在古代印度南部的海域极为流行的救海难等故事之间有着传承关系。其中提到阿底峡到金洲主要学习菩提发心的各种传承心诀，在噶当派中极为盛行的几部阿底峡传记经过了多次修改和增补，其重要的内容就是把观音化身等故事情节插入其中，但是主要"框架"应该得到了保留。阿底峡在金洲完成了弥勒至无著传承的《现观庄严论》和文殊至

---

① 参见 འབྲོམ་སྟོན་རྒྱལ་བའི་འབྱུང་གནས། རྗེ་བོ་རྗེ་དཔལ་ལྡན་ཨ་ཏི་ཤའི་རྣམ་ཐར་རྒྱས་པ་བཞུགས་སོ། ལྷ་ས། བོད་ལྗོངས་མི་དམངས་དཔེ་སྐྲུན་ཁང་། ། སྐྲུ་ལོ 2014 ན 27

② འབྲོམ་སྟོན་རྒྱལ་བའི་འབྱུང་གནས། རྗེ་བོ་རྗེ་དཔལ་ལྡན་ཨ་ཏི་ཤའི་རྣམ་ཐར་རྒྱས་པ་བཞུགས་སོ། ལྷ་ས། བོད་ལྗོངས་མི་དམངས་དཔེ་སྐྲུན་ཁང་། 2014 ན 27

③ 参见 འབྲོམ་སྟོན་རྒྱལ་བའི་འབྱུང་གནས། རྗེ་བོ་རྗེ་དཔལ་ལྡན་ཨ་ཏི་ཤའི་རྣམ་ཐར་རྒྱས་པ་བཞུགས་སོ། ལྷ་ས། བོད་ལྗོངས་མི་དམངས་དཔེ་སྐྲུན་ཁང་། ། སྐྲུ་ལོ 2014 ན 28

寂天传承之《入菩萨行论》等经论，获得圆满无缺的菩提心教授①后返回印度中部。从其学习的法门传承来看，重点还是以菩提发心（བྱང་ཆུབ་སེམས་བསྐྱེད་）为主的②各种教言。虽然，菩提发心教言有龙树与圣天各自的传承，但是阿底峡时期集两者教言传承于一身的属"金洲大师"（གུ་ས་གསེར་གླིང་པ་ཆོས་ཀྱི་གྲགས་པ་）。因此，阿底峡在金洲的主要学习也是围绕着菩提发心而展开，③而菩提发心与阿底峡之后所推崇的观音与度母等佛教思想也是联系密切的。

阿底峡的入藏在佛教史上有着举足轻重的影响，随着阿底峡入藏，佛教显密二教的传承体系也较为完整地传入藏地，显密二教的观音法随之传入藏地。其中，在金洲之地极为流行的观音、度母等法门也是藏传佛教后弘期之后诸派所推崇的内容，并且针对上述内容形成各自独特的传承流派。阿底峡到达阿里之后，向阿里古格国王拉喇嘛益西沃授予观自在法门灌顶。④同样，在噶当派极为推崇的"噶当四神"（བཀའ་གདམས་ལྷ་བཞི་）中，观音也占据重要位置。而阿底峡传承的二十一度母等密宗法门中观音信仰极其流行。在显宗方面，阿底峡提倡的佛法修行必须以菩提道为先的理论，得到了后弘期之后以格鲁派为主的大部分藏传佛教派别的肯定。可见，金洲求法的菩提发心与当地极为盛行的观音、度母等信仰现象对阿底峡的影响是至深的，这对后来藏传佛教后弘期上路弘法的开创及藏传佛教思想流派的形成、成熟产生的影响可见一斑。阿底峡所传承的各种法门在藏地得到了极大的传播，影响了整个藏传佛教的历程，而他在金洲海域的求法经历又对自身佛教思想的形成起到至关重要的作用。

观音信仰系统化传播始于后弘期，藏传佛教各派别的兴起，观音法门的传播也得到前所未有的发展，形成了独特的传承流派。藏文史书

---

① 参见 འབྲོམ་སྟོན་རྒྱལ་བའི་འབྱུང་གནས། ཇོ་བོ་རྗེ་དཔལ་ལྡན་ཨ་ཏི་ཤའི་རྣམ་ཐར་རྒྱས་པ། ལྷ་ས། བོད་ལྗོངས་མི་དམངས་དཔེ་སྐྲུན་ཁང་། ཤྲི་ལོ 2014 ན 260、261

② 参见 འགོས་ལོ་གཞོན་ནུ་དཔལ། དེབ་ཐེར་སྔོན་པོ། སྟོད་ཆ། ཁེན་ཏུ། ཁྲོན་མི་རིགས་དཔེ་སྐྲུན་ཁང་། ཤྲི་ལོ 1984 ན 299

③ 参见 འབྲོམ་སྟོན་རྒྱལ་བའི་འབྱུང་གནས། ཇོ་བོ་རྗེ་དཔལ་ལྡན་ཨ་ཏི་ཤའི་རྣམ་ཐར་རྒྱས་པ། ལྷ་ས། བོད་ལྗོངས་མི་དམངས་དཔེ་སྐྲུན་ཁང་། ཤྲི་ལོ 2014 ན 256

④ 当增扎西：《藏族观音文化研究》，中国藏学出版社，2013，第172页。

《青史》《贤者喜宴》等教法史中皆有其详细传承名录。此外，藏传佛教各派也在各自发展的历程中编纂了许多观音传承典籍，以此来证明己之法门的纯正性；各自教派的创建者、传承者为大慈大悲观音菩萨的化身之理论，在此推动下各种观音形态成为藏传佛教法脉传承和神系的重要组成部分。其中，《青史》中观音传承的记载具有很强的史料价值。

《青史》中较为详细地记载了大悲观音法门的几种传承。比丘母白姆（དགེ་སློང་མ་དཔལ་མོ་）传承、圣不空羂索（དོན་ཡོད་ཞགས་པ）传承、圣观音直观教导修法（དམར་ཁྲིད་རྒྱ་རྒྱལ་ཡུགས）传承、拉堆玛波（ལ་སློད་དམར་པོ་）传承、绰普所传法门（ཁྲོ་ཕུ་）至尊弥扎佐根、大手印能断生死流法（འཆོར་བ་རྒྱུན་གཅོད་）、空行亲修（མཁའ་སློང་བསྙེན་སྒྲུབ）瑜伽师弥扎传授白热谢瑜伽师空行传授、瑜伽师弥扎所传法门即"六法"（གྲུབ་ཆེན་མི་དྲ་ལས་བརྒྱུད་ཆོས་དྲུག་གདམས་པ）传承、直观教导次本巴（དམར་ཁྲིད་ཆེ་བུམ་ཡུགས）传承以及达惹巴纳（དབན་）传承等不同传承体系。

《青史》第十四章开篇就说到藏地为观音所教化之地，祷念观音能得一切如意，松赞干布为观音化身，其所居宫殿称作"布达拉"。虽然，如今未见此等法门注疏，但少许修炼文依然可见。①这说明，松赞干布化身观音说法，也就是平常所说赞普传承观音法门（རྒྱལ་པོ་ཡུགས་），到了 15 世纪虽有流传，但也是渐趋衰落。只是一直以来伏藏文献有关传承一脉的说法得到《青史》与《柱间史》的认可。②《青史》中重点罗列了观音斋戒仪轨（བསྙུང་གནས）比丘母白姆一脉的传承，这一传承不仅仅是斋戒仪轨一脉，与其他相关观音法门的传承也颇具渊源。除了比丘母白姆，其中最著名的传承师是尼婆逻地方的著名高僧慈悲者达瓦坚赞（བྱང་སེམས་ཟླ་རྒྱལ་མཚན་），几乎所有的观音法门传承都可以与其进行联系。传自慈悲者达瓦坚赞的斋戒传承一脉在萨迦派和帕竹噶举派中得到传播，比如五祖之一的萨钦·贡嘎宁布、帕莫竹巴·多吉杰布等人皆从其身前接受观音法门。这一传承体系在藏地的传入时间也是较为清楚的。慈悲者达瓦坚赞所传斋戒传统，到了 15 世纪依然传承

---

① 参见 འགོས་ལོ་གཞོན་ནུ་དཔལ། དེབ་ཐེར་སྔོན་པོ། སྨད་ཆ། ཁེ་ཏུ། མི་རིགས་དཔེ་སྐྲུན་ཁང་། ཀྲུ་ཀོ1984 ན 1173ནས 1174

② ཆོས་རྒྱལ་སྲོང་བཙན་སྒམ་པོ་སོགས། མ་ཎི་བཀའ་འབུམ། སེར་གཏུགས་ནང་བཙན་དཔེ་ཉིང་འཆེལ་བར་ཕྱོགས་བསྒྲིགས་ཁང་། ཀྲུ་ཀོ2012ན3

有序，还形成了"卫地观音传承派"和"藏（后藏）地观音传承二派"（དབུས་འབགས་དང་གཙང་འབགས་）的特殊传播流派。此外，这一传承在"达波"和"南北拉堆"等地有少许传播。[①] 按照《青史》记载，观音斋戒法门或者比丘母白姆传承主要从尼婆逻[②]传入藏地，之后在萨迦派中得到了极大传播。

观音斋戒传承外，羂索观音的传承在藏地也是由来已久，这一脉从印度传入藏地，藏传佛教萨迦派巴日译师（བ་རི་ལོ་ཙཱ་བ་）为这一脉的重要传承师。羂索观音的传承同样源自慈悲者达瓦坚赞，并且有两支传承体系，大多流行于纳塘等地的噶当派中，《青史》作者贵译师所授观音传承正是羂索观音的传承。可见羂索观音也作为重要的法门得以传承至 15 世纪。对于观音传承中常见的十一面观音《青史》认为与羂索观音并无差别。[③] 贵译师同样接受系统的十一面观音法门的传承。但这点与专门记录《十一面观音上师传承传》的文献有所出入。慈悲者达瓦坚赞作为后弘期观音法门传承的重要人物，圣观音直观教导修法（དམར་ཁྲིད་ཨ་རྒྱལ་ལུགས་）传承也是从其开始的。《青史》还记录了拉堆玛波（ལ་སྟོད་དམར་པོ་）所传承观音，拉堆玛波大师与玛尔巴译师同时期，并且到印度求法，得到了观音法门，这一法脉后来在拉萨和桑耶等地一直有流传。[④] 由至尊弥扎传授于绰普译师降巴白的观音法门的流传时间相对较晚，13 世纪前叶才开始传入藏地。[⑤] 而大手印能断生死流法（འཆོར་བ་རྒྱུན་གཅོད་）传承也与弥扎大师有关，在藏地觉囊派、噶举派中有较广泛的传播。[⑥] 而弥扎大师传承的空行亲修（མཁའ་སྤྱོད་བསྙེན་སྒྲུབ་）观音传承在噶玛噶举派

---

① 参见 འགོས་ལོ་གཞོན་ནུ་དཔལ། དེབ་ཐེར་སྔོན་པོ། སྨད་ཆ། ཞིན་ཧྭ། མི་རིགས་དཔེ་སྐྲུན་ཁང་། སྤྱི་ལོ་1984 ག 1175 ནས 1186

② མཁན་པ་མི་གསལ། ཕྱག་ན་རྗེ་ཆེན་པོ་ལས་འབྱུང་བའི་སྒྲ་བསྒྱུར་བའི་རྣམ་བསྒྲུན་ལས་སྟེ་ང་ར་ཕུ་བ་ཞེས་བ་བཤུགས་སོ།། དང་རིང་དཔར་མ། 原文如下： བ་རི་ལོ་ཙཱའི་མཚོ་སྐྱ་ལ་མཁན་པོ་མང་དུ་བསྟེན་དེའི་དཀོན་གཉེར་གྱི་མཆོང་ནས་བྱོན་རྣམ་གང་ནས་ཐོབ་ཟེར་བྱ་ལཔས། ལོ་ར་ལིང་འཆལ་ནས་ཐོབ། བ་ར་ལ་སྤྲོ་བ་སྒྱུར་གཏང་ནས་བདེ་ན་ལ་ཕུ་ལ་ཡ་མཚོ་གཏང་ནས་ཐོབ་ཟེར་ཁུག་གར་གྱི་ཆུ་ཡིན་བྱ་ལ་ལ་སེམས་སྐྲ་ལ་ང་ར་ཕུ་ཞ་གསོ་རྒྱུ་ལ་ཐེ་ཤུ་ཡིན་ཐུ་པ་ས་ཡང་དུ་ཐང་དུ་ང་ར་ཕུ་ཞ་དེ་སྐྱོ་གང་ང་ཕ་རྒྱུ་ལ་ལ་ང་ར་ཕུ་དེ་ནི་ལ་བརྟནས་ལ་ང་ང་ང་ཆོ་ཟེར་བྱས་ས་ཕ་རྒྱུ་ལ་མཚོ་འཆ་ལ་བ་དི་ཟེ་ན་ང་པ་ང་ཕ་ལ་ས་ང་སོ་ལ་ང་ཤ་སོ་ཡིན་ཟེ་ཟ་ལ་ང་ང་11

③ 参见 འགོས་ལོ་གཞོན་ནུ་དཔལ། དེབ་ཐེར་སྔོན་པོ། སྨད་ཆ། ཞིན་ཧྭ། མི་རིགས་དཔེ་སྐྲུན་ཁང་། སྤྱི་ལོ་1984 ག 1175 ནས 1176

④ 参见 འགོས་ལོ་གཞོན་ནུ་དཔལ། དེབ་ཐེར་སྔོན་པོ། སྨད་ཆ། ཞིན་ཧྭ། མི་རིགས་དཔེ་སྐྲུན་ཁང་། སྤྱི་ལོ་1984 ག 1200

⑤ 参见 འགོས་ལོ་གཞོན་ནུ་དཔལ། དེབ་ཐེར་སྔོན་པོ། སྨད་ཆ། ཞིན་ཧྭ། མི་རིགས་དཔེ་སྐྲུན་ཁང་། སྤྱི་ལོ་1984 ག 1204

⑥ 参见 འགོས་ལོ་གཞོན་ནུ་དཔལ། དེབ་ཐེར་སྔོན་པོ། སྨད་ཆ། ཞིན་ཧྭ། མི་རིགས་དཔེ་སྐྲུན་ཁང་། སྤྱི་ལོ་1984 ག 1208ནས 1211

中相对盛行。①跟弥扎大师有关系的最后一个传承法脉在多康地区多有流传，在核心区域主要是桑浦寺等地分出许多支派。②《青史》所记载的最后两个观音传承分别是直观教导次本巴（དམར་ཁྲིད་ཆེ་བུ་པ་ལུགས་）传承和达惹巴纳（དབན་）传承。其中，直观教导次本巴主要在后藏地区，后来成为觉囊派的四大教授（ཁྲིད་ཆེན་བཞི）之一，也与"六分支"（སྦྱོར་དྲུག）等觉囊派根本法门有着较大关联。最后一个达惹巴纳（དབན་）传承，跟萨迦派和布顿大师等关系密切，③因此也是重要的一脉。

《青史》之外，专门记载观音传承的还有《十一面观音上师传承传》（ཐུགས་རྗེ་ཆེན་པོ་ཞལ་བཅུ་གཅིག་པའི་བླ་མ་བརྒྱུད་པའི་རྣམ་ཐར་ནོར་བུའི་ཕྲེང་བ་ཞེས་བྱ་བ་བཞུགས་སོ།），其中提到了比丘母白姆所开始的十一面观音传承共十五位传承师，有尼婆逻、印度和藏地的诸佛教僧。大致与《青史》所载相吻合，但也有不同的人物出现于其中，最著名的有14世纪的杰赛拓美桑布（རྒྱལ་སྲས་ཐོགས་མེད་བཟང་པོ་）、叶巴曲吉（ཡེར་པ་ཆོས་རྗེ་）等人，他们也出现在十一面观音传承中，一直传到帕竹时期的伟白多吉（འོད་དཔག་རྡོ་རྗེ་）。可见该史料也是与《青史》同一时期，并且许多内容是相互抄录的。在该史料末尾还有两页《观音斋传承师颂》（བསྙུང་གནས་བླ་བརྒྱུད），其中大部分与《青史》中的斋戒传承相符，最主要的是结束于14~15世纪的萨迦派高僧菩提师利（རྗེ་བཙུན་བྱད་ཀྲི་ཤྲི་），基本上也可看出文献形成的大致年代。

《青史》和《十一面观音上师传承传》中除了所谓观音法门的传承人的生平，还透漏出一些重要信息，比如，观音信仰的不同体系或者传承中最早的源头基本上都是在11世纪时期，这与藏传佛教的整体历史形成呼应。而传统观念中的松赞干布所传观音法门在当时的视角下仅仅属于伏藏类，虽然被尊崇为"珍贵"传承，但在实际传播过程中并没有广泛的使用价值。后弘期开始之际，观音法门也是不断地传入藏地时期，其中大部分从当时的尼婆逻境内传入藏地，④并且两种文献都多次提

---

① 参见 འགོས་ལོ་གཞོན་ནུ་དཔལ། དེབ་ཐེར་སྔོན་པོ། སྨད་ཆ། ཞིན་ཧུ། མི་རིགས་དཔེ་སྐྲུན་ཁང། སྤྱི་ལོ་1984 ན།1211ནས1212
② 参见 འགོས་ལོ་གཞོན་ནུ་དཔལ། དེབ་ཐེར་སྔོན་པོ། སྨད་ཆ། ཞིན་ཧུ། མི་རིགས་དཔེ་སྐྲུན་ཁང། སྤྱི་ལོ་1984 ན།1213
③ 参见 འགོས་ལོ་གཞོན་ནུ་དཔལ། དེབ་ཐེར་སྔོན་པོ། སྨད་ཆ། ཞིན་ཧུ། མི་རིགས་དཔེ་སྐྲུན་ཁང། སྤྱི་ལོ་1984 ན།1215ནས1216
④ མཐུང་བ་མ་མི་གསལ། ཐུགས་རྗེ་ཆེན་པོ་ཞལ་བཅུ་གཅིག་པའི་བླ་མ་བརྒྱུད་པའི་རྣམ་ཐར་ནོར་བུའི་ཕྲེང་བ་ཞེས་བྱ་བ་བཞུགས་སོ།། དེའི་རིང་དཔར་ག ན་11

到了"尼婆逻黎卡夏日寺"（ལེ་ཁ་ནར་）。就像学界所关注的那样，[1] 文献中随处提到了各类观音像与图像遗存的比较法为这一区域的观音信仰和观音信仰传播路径研究提供了更多的视角。单从文献来看，观音信仰的传播路线首先传入阿里地区，即今天的阿里和日喀则吉隆沟一带，[2] 之后才传入卫藏腹心区域。早期传播在各大教派中也是交织性地流传，从而补充和完善了相关体系，形成了后来藏传佛教各教派塑造自己为观音传承的正统性，但也并不排斥其他派别中存在的观音传统的历史事实。

二 "布达拉"概念在藏地的传播

"བོ་ཏ་ལ་"一词最早出现在以梵文为主的早期佛典中，随着佛教传入藏地，"བོ་ཏ་ལ་"一词在书写形式上发生了变化，体现了外来文化在藏地本土化过程中的各种变迁。

根据《梵英大辞典》，"བོ་ཏ་ལ་"一词的梵文原型应该是"पोताल"（即"བོ་ཏྲ་ལ་"[3]）。按照藏文文献中的解读，其中"བོ་ཏ"直译为船只或船舶，"ལ"为把持或执掌，"བོ་ཏ་ལ་"即把持船舶或持舟，与"རི་བོ་"（即山）一词连起来成为"རི་བོ་ཏ་ལ་"，意为"持舟山"或"把船山"，为观音解救轮回众生之方法，把这一方法或方式比喻成渡海船舶。这一观点可以在近代典籍中找到依据，据记载："'བོ་ཏ་ལ་'唤作持舟之山名，为该地统称，璁叶净地（གཡུ་ལོ་བཀོད་པའི་ཞིང་ཁམས་）则是其中降香丛（ཟན་ཤིང་ནགས་）宫之名，因此，'བོ་ཏ་ལ་'为山名，降香丛位于该山之丛林，而璁叶净地为度母神殿。"[4] 虽在多罗那他（ཏཱ་ར་ནཱ་ཐ་）的《度母教法史》（སྒྲོལ་མའི་ཆོས་འབྱུང་）等文献中有相关记载，但在藏文文献中的解释依旧模糊。

---

① 参见伊恩·艾尔索普《布达拉宫藏圣世自在菩萨像》，载熊文彬译《西藏艺术：1981—1997年 *ORIENTATIONS* 文萃》，文物出版社，2012，第91~102页。参见马逸风《尼泊尔桑库金刚瑜伽母殿铜佛立像新探》，《世界宗教文化》2020年第2期，第151~158页。

② མངའ་བདག་ཉི་མའི་གསལ་བ། ཕྱག་ན་རྡོ་རྗེ་ཆེ་བོ་ཞལ་ལུང་བདུ་ཅིན་ཐིའི་སྐྲ་མ་བརྒྱུད་པའི་རྣམ་ཐར་རྡོ་རྗེའི་ཕྲེང་བ་ཞེས་བྱ་བ་བཞུགས་སོ།། དཔེ་རིང་དཔར་མ། ན31

③ MONIER MONNIER-WILLIAMS, SANSKRIT-ENGLISH DICTIONARY, M.A K.C.L.E. AT THE CLARENDON PRESS.

④ ཚ་རི་སྐྱལ་བཟང་བོགས་མེད་ཀྱི་ལོ་གསལ་སྐྱིག་བྱུང་། ཨ་རུ་ལོ་ཚང་འཛིན་གྱི་བཀའ་འགྲེལ། ལས་གྲུ། གང་སྲུང་མེ་རིགས་དཔེ་སྐྲུན་ཁང་། རྒྱ་ལོ་ 2011 ན386

　　"པོ་ཏ་ལ"是观音文化的重要组成部分，在传入藏地过程中，"པོ་ཏ་ལ"这一具体词语的拼写规则出现了不同形态。"པོ་ཏ་ལ"一词，常见的拼写有"པོ་ཏ་ལ"、"པོ་དུ་ལ"、"སྒྲོ་ཏ་ལ"、"པོ་ཏ་ལ"四种以及"པོ་ཏ་ཝ"和"པུ་ཏ་ལ"等更加藏文化的写法。单从藏文文献来看，早期翻译成藏文的佛教经典《续部》中也以"པོ་དུ་ལ"形态出现。比如第司·桑结嘉措所参考续部典籍《圣不空羂索心要陀罗尼》（དོན་ཡོད་ཞགས་པ་སྙིང་པོའི་གཟུངས）中称："世尊佛布达拉（པོ་དུ་ལ）各日顶上（ཉི་རེའི་རྩེ་མོ）为圣观音之道场。"[1]《观音狮子吼陀罗尼》（སྤྱན་རས་གཟིགས་སེང་གེ་སྒྲའི་གཟུངས）中也称"世尊佛圣观音之宫布达拉（པོ་དུ་ལ）山顶"[2]，皆为"པོ་དུ་ལ"。受此影响，很多后期藏文典籍中使用"པོ་དུ་ལ"三个字也是较为常见，这也是最符合梵文原型的一种拼写法。在此之后的转写过程中，出现了"པོ་ཏ་ལ"的写法。成书于16世纪的《丁香帐》（ལི་ཤིའི་གུར་ཁང）和《贤者喜宴》等典籍中多次出现"པོ་ཏ་ལ"，可以肯定的是，在藏文语境下转写"布达拉"时逐渐变成另外一种不规范或者具有本土化创新的拼写法，《正字解疏》（དག་ཡིག་ངག་སྒྲོན་གྱི་འགྲེལ་པ་ཆེག་གསལ）等典籍也做了进一步解释，"'布达拉'（པོ་ཏ་ལ）为持舟，由于逐渐失去本来之音，变成'布达拉'（པོ་ཏ་ལ）即指度母道场和红山（དམར་པོ་རི）"[3]。可以看出，"布达拉"这一特定术语在藏语转写过程中出现了新的形式。此外，藏语语境下对"布达拉"写法最常见的是第三种即"པོ་ཏ་ལ"，虽然并非真正意义上的梵文转写体，但是在漫长岁月里人们习惯性地把梵文转写体"पोताल"三个字写成藏文词语。从早期的11世纪文献《柱间史》和稍晚时期的《玛尼宝训》等重点阐述观音文化信仰的典籍到近现代文本中绝大多数是以"པོ་ཏ་ལ"形式出现，成为梵文"पोताल"（布达拉）在藏语里最成功的转写方式和固定术语。此外，在《五部遗教》等藏族伏藏文献中"布达拉"写成了"པུ་ཏ་ལ"，而在《汉藏史集》中则写成"པོ་ཏ་ཝ"等较为罕见的拼写形式，都是试图把

① སྡེ་སྲིད་སངས་རྒྱས་རྒྱ་མཚོ། དེབ་ཐེར་རྩ་བའི་བླ་མ་དགའ་དགའ་ལྡན་ཕོ་བྲང་གི་མཆོད་ཕྱུན་མོ་གྱི་རྣམ་ཐར་དུ་གར་གསོལ་བཟང་སྐྱེགས་བདམ་བ་གསུམ་པའི་འཕྲོས་བཞི་བ་བཞུགས། གུང་གོང་པོ་རིག་པ་དཔེ་སྐྲུན་ཁང་། ༢༠༡༣ ༼༽40
② སྡེ་སྲིད་སངས་རྒྱས་རྒྱ་མཚོ། དེབ་ཐེར་རྩ་བའི་བླ་མ་དགའ་དགའ་ལྡན་ཕོ་བྲང་གི་མཆོད་ཕྱུན་མོ་གྱི་རྣམ་ཐར་དུ་གར་གསོལ་བཟང་སྐྱེགས་བདམ་བ་གསུམ་པའི་འཕྲོས་བཞི་བ་བཞུགས། གུང་གོང་པོ་རིག་པ་དཔེ་སྐྲུན་ཁང་། ༢༠༡༣ ༼༽40
③ ཞུ་བསྟུན་འཇིགས་རྒྱལ་མཚན། དག་ཡིག་ངག་སྒྲོན་གྱི་འགྲེལ་པ་ཆེག་གསལ། སྟོན་པར། ༼༽61

梵文中这一固定术语在藏语语境中进一步合理化和地域化。

"布达拉"这个具有重要文化特质的固定术语随着观音文化的传播不断深入，在藏语语境下各个时期对其表达模式呈现出不同形态，这也从侧面窥探出佛教文化传入藏族社会后慢慢演化成具有本土色彩的文化现象的事实。

探讨"布达拉"原意及与观音文化之间的关系问题，必须要借助早期梵文史料，但是在无法参考更多梵文相关文献的情况下，深入探讨"布达拉"（ བོ་ཏ་ལ་ ）与观音文化之间关系难度较大。从早期非藏语史料，如《大唐西域记》记载来看，布呾洛迦山位于印度南边，"秣剌耶山东，有布呾洛迦山。山径危险，岩谷敧倾。山顶有池，其水澄镜，派出大河，周流绕山二十匝，入南海。池侧有石天宫，观自在菩萨往来游舍。其有愿见菩萨者，不顾身命，厉水登山，忘其艰险，能达之者，盖亦寡矣。而山下居人祈心请见，或作自在天形，或为涂灰外道。慰喻其人，果遂其愿"①。结合这段记载，现代研究人员对布达拉现在的具体位置做了如此评述："'秣罗矩吒国'的位置，在今天印度泰米尔纳德邦的境内，地域大致应该延伸到印度半岛最南端的科摩林角（Cape Comorin），一种认为即印度古代的潘底亚国（梵语 Pāṇḍya）。'秣罗矩吒'是梵语 Malakūṭa 的音译。'秣剌耶'梵语是 Malaya。'秣剌耶山'应该就是今天西高止山（Western Ghats）南端，直抵科摩林角的那一段山脉。'布呾洛迦山'的位置，在'秣剌耶山'的东边，'布呾洛迦'是梵文 Potalaka 的音译。观自在菩萨住在'布呾洛迦山'，'布呾洛迦山'的位置，已经离僧伽罗国，也就是斯里兰卡不远了。"②应该说在现实中能够找到与其概念相对符合、相对具体的地理位置。

从译成藏文的佛教文献中不难看出，"布达拉"山就是圣观音道场③，应该是印度南部的某一处山岗，对此上面提到的文献中有更加清

---

① （唐）玄奘、辩机：《大唐西域记校注》（下），季羡林等校注，中华书局，2000，第 861 页。

② 王邦维：《大唐西域记：历史、故事与传奇（二）　龙驹、龙马与金花王》，《文史知识》2015年第 5 期，第 142 页。

③ 参见 ཤེས་སྲིད་སངས་རྒྱས་རྒྱ་མཚོ། དེ་ར་བཞིན་གཤེགས་པ་དགྲ་བཅོམ་པ་ཡང་དག་པར་རྫོགས་པའི་སངས་རྒྱས་སྤྱན་རས་གཟིགས་དབང་ཕྱུག་གི་གནས་བསྟན་པ་ལས་གཟིགས་འཚོལ་བའི་ལག་ལེན་ཏེ། སྐུ་འབུམ་2013 ན40ནས41

楚的描述，"梵语称作'布达拉'（ པོ་ཊ་ལ ）藏语中'布达'（ པོ་ཊ ）为船、'拉'（ ལ ）为把持，意为持舟山神殿"[1]。不仅如此，世人通常把位于印度南部的普陀洛迦山当作"布达拉"山原型。那么，为什么把观音道场指定在印度南方呢？现代研究人员给出的答案是从古代印度的"黑风海难"和"罗刹鬼难"来推测，认为古代印度经常发生海难的地方就是与斯里兰卡隔海而望的海域，正好该海域有一个叫作罗刹岛的岛屿而延伸到解救海难的保护神，后来这一故事情节逐渐受到佛教影响而被观音文化取代。[2] 从文化源头角度分析，这种解释看似较为合理，但是在藏传过程中，相关内容完全被佛教化替代，并且不断出现增补填充和随意杜撰等现象，比如在藏地后弘期文献中按照印度佛教典籍内容重新叙述了布达拉道场详细情况，据《玛尼宝训》记载：

> 布达拉宫顶上皆为黄金、白银、珍珠、蓝宝石、砗磲、水晶、珊瑚、石精等珍宝，莲花、白莲、千张纸、无忧花和红花等花卉遍地，如意树枝果实用之不尽，各种鸟语声不绝于耳，各种动物自由栖息于殊胜之山。山顶为圣观音之宫殿，各种珍宝所砌成的四方形宫堡，以四大柱牢固，四面各有一大门，四节阶梯，高三由旬，宽五由旬，第一面为水晶、第二面为白银、第三面为红宝石、第四面为蓝宝石；四角为蜜蜡；基石为黑陨石；上檐为碧蓝石、第一层为黄金、第二层滴水为白银、第三层滴水为松石，以珍珠璎珞相连，挂饰各种宝石所制铃铛，以鲜花簇拥，在此宫堡内，以蓝宝石之底上以银汁书写有" ཨོཾ་མ་ཎི་པདྨེ་ཧཱུྃ "，此六字为未来行众生之事。宫殿中央设有狮子宝座，上铺设日月莲花垫，有天神、龙族、夜叉、寻香、飞天、大鹏等簇拥中央圣观音欢喜而居。[3]

---

[1] སྤྲུལ་སྐུ་སྨན་རྒྱལ་རྒྱ་མཚོ། དེན་ཅན་ཅ་བའི་བླ་མ་དཔལ་དབང་སྒྲོ་བཟང་རྒྱ་མཆོའི་ཐུན་གོང་ཐིའི་རྣམ་ཐར་དུ་ཀྱི་ལའི་གོས་བཟང་སྒྲེགས་པའ་གསལ་བའི་འཕྲོན་བའི་པ་ཟབལགས། གུང་གོང་གོང་རིག་པའི་སྐྲུན་ཁང་། སྐྲུ་ལོ2013 ན40

[2] 参见当增扎西著《藏族观音文化研究》，中国藏学出版社，2013，第50页。

[3] ཆོས་རྒྱལ་སྲོང་བཟན་སྐུ་སྐུ་བོ་སོགས། མ་ཎི་བཀའ་འབུམ། སྐེགས་བམ་དང་གོ ལྭས། བོད་སྒོངས་ཀྱི་དཔར་དང་དཔར་སྐྲུན་ཁང་། སྐྲུ་ལོ2011 ན91

这段记载对后来重构布达拉早期形态具有重要意义，但是从文风和描述方式看，应该是后弘期藏地史家按照印度佛教典籍内容进行重新叙述的结果，相比于印度佛教显密典籍，对"布达拉"宫堡的描述更加具体，文本的叙述更具西藏本土化。不管是印度早期相关典籍或是西藏后弘期史料均在"布达拉"的位置认定上倾向于印度南部，然而这点与现代考古发现的观音文化起源尤其是在早期观音造像等发现上还存在一些出入①，但是"布达拉"作为观音文化的具体表现和重要体裁，在印度盛行是历史事实。佛教传入西藏后，人们极力将一些名山刻意地塑造为观音道场的"布达拉"，这是观音文化传播过程中一种常见的文化表现形式。也许，在藏传佛教相关典籍中观音文化现象变得更加随意，甚至超乎了印度的发展历程。

观音文化信仰作为佛教文化的重要组成部分，在藏传化过程中逐渐成为共识度最高的文化现象之一，在西藏，从 7 世纪佛教传入该地开始就把观音文化信仰作为重要的学习内容进行传播，之后经历了漫长的传播历程，形成了最符合族群心态的文化模式，其中作为观音道场的"布达拉"逐渐被藏族社会接受，并不断地塑造成为这一群体特有的文化现象。

按照《藏族观音文化研究》一书观点，观音文化在 2 世纪前后出现在印度，并与本土相关传说结合后出现了将"布达拉"视为观音道场的现象。到了 7 世纪，吐蕃逐渐引进佛教文化，其中观音文化被视为最早传入西藏的佛教内容，关于这点，"年布桑瓦"、《观音二十一显密经》和吐蕃时期佛典《三大目录》中有关观音经以及敦煌藏经洞发现的藏文经卷②均可证明。作为观音文化的直接体现，"布达拉"在吐蕃时期有没有形成完备的文化模式，似乎还不能提供直接的文献证据。在后弘期之后的文献中才不断地出现逻些红山（ལྷ་སའི་དམར་པོ་རི་）上修建赞普和赞普妃的大型宫堡的记载，这就是观音道场"布达拉"观念的萌芽期。然而，观音信仰体系正式与西藏文化有了衔接，并且把吐蕃赞普松赞干布

---

① 参见当增扎西著《藏族观音文化研究》，中国藏学出版社，2013，第 53 页。
② 参见法国国家图书馆、西北民族大学、上海古籍出版社编纂《法国国家图书馆藏敦煌藏文文献》（卷一、卷二），上海古籍出版社，2006。

直接塑造为观音文化传承的重要一员等都是后弘期及其之后才出现的。14世纪《西藏王统记》和16世纪《贤者喜宴》等传统史学名著采用较大篇幅描述吐蕃时期就有观音文化在藏地流行的"历史叙事"，但在吐蕃时期的文献比如敦煌文献、石碑铭文和简牍等文献中讲述松赞干布时并未出现所谓观音化身，更没有出现"布达拉"的概念。吐蕃时期虽然有观音经典和造像等广泛传播于藏族社会，但是作为观音文化的重要载体"布达拉"概念并未在吐蕃社会形成具体的文化表现模式之事实。

观音道场"布达拉"文化现象在西藏的传播最频繁时期应数后弘期之后，尤其是11世纪开始，藏族社会极力塑造观音文化现象，在藏地建构"布达拉"成为这一形式的主要内容。其中最主要的文献数《柱间史》和《玛尼宝训》等早期伏藏典籍，这类文献把拉萨红山作为观音道场"布达拉"，由此可知，这是已知最早把拉萨河谷腹地这座小山称作"布达拉"的文献，其年代应该不早于11世纪。

随着噶当派的兴起，以《噶当文集》为主的理论经典把仲敦巴塑造成观音化身，晚期史料《隆多·阿旺洛桑文集》整理了藏地观音化身或本生系统，其中仲敦巴被列为第45位化身。[①]而仲敦巴修建的热振寺被模糊地比作观音道场等作为"授记"形式出现在《弟子问道语录》中[②]，到后来，把热振寺当作"布达拉"[③]也是屡见不鲜。不仅如此，噶当派具体传承体系中，相关人物逐渐把特定山脉直接称作"布达拉"之现象也变得常见。比如在《京俄·洛追坚赞文集》(སྐྱུན་སྔ་བློ་གྲོས་རྒྱལ་མཚན་གྱི་གསུང་འབུམ།)中称："空行母言道'卓衮为图基钦布(ཐུགས་རྗེ་ཆེན་པོ་)即圣观音化身，曼扎山(རི་བོ་མཎྜལ་)为藏地'布达拉'(པོ་ཏ་ལ་)，'普觉'(ཕུ་རྒྱབ་)等地亦为殊胜之地，若想拜谒如此净地与上师，就要集资粮、消罪恶，

---

① སྒྲོང་རྡོལ་དག་དབང་བློ་བཟང་། སྒྲོང་རྡོལ་དག་དབང་བློ་བཟང་གི་གསུང་འབུམ། སྐྱད་ཆ། ལྷ༵ས། བོད་ལྗོངས་བོད་ཡིག་དཔེ་རྙིང་དཔེ་སྐྲུན་ཁང་། ཤྱི་ཤོ་1991 ཤ་280

② 参见 རྗེ་བོ་ཞ་དཔལ་སྟུན་ཨ་ཏི་ཤ། འབྲོས་སྟོན་རྒྱལ་བའི་འབྱུང་གནས་ཀྱི་སྙེ་རབས་བཀའ་བདུ་ཚོམས་ལེ་ནི་ཤུ་ག་བཞུགས་སོ། མཚོ་སྔོན་མི་རིགས་དཔེ་སྐྲུན་ཁང་། ཤི་ལིང་། ཤྱི་ཤོ་1993 ཤ་191ནས་196

③ 原文如下：གང་ཅན་བསྟན་པའི་འབྱུང་གནས་ར་སྒྲེང་བའི་དཔལ་གནས་མཛད་པར་བཞེད་དེ། ཁྱད་པར་རེ་བོ་ཏ་ལ་རྒྱལ་མཚན་པའི་གནས་ཆེན་པོ་ཡིན་ཏེ། ལྷག་པར་ཡུལ་རྒྱུད་ཀྱི་བར་དུ་བཞུགས་སོ། 参见 རྒྱལ་དབང་དཀོན་འཕྱུག་རྒྱ་མཚོ། དཔལ་ལྡན་ཟུ་ཤ་ཚེ་ཡི་ཤེས་ཅེ་འི་ཐས་པར་རེ་བོའི་ཕྱོགས་ལས་རྒྱ་བཞུགས། ཤིང་པར་ཤ་11

尤其是向卓衮（འགྲོ་མགོན་）行祈祷。"①这段记载是 15 世纪格鲁派著名高僧京俄·洛追坚赞所撰写的有关 11 世纪噶当派著名高僧的《仁青冈巴叔侄传记》（རིན་ཆེན་སྒང་པ་ཁུ་དབོན་གྱི་རྣམ་ཐར་）当中所描述的内容。从记载来看，在仁青冈巴叔侄生活的 11 世纪，墨竹工卡甲玛沟深处，有一处唤作"曼札"的大山，当时人们把该山当作西藏观音道场"布达拉"。因此，这一观念的影响得以延续，以至于在后期形成的《甲玛扎觉洞胜迹志》（རྒྱ་མ་ཕུ་རྐྱབ་བྲག་ཕུག་གི་གནས་ཡིག །）中对曼札山的描述更加立体和具象，如下：

> 唤作曼札之神山，藏地腹心布达拉，慈悲观音道场。曼札神山之由来，无数神奇道不尽，只为众生坚信故，略述观音道场源，唤作曼札之神山，菩萨居住之妙山，慈悲不断亦不偏，因此山为椭圆状，表达慈悲之政见，因此山脉高而耸，慈悲如意之源泉，神山又似积宝状，慈悲化解众生苦，因此山为甘露源，慈悲远离污尘源，又如莲花之根脉，慈悲并无里外分，因此水晶之宫殿，慈悲无所畏与惧，山崖又如雄狮状，慈悲显现无本性，因此身（སྐུ་）为彩虹般，慈悲之声常响起，六字之声不灭绝。此等神山之形状，顶上佛之净土界，下方金刚之岩崖，中间天神之宫堡，侧面秘境修行地，之间供有会供物。高约两个半由旬，外围三个半由旬，五彩虹桥伴左右，十七高层宫堡内，世间怙主观世音，化身遍地行善事。号称雪域之深处，化身世尊温（སངས་རྒྱས་དབོན་）之者，践行众生之善事。布达拉山之南边，又有神奇修行洞，叫作玛日迪嘎（མ་རི་ཏེ་ཀ་）洞，常常降下花雨露，亦有檀香木丛林。源于三世怙主恩，迅速成就之功能，与其并无分别之，曼札山之东面处，也有神奇修行洞，唤作普觉（ཕུ་རྐྱབ་）静谧洞。②

---

① རྒྱལ་སྲས་བློ་གྲོས་རྒྱལ་མཚན། སངས་རྒྱས་རིན་ཆེན་སྒང་པ་ཁུ་དབོན་གྱི་རྣམ་ཐར་དད་པའི་རྒྱ་རྒྱན། སེར་གཏུག་གནས་བསྟན་པའི་ཟིང་ཚོལ་བ་ཕྱོགས་སྒྲིག་ཁང་། ཀྲུང་ལོ་2010 ཤ་125

② ཁྲི་ཆེན་མཚོ་དཀར་ལ། རྒྱ་མ་ཕུ་རྐྱབ་བྲག་ཕུག་གི་གནས་ཡིག ཁོད་སྦྱོངས་ཤན་བསྒྲུབ། ཀྲུང་ལོ་1999 དེབ་2 ཤ་42ནས་43

如此描述，或许与甲玛沟作为松赞干布出生地有关。11世纪，藏族社会极力塑造观音文化时，将甲玛沟曼札山当作"布达拉"建构观音文化在此地的完整化。更重要的是，把对观音道场的描述与《玛尼宝训》中所描绘的场景变得一致，以此达到让人信服的目的。

15世纪，西藏地方历史进入了第巴仁蚌巴的强势崛起之际，仁蚌巴除拥有军事势力外，非常注重文化形象的塑造，特别是到了仁蚌巴·敦悦多吉时期，营建大量佛法之物并供奉于仁蚌宗或者其家族寺院强钦寺（རོང་བྱམས་ཆེན་），而此时仁蚌宗也统称"布达拉"。据记载："修造了'降香丛度母'（ སེན་ལྡེང་ནགས་ཀྱི་སྒྲོལ་མ་ ）为主的三法之物，五种白瓷等珍贵器物，直到今天均收藏于'大弥勒布达拉'（ བྱམས་ཆེན་པོ་ཏ་ལ་ ）之地。"① 可见，仁蚌巴也在极力塑造自己的核心区域就是藏地"布达拉"。这些珍贵的史料更能证明，11世纪之后，几乎每个地方势力或者地方宗教派别都在极力塑造各自的"布达拉"道场，来体现自己的身份与权威。

《谢通门历史文化综述》（ བཞད་ཀྱི་ལུང་བཤད་རྣམ་དཔྱོད་སྐྲ་བའི་སྒོ་འབྱེད་མཁས་པའི་དགའ་སྟོན་བཞུགས་སོ།། ）成书于16世纪，由当时著名大学者门卓哇（ སྨོན་འགྲོ་བ་ ）撰写，是有关谢通门地方历史文化源流的记载。书中对谢通门境内胜迹、历史人物和风水等进行了详细阐述，其中，讲述恰仓谢曲顶寺（ བྱ་ཚང་ཆོས་སྡིང་དགོན་ ）时，重点对观音教法的两种传承形式即十一面观音与不空羂索观音进行阐述，并指出14世纪著名高僧杰赛·妥美桑布在谢（ བཞད་ ）欧曲曲宗地方精修观音教法，时常亲睹圣观音，该地被人推崇为"布达拉"②的相关叙述。从此，该寺又称作"谢日卧珠增"（ བཞད་རི་པོ་ཏ་ལ་འཛིན་ ），意即"谢地持舟山"。后藏地区试图建立观音道场"布达拉"是历史事实。15世纪之后，该地格鲁派地位得到进一步巩固和发展，二世达赖喇嘛根敦嘉措时期主持修建西藏山南曲科杰寺，使得格鲁派势力在西藏南部地区进一步增强，曲科杰寺所在地也被称作观音道场"布达

---

① 原文如下： སེན་ལྡེང་ནགས་ཀྱི་སྒྲོལ་མས་གཙོས་པའི་ཆག་གསུམ། དཀར་གཅས་སྣ་ལྔ་སོགས་དཀོན་པའི་རྫོན་སྐ་མང་པོ་འབྱོར་ད་ ལྷུང་བྱམས་ཆེན་པོ་ལ་ད་ལྟ་བཞུགས་ས་ 載 ཡར་ལུང་ཨ་འབུམ་དཔལ་ལྡན་རིན་ཆེན་སྲུང་བ་སྱེ་ཀྱི་དགུ་རབས་ཆེ་ལོང་ཚམ་ཞིག ྱུབ་མ་ བ་2

② གུན་དཀར་ཆེ་དབང་དོན་གྲུབ་ཀྱི་བརྩམས། འབད་པ་དཔལ་ལྡན་ཆེ་རིན་ཆེ་གས་བྱེད། །ཁེད་ཀྱི་ལུང་བཤད་རྣམ་དཔྱོད་བའི་སྒོ་འབྱེད་མཁས་ པའི་དགའ་སྟོན་བཞུགས་སོ།། བོད་ལྗོངས་དཔེ་དངས་དཔེ་སྐྲན་ཁང་། ཕྱི་ལོ2016 བ་34

拉”。由于受噶当派及其传承者格鲁派推崇，与二世达赖喇嘛根敦嘉措相关的文献中对曲科杰寺修建的描述占据很大篇幅，从最初寺院选址到具体施工，到最后成为当时格鲁派主要寺院，一直在强调该地作为观音道场的殊胜性。《二世达赖喇嘛传记》中记载：“呜呼欢乐白色域，纯洁胜似他净地，是为金刚萨埵界，是为观音真道场，无异于那布达拉，汇集天母与空行，无需潜修得禅定，在此众生无恶途。是为胜地赞颂词。”①主要以噶当派经典为依据，具体把曲科杰寺与观音道场“布达拉”进行有效衔接，试图把曲科杰寺塑造成重要圣地。

16世纪，藏巴汗势力在西藏逐渐占据重要位置，后藏地方开始出现所谓“布达拉”情结。在《后藏志》中提到大慈悲者达瓦坚赞（བྱང་སེམས་ཟླ་བ་རྒྱལ་མཚན་）于“娘堆达彩”（མྱང་སྟོད་སྟག་ཚལ་བྱ་ཀན་）地方广修观音法门，其嫡传和再传弟子皆对观音法门修炼达到了较高境界，其中多人长时间修炼后亲睹圣观音尊容，因此“达彩嘉甘”（སྟག་ཚལ་བྱ་ཀན་）地方也被称作“布达拉”净地。②

此外，根据19世纪文献记载，位于拉萨南面山谷中“直布”（གྲིབ་）也被称作“日卧珠增”（གྲིབ་རི་བོ་གྲུ་འཛིན་），即持舟山或“布达拉”，“直布日卧珠增为早期殊胜之地，十一面观音像亦为原来的殊胜像，因此需要在此建立定点法供。宗赞（རྫོང་བཙན་）也是跟随文成公主到达藏地的奇神”③，这一说法也许跟19世纪在此修建慈觉林寺有关，使得隔着拉萨河的两处“布达拉”隔江相望，可以看出观音信仰或者“布达拉”观念在拉萨河谷流域兴盛之景。

观音文化作为印藏佛教文化中最具代表性的文化现象，不仅历史久远，其思想更符合大众心理需求，有着很强的说服力，为了在宗教文化

---

① 原文如下：ཨེ་མ་སྐྱིད་པའི་དཀར་པོ་ལྗོངས། །ངོས་དཀར་གཞན་ལས་མཐོང་གསལ་ཆེ། །རྡོ་རྗེ་སེམས་དཔའི་ཞིང་ཁམས་ཡིན། །སྤྱན་རས་གཟིགས་ཀྱི་ཞིང་ཁམས་ཡིན། །རི་བོ་པོ་ཏ་ལ་དང་མཚུངས། །མ་དང་མཁའ་འགྲོ་འདུ་བ་ཡིན། །མ་བསྒོམས་ཏིང་འཛིན་ངང་གིས་འཕེལ། །དེ་རུ་བསྡད་ཚད་ངན་སོང་མེད། །ཅེས་པས་གནས་ཀྱི་བསྔགས་པ་བསྟན་ཏོ། | 载 དཀོན་མཆོག་སྐྱབས། རྗེ་བཙུན་ཐམས་ཅད་མཁྱེན་པ་དགེ་འདུན་རྒྱ་མཚོ་དཔལ་བཟང་པོའི་རྟོགས་པ་བརྗོད་པ་དཔག་བསམ་གྱི་ལྗོན་ཤིང་ཞེས་བྱ། ཤིང་པར། ཤ་77

② ཇོ་ནང་ཏཱ་ར་ནཱ་ཐ། མྱང་ཡུལ་སྟོད་སྨད་བར་གསུམ་གྱི་ངོ་མཚར་གཏམ་གྱི་ལེགས་བཤད་མཁས་པའི་འཇུག་ངོགས་ཞེས་བྱ་བ་བཞུགས་སོ།། ལྷ་ས། བོད་ལྗོངས་མི་དམངས་དཔེ་སྐྲུན་ཁང་། སྤྱི་ལོ1983 ཤ·115

③ དེ་མོ་བློ་བཟང་ཐུབ་བསྟན་འཇིགས་མེད་རྒྱ་མཚོ། རྒྱལ་དབང་སྐུ་ཕྲེང་དགུ་པའི་རྣམ་ཐར་དད་པའི་ཡིད་འཕྲོག་ཅེས་བྱ་བ་བཞུགས་སོ། | པེ་ཅིང་། ཀྲུང་གོའི་བོད་རིག་པའི་དཔེ་སྐྲུན་ཁང་། སྤྱི་ལོ2013 ཤ·367

和政治统治方面表现出正统性，长期以来，各教派、各种势力不断地阐释观音文化，通过塑造观音净土"布达拉"来宣扬各自立场，成为观音文化现象在藏区得以深入发展和藏地"布达拉"逐步本土化的具体表现。

17世纪，随着在拉萨红山上修建白宫、红宫，观音文化概念中"布达拉"与现实中具体地方完美地结合，成为世人公认的文化表现模式。不仅如此，通过修建大型宫殿及后来撰写一系列相关理论著作，从多角度阐释了拉萨红山就是"布达拉"山的理论体系。在五世达赖喇嘛和第司·桑结嘉措两代人的努力下，拉萨红山上的布达拉宫建筑基本形成，更为重要的是，从此"布达拉宫"作为西藏传统信仰体系观音文化的具体体现发挥了重要作用。

拉萨红山从何时起被称作布达拉，除了上述文献，并未发现更早的史料，但是17世纪之前，这一称谓就较为流行。1645~1648年，修建完成布达拉宫白宫部分后，五世达赖喇嘛就着手编纂新建布达拉宫与观音净土无异的理论书籍，包括撰写赞颂词，编纂布达拉宫各殿堂、文物志书和壁画题记，等等，以此方式阐述布达拉宫作为西藏地区最重要、最直接的观音道场之理论，这点从五世达赖喇嘛专门为布达拉宫撰写《详说布达拉宫功德无畏狮子传承之声》（ བོད་ཁྲུང་ཆེན་པོ་པོ་ད་ལའི་ཡོན་ཏན་ཡོངས་སུ་བརྗོད་པ་འཇིགས་མེད་སེང་གེའི་སྒྲ་དབྱངས། ）得以体现。五世达赖喇嘛阿旺·洛桑嘉措在该篇中对刚刚修建完成的布达拉宫的殊胜性做了详细解说，从早期修建史即吐蕃时期墀尊公主如何主持修建"布达拉宫"到后来红山或所谓"布达拉宫"所经历之历史变迁以及五世达赖喇嘛如何按照显密典籍授记内容重新修建包括建筑布局，从拉萨红山到白宫这一自然景观到建筑物外貌变化，再到建筑结构布局、馆藏文物等细节，观音信仰有关造像和壁画等描述具体而详细，表达布达拉之殊胜性，突出新建白宫就是观音道场"布达拉"坚实的理论基础，这点详见于上述史料。①

---

① 参见 དཔལ་དབང་བློ་བཟང་རྒྱ་མཚོ། སྐུ་གསུང་ཐུགས་རྟེན་གསར་བཞེངས་དང་རིན་པོ་ཆེའི་མཆོད་རྫས་ཁག་བཅས་ཀྱི་དཀར་ཆག་དང་ཐམ་ཕྲེན་དེབ་ཐེར་ཡིད་འཕྲོག་རྒྱན་སྟེ་བཞི་པའི་སྐོར་འཚལ་ཏེ་པའི་སྐུ་གསུགས་དང་པོ་བཞུགས། དཔལ་དབང་བློ་བཟང་རྒྱ་མཚོའི་གསུང་འབུམ། ཞིང་པར ན་32ནས37

　　白宫修建完成后，在宫内东大殿四壁绘制壁画，题记也由五世达赖喇嘛亲自题写，其《文集》中《布达拉宫大殿壁画题记》（ པོ་བྲང་ཆེན་པོ་པོ་ཏ་ལའི་ཚོམས་ཆེན་ལོགས་བྲིས་ཀྱི་ཁ་བྱང་དེབ་ཐེར་དུ་བཀོད་པ་ཀུན་ལ་རབ་གསར་ཞེ་ས། ）一文也有记载："佛教在北方得以广传的最主要圣者观音之转世法王松赞干布时宫殿叫作'玛布日'，与观音道场'布达拉'无分别之地，期间虽然蔡巴万户和帕竹下属奈吾宗巴（ སྣེའུ་རྫོང་པ་ ）等在此修建过宫堡等建筑，但除了一处庙宇外均已不存。"[1] 因此按照相关授记进行重建，使得"布达拉"道场再次得以延续。而五世达赖喇嘛另外一部著作《大昭寺志》（ ལྷ་ལྡན་སྤྲུལ་པའི་གཙུག་ལག་ཁང་གི་དཀར་ཆག་ཤེལ་དཀར་མེ་ལོང་། ）中也有与上述内容相近的记载[2]。可以看出，五世达赖喇嘛是在极力地把红山上所修造宫殿与"布达拉"这一神圣概念相融合。这一模式到了17世纪后期，随着第司·桑结嘉措主持修建布达拉宫红宫后变得更加通俗和具体。第司·桑结嘉措将相关显密典籍中的"授记"理论和上述提到的噶当派经典作为理论依据，专门撰写观音传承源流，把五世达赖喇嘛作为该源流的重要一员进行了大篇幅的描写。与此同时，把红山的宫堡进一步"布达拉"化，成为后来形成这一文化表现力的重要阶段。第司·桑结嘉措撰写的《五世达赖喇嘛灵塔志·瞻部洲庄严》从十三个方面对以五世灵塔殿为中心的布达拉宫做了详细阐述。其中第一部分讲述的就是布达拉宫所在的红山作为显密文献所记载的观音道场，同时利用五世达赖喇嘛相关论述等其他辅助史料，把布达拉宫作为真正的观音道场进行论述，其篇幅之大、内容涉及面之广、引证史料之磅礴使其成为藏族历史上宣扬观音

---

① 原文如下： དེ་ཡང་གྲགས་ཅན་གྱི་བསྐལ་བ་འདི་ལ་སངས་རྒྱས་སྟོང་ཕྲིན་པའི་སྲིད་སྐྱོབས་ཀྱི་དབང་ཕྱུག་རྒྱལ་ཝ་ཐམས་ཅད་ཀྱི་སྲས་པོ་ བཙུན་པ་རིན་པོ་ཆེ་ཐུང་ཤ་ཐུགས་གཏེར་ནས་བསྟོགས་པའི་ཡུལ་འདིར་འཛིན་རྒྱས་སུ་མཛད་པའི་ཐེ་ལོ་ཆོས་ ཁྲི་བཙན་ལྷ་བ་བ་བ་མེའི་ སྲིད་པའི་སྣོགས་ཅན་ཆོས་སྦྱོང་བའི་རྒྱལ་ཝ་སྲོང་བཙན་སྒམ་པོའི་པོ་ཏ་ལ་དེ་ཞེས་གྲུ་འཛིན་དེ་དུ་དེ་ཁྱ་དོ་བའི་པར་སོ་དར་བའི་ ཉིད། བར་སྐྱབས་སུ་ཏོ་རྒྱལ་པོའི་ཡུལ་འཛིན་ནས་ཆས་ཁ་ཏི་དཀོན་དེ་སྲིད་ཁྱ་མོ་པའི་སྲོང་དགོན་སྟེ་དུ་ཆེ་ཞེས་ཀུན་མཆིས་ ན་བཙོ་ལ་ཆེ་འདི་བཙུན་བའི་སྲིད་དགོན་གྱི་གྲུང་བ་སོ་ཁལ་དགུན་ཆ་མས་ཉི་བ་བཟང་བའི་ཆོ་བཙས་ཆོས་པ་ཉི་བྱུག་ སྒ་ཀར་མ་པའི་སྐུ་འད་དྱ་གི་ཆོ་ལུ་རྟེས་སུ་བཟར་ཏེ་ དུས་ཞེག་གི་ཀར་མོ་དང་ཅ་མ་སྙོན་ནི་གོ་ཏ་དུ་གགས་ལ་ཡས་དུ་ཆ་ དང་འདེའི་ཆོ་ 載 དགའ་དང་དོ་བཟང་རྒྱ་མཚོ། དགའ་དང་དོ་བཟང་རྒྱ་མཚོའི་གསུང་འབུམ། ཏེང་པར། ༣ སྣ་གསུས་ལ་བྱ་བ་དེ་བ་གསར་བཞེངས ད་རེ་ཧི་ཆེ་མ་མཚོ་སྒྱུར་ལད་བཟང་གི་དཀར་ཆག་ནོ་ཐབ་ཕུང་དི་ལ་ཐིམས་ཡིག་འཇ་རྒྱང་སྲི་བཞེན་སྟོ་འཛར་བའི་རྒྱལ་བ བ་སྤྱིགས་བ་དང་པོ་བཞུགས། ༢༣7

② དགའ་དང་དོ་བློ་བཟང་རྒྱ་མཚོ། ལྷ་ལྡན་སྤྲུལ་པའི་གཙུག་ལག་ཁང་གི་དཀར་ཆག་ཤེལ་དཀར་མེ་ལོང་། དགའ་དང་དོ་བློ་བཟང་རྒྱ་མཚོའི་འབུམ། ད། ཤིང་པར། ༡19ནས་༢1

文化传播最重要的理论依据之一。

此外，第司·桑结嘉措的另外一部重要史料《格鲁派教法史·黄琉璃》（དཀར་ཆག་ཆོས་འབྱུང་བཻཌཱུརྱ་སེར་པོ）也以同样视角阐述拉萨红山即"布达拉"的历史。可以看出，五世达赖喇嘛和第司·桑结嘉措两人不仅修建了雄伟壮观的布达拉宫建筑，更重要的是利用地方政权之便利，把藏族传统观念中充满神奇色彩、历代各教派和各种势力均想具体刻画的观音道场"布达拉"与现实中拉萨红山相结合，旁征博引，在藏族社会中塑造了"布达拉"净土的具体形象和特殊内涵。这一思想影响至深，如"首先供奉真身法体定是在大慈悲观世音所化身之殿，按照藏地之说恰似大象盘睡状、按照天竺吠陀之说则如青龙之状红山上，当由法王赤松赞修建王宫，后五世达赖喇嘛进行扩建，成为历代达赖喇嘛之驻锡地"①，"在何处修建灵塔殿一事最终定在藏地中央大昭寺附近，由《噶当大典》授记的观音依魂之山，历代达赖喇嘛驻锡地，与普陀山无异的布达拉宫内"②，直到近代，《十三世达赖喇嘛传记》也盛赞布达拉宫："如此欢愉白色地，胜过其他白色地，金刚萨埵之净地，犹如布达拉宫矣。"③把拉萨红山布达拉宫认定为观音文化中的"布达拉"。

在"布达拉"概念传入西藏的漫长岁月里，人们一直试图把这一概念固化和具体化，但是由于藏族社会历史变化的原因，很长一段时间未能形成公认且具有完整理论依据的表达形式。直到 17 世纪，甘丹颇章地方政权的建立和布达拉宫这一举世瞩目的建筑物的修建，使得经过千年演变而来的观音文化思想认知与具体地望空间形成有效呼应，观音文化最终成为藏族社会最重要的一种思维模式和思想认识，直接体现了观音文化本土化的真实历程。

---

① བཙན་ཆེན་དཔལ་ལྡན་ཡེ་ཤེས་ རིགས་ལྡང་དཀྱིལ་འཁོར་ཀུན་ གྱི་བདག་པོ་རྗེ་ཅཿཆེན་ཆེ་ཁམས་གསུམ་འགྲོ་བའི་ མ་མཆོག་གི་ སྐུ་གདུང་ཡིད་ བཞིན་ གྱི་ནོར་བུ་སྒྲོ་པོར་བཞུགས་པའི་ སྐར་བཞུན་སྐྱེ་དགུའི་ མཆོར་སྒྲོང་ཆེན་པོ་ ཤ་ོ་མཆན་པར་བཞེ་ན་ད་བཞེངས་པར་དྲན་ པའི་གནང་རྒྱ་འཕྱུང་འོང་ ཤེར་སྐྱོང་བཚུ་འགྲུ་བའི་སྲུ་ ཤུ་ཅ་ཧ་བ་བཞུགས་སོ། ཤིང་པར། ཤ10

② དེ་མོ་ནོ་མི་ཏྲ་བློ་བཟང་ཐུབ་བསྟན་འཇིགས་མེ་རྒྱ་མཚོ་ ཐུན་ཆོ་གདན་འདོ་ཀུའི་ གཞིར་མཅོད་གསེར་རང་ རིན་པོ་ཆེ་ དཀ་ ལེ་གན་འི་ འབར་གྱི་དཀར་ཆག་དོ་མཚར་ནོར་གྱི་ དོ་ཤལ་སྐལ་ བཟང་ མིག་ ཞེ་སས་སྲ་ཐུས་ལྷ་ཤུ་ཤ་ཧ་བ་བཞུགས་སོ། ཤིང་པར། ཤ15

③ ཕུར་སྐྱོང་ ཐུབ་བསྟན་ ཕྲིན་ལས་རྒྱ་མཚོ་ཁྲིམས་བསྟན་ འཛིན་ སྐུ་ བཞེང་ ཤུ་རྒྱུ་ གྲོ་ས་རྒྱལ་པོའི་ དབང་པོ་བ་ཅ་ ཉིན་ མཚོ་མེ་ དཔེ་སྐྲུན་ཁང་ ས་དའི་ རྣམ་ འི་ རྒྱ་མཚོ་ སྒ་ལ་མཚོ་བོ་ ན་དོ་ཆ་བོཉ་ཆེ་ མཚར་ ཆེ་ཆེ་ ཞེང་ བ་བཞུགས་སོ། སོ་ ཀྱ་གོ་བོ་ རིག་པ་ཕ་ས་སྐྲུ་ པར། 2010ནི། ཤ98

三 "布达拉"观念形成的背景

要想深入了解观音文化现象中"布达拉"概念在藏地形成和发展的历史脉络，除了挖掘文献当中陈述的历史事实，还要综合地考虑这一文化现象形成之背景，才能对群体统一意识形态和群体情感的具体表现形式即观音文化和"布达拉"现象的本土化过程有较为深刻而客观的认识。另外，"布达拉"概念在藏地传播的社会背景下，除了上述谈到的历史与文化特殊背景，还需要对藏族特殊空间观念和史学观念等领域深入了解，才能为"布达拉"观念如何植入藏族社会这一主题的探讨得出一些特殊的视角，这也是有别于单纯宗教信仰等领域的阐释和思考视角，显得更加直观和立体。

上文通过文献内容梳理和分析了观音文化传入的事实，观音文化中"布达拉"净土观念在藏地的传播也是有其特殊的文化背景的。通过分析当时的社会现状发现，观音文化和"布达拉"传播过程，充分体现了藏地社会所面临的种种困局，倘若想从困境中解脱，只能借助一些心理慰藉的方式。由此可知，观音慈悲为怀的理念更加符合变迁中的藏地社会。

在后弘期这一特殊的历史时段，藏族社会以佛教再度兴起作为历史背景，极力地使观音形象在内的佛教文化本土化。以松赞干布等吐蕃时期著名人物和本地一些具有重要地位之"神山""圣地"作为观音信仰本土化的具体媒介，结合观音本生等相关经典，多方面塑造观音形象在藏地的合理化。其中"布达拉"这一具有典型意义的观音道场在藏地的重构是整个观音文化现象本土化最核心的部分，也是更直观的表达方式。按照文献记载来看，藏地"布达拉"概念始于 11 世纪，之后经过几百年的变迁，在不同阶段、不同地方尝试建立具体观音道场"布达拉"，并且取得了很好的效果。从藏族历史社会发展背景来看，藏地引入"布达拉"观念有其特殊的社会历史文化背景。

9 世纪中叶，随着吐蕃王朝的崩塌，作为长时间以来慢慢得到加强的、以藏族为主体的青藏高原群体统一意识在短时间内迅速瓦解。而在吐蕃腹心地区，王朝后裔为了继承的正统性，相互之间开始了连年争斗，王室残余势力在很短时间内迅速被削弱，并最终走向灭亡。随着核心区域连年内战，处在吐蕃王朝边缘地区的各种势力不断前来争夺和蚕食曾经占领的区域，使得以藏族为核心的青藏高原整体社会在内忧外患之下进入了分裂割据时期。按照相关人员研究结论，"吐蕃王朝彻底分崩离析，土崩瓦解，像西方的罗马帝国和东方的汉帝国一样，在纷乱的农民起义和王室的混战中，退出了世界历史舞台，消隐于古代记忆，社会由此陷入长期的分裂和一片混乱"①。正因如此，随着统一王朝的崩溃，诸多属于吐蕃时期的意识记忆也随之瓦解，自然消逝，统一群体情感意识层面出现了巨大断痕，使得短时间内无法正常延续。人们很难习惯强大王朝的统一性在一次看似并不算太大的冲击下全面崩溃，以军事力量作为社会主要支撑力的高度统一体制崩溃，使人民对王朝意识憧憬不复存在，如此历史拐点，亟须塑造一种能够延续吐蕃王朝时期的统一意识或统一情感，因此需要重构吐蕃王朝时期历史记忆，并且要与当下社会变迁趋势相符合，如此重任主要落在王室后裔和对佛教传播持积极态度的社会精英群体肩上。

随着藏族历史进入分裂割据时期，各地无休止的争斗还在继续，但是社会模式则从军事和政治为主导的高度集中统一体，渐渐地走向分散、纷乱和渴望新的社会模式阶段。以政治和军事等方面再去建立新秩序或恢复到原来的秩序已然是不现实的，很多人开始思考如何在特殊历史背景之下，构建一种新的、有效的统一意识。在社会变革大背景之下，首先要解救还处于王朝崩溃阴影笼罩下的灵魂和颓废的社会现实，正好以慈悲为怀的佛教思想，尤其是普度众生于苦海的观音信仰体系在藏族社会此时的思想变革当中起到了积极作用。因此，观音信仰的传播或者观音形象的塑造成为那一时期最主要的任务。

结合藏传佛教在藏族地区进入后弘期这一特殊发展阶段，在佛教观念当中寻找重塑统一意识的观念或模式是刚刚再度兴起的较为可行的做法，整个社会普遍愿意接受的佛教观念，尤其是观音信仰来继承或取代

---

① 桑杰端智：《藏文化与藏族人》，甘肃民族出版社，2009，第74页。

王朝时期统一的群体情感意识是符合历史发展需求的，更是观音信仰和"布达拉"观念在藏地形成的历史大背景。

"布达拉"观念在藏地传播和植根很大程度上归功于西藏历史的重要阶段即后弘期时期。早在 7 世纪，佛教开始在吐蕃王朝境内传播，到了 8 世纪，在王室直接参与和主持下，学习佛教思想成为吐蕃王朝主要的思想活动，并逐渐成为民族情感的重要依托。然而政治和军事上的衰败，不仅打破了王室主持下学习和传播佛教的体制，战乱更是给佛教的进一步传播带来了沉重打击。但是有了一定基础的佛教在经历短暂的黑暗期之后，很快从边远地区开始复苏，形成合围之势，加上由于印度地区佛教传播的整体社会背景发生了大的变化，以阿底峡为代表的当时具有很大影响力的印度高僧直接来到藏地，为刚刚复苏的藏传佛教注入了"强心剂"，形成了许多至今都影响深刻的藏传佛教学派，由此也开创了一系列具有本土特色的理论体系。

在藏地，以《柱间史》、《玛尼宝训》和《噶当文集》为主的藏传佛教后弘期第一批理论典籍开始出现，加上以显密相结合的道次第（ལམ་གྱི་རིམ་པ་）佛法修习方法论得到了进一步规范，噶当教派很快在藏地立足。本土精英群体将断裂的吐蕃时期统一情感或者意识巧妙地结合在佛法典籍或者佛教理论传播过程当中，形成了完备的理论依据。依托佛教流传过程中耳熟能详的观音信仰，将藏族本土民族情感的寄托或者王朝的眷恋与观音信仰相融合，以吐蕃王朝开创者松赞干布与观音本生加以融合，又把观音信仰体系中"道场"概念植入本土观念当中，再对吐蕃时期历史以佛教史观进行经典重构，形成了藏地传播观音信仰体系的重要依据，从吐蕃时期开始的观音文化体系的传承与传播也在这时得到了前所未有的发展。在观音信仰或佛教出世观形成方面，现代研究人员还以一种反思的角度去重新"审视"所谓的纯粹宗教信仰下的道德标准，以及其对塑造所谓藏民族新型人格等方面所持的不同观点，尤其是塑造藏族独立人格①一说。这一出世观重塑并深

---

① 参见桑杰端智《藏文化与藏族人》，甘肃民族出版社，2009，第 89 页。

深影响了直到今天依然延续的民族独特信仰与思维模式是不得不承认的事实。

由于观音信仰体系或者观念中把"道场"概念描述得非常具体，在重构松赞干布与观音合二为一的历史进程中，观音道场具体位置以隆起在拉萨河谷中的红山最为恰当，因此把在古代印度、尼婆逻等地相关观音道场描述直接与松赞干布在红山上建造宫堡作为衔接来渲染，加速了观音文化本土化的步伐，进而为形成吐蕃时期统一群体意识起到了重要作用。正如本尼迪克特·安德森的《想象的共同体：民族主义的起源与散布》中提出的那样，"这种所谓的历史记忆显然属于为了凝聚族群而进行的主观认同"①，是无须陈述太多的严谨事实，更无须强调其形成的历史环境和社会背景等逻辑问题，是特定时段内人民"想象"出来的主观思维。

观音信仰在印度等地的兴起与藏地的传入与当时具体的社会现象有着直接关系，特别是与当地麻风病等流行病的传播有着千丝万缕的联系。印度及其南部地区的自然环境与西藏高原地区的环境虽然是两种不同的经纬世界，但有个共同的特点就是人们的生存环境极为复杂。印度地区处在热带丛林与绵延的海岸线上，在海浪、飓风、骤雨与蛇虫等自然因素下，人类生存条件恶劣，各种疾病自然也是蔓延于此。而藏地高原缺氧、干燥和寒冷的天气也会导致各种疾病。特别是吐蕃王朝结束之后极其漫长的时间里，连年的战争给社会带来了诸多负面影响，人们寄希望解脱于此的心态是观音文化植入于此的另外一个社会基础。根据相关材料来看，藏地观音重要传承师比丘母白姆（དགེ་སློང་མ་དཔལ་མོ་）的生平事迹中就有身患麻风病的情节。比丘母白姆十五岁时，身患麻风病，全身长满脓疮，面目全非。为了减轻患病的痛苦，他向观音祷告而痊愈。②这一故事情节说明，麻风病等难以治愈的疾病在当时的印度等地极为常见，人们为了摆脱疾病的痛苦，通过宗教仪轨手段来获得身心的

---

① 〔美〕本尼迪克特·安德森:《想象的共同体：民族主义的起源与散布》，吴叡人译，上海人民出版社，2003，第6页。

② 参见 མཛད་པ་པོ་མི་གསལ། ཐུགས་རྗེ་ཆེན་པོ་ཁལ་བརྒྱ་གཉིས་པའི་བླ་མ་བརྒྱུད་པའི་རྣམ་ཐར་ནོར་བུའི་ཕྲེང་བ་ཞེས་བྱ་བ་བཞུགས་སོ། དབུ་རིང་དཔར་མ། ན་8ནས10

安宁。当时的人们认为，观音法门对龙族与地祇（ས་བདག）有着特殊的功能，特别是十一面观音法门对此更有效果。[①] 针对这一观点，现代研究人员也表示肯定，并梳理了 11 世纪前后部分藏地高僧大德身患麻风病的案例，并与观音信仰有关的事实。[②] 在如此特殊的社会背景下，处于崩溃边缘的社会需要更加和谐的环境，观音的慈悲观念刚好符合这一需求；关于弥漫的麻风病等疾病的治愈，人们也是通过对观音法门的修炼来得到一丝安慰，这更是观音观念在藏地扎根的具体作用。

也许观音文化所推崇的慈悲与助人的精神正式激起处于跌宕起伏期的藏族社会及此地人们的希望，与其他佛教神系所宣扬的力量、神幻和超脱等脱离实际的内涵所不同，观音对于处在困境之中的个体表现出了极为公平的态度，帮助人们解决现实中的各种困难，使得人们对社会和个体重新燃起了希望，这更是处在转型期的藏族社会极为需要的心理慰藉。这是观音信仰在藏地迅速落地生根的重要原因。

小 结

本章所探讨的"布达拉"观念如何在藏地传播一题，在解读布达拉宫历史发展脉络时，在概念化词义辨析方面起到了一些作用。"布达拉"作为古典梵文中的专门术语，经过漫长的时间传播之后，藏语语境下逐渐形成了特殊的文化表达意境。根据文献记载，在藏地有关"布达拉"一词从"པོ་ཏ་ལ"到"པོ་ཏ་ལ""པོ་ཊ་ལ"等经历了不同形态，可以说明这一概念在传入藏地后经历了一段漫长的发展轨迹即本土化过程。"布达拉"作为传统概念中的观音道场，在古典梵文典籍中也许有早期相关记载，但在藏文典籍中对其描述基本上都是各种文献之间相互借鉴，很难找到具有说服力的解释。从历史学视角来看，在藏地某一地方直接被称作观音道场"布达拉"即藏地"布达拉"的历史事实应该不会早于 11

---

① 原文如下：ཀུ་དང་ས་བདག་འདུལ་བ་ལ་སྤྱན་རས་གཟིགས་དང་ཁྱད་ཕར་བཅུ་གཅིག་པ་འདི་བསྒྲུབས་ན་ཡིན་པས་ས，载 མཛད་པའི་ཆོ་གས་ལ།ཕྱགས་རྗེ་ཆེན་ཞལ་ལས་བཅུ་གཅིག་ཞལ་རྣམ་པ་བཀྲུབ་པའི་རྣམ་ཐར་རྟོ་ར་བུའི་ཕྲེང་བ་ཞེས་བྱ་བ་བཞུགས་ས།དུ་རིང་དུ་ཀ་འགྲ།ཤ་8ཤ་10
② 参见萨尔吉著《西藏山南地区达隆寺壁画题记的初步考察》，《藏学学刊》2014 年第 9 辑，第 90~93 页。

世纪。随着吐蕃王朝的结束，藏族历史进入了全新的发展阶段即藏传佛教后弘期，在无统一政治体制的社会背景下，以噶当派为代表的藏传佛教各教派在此时如雨后春笋般成长，为佛教在藏地突现欣欣向荣局面创造了很好的客观条件。观音信仰体系作为当时主流佛教观念中的重要传播内容，为处在动乱中亟须得到心灵上的解救之藏族社会心态，起到了很好的衔接，并在藏地得到了广泛传播。如此背景之下，观音文化体系在各个教派中形成，并且把重塑观音形象、建构"布达拉"作为主流意识形态，即研究吐蕃王朝历史成为当时重要的思想文化活动。与此同时，当时噶当派盛行的地域里，按照各教派传承者的不同需求，把有关名山胜迹当作观音道场"布达拉"，从历史先后顺序来看，位于拉萨河谷中甲玛沟深处"曼札山"等被视为藏地"布达拉"一说也有很早的记载，之后又把"布达拉"一词与其他许多地方进行结合，塑造各自所传承的教法之正统性。直到 17 世纪，随着甘丹颇章地方政权的建立，有地方政府集权标志的红、白二宫先后在拉萨红山上修建，更为重要的是，为地方政权重要人物如何转世化身为观音提供了较为完备的传承和理论依据，从建筑外观到其表达的文化内涵等方面，藏族观音信仰中其道场"布达拉"就是拉萨市红山上的这座宫殿显得更加立体和饱满，使这一观念在藏地传播和确立得到了前所未有的合理化。"布达拉"概念的进一步确认和固化，以典型建筑作为依托，在塑造群体认同感方面起着重要作用。

第二章 想象的空间

——吐蕃时期的"布达拉"

布达拉宫位于拉萨河谷的中央，这里早在一千多年前就成为人口较为密集的群落聚居区。借助特殊的高原地理优势，一千多年前人们就在这一区域从事较为先进的农业活动，又由于高山草地的条件，同时有高原畜牧业的传统。这半农半牧的特殊生产模式造就了极其特殊的人类生态。其中，吐蕃王朝就是这一人类生态模式下运行的典型，以各类文献为例，所谓吐蕃王朝的宫殿"布达拉"在汉藏文史料中有极其丰富的记载，也体现了特定背景下的各类文献所代表的思维观念，以史学史研究视角对文献中"红山宫殿"进行探讨，特别是对藏文文献中有关吐蕃历史史料的分析与梳理是这一研究领域中首先要探讨的基础性问题。

一 1300多年前拉萨河谷人类生态

拉萨河谷位于青藏高原腹地一个较为狭长区域，是典型的高原河谷地带，这里虽然没有连片的耕地，但依然是农耕活动较为普遍地之一。依赖于独特的自然环境，早在一千多年前各种文化在此得以交流与碰撞，因此学者把以拉萨河谷为核心区域的中部西藏称作青藏高原上除了单纯游牧民族之外的社会多层次接触地。[①] 虽然较青藏高原其他区域，

---

① 参见〔美〕拉铁摩尔著《中国亚洲的内陆边疆》，唐晓峰译，江苏人民出版社，2010，第143页。

开阔的河谷更加适合农耕活动，但是整体海拔 4000 米左右的高度导致拉萨河谷的人们必须依靠一定的畜牧活动，使得这一区域的生态模式呈现出不同于单纯的北方游牧世界的畜牧方式，又有别于传统农耕文明发达地区。这种特殊的生态模式使得 1300 多年前军事组织性极强的吐蕃王朝的文化生态表现出极为特殊的地域性和适用性。

拉萨河谷的自然环境决定着世代生活于此的人们的生活模式。拉萨河谷是指雅鲁藏布江重要支流拉萨河流经地区。[①] 拉萨吉曲河与玛拉山脉（ རྒྱ་ལ་འབས་དམར་ལ་ ）所横跨的狭长地带称为拉萨河谷。其中，拉萨河以北边唐古拉山脉脚下西藏那曲市嘉黎县北部措拉乡麦地卡（ སྨྲ་དི་ཁ་ ）湿地的彭措湖为源头，关于这点在传统史料中也有明确的叙述。[②] 而"麦地卡"作为吐蕃时期"茹"或"翼"的重要地理分界线早已出现在藏文史料中。[③] 拉萨河从源头开始依次经过今天那曲市嘉黎县、那曲市、拉萨市当雄县、林周县、墨竹工卡县和达孜区进入拉萨城境内，到达拉萨时这条河流冠以"拉萨吉曲河"（ ལྷ་སའི་སྐྱི་ཆུ་ ）之名。这条弯曲纵横的河流为何称作"吉曲"（ སྐྱི་ཆུ་ ），在传统史料中有相关解释，大意为古时候这一带是"吉"（ སྐྱི་ ）家族活动地带。拉萨河谷上游林周县和墨竹工卡县境内古称"吉堆"（ སྐྱི་སྟོད་ ），意为上部吉地方，曲水等地则统称"吉麦"（ སྐྱི་སྨད་ ），即下部吉地方。[④] 拉萨吉曲河最后在曲水县境内汇入雅鲁藏布江成为雅鲁藏布江的重要组成部分[⑤]，也是雅鲁藏布江北岸最

---

① 李瑞奎、刘建兰：《吐蕃时期拉萨地区生态环境与都城逻些的相互影响关系》，《滇西科技师范学院学报》2019 年 6 月，第 40 页。原文如下："主要位于北纬 29.2 度～北纬 31.2 度和东经 90 度～东经 93 度之间。它北面与东北面跟怒江流域相邻，东面与雅鲁藏布江支流帕隆藏布、尼洋河流域相衔接，南面为雅鲁藏布江干流，西北和北部为藏北内流水系，该流域东西长 300 公里，南北约 200 公里，流域面积为 32471 平方公里，占雅鲁藏布江流域的 13.1%。"

② 原文如下：སྐྱི་ཆུའི་ཆུ་མགོ་སྐྱི་དི་ཆུ་རྒྱུ་རྐྱང་ནས་ཀ་ཁུལ་བཀལ། ，载 དཔལ་པོ་གཙུག་ལག་ཕྲེང་བ། ཆོས་འབྱུང་མཁས་པའི་དགའ་སྟོན། པེ་ཅིན་ མི་རིགས་དཔེ་སྐྲུན་ཁང་ སྤྱི་ལོ་2006 ལོ་579

③ མཁས་པ་ལྡེའུ་ མཁས་པ་ལྡེའུ་མཛད་པའི་རྒྱ་བོད་ཆོས་འབྱུང་རྒྱས་པ། བོད་ལྗོངས་བོད་ཡིག་དཔེ་རྙིང་དཔེ་སྐྲུན་ཁང་། སྤྱི་ལོ་1987 ལོ་258 原文如下：རྒྱས་པའི་རུ་མཚམས་ནི། ས་ཀ་དྲུག་ཡུལ་ན་ངོ། རྒྱ་ལག་ཤངས་ཀྱི་སོ། ཕྱང་དགས་ནས་བོད་ཀ་གཅིག་འཕར་ས། སྐྱི་དི་སྐྱི་ཆུ་རྒྱག

④ 参见 པ་ཚབ་པ་རྣམ་རྒྱལ་འབུམ། བོད་ཀྱི་གནའ་བོའི་རྒྱལ་ཕྲན་དང་ རྒྱལ་ཕྲན་ཕྱོས་སོ། སོང་ཁ་ཡུལ་དཔོན་ཚོང་ཚང་གི་ཞིབ་འཇུག ལ། བོད་ལྗོངས་མི་དམངས་དཔེ་སྐྲུན་ཁང་། སྤྱི་ལོ་2021ལོ་ ལ་111ནས་112

⑤ 参见李瑞奎、刘建兰著《吐蕃时期拉萨地区生态环境与都城逻些的相互影响关系》，第 41 页。原文如下："拉萨河是雅鲁藏布江最大的一级支流，其北部山地海拔高，山顶较平缓，流域地势整体上北高南低，在山地斜坡夹有盆地或河谷平原，盆地多呈阶梯状分布。拉萨河发源于念青唐古拉山东南麓的彭措孔玛朵峰，河源之处是一片沼泽地，这里海拔约为 5200 （转下页注）

大的支流。[①]

拉萨河谷是青藏高原中部地区从事农业生产最为密集的区域，横亘在拉萨与山南中间、呈东西走向的玛拉山脉也是这一区域具有标志性的地理特征。玛拉山脉东起拉萨市墨竹工卡县与山南桑日县交界处，此处也是早期重要的地理分界线。[②]然后向西延伸到拉萨市曲水县境内，即拉萨河（吉曲）流入雅鲁藏布江的拐弯处。玛拉山脉几乎决定了拉萨河的整体走向，也决定了这一区域人们的生产方式。在藏文典籍中很早就把玛拉山作为"卫茹"和"哟茹"的分界线。[③]可见这一山脉在地理位置上的重要性。由于玛拉山脉的阻隔，拉萨河南北两侧地形、气候极为相似的区域分成两半，最为明显的是两侧居民生活习惯和口音等方面的表现形式上的差异。比如位于拉萨河南岸玛拉山脚下的直布慈觉林（ཁྲིབ་ཚེ་མཆོག་གླིང་）、柳梧（ལྕུག་）、桑达沟（གསང་མདའ་）等地居民口音与拉萨河北岸（比如拉萨市达孜、堆龙）等地实有相差，反而与玛拉山南脚的山南桑耶（བསམ་ཡས་）、扎（ཕྲག་ས་）和昌果沟（འབྲིང་སྒོ་）一带相近。玛拉山脉南北两侧虽然相隔较远，实际上呈现出相对完整的文化模式。可见，河流才是让两个地域分出不同文化形态的重要因素之一。

在玛拉山脉的阻隔下，直线距离不超过几十公里的两个河谷之间的往来需通过山脉东侧或西侧的山口才能实现，这也是当年悉补野部落首先攻击位于拉萨河上游地势相对平缓的苏毗核心区域的直接原因。20世纪60年代以来拉萨与山南之间修建公路也是遵循这一逻辑，从山南向西出发一直沿着玛拉山的西端，直到这一山脉结束之处的曲水，绕至

（接上页注⑤）米，流至桑曲处为拉萨河之上游，这里的地形多为丘陵山地及宽谷。从桑曲进入直孔空藏布为拉萨河流域的中游，在这里有较宽的河流谷地分布，出现了不连续的三级阶地。从直孔以下直到曲水县与雅江交汇处，称之为拉萨河下游，当地人习惯将该段称为拉萨河（吉曲河，作者注）。在该段河流的冲积下河谷渐宽，墨竹工卡县以下的河谷的宽度有3~5公里，逻些城附近的河谷可达7~8公里，是典型的河谷地形。拉萨河流域处于高山的包围之中，其高差相对明显。如当雄—羊八井盆地，海拔约4300米，拉萨市以北的彭波盆地海拔高程为3700~4000米，愈向南河流切割愈深，地形起伏越大，干流旁的山峰海拔高程多在5000~5500米，谷底高程多在4000米以上，相比高差多在1000米以上。"

① 参见林冠群著《唐代吐蕃史研究》，（台北）联经出版事业股份有限公司，2011，第158~159页。

② མཁས་པ་ལྡེའུ། མཁས་པ་ལྡེའུ་མཛད་པའི་རྒྱ་བོད་ཆོས་འབྱུང་རྒྱས་པ། བོད་ལྗོངས་བོད་ཡིག་དཔེ་རྙིང་དཔེ་སྐྲུན་ཁང་། སྤྱི་ལོ1987ལོ། ཤ258
原文如下： དུ་ཏུའི་ར་མཚམས་སོ་ཤ དར་ཡོལ་གཏུག་ས་སྟོད་དགའ་བདགས་འདུལ་གཞལ

③ 参见 མཁས་པ་ལྡེའུ། མཁས་པ་ལྡེའུ་མཛད་པའི་རྒྱ་བོད་ཆོས་འབྱུང་རྒྱས་པ། བོད་ལྗོངས་བོད་ཡིག་དཔེ་རྙིང་དཔེ་སྐྲུན་ཁང་། སྤྱི་ལོ1987ལོ། ཤ98

曲水再回到东面的拉萨。今天，我国科技实力大大增强，完成了 1300 年前悉补野军队想直穿玛拉山脉到北岸拉萨境内的壮举，拉萨到山南的铁路和高等级公路都是直接对玛拉山打穿隧道而修建完成的。

当年，悉补野部落往北扩张降伏苏毗部后，设立"五茹"中北方"苏毗茹"（ སུམ་པའི་རུ་ ）于此。悉补野部落征服了位于玛拉山脉东侧的苏毗后逐步发展到更加宽广的拉萨中心区域，并逐渐形成了部落聚居区，这就是早期拉萨城的由来。但是，解决了山脉阻隔问题，随之而来的就是拉萨河了。拉萨河顺着河谷一路向西，但是到了今天拉萨城境内时，河谷地势瞬间变得开阔，这一自然因素极大地削减了原本较为集中和湍急的水势，使河流变得弯曲而缓慢，形成了面积很大的冲积平原。淤泥、沼泽和洼地自然也就成为这一区域最重要的地形结构，这一点从古代许多人物传记中提到拉萨河谷一带水灾频发[①]可以看出。至少从 12 世纪开始，拉萨城内相关人员组织人力布防水患[②]，直到近代，原西藏地方政府每年组织人力清除拉萨城内沙沟隐患。[③]1300 年前，虽然今天的拉萨城一带地势相对开阔，但是低洼地形带来的沼泽是当时人们生存的最大挑战。12 世纪的藏文史料中当年文成公主入藏时拉运释迦牟尼佛的马车陷入拉萨城泥潭的故事充分说明了这一情景："拉萨林荫上部泉眼处淤泥陷马车，巨人'拉嘎'者托起佛像，巨人'鲁嘎'者托起所陷马车，马车亦是动弹不得。"[④]而曲贡遗址等早期拉萨河谷人类聚居区位于海拔比拉萨平地高几十米的地方的原因也是如

---

① ཇོ་ནང་ཏཱ་ར་ནཱ་ཐ། རྒྱལ་ཁམས་པ་ཏཱ་ར་ནཱ་ཐས་རང་གི་རྣམ་ཐར་ནེས་པར་བརྗོད་པའི་དེབ་གཏེར་ཤིན་ཏུ་ཞིབ་མོ་མ་བཅོས་ལྷུག་པ། པེ་ཅིན། ཀྲུང་གོའི་བོད་རིག་པ་དཔེ་སྐྲུན་ཁང་། སྤྱི་2008ལོ། ཤ60 原文如下：དེ་སྐབས་ཚ་ཉིན་ཏུ་ཕ་བས་ལྕགས་དྲང་དང་མེ་ཚ་བ་ཅི་བར་གྱི་རྒྱུ་ལ་ཡན་གོ་བ་གཏོང་དགོས་ཤིང་ལམ་ཡང་མ་རུང་ལ། སྤོ་ལམ་ཐམས་ཅད་ཀྱང་རྫབ་ཡིན་ཞིང་དེ་ན་དག་ས་འཆོལ་བར་འཛུལ་ན་འཛིང་ས་ལ་ཕྱིན་ཚེ་འཛིང་ལ་ཤིག་འདི་བ་ས་འཆོལ་འདུག་ཅེས་དང་ཐམས་ཅད་ན་ཞིག་པ་ལ་ལ་ལ་རྩི་ཆེ་བ་ན་ཆ་བར་འདུག་གོ

② བསོད་ནམས་རྩེ་རིངས་མཆོག་འཇལ་གཞིག། བཀའ་ཆེན་ལའི་མཛད་རྣམ་ནེ་མཆོག་འཇལ། ལྷ་སམ་མོ་ལོས་པ་སོ། སྤྱི་ལོ་2019་གི་ཅིད། ཀྲུང་གོའི་བོད་རིག་པ་རུ་སྐྲུན་ཁང་། སྤྱི་2019ལོ ཤ152ནས153

③ 西藏自治区政协文史资料编辑部编，罗松多吉主编《西藏文史资料选辑》I，民族出版社，2007，第 406 页。又参见旦增遵珠、恰日巴·洛桑朗杰、洪舒蔓《清代拉萨水患治理与领主政治：四件 19 世纪水灾档案解读》，载《西藏大学学报》（社会科学版）2021 年第 3 期，第 66~75 页。

④ ཕུན་ཚོག་ཚེ་རིངས། ཚོམ་ལྗོངས་ཏི་ཏིབ་སྔའི་སོ་ལེའི་ཆག་དུད། བོད་ལྗོངས་མི་དམངས་དཔེ་སྐྲུན་ཁང་། སྤྱི་1988ལོ ཤ210 原文如下：ལྷ་སའི་ནགས་ཚལ་གྱི་གོང་ས་ན་ཆུ་གི་སྦོ་ན་རྫུ་མིག་ན་འདམ་དུ་ཐང་ཤིང་ད་བ་དང་། གྱད་ལྤགས་རིང་ནས་ཐུབ་ཆོས་ཀྱི་སྐུ་དགས་ཤིང་གྱད་ལུང་ནས་འདམ་ནས་བཏེགས་ཤོང་ད་ཐང་ཤིང་ཐང་ནས་འདམ་པས་ཤིག་ད་ཤུགས་ནས་མ་ནུས་སོ

此。① 因此，悉补野从玛拉山脉的东侧甲玛沟一带迁徙至今天拉萨城的过程并非一蹴而就、一气呵成的，其中涉及的自然环境等其他因素是必须考虑的问题之一。

除此之外，对 1300 多年前青藏高原中部的气候变化的讨论显得格外重要。现代科学家通过树轮、冰川、湖泊、河沙地等自然地理特征分析，试图建立 2000 多年前的青藏高原中部气候变化的科学序列，并大致得到了 3~5 世纪的冷期、中世纪暖期（1150~1400 年）和小冰期（1400~1900 年）三个阶段，且不同时期的气温变化有明显区域特征的结论。② 可见，1300 年前的西藏拉萨河谷或者中部气候的变化大致在冷期至中世纪暖期的过渡阶段。相对温暖的气候适宜各种动物生存，比如拉萨曲贡出土的猴头泥塑以及早期藏族族源猕猴说等，表示早期拉萨河谷就是一片温和之地，虽然猕猴等能否作为早期居民的图腾③ 还需要更多的证据来证明，但是这一类物种在此得到繁衍应该属可信之事。

到了 9 世纪，青藏高原整体气候处于相对温暖的阶段，研究人员的结论认为这种暖期接近于今天或者处于比今天略低的水平。④ 拉萨河谷的气温也是在大约 1000 年前进入了较为温暖的阶段，这对人们选择更加宽广的生存区域是一个极其有利的条件。同时对该区域的整体地质地形、动植物和人类生存起到了关键作用。整体变化不是很明显，这点在历史文献中得以证明，比如"其国风雨雷电，每隔日有之。盛夏节气，如中国暮春之月。山有积雪，地有冷瘴，令人气急，不甚为害"⑤ 的景象是青藏高原最突出的特点，因此现代研究人员也认为"唐代时期青藏高原的自然环境，事实与今日相去不远"⑥。这也是较为乐观的结论。

---

① 原文如下："拉萨曲贡海拔为 3680~3690 米，比拉萨城高出 20 多米。"王仁湘：《拉萨曲贡：雪域远古的辉煌》，《中国西藏》（中文版）2001 年第 3 期，第 55 页。
② 张云、石硕分册主编，拉巴平措、陈庆英总主编《西藏通史》（早期卷），中国藏学出版社，2016，第 21 页。
③ 霍巍、王煜：《曲贡遗址之性质及相关问题讨论》，《中国藏学》2014 年第 1 期，第 96 页。
④ 李妍妍、王景升、税燕萍、陈歆、郑国强、刘文婧、包小婷、王彤：《拉萨河源头麦地卡湿地景观格局及功能动态分析》，《生态学报》2018 年第 24 期，第 870 页。
⑤ 林冠群：《唐代吐蕃史研究》，第 10 页。
⑥ 林冠群：《唐代吐蕃史研究》，第 10 页。

　　自然环境成就了特定的生业模式，而生业的选择是人们对环境表现出的"挑剔性"及利用环境的具体方式，是造就生产生活多样性和特殊性的直接动力。如现代人类学家所说："不同的经济生业，以及更常见的不同的多重经济生业组合，造成人民对于环境有不同的利用方式，对生存空间或经济领域大小有不同需求，对环境性质或其多元性质的需求有异，以及对长期定居或经常迁移也有不同选择。"① 按照历史文献的相关记载来推断，1300 年前的拉萨河谷处于正在形成较为固定经济生业之阶段。选择自东向西逐渐开阔的拉萨河谷一带相当程度上能够保障一定规模的农耕活动，但却被南北方向的高山深壑阻隔，未能形成连片的耕地区。② 拉萨河两岸细长的农耕带是最为典型和密集的农业区。两岸的冲积平原形成了相对肥沃的土地，因此无须大费周章地解决灌溉问题，加上拉萨的强烈日照，是发展该地区农耕的客观条件，"由于拉萨河谷地区日照充足，且靠近拉萨河，农业用地的水源可以得到保证，以水浇地为主，主要用于粮食作物的种植"③。同时，按照汉藏历史文献记载，大约 7 世纪前叶，吐蕃王朝在这一区域进行了较具规模的农耕活动。按照 16 世纪的藏文文献说法，早在止贡赞普和布岱贡嘉赞普时期，悉补野部落就学会开垦荒地，使用二牛抬杠技术，引水灌溉于田野，第一次出现了农耕果实。④ 虽然这类记载在 11 世纪之后成为藏族历史的主流叙述模式，然而随着考古发掘的推进，这类史料的具体情节确实缺乏可信度，仅能管窥青藏高原农耕方式的大致历史脉络罢了。按照现代学术的统一说法，"在吐蕃文献中，土地的单位面积是'突'（ རྡོར ），作为二牛抬杠耕作方式一农夫日均耕地的面积，约等于唐制 5 亩"⑤。8 世纪中叶，吐蕃出现了"宣布划分农牧区之各项制度"和"清查农牧区之

---

① 王明珂：《史学反思和反思史学》，上海人民出版社，2016，第 53 页。
② 参见〔美〕拉铁摩尔著《中国亚洲的内陆边疆》，唐晓峰译，江苏人民出版社，2010，第 143 页。
③ 土登次仁、曹亭亭、黄静、田远兵：《拉萨河谷平原土地利用类型及可持续发展研究》，《西藏大学学报》（自然科学版）2015 年第 1 期，第 6 页。
④ དཔལ་པོ་གཙུག་ལག་ཕྲེང་བ། ཆོས་འབྱུང་མཁས་པའི་དགའ་སྟོན། པེ་ཅིན་ མི་རིགས་དཔེ་སྐྲུན་ཁང་ ཀྲུ་ཡ 2006 ན 89 原文如下： གེན་ལ་ཨེ་ཤོ་ལེགས་བཙན་པོ་ནས་བུ་ལ་དགུ་བརྒྱུད་བར་ ས་ ལ་ཐིག་ གཤོག་བཤེར་ཏེ་ ཆོན་འགོ་བཀོག་བཟོས་སུ་ དྲང་བ ཆོན་ས་རོ་བཟོས་བཀོང་བ་ ལེགས་ཉེས་ཀྱི་ བཀའ་བ་བཅས་སོ།
⑤ 张云、林冠群分册主编，拉巴平措、陈庆英总主编《西藏通史》（吐蕃卷下），中国藏学出版社，2016，第 470 页。

事结束，现场登记田地"①等较具规模化的农业农田的管理模式。汉文史料则早已记录了吐蕃境内的各种农耕作物"其稼有小麦、青稞麦、荞麦"②，也证明了该地从最初的开垦荒地到能种植种类较为丰富的耐旱、耐低温作物。③

拉萨河谷于 1300 年前后进入了较为温暖的气候转型期，与此同时，悉补野部落形成了较为完备的军事组织力量，并开始向外发展领地，其向外拓展的第一站就选择了与雅砻河谷相近的拉萨河谷流域，而这一带原本是畜牧业占主导地位的苏毗部落的势力范围。有人还认为苏毗部落的首领就住在拉萨河谷，"苏毗以女为王，女王以年楚河流域为主要居住地范围，从事耕牧。小王住在拉萨河附近，主要从事畜牧业"④。虽然缺乏考证，但根据《弟吴宗教源流》等史料的记载，苏毗部落大致的势力范围为拉萨河谷流域是事实。征服苏毗部落为悉补野部落逐渐成为青藏高原的强大部落提供了基础，以雅砻河谷作为根据地，新的领地"人烟稠密，地势较为平坦，适宜农业生产，并且农牧兼重，能够自给自足"⑤。占据军事组织主导地位的吐蕃王朝军事组织"出师必发豪室，皆以奴从，平居散处耕牧"⑥的特殊生业模式，是拉萨河谷一带虽有农耕生业，但也无法完全仰仗纯粹的农耕方式来推动社会整体发展，而是必须要借助军事力量的主要原因。这也可看出，这一带居民带着明显的农牧并蓄的生业属性。

悉补野部落的势力蔓延到玛拉山脉以北时，得到了比原先在香曲河谷更为适合种植各种作物的区域。当然，河谷两岸的狭长地带以及海拔较高的高山草地，供人们从事一定规模的游牧活动，但这种游牧方式又与北方当雄和东北那曲等地有明显差距。由于两地的地理环境差异，两者最大的不同就是有无适合大规模游牧迁徙活动的"空间领域"。北方

---

①　参见张云、林冠群分册主编，拉巴平措、陈庆英总主编《西藏通史》（吐蕃卷下），第 470 页。
②　《新唐书》卷二一六，《吐蕃传》上。
③　林冠群：《唐代吐蕃史研究》，第 10 页。
④　王忠：《松赞干布传》，上海人民出版社，1961，第 7 页。
⑤　张云、林冠群分册主编，拉巴平措、陈庆英总主编《西藏通史》（吐蕃卷下），第 220 页。
⑥　《新唐书》卷二一六，《吐蕃传》上。

草原上的游牧者对空间领域的需求极强，虽然人口远低于农耕地区且拥有连片的草场领地，但大部分也只是勉强维持游牧迁徙活动的空间罢了，按照现代研究人员的观点，"供养一游牧家庭的生活所需的土地，远大于养活一个农村家庭所需的田地。但人类领域性指的并不是'家庭'——人类社会最小的生产共同体——所需主张的空间领域。它是指一个社会或政治人群"①。移动的空间是从事大规模游牧活动的典型特征，但是拉萨河谷为主的西藏中部核心区域，显然没有这一天然的空间优势，山脉的连续切断式阻隔，难以形成大规模的畜牧生业模式，只能进行空间极为有限的冬季、夏季反复转换的牧业。就像当代学者所指出的"有并非游牧民族的牧民，也有并不放牧繁荣游牧民族"②。这是因为，迁徙或移动最大的特点在于，能够躲避一些无法预料的危险。空间越大越能体现游牧者大范围主动或被动的移动特征，比如，"事实上主要便是游动、迁徙、使得'游牧'与其他各种人类经济模式中的牲畜饲养有本质的不同。对游牧社会人群来说'游动、迁徙'不只是让牲畜在各种季节皆能得到适宜的生存环境资源，更是人们逃避各种自然与人为'风险'的手段。因此，'游动'深深影响游牧人群的族群认同、社会结构、领袖权力，以及社会道德与价值"③。《新唐书》记载的"其畜牧，逐水草无常所"④可能是对唐或五代时期与汉地交界的草原地区的一种描述，因为《资治通鉴》的记载更加清楚地解释这一现象即"每岁盛夏，吐蕃畜牧青海，去塞甚远"⑤，而拉萨河谷在地缘上就无法做到真正的"逐水草而居"式大范围迁徙活动。

　　如上所述，逐水草而居是广袤的草原民族躲避各种危险的手段，但是拉萨河谷作为悉补野部落及后来吐蕃王朝的核心区域，比起开阔的草原地带更容易抵御外部的干扰，这也是吐蕃王朝在河谷地区逐步兴起发

① 王明珂：《史学反思和反思史学》，上海人民出版社，2016，第54页。
② 〔美〕托马斯·巴菲尔德：《危险的边疆：游牧帝国与中国》，袁剑译，江苏人民出版社，2011，第26页。
③ 王明珂：《游牧者的抉择：面对汉帝国的北亚游牧部族》，上海人民出版社，2018，第235页。
④ 《新唐书》二一六，《吐蕃传》上。
⑤ 苏晋仁编《通鉴吐蕃史料》，西藏人民出版社，1982，第149页。

展和最后崩溃一直把该区域作为统治中心的主要因素。拉萨河谷早在吐蕃王朝之前就有从事狩猎和驯养业的模式，且持续时间较长。[①]这种模式并未形成纯草原地区的游牧生业模式，因为"大部分西藏河谷比中亚开阔的绿洲更易于抵御游牧民族的攻击，因此河谷成为权力与财富的中心"[②]。由于地理环境的影响，拉萨河谷的游牧业活动不可能成为脱离河谷部落的独立的生业模式，与河谷的农业生产形成一种依赖性较强的特殊的地域性生业选择。这也基本上形成了吐蕃王朝三百多年以来社会生业的基调。现在学界基本上认定吐蕃王朝时期的生业模式为"西藏的草原经济次于农业经济，游牧次于农业居民"[③]，拉萨河谷则处在"农业集中区与外围牧场之间"[④]。鉴于拉萨河谷特殊的自然环境和地理优势，1300年前就逐步形成了农、牧相结合高原生业模式，并且这一传统延续到了今天，成为古往今来该区域人们最佳的生业模式。

在大约1300年前的拉萨河谷，人们选择的生业模式较为独特，以高原河谷地带的冲积平原为依托，加上相对温和的气候和强烈的阳光，为种植高原性作物提供了较为理想的环境，高原性作物的种植是这一区域最主要的生业模式，一直持续到今天，但囿于农耕范围极为有限，加上高山地带的独特性，人们不得不从事一定规模的畜牧业，虽然与草原地区的畜牧方式相去甚远，但独具特色的高山河谷地带的牧业一直也是该区域的生业模式，这也是吐蕃王朝时期逐步形成且延续千年的基本生业模式。

生业模式直接决定着权力组织的运行，拉萨河谷的经济生业使得赞普游历于河谷的两岸，按照季节和战事等需要随时挑选居住地方，而收缩性较强的经济模式刚好成为这一权力组织运行的后勤保障。

---

① 何伟：《西藏墨竹工卡县孜孜荣岩画调查简报》，《藏学学刊》2018年第2期，第20页。原文如下："孜孜荣岩画中的鹿就属于长期被狩猎，但一直未被驯化的动物。而狗则是后期被驯化作为辅助畜牧的动物，且狗仅出现在第二期的图像中，恰好互证当地居民生业方式的改变，即从单纯狩猎，到驯养畜牧和狩猎共存的生产生活结构。"
② 〔美〕拉铁摩尔：《中国亚洲的内陆边疆》，唐晓峰译，江苏人民出版社，2010，第146页。
③ 〔美〕拉铁摩尔：《中国亚洲的内陆边疆》，唐晓峰译，第147页。
④ 〔美〕拉铁摩尔：《中国亚洲的内陆边疆》，唐晓峰译，第147页。

图 2　白宫门厅壁画（布达拉宫管理处提供）

自然地理环境决定人们的生业选择，而人们为了持续从事所选择的经济生业，久而久之形成一种群体的力量来保护或维持这一生存方式。同时，这一群体内部又自然会分化出等级秩序，形成阶序明显的统治者和被统治者，即权力组织的产生。1300 年前的拉萨河谷也处于权力组织形成的特殊阶段，早期小型家族统治到完全统治该区域的王朝的历史进程，也开始形成内部明显的阶级秩序，为了更好地维持这一等级体系，人们建构各种权威来固化全体力量，其中吐蕃“赞普”（བཙན་པོ་）名号的由来就是最典型之一。赞普这一特殊的权力组织首领，在吐蕃王朝建立时便开始建构其神秘性和权威性，在之后几百年的时间里，赞普作为最高首领的组织制度在巩固该权力组织时起到了巨大的作用。

“神子赞普”（ལྷ་བཙན་པོ་）观念是吐蕃王朝推行赞普统治的核心观念，敦煌出土的藏文文献、吐蕃时期摩崖石刻和石碑皆有关于这一称谓的明确记载。可见，至少在 8 世纪，吐蕃王朝的官方史官已经开始大肆塑造赞普的权威性和与众人有别的特殊身份。针对悉补野部落的第一任赞普的身世就建构了各种神话传说，认定其身份的特殊性。但是，这也仅仅是一部分史观，苯教文献典籍中对聂赤赞普的来源问题的讨论从未停止①，并且，

① བཤད་མཛོད་ཡིད་བཞིན་ནོར་བུ། བོད་ལྗོངས་བོད་ཡིག་དཔེ་རྙིང་དཔེ་སྐྲུན་ཁང་། སྤྱི་ལོ2016 ཤ་98ནས་99

在《五坚》（ᢑᢅᢉ᠂ᢧᢅᢣ᠂）等学界公认的吐蕃时期史籍 ① 当中开始出现有关聂赤赞普的来源之说。②14 世纪的教法史中把上述聂赤赞普的来源说法总结性地罗列，罕见地提出聂赤赞普来自波沃（今波密县境内）的说法，对科学地解读早期悉补野部落起源等问题具有重要意义。聂赤赞普之后的几任开始出现"墀"（ᢤᢅ᠂）之名号，后世统称为"天墀七王"（ᢉᢅᢂᢅᢩᢲᢅᢓᢅᢒᢍᢓᢅ），针对"天墀七王"的名号、先后排序和词源含义等学界各执一词。③ 到第八任赞普布岱贡嘉（ᢡᢴᢅᢒᢅᢉᢩᢲᢅᢒᢩᢵᢅ）时期，赞普名号前面开始出现"天神赞普"（ᢧᢅᢒᢑᢆᢲᢅᢩᢴᢅ）的称谓。④ 之后，赤松德赞、赤热巴坚以及拉喇嘛益西沃等时期，吐蕃赞普及其后代皆称作"天神赞普"。⑤

　　以"神子赞普"自居的赞普在早期扩张时期，与苏毗、象雄部落主要采取部落联盟的手段，且一直强调悉补野赞普就是"天神之子"的观念，以占据联盟中的有利地位，比如敦煌文献中耳熟能详的唱词："在河流对岸，雅鲁藏布江对岸，有一人，人之子，实乃天神之子，真正的王，吾人才乐于受差遣，由于是合适的鞍，才能坐安稳。"⑥ 可以推断出，悉补野部落早期统治时期就已经宣扬"赞普"的神圣性，但是"部落联盟系各氏族部落之间不稳定的结合，经常会因各种因素所影响，导致联盟冲突或解体"⑦。囊日伦赞赞普也最终亡于联盟内部的弑杀，赞普权威并未得到完全加强，无法体现赞普独一无二的权威和赞普所率军队的强大威力。因此，松赞干布登上赞普位之后，开始极力地推行军事政策，建立以完

----

① 夏吾卡先:《一部吐蕃王陵的史册——〈桑瓦央琼〉的研究与翻译》,《中国藏学》2016 年第 3 期, 第 159~160 页。

② ᠊ᢉᠵᢦᢲᢅᢑᢅᢙᢩᢓᢅᢅᢉᠵᢦᢲᢅᢑᢅᢙᢩᢓᢅᢅᢒᢑᢵᢅᢑᢩᢅᢩᢵᢅᢩᢴᢅᢆᢌᢅᢅᢑᢤᢅᢣᢴᢲᢅᢅᢩᢵᢅᢩᢴᢅᢅᢧᢅᢩᢕᢅᢑᢅᢅᢆᢩᢲᢅᢑᢅᢅᢧᢅᢣᢅ1987ᢅᢣᢅᢅᢣᢅ215ᢑᢲᢅ230

③ 王明珂:《游牧者的抉择: 面对汉帝国的北亚游牧部族》, 上海人民出版社, 2018, 第 235 页。

④ 参见林冠群著《唐代吐蕃史研究》, 第 183 页。

⑤ 参见 ᢒᢅᢓᢅᢉᢑᢲᢅᢡᢲᢅᢩᢴᢅ ᢩᢵᢅᢣᢅᢣᢩᢅᢅᢩᢵᢩᢅᢅᢉᢅᢉᢅᢑᢩᢉᢅᢩᢴᢅᢑᢩᢅᢣᢅᢩᢴᢅᢅᢣᢩᢅᢣᢴᢩᢅᢅᢩᢅ ᢩᢆᢅᢩᢲᢅᢩᢩᢅᢩᢅᢩᢴᢅᢆᢩᢲᢅᢅ ᢣᢅ2020ᢣᢅ 11ᢅᢣ8 参见 ᢉᢅᢕᢅᢒᢩᢲᢅᢑᢅᢕᢩᢑᢅᢣᢅᢩᢴᢅᢩᢅᢅᢩᢴᢅᢣᢩᢴᢅᢣᢅᢩᢅ ᢩᢴᢅᢩᢲᢅᢩᢅᢩᢩᢅᢩᢲᢅᢅᢩᢵᢅᢩᢅ ᢩᢴᢅᢣᢅᢩᢲᢅᢩᢩᢅᢅᢣᢅᢩᢅᢩᢴᢅᢩᢅᢩᢩᢅᢅᢩᢲᢅᢩᢅᢩᢴᢅᢩᢅᢅ2015ᢣᢅᢣᢅ9ᢅᢣ1ᢩᢴᢣᢅ105

⑥ 参见林冠群著《唐代吐蕃史研究》, 第 577 页。参见王尧、陈践译注《敦煌吐蕃历史文书》(增订本), 民族出版社, 1992, 第 42 页。原文如下: ᢆᢑᢅᢆᢑᢅᢩᢴᢅᢩᢲᢅᢩᢅᢩᢲᢅ ᢩᢵᢅᢩᢴᢅᢩᢲᢅᢩᢅᢩᢲᢅᢩᢅᢩᢴᢅᢩᢩᢲᢅᢩᢲᢅᢩᢅᢩ᠂ ᢩᢅ ᢩᢅᢩᢅᢩᢲᢅᢩᢩᢅᢩᢅᢣᢩᢅ ᢣᢅᢩᢑᢑᢅᢩᢴᢅᢩᢑᢅᢩᢩᢅᢅᢩᢴᢅᢑᢅᢩᢅᢩᢲᢅᢩᢅᢩᢴᢅᢩᢩᢅᢩᢅᢩᢅ

⑦ 参见林冠群著《唐代吐蕃史研究》, 第 192 页。

善军事组织制度为框架的地方管理体系，形成"茹"（ⲡ·）、"东岱"（ⴳⴷ·ⷫ·）、"东布琼"（ⴳⴷ·ⲡ·ⷴⴳ·）以及"茹本"（ⲡ·ⷳⴱ·）等各级组织机构，有效解决了联盟所带来的权力分化和流失的问题，吐蕃王朝也逐渐变成了强大的军事组织集团。统治阶层的活动主要还是围绕着拉萨河谷和玛拉山脉进行，敦煌吐蕃文献 P.T1287 和 P.T1288 中出现的"宁嘎"（⷟ⴱ·ⴳⵯ·）、"隆姆亚松"（ⴳⴲ·⵫·ⴳⷴⴲ·）、"章"（ⴲⴳⴷ·）、"札"（ⷳⴳⴰ·）、"旭玛热"（ⷀ·⵫·ⵯ·）、"美嘎"（⵫·ⴳ⵬·）、"扎"（ⴲⴳⴰ·）、"松噶"（ⷴⴷ·ⴳⴰⵯ·）、"扎玛"（ⴳⴳ·ⴷⴲⵯ·）等赞普居住不定的地方，分布在今天林周县境内直到山南的桑耶寺附近，基本上没有离开拉萨河谷。有时就连赞普的兄弟降贬为类似"塘参"（ⴲⴷ·ⴱⷩⴲⵯ·）[①]也选在附近，比如赤松德赞时期，一赞普之子长相怪异而被人称作"狗头羊面"（ⷪ·ⴲⴳⷫⵯ·ⷴⴷ·），被打入桑耶寺对面地宫内。[②]可见，吐蕃王朝统治阶层按照季节、气候和战事等需要在拉萨河谷沿线不定式移动，能够有效控制并运行自己的统治权力。

在长达几百年的时间里，吐蕃王朝的统治者一直在拉萨河谷流域有

---

① 吐蕃王室内部，从几位赞普之子当中甄选出一位赞普后，其他候选人或者与他有血缘关系的兄弟则被贬到相对封闭的地界，并且不能让其到王朝的核心区域进行公开活动的做法，确保了赞普位置的稳固性，避免了王室内部兄弟之间争权夺利的现象出现。这一举措在吐蕃社会极为有效，一直沿用到吐蕃王朝结束前。

② 参见《国外藏学研究译文集》第三辑，西藏人民出版社，1987，第 271~272 页。原文如下：夏尔玛（R.R.P.Sharma），夏尔都卡崩（Sherdukpen），The Shillong，1961，页 5："夏尔都卡崩（Sherdskpen）传说声称其部落来自西藏。藏王松赞干布通常和他的藏后贝姆色住在拉萨的达伐拉雅山（Devalajari），她为他生了一个儿子，名叫格普若定多吉迥。后来他听说阿桑王有一很美丽的女儿，很爱慕她，因此他派出了最能干的大臣仁普汗去锡伯萨噶尔（Sibsagar）向她求婚。开始阿桑国王不愿将女儿嫁到一个遥远又未知的国度，因而迫使这位大臣经过一系列艰难的考验，而后才同意结盟，并派女儿随大臣前往。后来，他们开始了返回的旅途，来到拔拉玛普特拉（Brahmaputra）并经过远方，在那儿这位大臣诱奸了公主。一行人在经过锡伯萨噶尔（Sibsagar）、萨底雅（Satiya）、莫尔兴（Morshing）、波拉（Bum1a）和错那（Tsona）后，到达了达伐拉雅山（Devalajnri）。藏王见到他的新娘很高兴，并在婚礼时举行了壮观的游行和庆祝，很快他惊愕地发现他的妻子已经怀孕了。他知道他的大臣背叛了他，因此将他下狱治罪，生下来小孩子人身、狗头、山羊角，因此被命名为刻布若哇（ⷪ·ⷲⴱ·ⵯ·）。当国王看到他，就把这孩子扔进森林，让其死在那儿。因为国王很爱他的年轻妻子，他原谅了她过去的不忠实行为。后来她为他生了两个儿子，大的叫夹东阿旺南杰，小的叫夹汤布拉。他们长大后，长子成了不丹国王，次子则得到了现在的夏尔都卡崩（Sherdukpen）地区，因此，他成了夏尔都卡崩的第一位国王。"参见 ⷟ⴲⷊ·ⴲⴲⷊ·ⵯⴷⴲⵯ·ⷫⴲ·ⵯ⵫·ⷦⴲ·⵫ⷪ· ⷧⴱ·ⵯⴲ·ⴷⴲ·ⴲⵯ·ⵯ·ⴲ·ⴲ·ⴲⵯ·ⴲⵯⴲ·ⷫ·ⴲ·ⴲⵯ·ⴲⴲ·ⴲ·ⴲⵯ· ⷧⴱ·ⷧⵯ·ⷦⴲ·ⴲⵯ·ⴷ·ⴳⵯ·ⴲ·ⴲ·ⴲⵯ·ⴲ·ⴲ·ⴲⵯ·ⴲⵯ·ⴲ·ⴲⵯ·ⴲ·ⴷⴲⵯ· ⵯⴲ2013ⵯ·7 ⵯ·398ⴱⵯ·399 参见 ⷫⴲ·ⵯⴲ·ⷫⴲ·ⵯⴲ·ⵯ· ⴷ·ⴲⵯ·ⴷⴲⵯ·ⴱ·ⴲ·ⵯ·ⴲ·ⴲ·ⴲⵯ·ⵯⴲ·ⵯⴲ·ⴲⵯ·ⴲ·ⵯ·ⴲ·ⴲⵯ·ⴲ·⵫·ⵯ⵫·ⵯ·ⴲⵯ·ⴲ· ⵯ·ⴲ·ⴲ·ⵯ·ⷧⵯ·ⴷⷫⴷ·ⴲ·ⷫ·ⴲⵯ·2009ⵯ·ⴲ·54ⴱⵯ·55

规律地移动，其间形成和塑造了明显的地域性特色，特别是特定区域内山脉、河流等自然物被冠以相关信仰力量，让世俗权力与宗教信仰结合起来，共同塑造了这一地区特殊的地理概念，反过来使这一地区成为整个王朝的核心区域，让这一原本小型的部落逐渐成为统治青藏高原的霸主。

吐蕃赞普"逐水草而居"的方式，有别于当时的苏毗、象雄等利用广袤的领域进行大范围的移动，在史料记载中苏毗部落的统治范围似乎很广阔，从青海到拉萨北部都是其领地，但这不是真正意义上的政治权力极为集中的方式，大部分是游牧者的一种非政治组织的移动，作为政权的苏毗部的统治实际上就在拉萨东北部的小片区域内。因此，7世纪吐蕃设立以地域为界限的军事管理区域即"茹"的时候，"苏毗茹"就设在拉萨东北部。悉补野部落或者后来的吐蕃能够完全征服苏毗、象雄等游牧部落，跟这种农畜兼备，以拉萨河谷作为主要活动区域的不定式移动的权力运行模式更胜于纯粹游牧的组织分不开。

拉萨河谷的特殊性自然地理造就了悉补野部落及其之后吐蕃王朝在该区域内三百多年的统治，河谷的农耕文化与高山畜牧业相结合的生业模式直接造就了吐蕃在扩张和发展自身势力时带着强烈的军事组织性质。因此，拉萨河谷两岸都是吐蕃王朝统治阶层赖以生存的区域，这里并不需要完全固定的城邦式政权，修建四方的城池等布防体系，这点在考古材料上能够得到一定的证明，目前，在拉萨城中考古发掘出土的唯一一处具有类似城镇建筑功能的遗址也是晚期遗存。[①]这从另一个方面证明，吐蕃王朝的统治核心不在一个固定点上的事实，更无城邦或城镇功能的建筑，完全是以牙帐等场所为居住地进行移动，但其移动性也有别于完全移动的游牧世界，在这种柔韧性和伸缩性极强的政权运行模式下，吐蕃社会以农牧兼备的社会属性登上历史舞台。大多数农牧劳作者是军队的直接来源，在休战或者闲暇时候充当田地或者牧场的劳动者，一旦战事四起就要奔向战场是吐蕃社会的又一重要特征，这也与该地区的自然环境和生业模式有着直接的关系。

---

① 参见西藏自治区文物保护研究所编《策门林石构遗迹清理简报》。

二 红山宫殿之谈

吐蕃社会特殊的生业模式造就了赞普等人在拉萨河谷一带有节奏性的"游居"习俗，因此在拉萨河谷流域形成了多处供吐蕃上层人物居住之所。但是，现在遗留下来的相关文献中，更多的是松赞干布为公主修建宫殿或者筑一城郭以及松赞干布在红山上修建所谓"布达拉"宫殿等记载。比如成书于五代时期（907~960 年）和宋代（960~1279 年）早期的汉文史料中就有"为公主筑一城"等类似记载，也许受此类记载影响，后期藏文史书中松赞干布"在红山上为公主修建宫殿"的记载屡见不鲜。

按照史书成书的先后顺序来看，汉文文献中"吐蕃时期松赞干布为公主修建宫殿"的记载最早出现在 9 世纪中叶的《旧唐书·吐蕃传》当中。据记载："谓所亲曰：'我父祖未有通婚上国者，今我得尚大唐公主，为幸实多。当为公主筑一城，以夸示后代。'遂筑城邑，立栋宇以居处焉。"[1] 成书时间稍晚于《旧唐书》的《册府元龟》中也谈道："见王人执子婿之礼甚恭，既而叹大国服饰礼仪之美，俯仰有愧沮之色。及与公主归国，谓所亲曰：'我祖父未有通婚上国者，今我得尚大唐公主，为幸实多。为公主筑一城，以夸示后代。'遂筑城邑，立栋宇，以居处焉。"[2] 而 11 世纪中叶完成编修的《新唐书》中则记载："归国，自以其先未有婚帝女者，乃为公主筑一城，以夸示后世，遂立宫室以居。"[3] 二者基本保留了《旧唐书》中的内容。与《新唐书》同时期形成的《资治通鉴》的文字描述更是大同小异，据记载："慕中国衣服、仪卫之美，为公主别筑城郭宫室而处之。"[4] 可见，汉文史料中吐蕃时期为公主修建一座宫殿或者城郭的说辞在四部史籍中以《旧唐书》最早。但是，最早专门讲述吐蕃松赞干布迎请文成公主的汉文史料则是形成于唐代中期[5]的《通典》。《通典》中首次设立《吐蕃传》篇目，并提到"松赞干布到河源迎请公主"一事。

① 《旧唐书》卷一九六，《吐蕃传》上。

② 苏晋仁、萧链子校正《〈册府元龟〉吐蕃史料校正》，四川民族出版社，1981，第 25 页。

③ 王忠：《新唐书吐蕃传笺证》，科学出版社，1958，第 31 页。

④ 苏晋仁编《通鉴吐蕃史料》，西藏人民出版社，1982，第 6 页。

⑤ 张云：《〈通典·吐蕃传〉的史料价值》，《中国边疆史地研究》2002 年第 3 期，第 106 页。原文如下："自大历元年 (766 年) 始撰，至贞元十七年完成，历时 36 年。"

据记载:"贞观十五年正月,以宗室女封文成公主,降于吐蕃赞普,命礼部尚书江夏王道宗送之。赞普亲迎于河源。"[1] 因为,《通典·吐蕃传》多取当代诏诰文书、臣僚奏议、账册和公私著述等第一手资料,史料价值甚高。这一观点在学界的认识是一致的。《通典》专设《吐蕃传》的编修方式,后世汉文史籍大多有借鉴、继承和发扬,成为汉文中描述吐蕃社会情形的珍贵文献。更难能可贵的是,"《通典·吐蕃传》保存了不少为两唐书《吐蕃传》所忽略的珍贵史料"[2],价值不言而喻。然而,让人困惑的是《旧唐书·吐蕃传》中的赞普到河源迎接公主后所说的那句"'当为公主筑一城,以夸示后代。'遂筑城邑,立栋宇以居处焉"并没有出现在《通典·吐蕃传》中,属于《旧唐书》的独创,或《旧唐书》另有史料来源。之后,王溥的《唐会要》等史料几乎照抄《旧唐书》中的相关片段,成为汉文文献中的"历史事实"。细看《旧唐书·吐蕃传》,发现"修筑一城"在书中并没有史料来源,后世研究人员也未能提供史料来源的其他可能。光从文字表述来看,此句是松赞干布当着送亲使团长李道宗所言之语,并且是一种允诺式的口吻:"贞观十五年,太宗以文成公主妻之,令礼部尚书、江夏郡王道宗主婚,持节送公主于吐蕃。弄赞率其部兵次柏海,亲迎于河源。见道宗,执子婿之礼甚恭。既而叹大国服饰礼仪之美,俯仰有愧沮之色。及与公主归国,谓所亲曰:'我父祖未有通婚上国者,今我得尚大唐公主,为幸实多。当为公主筑一城,以夸示后代。'遂筑城邑,立栋宇以居处焉。"[3] 即松赞干布在河源为了表达公主下嫁吐蕃之恩,向使团答应"回到逻些后,为公主修建宫殿"。文成公主到了逻些后,"赞普入住于兰噶尔宫,文成公主留寓于惹木其"[4],到此,史料并没有留下修建宫殿的细节,要是修建了宫殿那就应该是惹木其(ར·མོ·ཆེ)了。但在《唐蕃会盟碑》中提到,公主来到逻些后首先居住在牙帐

---

①　张云:《〈通典·吐蕃传〉的史料价值》,《中国边疆史地研究》2002 年第 3 期,第 106 页。

②　张云:《〈通典·吐蕃传〉的史料价值》,《中国边疆史地研究》2002 年第 3 期,第 106 页。

③　《旧唐书》卷一九六,《吐蕃传》上。

④　韦·囊赛:《〈韦协〉译著》,巴擦·巴桑旺堆译,西藏人民出版社,2012,第 3 页。原文如下:
སྐམ་ཤང་གོང་ཇོ་ལྷ་ལུ་ཕྱག། དེ་ནས་བཙན་པོ་ཕོ་བྲང་ལྡུག་ཀར་དུ་ར་བཞུགས། ཆོ་ཅོ་ཆེ་ལྷ་ར་མོ་ཆེ་ར་བཞུགས། 载 འབྲི་གུང་གི་ལོ་རྒྱུས།
ན་བཞེན་ཕྱོགས་བསྒྲིགས། པེ་ཅིན། མི་རིགས་དང་སྐད་ཡིག་དཔེ་སྐྲུན་ཁང་། 2009ལོ། ན་240

之内，据记载："于贞观之岁，迎娶文成公主至赞普牙帐。"① 因为，吐蕃境内非常盛行毡毛所制牙帐而没有固定的房屋和汉地样式城池。据慧超《往五天竺国传》记载："吐蕃国住冰山雪山川谷之间，以毡毛而居，无有城郭屋舍。"② 或许，赞普应允为公主所修城邑，实际上指的是设立在逻些惹木其地方的小型房屋或者一些规模较大的毡毛帐也无不可能。因为"其君长或在跋布川，或居逻些川，有小城而不居。坐大帐，张大拂庐，其下可容数百人"③ 明确指出毡毛大帐与所谓"小城"在规模上的区别。

此外，新疆出土的文献中则有公主居住在"旺域"与"旺约都"④ 或者"盆域"（Dbon-yul）与"彭约度"⑤ 的记载，目前学界对这里提到的公主为文成公主基本达成共识。⑥ 其中，针对"修筑城邑"之记载，王忠早在 20 世纪 50 年代就提出"上引新疆发现之吐蕃文书文成公主曾停驻于旺域中心，而此后即记载筑宫室于错格之旺约都。疑即筑城一说所本"。现在看来具有一定的前瞻性，也许王忠的研究成果发布年代较早而未被大家广知。

《弟吴宗教源流》等文献中虽然多次提到了赞普、公主和王子的宫殿，或在大昭寺，或在青瓦达孜，或在雅砻的其他地方，基本上与拉萨红山没有关系。⑦ 可以看出，现有的汉藏文献确实无法得出当时在拉萨红山上建了布达拉宫的结论，目前比较可靠的是赞普居住在桑耶附近的兰噶尔宫，文成公主则居住于惹木其或者拉萨某处的牙帐之内。这也符合上述提到的吐蕃社会的生业模式，但没有与其相关的更多材料而无法

---

① 王尧：《王尧藏学文集》（卷一），中国藏学出版社，2012，第 200 页。

② 黄辛建：《唐初汉文文献中的吐蕃书写与唐朝"吐蕃观"的建构——从〈括地志〉与〈往五天竺国传〉中的记载谈起》，《西北民族论丛》第二十二辑，第 37 页。

③ 《通典》卷 190《边防六·吐蕃》，中华书局，1988，第 5171 页。

④ 王忠：《新唐书吐蕃传笺证》，第 31 页。

⑤ 石硕、刘欢：《从文成公主形象看中原风水、占卜知识在西藏的传播》，《西南民族大学学报》（人文社科版）2020 年第 5 期，第 19 页。

⑥ 石硕、刘欢：《从文成公主形象看中原风水、占卜知识在西藏的传播》，《西南民族大学学报》（人文社科版）2020 年第 5 期，第 19 页。

⑦ 参见 མཁས་པ་ལྡེའུ། མཁས་པ་ལྡེའུས་མཛད་པའི་རྒྱ་བོད་ཆོས་འབྱུང་རྒྱས་པ། བོད་ལྗོངས་བོད་ཡིག་དཔེ་རྙིང་དཔེ་སྐྲུན་ཁང་། ཤྲ་ལོ1987ལོ་ན 241。参见 Michael Hens, *THE CULTURAL MONUMENTS OF TIBET THE CENTRAL REGIONS VOLUME I THE CENTRAL TIBETAN PROVINCE OF U PRESTEL The Potala Palace—Sacred and secular residence of the Dalai Lamas O Prestel Verlag*, Munich, London, New York, 2014。

展开讨论。受到佛教史观的影响，特别是观音文化的盛行，11 世纪之后藏文文献开始渲染松赞干布在红山上修建"布达拉"宫殿一事，但这点与历史事实之间的差距是明显的。

《旧唐书》等史籍中皆指出"'当为公主筑一城，以夸示后代。'遂筑城邑，立栋宇以居处焉"，但是这一说法在 11 世纪之后的文献中被大肆渲染成松赞干布在拉萨红山修筑宫殿的情节。从此，学界对"布达拉宫殿始建于吐蕃时期"一事有不同说法。直到今日，林冠群的《唐代吐蕃史研究》（2011 年），拉巴平措、陈庆英总主编，张云、林冠群分册主编的《西藏通史·吐蕃卷》（2018 年），直贡·赤列伦珠（འབྲི་གུང་ཆེ་ཚང་འཕྲིན་ལས་ལྷུན་གྲུབ།）《敦煌文献中的吐蕃史》（2010 年）（དུན་ཧོང་བོད་ཀྱི་ཡིག་རྙིང་ལས་བྱུང་བ། བོད་བཙན་པོའི་རྒྱལ་རབས།）等国内外最前沿的吐蕃历史研究成果中，这一说法未引起更加细致的关注，皆以混谈"修筑城邑为布达拉宫"一事作罢。

文成公主入蕃是唐代历史上的重要事件，已然成为汉藏一家的文化符号，针对文成公主在吐蕃境内的生活轨迹和相关事件的研究空间依然较大，尤其现存于世的唐代史料中挖掘相关记录显得格外重要，这对研究布达拉宫的早期历史具有重要意义，特别是对当下铸牢中华民族共同体意识等方面也具有非常大的现实意义。

相比于汉文史料，藏文史料中有关"吐蕃时期修建宫殿布达拉"的记载篇幅巨大、情节丰富。基本上包括吐蕃时期的"布达拉"雏形即"赤孜玛布"宫（ཕོ་བྲང་ཁྲི་རྩེ་དམར་པོ་）与"森康嘎布"（གཟིམ་ཁང་དཀར་པོ་）的修建、修建赞普王宫"布达拉""布达拉遭遇战乱和天灾"等方面。

松赞干布在"拉萨红山上修建宫殿"的记载出现在《柱间史》《玛尼宝训》《西藏王统记》以及《雅砻教法史》等 14 世纪及之前的史料中，并以红山宫殿（ཕོ་བྲང་དམར་པོ་）或者在红山上修建宫室等记载而传，直到 16 世纪史学名著《贤者喜宴》直接把这一宫殿称为"赤孜玛布"宫（ཕོ་བྲང་ཁྲི་རྩེ་དམར་པོ་）。据记载："降服天（ལྷ）、鲁（ཀླུ）等，为己所用，让他们修建唤作'赤孜玛布'之响彻瞻部洲之宫殿。"[①] 从中可以看出，从 11 世纪开始出现的吐蕃时期红山宫殿（即早期"布达拉"的原型）被称为"赤孜玛布"宫的说法并没有太久远的历史。

关于修建赞普宫殿"布达拉"的情节出现在 11 世纪的藏文文献中，并且一直成为"吐蕃历史"的主流模式。据《柱间史》记载：

> 红山外围墙长约一由旬，其他两座山包括在内，红山处的王宫则被外、中以及里三层建筑布局包围着，整个王宫由九百九十九间房屋及顶层一间佛殿，共一千间房屋组成。宫殿屋顶被无数长矛、旗幡装点；南边有九层赞普妃之宫，四周被四个大门，四大门又修有四个角楼，各个角楼由森严守卫日夜紧紧守护着；赞普宫与妃子宫之间则被银质、铜质的桥梁相连，东门边上则有跑马场，其深有两人高，宽十八庹，长三百庹，地基用陶土、砖块和木板层层而铺，两侧被诸多珍宝所镶嵌，立涂色之栅栏，战马跑起来，就有万马奔腾之势。①

继《柱间史》之后，12 世纪所作的《玛尼宝训》中这一情节变得更加饱满，据记载：

> 玛布日宫城墙有一由旬，四楼角有砖所砌宽约三十四丈，高有九层楼，虎山、狮子山皆收于城内。建筑结构如门墙、椽子、弓母等皆为白银所造，且被镶嵌珍珠之璎珞绸缎相连，清脆悦耳的铃铛声不绝于耳。四大门及门墙可以比拟神官。城墙内九层楼的城堡九百九十九间，与红山顶上的宫殿相加共一千间，每个房屋顶上插着挂有红色绸缎之杆，如万林耸立，巍峨不止，恰似夜叉城朗噶布日城，一眼望去人们不得不望而生畏。此宫殿以险要而言，即便四面临敌，只需五人就可防守，即顶上的赞普宫常由一人进行守护，四面角楼分别只需一人可以守护。在南面有九层楼高的宫堡与赞普

① རྡོ་རྗེ་ཨ་ཏི་ཤས་མཛད་པ་ནས་བཏོན་པ། སྲོལ་ལམ་རྒྱ་མཚོར་ཞུ་དག་བྱས། བཀྲ་ཤིས་ག་ཤོལ་མ། ལན་གྲུ་ག། གན་སྦུའི་མི་རིགས་དཔེ་སྐྲུན་ཁང་། རྒྱ་ལོ་1989 ན་144ནས་146

宫以云桥相连，使得赞普与妃子往来自如。如此宫殿他人望而心生胆怯。东门挖有长约三百庹、宽约十八庹长的深沟，在此之上粗细不等的板砖层层铺设，使得一马奔跑之时，会有三马奔腾之势。如此宫殿情景绘在拉萨大昭寺西面墙上，此为墀尊公主修建红山宫殿之历史。①

可以肯定的是，11 世纪之后出现的"佛教史籍"中一再强调为墀尊公主修建了所谓的红山宫殿，但是从记述文风来看，无论是"由旬"（ རྒྱང་གྲགས་ ）、"夜叉城朗噶布日"（ གནོད་སྦྱིན་གྲོང་ལྡན་པུ་རི་ ）等术语应用，还是整体文本都透露着强烈的佛教典籍的风格。除此之外，从"如此宫殿情景绘在拉萨大昭寺西面墙上"这句话也可以看出，后弘期桑卡尔·帕巴谢热（ ཟངས་མཁར་ལོ་སྟྭ་བ་འཕགས་པ་ཤེས་རབ་ ）等人开始对大昭寺进行了不同程度的修茸，到了蔡巴万户时期对大昭寺修缮力度就更大。② 因此，倘若真的存在这幅壁画，其也可能是后弘期或者更晚期的作品，学界最新的研究成果可以进一步证明。③

以《柱间史》和《玛尼宝训》为母版，"噶当式"经典史籍风格一直为近千年来藏族传统史学的主要叙述模式。这一模式影响了以"伏藏"自居的"正统史料"，成书于 13 世纪的《五部遗教》（ བཀའ་ཐང་སྡེ་ལྔ་ ）中专门列出了吐蕃时期修建宫殿之事。据记载："法王松赞干布时，逻些红山之顶上，修造一千间宫殿。"④ 到了 14 世纪，以《西藏王统记》为例，"噶当式"经典史籍风格得到了前所未有的发展。把对所谓松赞干布时期修建红山宫殿之描述变得更加详细，成为后来众多史料模仿的母本。据记载："赞普一众辗转来到布达拉，修建犹如无寂宫在人间般的

① ཆོས་རྒྱལ་སྲོང་བཙན་སྒམ་པོ་གསུང་། མ་ཎི་བཀའ་འབུམ། སྐྱེས་བཟང་མར་པོ། ལྷ་ས། བོད་ལྗོངས་མི་དམངས་དཔེ་སྐྲུན་ཁང་། རྒྱ་ལོ 2011 ན 295
② དཔལ་འབྱོར་བཟང་། ཆོས་སྤྱོད་གསལ་ཡིག་ལགས། ཀི་དཀར་ཆག་དཀར་ཆེ་ལོན། དཔལ་འབྱོར་བཟང་རྒྱ་མཚོའི་གསུང་འབུམ། མ། ཤིང་པར། ན 11
③ 参见罗文华、宋伊哲《大昭寺早期壁画调查报告》，《故宫博物院院刊》2021 年第 9 期，第 4~24 页。
④ གུ་རུ་རྒྱལ་སྲིད་པ་ལ་ཡང་དྲུང་ཤེལ་གྱི་ཡིག་ཚང་བོད། རྗེ་རྒྱལ་པོ་བཙན་པོ། བཀའ་ཐང་སྡེ་ལྔ། ཅ་ཏིང་ མི་རིགས་དཔེ་སྐྲུན་ཁང་། རྒྱ་ལོ 1990ན ན 148 原文如下： ཆོས་རྒྱལ་སྲོང་བཙན་སྒམ་པོའི་སྐུ་དུས་སུ། ལྷ་ས་དམར་པོ་རི་སྟེང་། དགུ་བཅུ་གོ་དགུ་དང་། བཙས་པ་བརྩིགས།

如意宫殿，与众幻军一道居宫殿之内。夷地众王闻得'二头蕃王能自如变幻天军'而惶恐不已，同时派出使者表达其新建宫殿之礼信，赞普亦各回重礼与信札，众王愉悦不止。"① 史学名著《红史》的作者蔡巴·贡嘎多吉的另一部著作《蔡巴·美朗多吉传》（དཔལ་ལྡན་ཚ་ལ་པ་དགེ་སྦྱོང་ཆེན་པོ་ཞེས་པ་འཚལ་བ་དང་ཆེན་སྟོང་ལས་པའི་རྣམ་ཐར་བཞུགས་སོ། །）中也道："玛布日，松赞干布之宫殿，唐武则天举兵烧毁之余，修赞普殿、三面围墙及护墙顶上的金顶。"② 虽然，当时主持修建了今天所能看到的布达拉宫法王洞等建筑遗迹，但红山毫无疑问地被认为是吐蕃王宫的遗址，可见"噶当式"经典史籍的影响深入人心。15 世纪，藏族著名史家达仓宗巴·边觉桑布（སྟག་ཚང་རྫོང་པ་དཔལ་འབྱོར་བཟང་པོ་）的《汉藏史集》（རྒྱ་བོད་ཡིག་ཚང་མཁས་པ་དགའ་བྱེད་）和《雪域历史名著精选》（གངས་རབས་མང་པོའི་ལེགས་བཤད་རྣམ་གྲངས་ཡིད་འཛིན་ནོར་བུའི་ཕྲེང་བ་བཞུགས།）继续塑造了巍峨神宫的形象，据记载："迎请到红宫，墀尊公主道'赞普无需担忧！'并不被敌军攻破，利用多种珍宝，驱众夜叉，修造了大砖垒砌城墙与大院，犹如天宫般巍峨，比肩夜叉城朗噶布日，共有九百九十九间房屋加顶上殿宇共一千间宫殿。每座房屋顶上插各四支长枪、红色旗杆，每一面有守卫四人。顶上也有五人昼夜守护。南边大墙内有座'蒙古式'（སོག་བྲང་སོག་པོ་མཁར་）九层宫殿，与赞普宫相互比肩。二宫之间铁链来相连，架起银桥，城墙与宫堡装饰有背脊、小门、抱厦、大砖、木质结构窗檐、木栏杆、牌坊，装饰着各类珍宝的铃铛与珍珠璎珞，敌军只能望城兴叹之神宫。"③ 虽然一再

---

① ས་སྐྱ་བསོད་ནམས་རྒྱལ་མཚན། རྒྱལ་རབས་གསལ་བའི་མེ་ལོང་། པེ་ཅིང་། མི་རིགས་དཔེ་སྐྲུན་ཁང་། སྤྱི་ལོ་1993ལོ། ན19

② 原文如下：དཔལ་པོ་རིའི་ཚོམ་རྒྱལ་སྲོང་བཙན་སྒམ་པོའི་ཕོ་བྲང་། རྒྱ་རྒྱལ་པོ་འུའི་ཐན་གྱི་དམག་གིས་བཟླགས་པའི་ཕུད། རྒྱལ་པོའི་ཕོ་བྲང་གཏོགས་ལ་མཁར། ལས་ཆོག་ལ་གཏུགས་མ་གྱི་སྒོ་དང་ད་རྒྱ་ཕུབས་དང་བཙན་མ། 载 ཚལ་པ་ཀུན་དགའ་རྡོ་རྗེ། དཔལ་ལྡན་ཙ་ལ་པ་དགེ་ཆེན་པོ་ཞེས་པ་ཚལ་པ་དུང་ཆེན་སྐྱོང་ལས་པའི་རྣམ་ཐར་བཞུགས་སོ། ཕྱིམ། ན18-19

③ སྟག་ཚང་དཔལ་པ་འབྱོར་བཟང་པོ། རྒྱལ་རབས་མང་པོའི་ལེགས་བཤད་རྣམ་གྲངས་ཡིད་འཛིན་ནོར་བུའི་ཕྲེང་བ་བཞུགས། པེ་ཅིང་གུང་གོའི་བོད་རིག་པ་དཔེ་སྐྲུན་ཁང་། སྤྱི་ལོ་2007ལོ། ན95ནས96 原文如下：གནམ་དངས་ནས་བོ་དང་དཔོ་རིའི་ཟེར་བ་དང་འི་སྲས་སོ། །ནས་ལ་བཟེན་རྒྱལ་པོ་དགུལ་མ་ཚ་ཞིང་ ་བ་ཕུ་གྱི་དགའ་བི་སོ་ཐུབ་པར་ ་པའི་ཕྱིར་ རེ་ཤ་ཚ་ཚ་ར་སྒུ་ ་གཏོ་ ་སྟ་ ་སོ་ ་དང་ ་ མ་ ་སོ་ ་དམ་ གོ་བ་ ་ ་ ་དང་དཔོ་རི་ལ་ ་
དང་གིས་མི་ཚུགས་པ་ཞིག་བཞེངས་སོ།།

地引用或照抄之前情节，然而带有明显的时代特征，作者以熟悉蒙古相关史料的身份而在这一重复性内容中有意地增加了有关蒙古历史的元素，开始出现"蒙古式（ བོ་བྱང་སོག་པོ་མཁར་）九层宫殿"。虽然，15 世纪蒙古的影响逐渐退出西藏社会，但在作者的观念中，越古老的历史记忆的建构越是多元的，表明类似故事性情节在传播过程中无处不有作者对这一事件的理解和随意扩充之痕迹。

16 世纪的《贤者喜宴》中有墀尊公主为赞普修建"赤孜玛布宫"的篇幅，并指出这一情节绘制于大昭寺鲁康殿墙壁。[1]17 世纪成书的《西藏王臣记》也与《西藏王统记》相似地记载了墀尊公主为松赞干布修建宫殿，据记载："墀尊公主心想，赞普有别一切天与人，但不曾出殿门，或惧怕夷军，要修建森严之宫殿。在玛布日山上，三层墙内修筑九百九十间房与山顶一间，共千间房屋。宫殿点缀铃铛、拂尘和珍珠璎珞，比肩神宫。赞普与妃子宫殿以铁链相连，宫殿边角设立锋利无比的长矛与飘动的旗杆。四方如意大门配四大圆堡。宫外专设深二丈、宽十八丈、长三百丈深沟，铺以木板加盖地砖，一马飞走气势如万马奔腾。总之，修建了如夜叉城朗噶布日在人间般巍峨宫殿。"[2] 这一记述与《柱间史》和《玛尼宝训》无异。而 17 世纪的其他文献中依然有"布达拉为吐蕃时期修建"的观点，据《大昭寺志》（ ལྷ་ལྡན་སྤྲུལ་པའི་གཙུག་ལག་ཁང་གི་དཀར་ཆག་ཤེལ་དཀར་མེ་ལོང་）记载："赞普的主要宫殿，如今该宫殿内供奉着赞普亲自加持过的、自朝'罗格谢热'之神奇赞普像。"[3] 第司·桑结嘉措编纂的《五世达赖喇嘛灵塔志》（ མཆོད་སྡོང་འཛམ་གླིང་རྒྱན་གཅིག་རྟེན་གཙུག་ལག་ཁང་དང་བཅས་པའི་དཀར་ཆག་ཐར་གླིང་རྒྱ་མཚོར་བགྲོད་པའི་གྲུ་གཟིངས་བྱིན་རླབས་ཀྱི་བང་མཛོད་）中提到："为了不塌陷，需要从红山中央处开始修造。但是，法王洞为赞普曾驻足，并亲自开光之地，其上之观音殿亦为五世达赖喇

① དཔལ་བོ་གཙུག་ལག་ཕྲེང་བ། ཆོས་འབྱུང་མཁས་པའི་དགའ་སྟོན། པེ་ཅིང་ མི་རིགས་དཔེ་སྐྲུན་ཁང་ ཀྲུ་ལོ2006 ན་111

② དགའ་བདུན་སྡོ་བཟང་རྒྱ་མཚོ། དེབ་ཐེར་དཔྱིད་ཀྱི་རྒྱལ་མོའི་གླུ་དབྱངས། པེ་ཅིང་ མི་རིགས་དཔེ་སྐྲུན་ཁང་ ཀྲུ་ལོ1989 ན་28ནས་29

③ 原文如下：ཆོ་རྒྱལ་པོའི་སྔོང་གི་ཕོ་བྲང་གི་ལྷ་ཁང་ཞིག་ དན་ང་གཙུག་ལག་ཁང་འདི་ཉིད་ཡིན་ཞིང་ རྒྱལ་པོ་རང་གི་ཕྱག་བྱིས་མྱ་ངགས་ནས་ དེ་འདྲའམ་པོ་ གེ་ཤྭར་བ་བཞུགས་པ་ཞེ་སྲོང་པར་མཐོང་བའི་ཕྱི་རྣམས་སྤུང་པོ་ཆེན་ང་ 载 དཔལ་བོ་གཙུག་ལག་བཟང་བ་ཀྲུ་མཚོའི་གཟུང་འབྲེལ་ར། ཤིན་པར། ན་19 ཁ་ང་དཀར་ཆགས་ལ་དཀར་མེ་ལོང་ དཔ་དཔལ་བོ་བཟང་བ་ཀྲུ་མཚོའི་གཟུང་འཛུགས་ར། ཤིན་པར། ན་19

嘛禅定过的殊胜地而无法确定能否拆除。"① 直到 20 世纪初期，更敦群培的《白史》也持同样观点："效仿墀尊公主在玛布日山上修建了点缀着箭枪的红宫，众人修筑了点缀兵器的红宫与'孜'（རྩེ་）等宫殿。"但是更敦群培对此进行了试探性的讨论，并指出吐蕃宫殿"布达拉"后沦为类似庙宇的建筑。他还提出，虽然吐蕃时期有修建宫殿之记载，但当时赞普等人居住于帐篷之情为多②的观点。

上述文献的内容基本上是讲授"吐蕃时期红山上修建了巍峨壮观、奇妙无比的赞普宫殿"，且多以佛教化文风的修饰之词描述。通过对佛典类，尤其是观音法门典籍的比对发现，上述文风及具体内容基本上是观音法门典籍中有关观音净土"布达拉"的描述，且在《噶当文集》等典籍中首次引用后，后弘期佛教典籍抄录和植入在所谓"吐蕃历史"的内容之上。以《柱间史》和《玛尼宝训》中"赞普宫殿"与"夜叉城朗噶布日"相似的片段来看，噶当派经典《弟子问道语录》（འདྲོམ་སྟོན་རྒྱལ་བའི་འབྱུང་གནས་ཀྱི་སྐྱེས་རབས་བཀའ་གདམས་བུ་ཆོས་བཞུགས་སོ༎）等所谓早期经典中有具体的描写，而现代研究人员还从《华严经》等佛典当中找到了类似的记载。③ 可见，文献之间存在相互借鉴的关系。除此之外，15 世纪形成的观音信仰源流文献中更明确地记载了"观音净土布达拉"与"吐蕃王宫布达拉"样式上的相似性。据记载："欲想前往'布达拉'而飞向天空，翻山越岭后，到达一处无凹凸山岗的平坦之地，为砖顶房屋（རྒྱུ་ཕྱིག་ཡོད་པ་）的大城。看见房顶盖着十一种金顶（གསེར་འཕུལ་）和各种果实，以为到了天竺而飞向南方时，海边看见七珍宝所成大山，长满檀香等各种吉祥之树。该山也长有许多大莲花，有一特别的山，山顶无比平坦，以佛塔串连着四面围墙，中央有七珍宝所成四重门观音宫殿，殿顶伞盖、胜利

① 原文如下：དེ་ཡང་རེ་པོའི་སྟེང་གར་གཙུགས་ལག་ཁང་གི་རྩེ་བ་བཅུགས་ཏེ་བརྒྱགས་ཁ་ཕུབ་ནས་ཆོང་ལ་བརྗེས་པའི་འབལ་ཁོལ་སོགས་མི་ཡོང་བ་དང་། འབྱུང་བཀོད་བགྲེམས་གུང་འལ་འདོད་ད་ཕྱེད་པའི་བར་གོ་གནང་ཆོས་རྒྱལ་ལ་ཆོས་ཀྱི་རྒྱལ་པོ་སོང་གར་ས་བཙན་སྐྱབས་པོ་ཉིད་རབ་ཏུ་གནས་པ་དང་། འབལ་གནས་ན་ངེ་ཧི་ན་ངེ་རྗེ་ས་མ་སྒྲ་ང་ཞིན་གཙུགས་ཀྱི་ཅེན་ཆ་པོས་སོང་མ་ཆོན་མཆོལ་མ་བགྲོབ་ནས་སྟེ་ང་ཕན་ཆ་ཆ་ན་བོར་བ་བཞིན་ཕི་བ་རྡུང་མིན་སོས་ཞེ་གྱུར་པས། རྗེ་སྒྲེ་བའན་རྒྱལ་རྒྱ་མཆོ་། མཆོང་སྟོ་འརྣ་སྒྲེང་རྒྱ་གགི་ཕི་བ་འཕྲུལ་ལ་ཁང་དང་། བཙན་བའི་ཕི་བ་རྡུང་མིན་སོས་ཉིང་རྒྱུར་བགོ་བའི་འབྱི་ནབ་བགྲབ་ཀྱི་ལུས་བ་བ་མེ་ཁོ་ང་ཞི་བ་པས་ར217
② 参见更敦群培《白史》（汉、藏），法尊译，中国藏学出版社，2012，第 92~93 页。
③ Michael Hens. *THE CULTURAL MONUMENTS OF TIBET THE CENTRAL REGIONS VOLUME I THE CENTRAL TIBETAN PROVINCE OF U PRESTEL. The Potala Palace - Sacred and secular residence of the Dalai Lamas O Prestel Verlag,* Munich. London. New York，2014.P97.

幢和旗幡，金制铃铛宝串发出妙乐之声，大门装点各类宝石。梦中觉得
无具体身而飞入神宫之内外，瞬间到达宫内。宫殿中央狮子座上见一尊
金光闪闪的十一面观音，无数光照射观音，同时观音背光又照射许多观
音像。感觉一尊观音像沁入自己，自己也入观音像中。观音像被无数菩
萨与天众簇拥，吾愿为此化作供养之物而仅化成巨大花蔓。再次飞向空
中，得到观音之赞扬、各种观音法相，深感观音讲授真法。此等亦见于
书面。"① 很难看出二者在文风上的区别，加上上文提到的敦煌出土的观音
法门中提到了"净土布达拉"的描写与上述记载几乎一致。所以对这类
文献进行研究，则有关"吐蕃时期布达拉宫殿"无法得出科学的结论。

　　11 世纪之后，佛教化史籍中以佛典内容为依托所建构的"布达拉"
宫殿的形成和衰落等内容完成了"自圆其说"的目的。因为，大约 8 世
纪之后，在赞普主要活动区域远离拉萨河谷后，"布达拉"遂遭废弃，
加上天灾人祸等原因，之后几百年里"布达拉"完全消失于历史记载之
中。综观后期史书，有关"布达拉"衰落的原因，主要有"唐军毁宫"
和"毁于雷击"等说法。

　　关于唐军攻入逻些城（即拉萨）的说法有两种，其中《西藏王统
记》、《贤者喜宴》和《西藏王臣记》等 14~17 世纪形成的大部分史书讲
述了吐蕃赞普芒松芒赞时期唐军攻打逻些城的故事，未明确说明出处，

---

① 原文如下：བདག་པོ་ཏུ་ལ་འགྲོ་དགོས་སྙམ་ནས། དེ་ནས་མ་འངས་པ་འཕུར་སོང་། རེ་ཕུང་པོ་བཀག་ཚ་ན་ས་གཞི་ཐམས་ཅད་རེ་མེད་པའི་
བདེ་མ་ཡོད་པ། ཁང་པ་ཐམས་ཅད་ཀྱི་རྒྱུ་སྐོ་ཡོད་པའི་གྱིང་ཁྱེར་ཆེན་མ་རང་སོང་། གསེར་འབུལ་མས་པ་བརྒྱ་ཐ་སོང་། འདུག་ཤིང་ཆེན་པོ་
མང་པོ་སོང་། འདི་གནས་ཀྱི་ཡུལ་ཡིན་རང་སོང་སྙམ་པ་བྱུང་། དེ་བཀགས་ནས་སྒྲོག་ས་འཕུར་སོང་ན། རྒྱ་མཚོའི་འགྲམ་ཚ་ནི་ས་ཆེ་
བདུན་ལས་གྲུབ་པའི་རེ་ཁ་འདུག ཁ་ས་ཆ་དང་གྱི་ལངས་གསང་ནི་མ་ཁོ་འགྱི་ལས་བདུན་པ་སོང་། རེ་ནི་ལ་སྐོ་ཧབ་པ་ཆ་
ཐ་མང་པོ་སྐྱེ། རེ་མས་ཏུ་རབ་ཆ་ན་བདུན་འདུག་པ་ལ། ཆེ་བོ་དེ་རྟ་རེ་ལ་ལ་མཆོད་རེན་གྱི་ཡིང་སང་འགྱུའ་རེ་བའི་རྒྱ་
དེ་དུན་ན། རྒྱུ་རས་གཟིགས། ས་ཕུང་ར་ས་རེ་སྐྱེ་བདུན་ལས་གྲུབ་པའི་སྐྲ་ཤིའི་ཞིག་འདུག་པ་ལ། རྒྱེ་ར་གཏུགས་དང་། རྒྱ་
མཆན་དང་། བདུ་མང་ས་རྒྱུ་སོང་། གསེར་གྱི་ལ་ལ་ཕོབ་པ་ལས་རྒྱེ་བའི་རྒྱོགས་ཤིན་། སྐོ་འདུག་པའི་ཉམ་པར་རྒྱ་ལ། རྒྱ་
ལས་ཀྱི་ལུས་ལ་ར་བཞིན་ཤ་དང་། ཁབ་ལས་ཁ་ན་དང་སྲེང་ནས་འཕུར་སོང་དང་། སྐོ་ཤང་འང་ཆེ་ན་ས་དང་། ལ་སྐྱེ་ལྟ་ལ།
ས་རྒྱ་གིས་དུན་ནི་ཆེ་ནི་ཆེ་ཁ་ཏི་ཏི་བི་རེ། རྒྱ། རྒྱུན་རས་གཟིགས་ཁལ་ན་གཟིགས་པའི་སྐྲ་བ་དོན་ཟེར་གི་ས་བཞིན་འཛར་བ་ཐི།
སོང་། དེ་ཡོད་ཟེར་མང་པོ་འརུ་སོང་པའི་ཆར་འདེབ་ཆེ་སྙོར་ཞི་ན་རྒྱུན་རས་གཟིགས་མང་ས་ཤོད་རེར་ཏི་ས་བཞིན་འཛར་བ་ཐི།
སོང་། དེ་འོད་ཟེར་མང་པོ་འཛིན་སང་པའི་ཆ་རྒྱུན་རས་གཟིགས་ཀྱི་ཁུ་ཅུ་བྱ་ཕལ་ནས་འབུང་ལ་དང་། རྒྱུན་རས་གཟིགས་ཀྱི་ཁུ་
གཟིགས་རང་ལ་ཟི་ཐིམ་ནས་པ་དང་། རང་ཡང་རྒྱུན་རས་གཟིགས་ཀྱི་གྱུར་སང་། རྒྱུན་རས་གཟིགས་ཏི་ཕ་རྒྱ་ཆ་མས་ནས་འདེན་མང་པོ་དང་།
རྒྱེ་འགྲོ་དཔའ་རྒྱུ། བྱེད་ལས་མང་གྲོལ་སྐོང་། དེ་ལ་བདག་གིས་མཆོ་ས་རྒྱ་ལས། མི་ཤོ་གི་ཆར་ཆེ་པོ་གཟིགས་བྱུང་། གཞན་གགས་ས་ཆས་
རྒྱུ་ལ་བྱུ། སྐྲ་ར་ས་མ་མང་འཛིགས་ནས། རྒྱུན་རས་གཟིགས་ཀྱི་བསྒྲ་ལ་དང་ནགས་ནགས་ཆ་མང་ས་དང་། རྒྱུ་ར་ས་གཟིགས་ཀྱི་ལ་
ནས། ཆོས་གཏགས་ཆ་ཡི་ཟ་བི་བརྟན་ཅས། བྱེ་དན་སྒ་ལ་ལ་ལ་འཛིན་ས་ལ་ས་ས་བྷུ་ས་ནན་རྒྱ་ན་ནོ་ཆི་ས་རོད་བཞི་བྱ་འབུལ་རྒྱུས། དུ་རེ་
载 མཛོད་པ་སི་གས་ས། རྒྱ་ས་ལ་ཆ་འི་ཏི་ཆེ་བ་འདི་བི་སྒ་ལ་འབུད་པའི་རྣམ་བཀ་ན་ཆན་ནོ་རྟི་སི་སེང་བ་བ་འཁྲངས། དུ་རེའི་
དཔར་སྐྱ། ན་11

应属抄袭。从这三本史料形成的先后顺序来看，"唐军攻入逻些"的故事情节从"五十万军队攻入吐蕃，吐蕃闻讯后害怕唐军抢走'觉卧佛'而遂把佛像从小昭寺换位到大昭寺"到"芒松芒赞薨，唐军五十万攻入吐蕃，烧毁'赤孜玛布'"等，可以看出，各个时期史料在叙述这段历史时，是在原来故事情节的基础上，史家进行填充，使得故事描述越往后越发显得具体，但是综观权威史料，尤其是有关唐代历史的汉文文献并无这一记载。现代学者更敦群培等人也将敦煌藏文文献和《唐书》等史料相互对比后予以驳斥，这一点许多文章有过探讨，故不再赘述。

另外一部记载"唐军攻到逻些，烧毁'布达拉'"一说出自藏族著名史家蔡巴·贡嘎多吉之手。《蔡巴·美朗多吉传》中记载："玛布日，松赞干布之宫殿，唐王武则天（རྒྱའི་རྒྱལ་པོ་ཝུ་ཟིའི་ཐན་）举兵烧毁之余，赞普宫之祖拉康，三面围墙及护墙（སྐོར་འབུར་）顶上修建金顶。"① 这种说法与其他的藏文史料截然不同，也许是蔡巴·贡嘎多吉能翻阅一些汉文史料之故，其清楚地提到了武则天这一其他在藏文史料中很难见到的人物，但是对"唐军毁坏红山宫殿"一事还是很难找到科学依据和其他第一手史料，因此依然是属于后期及其之后史家之说罢了。

除了"唐军烧毁"一说，还有一种说法也较为普遍，即"遭遇雷击"说，在早期史料《韦协》中第一次提到此事，据记载："然而，时忽发大水，旁塘宫被冲毁，拉萨城堡（ལྷ་སའི་མཁར་）也被雷击中，起火烧毁。"② 这段话出现的大背景是吐蕃赞普赤松德赞时期，由于佛、苯两派之间矛盾的加深，双方对一些自然现象的解释不同。值得注意的是，该记载中只是提到了"拉萨城堡"而并没有说明该宫堡所在的具体位置即指红山上"布达拉"，但是，后来《贤者喜宴》等史书中陆续出现了拉萨"布达拉"或者"红山"被雷击之叙述，来源之一可以肯定为《韦协》一书。因为在《弟吴宗教源流》中也记载："达磨赞普违背祖训，

---

① 原文如下：དམར་པོ་རིའི་ཆོས་རྒྱལ་སྲོང་བཙན་སྒམ་པོའི་ཕོ་བྲང་། རྒྱའི་རྒྱལ་པོ་ཝུ་ཟིའི་ཐན་གྱི་དམག་གིས་བསྲེགས་པའི་ལྷག་དུ། རྒྱལ་པོའི་ཕོ་བྲང་གཙུག་ལག་ཁང་། ལམ་མཐོང་གསུམ་གྱི་སྐོར་བུར་དུ་རྒྱ་ཕུབས་བརྩེགས་པ། 载 ཚལ་པ་ཀུན་དགའ་རྡོ་རྗེ། དཔལ་ལྡན་ཟ་མ་དཔེ་སྐྲུན་ཚོན་ཞིབ་པ་ཚལ་པ་ཡུར་རྒྱལ་པོའི་རྣམ་ཐར་བཞུགས་སོ།19
② 韦·囊赛：《〈韦协〉译著》，巴擦·巴桑旺堆译，西藏人民出版社，2012，第9页。

为夜叉或罗刹之化身，夺兄位，让庶民弑杀十三岁之兄长热巴巾，违背祖制，废佛法，逻些被水毁、噶琼被火烧、桑耶被沙埋。"①为后来拉萨或大昭寺的荒废提供语料基础。按照这一逻辑，到了分裂割据时期，随着各地陷入纷乱动荡，许多佛寺遭受严重毁坏，"布达拉"也未能幸免，毁于天灾人祸之中，这点在《贤者喜宴》等史书中有具体描写。

　　吐蕃时期藏文石碑、敦煌藏文文献和于阗出土藏文简牍等早期藏文文献中还未见到松赞干布在逻些红山上修建宫堡之事。不仅如此，现存最早的佛教题材藏族历史文献《韦协》中，虽然开始出现了松赞干布为观音化身之说法，但佛教在松赞干布时期似乎并没后来佛教史家所描述般盛行，据记载，"上祖松赞干布所开佛法之宗仅此而已"②，对红山上修建宫殿之说法，更是只字未提。这一观点与在 14 世纪形成的苯教史书相近，据记载，"该赞普时期，从印度传入星火般佛教，迎请诸国佛像，修建逻些等诸庙宇"③。从"只有星火般佛教传入"看出，至少参考了早期文献，当然后面也是大谈迎请佛像的故事，但部分早期客观历史的痕迹还是非常清晰的。可以肯定的是，松赞干布大力推行佛教、修建"布达拉"等情节大多数仅仅是后期史家之说，与真正的吐蕃历史相距较远。与此同时，9 世纪，在到过吐蕃的唐朝官员的相关记载中，描述赞普居住地时，对所谓布达拉宫殿只字未提，据记载："臧河之北川，赞普之夏牙也。周以枪累，率十步植百长槊，中剸大帜为三门，相距皆百步。甲士持门。"④当然，由于语言不通，对吐蕃居住环境方面存在理解上的偏差，"致有了'有城廓庐舍不肯住，联氅帐以居'的印象，回国后秉笔直书"⑤。与现实存在差距，但当时并未存在所谓红山宫殿及相关建筑遗迹，或者并没有后来史书记载般的规模与影响。

① 参见 ᨦᨦᨦ ᨦᨦᨦᨦᨦᨦᨦᨦᨦᨦᨦᨦᨦᨦᨦᨦᨦᨦ ᨦᨦᨦᨦᨦᨦᨦᨦᨦᨦᨦᨦ ᨦᨦᨦ1987ᨦ ᨦ346
② 韦·囊赛：《〈韦协〉译著》，巴擦·巴桑旺堆译，第 3 页。
③ ᨦᨦᨦᨦᨦᨦᨦᨦᨦᨦᨦᨦᨦᨦᨦᨦᨦᨦᨦᨦᨦᨦᨦᨦᨦᨦᨦᨦᨦᨦᨦᨦᨦᨦᨦᨦᨦᨦᨦ ᨦᨦᨦ2018ᨦ ᨦ59ᨦᨦ 60 原文如下：ᨦᨦᨦᨦᨦᨦᨦᨦᨦᨦᨦᨦᨦᨦᨦᨦᨦᨦᨦᨦᨦᨦᨦᨦᨦᨦᨦᨦᨦᨦᨦᨦᨦᨦᨦᨦᨦᨦᨦ
④ （唐）刘元鼎著，中央民族学院图书馆编《使吐蕃经见纪略》，《川藏游踪略编》，1981，第 6 页。
⑤ 林冠群：《唐代吐蕃历史与文化论集》，第 81 页。

现代相关研究机构开始对布达拉宫建筑群的地垄结构等做了建筑考古学的勘查工作，同样未能发现古代建筑遗迹。结合上述综合结论，基本上认定吐蕃时期松赞干布在红山上主持修造所谓"赤孜玛布"宫一事，应该是后弘期佛教史家撰写吐蕃王朝兴佛历史之结果。

三 藏文吐蕃史史料的两个传统

史学研究的基础就是历史文献的梳理与分析，如在本书绪论中所言藏族历史叙述模式带着强烈的"著书环境"，使得历史文献的考证与分析成为藏族历史研究的重要组成部分。探讨布达拉宫的历史研究，更是不得不提到吐蕃社会历史研究这一大的概念以及记述吐蕃历史的各类文献。比如文献内容、风格、属性和流传等问题。目前，藏族历史文献或史料研究依然以单一的史书体例为基点，以史学的分期与时代风格、史料的分类体系以及史学的写作体系来讨论藏族史学发展。[①] 换句话说，是以历史分段或分期作为单元，探讨这一阶段内史学典籍编纂风格和单一史书本身之性质如教法史、王统记、传记、史册（རིན་ཆེར་）和地方志等属性问题，亦未能把历史沿革作为讨论的核心，缺乏某一完整的历史阶段的研究作为切入点，以及史料对这一时期所表现出的治学态度，很大概念上混淆了文献学与史学的区别。因为，文献学视文献为本体[②]，是以文献本身的分类、发展历史和特点为研究对象的学科。而史学研究的本体就是对客观历史的发展轨迹本身的探讨，以及相关历史文献对这一框架的反思。具体到布达拉宫的研究，以历史沿革的分段来看，必须从藏族历史的重要节点，即吐蕃时期开始，从吐蕃历史的研究中，我们能看到众多的史料。这些史料间有属性的差异、内容的不同和形成背景的区别，呈现出的结果定然不同。总结和分析每一阶段呈现出的史书典籍对吐蕃历史叙述的不同态度，就造成了如今能够看到的吐蕃史两种迥异的描述风格，以"吐蕃时期布达拉"为例，就是在这种"态度"下形成的"史实"。

① 参见孙琳著《藏族史学发展纲要》，中国藏学出版社，2006，"导言"。
② 杜泽逊：《文献学概要》，中华书局，2016，第4页。

　　研究吐蕃的史料中，以吐蕃时期形成的历史文献最为珍贵，但流传下来的最为稀少。现在我们已知的形成于吐蕃时期，讲述吐蕃社会情形的史料有零散传世的官修类史料、敦煌和新疆等地出土的藏文文献以及保存较为广泛的吐蕃时期石碑铭刻等金石类文献。其中，形成于吐蕃时期，传世源流相对扑朔迷离的官修史料是其中重要的一类。这类文献目前保存极少，关于文献的完整体例结构和形成的背景等问题当下更是难以琢磨。这类珍贵的零散文献在历史发展过程中或主动或被动地保留了下来，并艰难地流传于世。目前，在《韦协》和《弟吴宗教源流》中保存下来的吐蕃时期的史料《桑瓦央琼》(གསང་བ་ཡང་ཆུང་)、《五坚》(ཅན་ལྔ་) 等 ①为其中之典型。以《韦协》为例，其体例和内容上多少受到后弘期初期大环境的影响，但依然保留了部分源自吐蕃时期的珍贵记载，特别是针对松赞干布时期佛教的传播方面明确指出由文成公主所带释迦牟尼佛像供奉于拉萨，松赞干布所开佛法之宗仅此而已的说辞，应该是吐蕃社会真实的写照，这点本书前面部分已有讨论。而敦煌文献中的赞普生平部分对松赞干布的描述更是与《韦协》极其相似，三十一岁，禄东赞迎请文成公主入吐蕃，平尼婆逻叛乱，三年后征服象雄，再过六年松赞干布薨，与文成公主共居三年。可见，后期佛教化史籍中出现的种种神奇弘传佛法之事并未出现在早期文献当中，反而把松赞干布作为现实世界的征服者、一个军事统治家的身份记录得相对详细。在敦煌藏文文献中，除了松赞干布平息尼婆逻的叛乱和征服象雄部落，还有一个重要的记载就是松赞干布颁布强慑吐蕃属内叛军之记述 (སྲོང་བཙན་གྱིས་རྡོ་ལོག་པ་རྣམས་དྲག་པོའི་དམག་གིས་བརྫགས་པའི་མ་ཡིག) 的现实问题。可见，作为吐蕃时期形成的文献，敦煌藏文文献对了解吐蕃王朝建立初期的诸多社会历史具有重要意义，特别是保留了松赞干布作为一个历史人物的形象是难能可贵的。当然，作为藏族历史上重要阶段的吐蕃和作为重要历史人物的松赞干布相关事件在后期藏文文献中得到了一定的保留与传承。最典型的是 12 世纪形成的《弟吴宗教源流》，其中保留了松赞干布时期吐蕃作

---

　　① 参见夏吾卡先著《一部吐蕃王陵的史册——〈桑瓦央琼〉的研究与翻译》，《中国藏学》2016年第 3 期，第 158~163 页。

为军事政权在其势力范围内设立诸多大小军事组织一事，该书以大量篇幅对其进行了描述，成为了解吐蕃军事文化方面的重要史料。这些记载是完全有别于佛教化的内容，应该是吐蕃时期的档案类史料直接或间接地流传下来的结果。在新疆出土的简牍上的"叶茹茹本田一突"（ གཡས་ རུ་ རུ་ དཔོན་ གྱི་ ཞིང་ དོར་ གཅིག ）、"茹本农田主渠对面"（ རུ་ དཔོན་ གྱི་ ཞིང་ མ་ ཡུར་ གྱི་ པ་ རོལ་ ）、"军官俸田一突，茹本之新垦荒地一突，副先锋官田一突"（ དམག་ དཔོན་ གྱི་ རྔ་ ཞིང་ དོར་ གཅིག རུ་ དཔོན་ གྱི་ ས་ དོར་ གཅིག དགྲ་ བློན་ ཆུང་ དུའི་ ཞིང་ དོར་ གཅིག ）① 可为其做证明。虽然吐蕃王朝崩溃之后，社会整体的破坏是全面的，特别是作为记录社会历史信息的档案文献基本上消失殆尽，仅过两个世纪（即 11 世纪时）人们就很难客观地认识吐蕃时期的真实历史，使得佛教后弘期一开始，佛教化典籍为重新建构和塑造吐蕃王朝的历史提供了难得的"时机"。但是，吐蕃时期的文献形式较为多样，以石碑、金石铭刻等"应属当事人直接之记载与遗物，为直接史料"② 也流传较广。从对现存吐蕃时期形成的史料的分析来看，松赞干布时期在红山上修建赞普宫殿"布达拉"一事也难以成立。按照基本逻辑，"吐蕃时期布达拉"宫殿的形成需要两个基本条件，其一，当时的"布达拉"作为佛教观念中观音道场在藏地的具体体现，是当时的历史人物大力推广佛教的直接产物。但是，《韦协》等上述提到的吐蕃时期文献中松赞干布时期佛教的现状，基本上否定了所谓的佛教弘传，因此作为"观音道场的布达拉"难以成立。其二，就是后期藏汉史料中所说为公主或由公主修筑大型宫堡的说法，这点在上文有过专门讨论。

总之，吐蕃历史的缔造者松赞干布在吐蕃时期遗留下了许多生平事迹，不管是他作为军事统治者南征北战的经历，还是作为单一历史人物许多烦琐而具体的事件。可见松赞干布在早期文献中是以一个完整而普通的地方势力的首领形象出现，这也是最接近客观存在的记述，这点在"噶当经典式历史文献"中不曾得见，但是被后期史料进行大肆建构后

---

① 参见王尧、陈践编著《吐蕃简牍综录》，文物出版社，1986，第 2427 页，及"原文摹写"部分。

② 林冠群：《唐代吐蕃史研究》，第 73 页。

变得越发扑朔迷离。

　　吐蕃历史被后世广泛"认识"，归功于大约 11 世纪开始的藏传佛教后弘期时期。正如前文所言，吐蕃王朝的全面崩溃，为后弘期提供了难得的"重塑吐蕃历史"的机会。后弘期跟阿底峡的入藏关系极为紧密，而阿底峡时期开始形成的噶当派的重要标志之一就是出现了一大批噶当派经典，这些经典中大力宣传大悲观音的法门，把吐蕃赞普松赞干布作为观音传承者即"本生"，大肆建构相关事件，最为重要的一点就是修建藏地观音道场"布达拉"的情节。最重要的是以《柱间史》、《玛尼宝训》以及习惯上称作《噶当父子教言》（ བཀའ་གདམས་པ་ཆོས་དང་བུ་ཆོས ）的《弟子问道语录》与《阿底峡传记》中详细"记录"了松赞干布弘法的历史。当代学者对噶当经典式史书的认识是把《柱间史》与《玛尼宝训》归类为"伏藏"（ གཏེར་མ ）类史书与两本经典的传播由来有直接关系。[①] 虽然这两部经典与后弘期各大教派皆有联系，且以伏藏的便签出现在世人面前，但从内容上来看，基本上是以松赞干布的"弘法传记"为主，大力塑造松赞干布作为观音本生的故事，并且《玛尼宝训》形成时，藏地已经形成认定松赞干布为观音化身的观念，可见噶当教派对此类经典的影响。此类噶当经典式史书中虽然保留了些许吐蕃社会方面的真实印迹，但是大部分记载损毁严重，基本上表现出了后弘期史学中"宗教意味越来越浓，宗教趣味逐渐成为学术的主流意向。《玛尼全集》等伏藏著作可以看作是这种取向的肇始性作品"[②]。噶当经典式史书的影响在于，后世藏族史料对吐蕃历史及松赞干布这一历史人物的态度。后弘期之后藏族史学最具影响力的当数形成于 12 世纪的《娘氏宗教源流》（ ཆོས་འབྱུང་མེ་ཏོག་སྙིང་པོ་སྦྲང་རྩིའི་བཅུད ）与《弟吴宗教源流》以及 13 世纪末期形成的《奈巴教法史·古谭花鬘》（ ནེའུ་ཆོས་འབྱུང་སྔོན་གྱི་གཏམ་མེ་ཏོག་ཕྲེང་བ ）三部。以上述三部为首的 11 世纪之后形成藏族"教法史"的共同特点是讲述宇宙起源或南瞻部洲的形成、佛法诞生记、佛法在世间的传播历史，其中讲授佛法在雪域藏地的传播时顺带讲授吐蕃王朝的历史，特别是吐蕃王

---

① 孙琳:《藏族史学发展纲要》，第 145 页。
② 孙琳:《藏族史学发展纲要》，第 149 页。

朝盛行佛教的历史，就把松赞干布作为佛法弘扬的法王来塑造，致使松赞干布逐渐失去了其在早期文献中作为"人"的一面。具体到三部"教法史"，《娘氏宗教源流》的作者娘·尼玛伟色系《玛尼宝训》和《柱间史》的重要传承师，而该部毫无疑问地受到噶当经典式史书的影响，从内容体例上看几乎是上述两部的翻版，把松赞干布的弘法生平描绘得更加详细。而最为特殊的是《弟吴宗教源流》，作者为典型的传承噶当教法的僧人，自然地受到极强的噶当经典式史书的影响，但它也在极力地表达早期吐蕃时期史料的"忠诚"，并没有完全抛弃早期史料的印迹。通篇为通用的教法史体例，涉及吐蕃时期历史，尤其是松赞干布时代，除了增加了大量的佛法弘传的故事，也保留了早期史料的内容，比如"第四节，阐述吐蕃王统史及佛教在吐蕃传布的情况，这一节文字占全书一半左右；具体的叙述中，作者参考了古代史书《五史鉴》（本书中所称《五坚》）及现已失传的库顿·尊追雍仲的《大史》……"[1]《弟吴宗教源流》对早期史料运用的坚持使后期史书受到巨大影响，使松赞干布的历史讲述逐步变得饱满起来。《弟吴宗教源流》的坚持是难得的，也与"认为所谓的历史不关涉到宗教，那还有什么价值？"[2]和"千方百计证明其系承继自印度正统名派或著名之印度大师，以增进教派之权威与声望"[3]的做法形成一种抗衡与拉锯，这一"叛逆"做法使得该部史料在藏族传统社会未能得到推崇，其作者等相关信息一直保持着陌生感的原因也许在于此。[4]《弟吴宗教源流》的珍贵性还可在13世纪晚期形成的《奈巴教法史》中窥见一斑。《奈巴教法史》以教法史体例进行编纂，涉及吐蕃王朝部分，单独举出佛教弘扬情节的篇目，[5]其价值在传统社会就

---

① 孙琳：《藏族史学发展纲要》，第191~192页。

② 〔英〕柏尔：《西藏之过去与现在》，宫廷璋译，商务印书馆，1930，第16页。

③ 林冠群：《唐代吐蕃史研究》，第86页。

④ མཁས་པ་ལྡེའུ། མཁས་པ་ལྡེའུ་མཛད་པའི་རྒྱ་བོད་ཆོས་འབྱུང་རྒྱས་པ། བོད་ལྗོངས་བོད་ཡིག་དཔེ་རྙིང་དཔེ་སྐྲུན་ཁང་། སྤྱི་ལོ1987ལོ། སྐྱེ་ཚིན་ན2 原文如下：དེ་མིན་མཁས་པ་ལྡེའུ་རང་གི་འབྱུང་གནས་གྱི་བོད་མཛད་པ་ཞིབ་ཕྲ་འཚོལ་འདེ་ན་རྣམ་ངེས་ལ་ཤཱ་ཆི། ཅེང་ཤིས་མཛད་པ་དང་འབྲེལ་བོད་ཡུན་གཅིན་འདིར་ཆོས་ཐ་ཡིག་ལ་སཱ་གཞན་གཅིག་ 另在《藏族史学发展纲要》第190页中也有"现在关于弟吴贤者的身份还有待澄清与证实"等，均表达了学界的这一态度。

⑤ 参见 བོད་ཀྱི་ལོ་རྒྱུས་དེབ་ཐེར་ཁག[ཋ] དེབ་པདྨ་ཀ་སྟོན་སྒྲོལ་ལམ་རྣ་སྒྲོལ་གྱི་མ་མཛད་ན། སྤྱིན་གྱི་གཅིན་གྱི་ཏོག་ཕྲེང་བ་ཞིབ་ཕྲ་ལ་དཔ་བཀག་གྲངས། བོད་ལྗོངས་ བོད་ཡིག་དཔེ་རྙིང་དཔེ་སྐྲུན་ཁང་། སྤྱི་ལོ2005ལོ། ན14ནས27

有极高的评价，这点无须再论。但是依旧以法王的形象对松赞干布进行塑造，《弟吴宗教源流》中所坚持的早期史书部分早已抛之不存。可见，佛教僧人身份的史家在选择编撰体例时所面临的困惑也是明显的。这也从另一方面得知，藏族史学的发展，特别是藏传佛教后弘期的发展走向，与 12~13 世纪所形成的史书典籍的体例、内容和史料参考有着直接的关系，这一阶段的史学风格也就奠定了佛教化史学的基本样式。

藏族史学的另外一个发展阶段是《伏藏》类典籍的盛行时期。习惯概念上的《伏藏》是指早期苯教的典籍与所谓前弘期的宁玛派《伏藏》典籍两种。此外，把《柱间史》和《玛尼宝训》等纳入《伏藏》也是学界的共识，但在本书中以史料叙述的风格或内容将把《柱间史》和《玛尼宝训》归类为噶当经典一类。将《莲花遗教》（པདྨ་བཀའ་ཐང་）、《五部遗教》以及部分苯教文献归为《伏藏》类史书则是较为完整概念的《伏藏》。涉及吐蕃时期历史的重要文献之一就是《五部遗教》，其中保留了部分吐蕃时期的珍贵记载。比如"东岱军马观察表"（སྟོང་སྡེའི་དམག་ཏུ་དཔྱད་པའི་སྐབས།）和"地域边界扩张调伏诸军"（ཡུལ་ཁམས་རྒྱ་བསྐྱེད་མཐའ་དམག་རྣམས་བཏུལ་བའི་སྐབས།）[1] 属于早期档案类文献的内容，但是毕竟主要立足点为 8 世纪的历史，对松赞干布时期的描述相对较少。此外，苯教文献中有关松赞干布时期的记载，又被苯教的"主流观念"主导，其中松赞干布是作为苯教传播的重要人物进行描述，已经提到的"该赞普时期，从天竺传入星火般佛教，迎请诸国佛像，修建逻些等诸庙宇"的说法符合松赞干布作为历史人物的形象，针对这一部文献，国际藏学界早已有所关注。[2] 这类苯教史料的职责就是大谈早期苯教兴衰历史，但是作为史料，其中也不乏一些吐蕃时期的重要记载，这些对史学精神的传承起到了一定的作用。

藏族史学发展到 16 世纪，"教法史"或者"佛教弘传"的叙述模式依然占据着主流，在编纂体例上体现得越发明显，形成了把地方史改造成佛教发展史的模式，随着前期各种佛教史书作为参考，加上其他材

---

① 孙琳:《藏族史学发展纲要》，第 156 页。
② 林冠群:《唐代吐蕃史研究》，第 83 页。

料的不断运用，藏族通史体例的史书相继问世。不同于以往的是，这些通史类史书中叙述吐蕃历史的内容和篇幅突然得以增加，以佛教在吐蕃时期的传播即"藏传佛教前弘期"的历史为主线，欲展现宏大的吐蕃大历史面貌。在这一背景下，能够运用的佛教材料用尽之后，史家开始把目光投向与吐蕃时期兴佛等有关的历史材料比如"兴佛盟碑"等早期碑文、敕书和信件等。而与这类史料直接相关的就是我们一直强调的吐蕃赞普为"人"的历史，就开始运用一些许久不被传统史学引用的材料，比如吐蕃时期军事组织的设立、吐蕃时期征战四方的事实和军事奖惩制度等内容。在时空上，又一次使《弟吴宗教源流》所坚持的原始史料得到传承。这是 16 世纪藏族史学的一大特点，更是一次大的突破与尝试，其中最为典型的数藏族著名史书《贤者喜宴》。

《贤者喜宴》的成就是综合的，它是对藏族史学发展的一次总结和反思，更是开创了一个全新的史学发展模式。它涉及的吐蕃历史发展模式，特别是松赞干布时期佛法传播的故事性叙述模式得到了前所未有的提升。针对《玛尼宝训》《柱间史》等文献的内容基本上进行大量的照抄，并且明确标注，使得松赞干布时期修建"布达拉"宫殿的历史并无特别说明之处，仅是上述两部的内容而已。但是，不同于以往教法史的编纂方式，《贤者喜宴》引用了大量的早期文献来叙述松赞干布作为"人"的历史，以极大篇幅讲述了松赞干布"设立'五茹'与'十八东岱'"（སྲིད་སྲེ་བཙོ་བཅུད་）、"钦定六大法"（བཀའ་ཡི་ཁྲིམས་ཡིག་ཆེན་པོ་རྣམ་དྲུག་）、"六大告身"（བཀའ་ཡི་ཡིག་ཆང་དྲུག་）等三十六条法令（ཁོས་སུམ་ཅུ་རྩ་དྲུག་）。大部分参考了《弟吴宗教源流》的内容，也增加了类似民间故事①的情节和与敦煌藏文文献相似的内容。值得一说的是《十善法》及其之后的"对母待之以母、对父待之以父"（མ་ལ་མར་འཛིན་པ་ཕ་ལ་བར་འཛིན་པ་）（即报父母恩情的内容）在《弟吴宗教源流》中未有记载，在印度所传佛教典籍中也是难以寻见，这也可能是受到来自敦煌地区《报恩经变》一类的影

---

① དཔའ་བོ་གཙུག་ལག་ཕྲེང་བ། ཆོས་འབྱུང་མཁས་པའི་དགའ་སྟོན། པེ་ཅིན། མི་རིགས་དཔེ་སྐྲུན་ཁང་ ཀྲིལ་ལོ་2006 ན་101 有关达杰·芒布杰的故事带着强烈的民间智慧故事的性质。

响，因为绘制相关壁画的石窟跟吐蕃占领该地区有直接关系。[①]《贤者喜宴》参考大量文献，把吐蕃历史的宏大场面进行展示，目的就是塑造松赞干布的法王形象。虽然出现了"如此东方森林草野深处至南部珞、门地界，西边象雄与勃律，北方霍尔与于阗。征服半边世界，十善法严安乐如天矣"[②]等表现8世纪之后吐蕃边界的真实言辞，但也是对松赞干布的"法王"形象的铺垫而已。对此，引用的史料其实也无选择项，只是在出处的处理上有所体现罢了。比如，引用大量的早期史料如《弟吴宗教源流》的相关篇幅时，《贤者喜宴》并未说明引用之处，而提到《玛尼宝训》等噶当经典式史书的引用方面则直接明确了出处。可见，噶当经典式史书对这一时期影响依然巨大。《贤者喜宴》在选择史料上呈现出"来者不拒"的心态，所有的蛛丝马迹都在此得到了圆融，尤其是吐蕃时期的细节性记载，如地名等源流。[③] 从《贤者喜宴》开始，坚持了几百年的藏传佛教教法史体例开始出现了变化。也许《贤者喜宴》受到后期佛教史家的强烈批评，也是跟这一现象有关，然而站在藏族史学发展角度来看，就像当代学者指出的那样"至于第五辈达赖喇嘛对巴卧的批判，不但无法减损《贤者喜宴》的价值，更坐实了教法史料中'党同伐异'的想象"[④]，是值得肯定的。

《贤者喜宴》作为教法史，其作用是无可比拟的，当然其编纂的目的也是极为明确的，但是在选择史料方面，有别于其他的教法史，对早期史料的运用达到了一定的高度。作者选择大量材料的过程就是对几百年来吐蕃社会历史的珍贵材料的一次较为完整的整理。可见，虽然早期史料在11世纪流传已经极为困难，但是在藏族社会又相承了近五百年，而关于松赞干布"人的经历"与"神的本生"问题，同样经历了漫长的

---

① 参见张景峰《敦煌莫高窟第138窟两铺报恩经变及其成因试析》，《敦煌学辑刊》2018年第4期，第44~53页。

② དཔའ་བོ་གཙུག་ལག་ཕྲེང་བ། ཆོས་འབྱུང་མཁས་པའི་དགའ་སྟོན། པེ་ཅིན། མི་རིགས་དཔེ་སྐྲུན་ཁང་། ཀྲུན་2006 ལོ 105 原文如下：དེ་ལྟར་ཤར་ཕྱོགས་མི་ཤིང་ནགས་སྟུག་ནས་སྲོ་སོ་ཕྱུལ་ནས་ལྷོ་ཕྱུ་ཀླུང་ནས་ཆོང་དང་དང་ནུབ་ཀྱི་ཟང་ཞུང་དང་ཕྲུ་ལིའི་རྒྱམ་ཟ་འབངས་སུ་འཛིན། འཛིན་ཁྲི་དགུ། བྱང་གི་ཐུལ་ལ་བོ་སྐྱངས། དཔ་བ་བཞིའི་ཕྱེམས་བཏན་ནི་བདེ་སྐྱིད་ལྷ་དང་མཉམ་ཞེས་ན།།

③ རྫེ་ཕུན་ཚོགས། ཡར་སྟོང་སྟོང་ཚལ་ཞེས་པའི་མ་རིང་དང་འཛིན་པའི་མ་རྒྱལ་དགའ་དཔུན་སྐྲིན། 载 བོ་ར་སྦོངས་སྲོལ་གྱ་ཆེན་མཁི་རིག་དེ་ཝ། ཀྲུན་ལོ 2015འི་འཛོ་དེའས 3 ལོ 58ནས 69བར།

④ 林冠群：《唐代吐蕃史研究》，第83页。

争斗。按照汤因比等历史学家以 700 年左右为一个社会变迁的大轮回的理论来看，藏族社会自 11 世纪之后的变化相对缓慢甚至是固定的，这一时期依然处在一个轮回之内，并无大的突破或革新。

《贤者喜宴》是藏族史学发展的一次大圆融，佛教弘传的历史与吐蕃社会的早期史料在 16 世纪得以融汇，近千年来的吐蕃史史料的两个传统在《贤者喜宴》这部巨著诞生后得到高度的融合，使后期一大批藏族史家看到了针对吐蕃历史的重建方面选择早期史料和利用早期史料的态度与勇气。这一点最重要的是与作者的个人史观有极大的关系，作者作为宗教上层人士，有机会充分利用可以利用的一切材料，不仅如此，还能够对材料进行深刻的反思与回顾，这点与个人的阅历或者知识结构有关。另外，也与社会发展的环境密切相关，经过几百年的发展，16 世纪的藏族社会处于即将进行又一次转型期，各民族间的交流和互动的视角有所转变，这些也可能为作者提供难得的反思视野。

研究"吐蕃时期的历史"作为讨论该时期史学典籍的分类即不同传统的话题是一个较新的尝试，本书以"吐蕃时期修建布达拉"为出发点，梳理了记载"吐蕃历史"的几种典型史料。浩如烟海的藏族史学典籍为研究藏族历史本身提供了较为充足的史料依据，针对研究吐蕃时期这一特定阶段的历史，由于年代久远而深感材料之匮乏。造成这一现实问题的主要原因就是吐蕃王朝崩溃之后藏族社会的全面崩塌，其中作为群体记忆传承载体的档案、文献和相关资料的损失程度也是难以想象的，到了 11 世纪，人们难以掌握大约两百年之前藏族社会的基本面貌，形成了社会发展的重大隔阂，藏族社会一度处于一个极为典型的转变期。这一时期人们的重任就是大肆建构难以想象而早已远去的"吐蕃历史"，集体建构所面临的就是资料的匮乏，加上随着佛教在藏地的第二次传播得到巨大的发展，人们建构早期吐蕃历史的使命也开始发生变化，从早期历史的建构逐渐变成了如何描述佛法在世间的流传与藏地的传播等佛教史记。如此洪流之下，描述或重现客观的吐蕃社会之任务变得难上加难，使得大多数史家开始放弃研究或叙述吐蕃历史的初心，转变成推广佛教教法史使者。但是依然有极少部分史家秉承着原则，把吐蕃时期开始流传的小众式的文献资料作为重要依据，以教法史编纂为名，尽量把吐蕃历史的面貌展示于世。于此，讲授吐蕃历史的史料或态度自然也就变成了两个不同的传统：一是大谈佛教在吐蕃时期的弘传，把赞普等历史人物塑造成"法王"或者"菩萨的本生"，讲授他们对佛法所做的功德，而修建"布达拉"宫殿也是弘扬佛法的传统具体体现之一，出现"雄伟壮丽""巍峨耸立""奇妙无比"的"布达拉"宫殿的情节；二是继续把仅有的早期史料作为重要材料讲授吐蕃历史，把赞普等历史人物塑造成英雄式的人物形象，勾勒出赞普南征北战、征服四夷的历史场面，也就不存在修建超越吐蕃现实社会之巍峨而神奇的"布达拉"宫殿，更有甚者，"布达拉"一词亦难寻踪迹。漫长的历史进程中，特别是藏传佛教极为盛行、藏族社会几乎凝滞的漫长岁月里，藏族史学对上述两种传统的争论也是从未停止。直到 16 世纪，随着《贤者喜宴》的出现，这两个传统得到前所未有的整合与圆融，也为后世史家提供了一个思路，即若要编纂通史体例的藏族历史，特别是涉及吐蕃时期历史的叙述问题，则必须要借助非宗教源流的一切可用之材，才可能使这一框架变得更具操作性。加上不久之后西方势力的影响波及整个亚洲地区，自然也就打破了宁滞的藏族社会，针对藏族传统史学也提出了种种挑战，使得藏族社会坚持了近千年的传统终将改变。以敦煌藏文文献的发现为例，藏族史家开始重新审视《韦协》《弟吴宗教源流》和《贤者喜宴》所传承、坚持和圆融的思想观念，使吐蕃社会的客观面貌和松赞干布作为"人"的历史观念得到了正视，这就是《白史》的价值，也是敦煌文献的功劳，更是整体社会发展之趋势。

　经过千年的叙述，吐蕃历史的史料也完成了一次圆满的闭环，重新回到了 11 世纪最初反思的原点上，即吐蕃松赞干布是"人"的问题，以及能否出现"布达拉"宫殿的问题，然而除了整理传统史料，目前需要借助多种学科的综合研究力量，具体到"布达拉"历史沿革的讨论依然如此。虽然"吐蕃时期布达拉"这一命题在整个藏族历史研究视角下极其渺小，以此为据，若能挖掘出背后所隐含的历史原理，就能释放出巨大的历史能量，这也是本书一直所坚持的学术之初心。

小 结

本章所探讨的依然是一个概念性的问题，即对"吐蕃时期布达拉"展开讨论。以历史地理学的视角，从人类生态理论与传统史学的不同传统方面试图展开讨论。

首先，对大约 1300 年前吐蕃社会的核心区域即拉萨河谷人类生态的考察是一个较为特殊的视角。针对 1300 年前拉萨河谷的自然环境是相对移动的游牧世界，还是较为固定的农耕文明，或者是有别于二者的其他自然生态模式这一问题来进行反思。在此影响下，作为政治群体的吐蕃王朝的政治生态表现出何种运行方式，尤其是对于是否修建固定城堡需要加以考虑。拉萨河谷位于青藏高原腹地，平均海拔将近 4000 米的天然高度和一排排山脉奠定了其基本的天然构造，另有东北向西流淌的拉萨河，拉萨河提供了较为肥沃而小型的冲积平原，适合种植多种耐旱作物。加上大约 2000 年前后青藏高原腹地的整体气候呈现较为温暖期，为河谷流域冲积平原的农作物种植提供了可能。拉萨河谷成为比悉补野部落发家地雅砻河谷更适合聚集生活之地，悉补野部落逐渐发展到拉萨河谷流域，也是掠夺更加优异的自然环境之过程。然而，河谷冲积平原的面积毕竟是相对有限的，更多的区域依然是广袤的高山地带，这更加适合一定数量的畜牧业，但也有别于纯粹的游牧世界，由于受高低起伏的山脉阻隔，难以完成大规模的游牧迁徙活动，因此该地区的畜牧业方式也是范围极其有限的散养。以高山草场的半农半牧模式及小范围迁移也是极有规律和限制的。吐蕃王朝的群体组织活动也是基于上述两个方面而展开，赞普的统治中心并不是固定式的，而是表现出了源于战事、季节和相关活动等极富规律的移动性。因此，在统治中心上并不是选择固定式的城邦或城堡，而是选择极为便利的帐篷性居住模式是这一时期的主要特色。

其次，拉萨河谷区域长时间内并不适合大规模的聚集性活动，这点在早期文献中有具体描述。目前藏文文献中最早记录是在拉萨（逻些）

9 世纪的唐蕃会盟碑上，而汉文中的相关记载相对丰富，尤其比如"移帐依泉宿，迎人带雪来""潇湘浦暖全迷鹤，逻逤川寒只有雕""古塞腥膻地，胡兵聚如蝇。寒雕中髑石，落在黄河冰。苍茫逻逤城，梆梆贼气兴。铸金祷秋穹，还拟相凭陵"等唐诗中有较多的体现，但是具指极不明确。因此，作为吐蕃统治阶层或赞普之间有关的史料目前难以寻得。特别是赞普、大臣等主持的吐蕃大型活动更未在逻些城进行，从有限的文献来看，7 世纪之后对历代赞普的出生地的记载是相对清楚的，但依旧没有一位赞普出生在逻些，可见按客观史实来讲，逻些当时并不是一个统治中心，更不是全民所知的地方，且逻些或逻些川仅仅是指约今天小昭寺所在极小范围。因为赞普的活动几乎跟拉萨河谷或者逻些城有关。逻些或是今天概念上的拉萨如此，那么更具体的"布达拉"宫殿就更是如此，按照汉藏文献的记载来看，"吐蕃时期布达拉"的宫殿几乎是后世史学家的建构结果，特别是藏文文献在 11 世纪之后变得盛行起来，主要是受到佛教后弘期的大环境之影响。因此，对这一类史料的分析和归纳也较为重要。

最后，11 世纪之后，对吐蕃历史的记载呈现出两种截然不同的方式。以佛教弘传故事为核心的教法史中大肆建构松赞干布为"法王""菩萨本生"的情节流行整整一千年，即藏传佛教后弘期至今的历史。在"法王"模式下，松赞干布修建号称藏地观音道场的"布达拉"宫殿也是顺理成章，以佛教典籍中观音神殿的样式引接在所谓吐蕃王宫的规模和样式等上，显得具象化。这一说法几乎成为藏族史学典籍中的主流或范式。当然，相对于此的就是利用流传于世的极为有限的早期史料，其中也就难以见到修建宫殿之蛛丝马迹，因此也是大多数佛教史家难以接受或所摒弃的。这两种传统相互拉锯和抗争，到了 16 世纪才得到了二者的圆融，为之后书写吐蕃历史提供了一种全新模板，直到 20 世纪初敦煌地区古代藏文文献的发现，流传于世的吐蕃历史资料终得正视，也为藏族史学传统的艰难发展历程画上了较为圆满的句号。

第三章　历史的记忆

——"中世纪"的拉萨红山

　　拉萨红山是拉萨地区重要的地理标志和文化的象征符号。长久以来，人们以拉萨红山和大昭寺等具有特殊意义的标志物来代替拉萨的地理概念。吐蕃王朝结束之后的拉萨城变迁历程与布达拉宫早期历史的梳理是分不开的，只要能够理顺"中世纪"即 10~17 世纪之间拉萨城的演变，也就能够较为清晰地建立后期布达拉宫这一建筑物所在地拉萨红山所经历的史实序列。此外，作为概念性的探讨，要对"拉萨"二字进行一种简单的概念界定。从后弘期初期开始，"拉萨"二字反复出现，该词语所含之义在具体的语境中皆有所不同。

　　"拉萨"泛指拉萨河谷流域一小地方之称谓，最早是对大昭寺或者小昭寺仅一座寺庙的称呼。到了后弘期初期，大、小昭寺两座寺院都称作"拉萨"。在下文中将会出现的"拉萨二地"更是指这两座寺院。到了 13 世纪前后，随着蔡巴噶举的兴盛，逐步控制着大、小昭寺等地，并且以大、小昭寺为核心区域的地理范围称作"拉萨"。而此时，位于大昭寺西侧的红山也被纳入"拉萨"的概念当中，称作"拉萨红山"。特别是人们的习惯当中，一直到近代，"拉萨"的概念还是会放在以大昭寺为主的小范围内。但是，为了能够把红山和大昭寺等标志物作为整体的研究对象，探讨其历史发展的规律，在本章中对"拉萨"即包括"拉萨红山"在内的地理空间进行探讨。

　　按照传统文献的说法，拉萨或逻些在吐蕃时期已经成为群落的聚集区和文化交流中心，特别是佛教前弘期，在拉萨修建庙宇之记载以及以大昭寺为主的早期寺院遗迹都能看出，拉萨作为千年来高原地区人们主要聚集区的重要性。按照文献记载，拉萨城的早期历史记忆可以追溯到吐蕃时期，但是进入分裂割据时期及其之后拉萨到底处于何种状态，在学界依然没有较为客观的结论。特别是 11 世纪之后，随着藏传佛教后弘期的到来，历史叙述模式的变化，史家视角下的拉萨也是难以让人看清其真实面目。

　　11 世纪之后，拉萨逐渐成为各地方势力争夺的目标，而位于拉萨城最显眼位置的红山此时第一次出现在藏文史料中，作为拉萨特殊地理构造的红山也是从最初幽静的小山岗，逐渐成为各方显示身份象征的殊胜之地。特别是到了 14 世纪，随着藏地"殊胜地"观念的兴起，"布达拉"观念逐渐在卫藏地区得以流行。雄踞拉萨河谷几个世纪的蔡巴噶举以及后来的蔡巴万户直接掌管拉萨城，并在红山上修建殿宇、塑造佛像和绘制壁画，形成了后期布达拉宫雏形，更是促使藏传佛教观音净土观念在拉萨的形成。此后拉萨红山被西藏各个教派及地方政权交替掌管，直到 17 世纪中叶正式修建布达拉宫才画上了句号。

　　本章以历史阶段为分界线，把 11~13 世纪、14 世纪以及 15~17 世纪前叶三个时段作为独立的单元，通过对每个阶段与拉萨红山相关的史料来讨论其历史沿革或重现历史记忆。

一　蔡巴噶举的早期经营

　　后弘期之后（大约 11 世纪），有关拉萨的记忆与阿底峡等人在拉萨的游历相关，而同时期的桑噶译师·帕巴谢热（ཟངས་དཀར་ལོ་ཙཱ་བ་འཕགས་པ་ ཤེས་རབ་）等人均对大昭寺进行过修缮。[①] 但是相关记载都相对零散而未能详述其历史脉络。与此同时，拉萨红山以地理位置上的特殊性也被人关注，一些早期噶当派僧人在此留下了历史印迹。比如噶当派僧人琼波扎

---

① 参见 དཀའ་དབང་བློ་བཟང་རྒྱ་མཚོ། ཤུ་ལྷུན་སྒྲུལ་པའི་གཟུགས་ལག་ཁང་གི་དཀར་ཆག་ཤེལ་དཀར་མེ་ལོང་། དཀའ་དབང་བློ་བཟང་རྒྱ་མཚོའི་ གསུང་འབུམ། ཋ། ཤིང་པར། ན 14

僧（ཁྱུང་པོ་གྲགས་སེ་）在"布达拉"（即拉萨红山上）留下了活动轨迹，这是到目前为止能够找到的 11 世纪有关拉萨红山的记载。按照史料来看，琼波扎僧从后藏来到前藏，并在拉萨"布达拉山"进行辩经。这一点在不同时期的藏文文献中均有记录，成书于 15 世纪的《青史》中记载："精通'释论旧派'（ཚད་མ་རྙིང་པ་）而著称的琼波扎僧，在布达拉山（པོ་ཏ་ལ་）和玛布山（དམར་པོ་རི་）两处进行过辩经。"[①]从中可知，当时"布达拉"和"玛布山"被人认定为两座不同的山岗。其中"布达拉山"能不能与现代意义上的"玛布山"（即"红山"）等同还需要进一步探讨。加上有关琼波扎僧的历史记载较少，直到 17 世纪《后藏志》中才有了较为详细的介绍。据传，他担任过夏鲁寺法台，其间与上一任法台宇拓扎坚（གཡུ་ཐོག་གྲགས་རྒྱན་）产生过节后来到拉萨，且在红山上修行辩经。据记载："达波旺杰与琼波二人分别掌曼布日（སྐྱལ་པོ་རི་）与嘉婆日（ལྷས་པོ་རི་），对般若部进行辩经。后来，琼波扎僧回到夏鲁寺继续担任该寺法台。"[②]两部文献记载内容大致吻合。琼波扎僧生活年代为 11 世纪，这点在 12 世纪的《弟吴宗教源流》中有所交代。据记载："此时，迎请克什米尔杂纳谢热大师（ཁ་ཆེ་ཙ་ན་ཤྲཱི་），由苏·噶朵（སོ་ཙ་བ་རབ་དགའ་དོར་）担任译师，藏地以琼波扎僧为首的百余位僧众前去听法，当然也包括俄译师。"[③]该史料中明确指出琼波扎僧为嘉·尊追僧格（རྒྱ་བརྩོན་འགྲུས་སེང་གེ་）之弟子[④]，由此可以断定其生活的大致时间。

而针对《青史》中提到的琼波扎僧所执为"旧释量论"之说，18 世纪的《松巴教法史》（ཆོས་འབྱུང་དཔག་བསམ་ལྗོན་བཟང་།）给出了较为明确的

---

① 原文如下：ཁྱི་ཁྱུང་པོ་གྲགས་སེ་ཞེས་གྲགས་པ། ཚད་མ་རྙིང་པ་ལ་མཁས་ཤིང་མཁྱེན་པ་གྲགས་པ་ཆེ་བ་དེ་གཉིས་ཀྱིས་པོ་ཏ་ལ་དང་དམར་པོ་རི་གཉིས་ལ་འཆད་ཉན་མཛད་ཅེས་པ། ཤོག་འགོས་ལོ་ཙཱ་བ་གཞོན་ནུ་དཔལ། དེབ་ཐེར་སྔོན་པོ་ ཞེས་བྱ། ཞི་ཁྲོན་མི་རིགས་དཔེ་སྐྲུན་ཁང་ སྤྱི་ལོ་ 1984 ལོ་ 123

② 原文如下：དགས་པོ་དབང་རྒྱལ་དང་ཁྱུང་པོ་གཉིས་ཀྱི་སྐྱལ་པོ་རི་ལྷས་པོ་རི་བཟུང་ནས་ཕྱིན་ལ་འདབས་བཟང་མཛད་པར། གགས་ཤིང་། ཁྱུང་པོ་གྲགས་སེ་ནི་ཕྱིར་ཐོག་ན་དུ་སངས་ས་སྟར་བཞིན་མཛད་དང་། ལས་ རྩ་ས་མཆོག་ནོ་པའི་ལོ་གཡས་མཛད་དཀར་པའི་འདུག་གགས་ཞེས་ཡ་ཡིགས་སོ།། པོ་སྟོད་ཀྱིས་མི་དམངས་དཔེ་སྐྲུན་ཁང་ སྤྱི་ལོ་1983 ལོ་130

③ 原文如下：དེ་ཙ་ན་ཁ་ཆེ་ཙ་ཡང་སྐྱུན་དང་ཏེ། པོ་ཙ་བ་དགའ་དོར་གྱིས་མཛད་དང་། པོ་ད་དུ་དགའ་ལས་སུ་དང་པའི་བ་ཆབ་ཚོས་ཆོས་ཉན་ དུ་སྟོན་པའི་གསང་ངོ་ཤོག་ལོ་མ་ཙ་མ་ཡིན་གྱུར་བ། ལས་ མགོན་པ་ལ་དོན། མལ་ཁ་ཡིགས་འབྱུང་ སྤྱི་ལོ1987ལོ ལོ362

④ 参见 མགས་ལ་རྟེ་ཡིག། མགས་པ་ལ་རྟེ་འབྱུག་མཛད་པའི་རྒྱ་པོ་ཆོས་འབྱུང་རྒྱུ་པ། པོ་ལྗོངས་མི་དམངས་དཔའ་ལོ་རིག་དཔེ་སྐྲུན་ཁང་ སྤྱི་ལོ1987ལོ། ལོ361

交代。它认为古格王拉德时期迎请克什米尔的班智达，由玛·译师（ཞ་
ལོ་ཙ་བ་དགེ་བའི་བློ་གྲོས་）翻译相关《释量论》内容，又由琼波扎僧大兴《释
量论》内容，统称"释论旧派"；由俄译师罗丹谢热所传释量论讲授
称为"释论新派"。①琼波扎僧为后弘初期之释量论的重要传承人。而
《松巴教法史》接下来的记载让我们基本上能够断定琼波扎僧所处的年
代。据记载："第一饶炯火阳龙年举行所谓'阿里大法会'。期间，热
译师、念译师、桑噶译师、琼波曲尊、赞卡波其（བཙན་ཁ་བོ་ཆེ་）、俄译
师、玛通·达巴谢热（མ་ཐུང་དར་པ་ཤེས་རབ་）等诸译师与达波旺杰等聚集一
处，从克什米尔萨杂纳大师处听《慈氏部》等法。法会结束后，热译师与
念译师前往尼婆逻，之后返回藏地。库敦弟子达波旺杰与'释论旧派'传
承者琼波扎僧二人在布达拉与玛布山进行辩经，时代与博多哇（པོ་ཏོ་བ་）同
期。"②《松巴教法史》成书年代较晚而相关记载有许多存疑之处，对"布
达拉山""玛布山"等说法，当非早期琼波扎僧记载的原文，17世纪之
前，并未修建布达拉宫，《后藏志》中才有"曼布日"（སྨན་པོ་རི་）与"嘉
婆日"（ལྡུགས་པོ་རི་）等相对模糊不清的概念，这座突起于拉萨河谷中的
山岗在11世纪前后或许并没有统一的名称。在14世纪形成的《红史》
（དེབ་ཐེར་དམར་པོ་）中讲述12世纪拉萨城的相关史迹时，提到的"拉萨
之顶"（ལྷ་སའི་རྩེ་མོ་）③大概指的就是拉萨的红山，直到今日卫藏地区仍用
"孜"（རྩེ་）（即"顶"或"巅"）指布达拉宫这一建筑，这可能是"拉萨
红山"的早期称呼。红山这一山岗的名称在11世纪之后逐步得到统一

---

① 原文如下：（藏文）（ བོད་ ）……བོ་1992ཤ྄ 360
② 原文如下：（藏文）……卷1992ཤ྄ 377ཤ྄378
③ 参见（藏文）1982ཤ྄ 139

与强化。《松巴教法史》在参考和利用早期史料时对一些地名加以自己的感知。但是，学界对火龙年法会的时间断定是确定的（即1076年），而琼波扎僧在"布达拉山"辩经之事就在1076年之后不久，后期琼波扎僧返回夏鲁寺继续担任该寺法台。可见，11世纪末期，拉萨红山被赋予了历史记忆。当时的红山是一处僻静之地，偶尔有一些佛教徒在此举行辩经等相关活动。

这段记载是藏族传统史学叙述模式的另类，作为吐蕃时期的"王宫"在11世纪已是杂草丛生之地，更让人无法想象的是，虽有历史人物在此活动，但对活动之地的"红山"的名称等方面并无确切和统一认识，与11世纪之后佛教史书中理所当然地认为是吐蕃王宫的认识截然不同。这也从另一方面证明，佛教史书形成中借助一些非客观事实痕迹之明显。11世纪之后，在佛教史书影响下，拉萨被建构成人间圣地，而现实中当时的拉萨仅指大昭寺小片区域，且破落不堪，成为乞丐收容之所，佛教史书中大谈佛教沿革的内容，把拉萨塑造成雪域佛法的中心，且这一叙述模式逐渐占据主流或者"典范"。事实上，随着吐蕃王朝的全面崩溃，藏族社会处于一种百废待兴的状态，是为后期史学叙述模式渐趋"典范"之历程的具体体现，这一"边缘"式却又符合客观事实的叙述模式。

后弘期之后，拉萨的点滴记忆与阿底峡一行在拉萨的几次游历有关，但是几乎太过于碎片化，难以整理清楚。大约11世纪末12世纪初，各地方势力不断地在拉萨涌现，对拉萨表现出极大兴趣，在后弘期佛教传播的大背景下，大昭寺的神圣地位得到逐步提高。

12世纪中叶，拉萨发生了一次较大规模的教派争乱，史称"拉萨四派争乱"（ལྷ་ས་སྡེ་བཞིའི་འཁྲུག་པ་），源于鲁梅（རྒྱ་མེས་）等各派在桑耶寺和大昭寺等地归属权问题上产生了较大规模的争论。鲁梅作为藏传佛教后弘期下路弘传的重要传承，他的门下几乎遍及当时的前藏地区。虽然以鲁梅为首的"卫地五人"（དབུས་ཀྱི་མི་ལྔ་）最初都在桑耶寺附近有各自领地，比如当时桑耶寺地区头人擦拉那·益西坚赞（ཚ་ལ་ན་ཡེ་ཤེས་རྒྱལ་མཚན་）把桑耶寺格杰殿（དགེ་རྒྱས་ལྷ་ཁང་）与布蔡（བུ་ཚལ་）供

养给热豁（ རག་ཤེ་ ）；把嘎曲（ ཀ་ཆུ ）交给鲁梅，鲁梅还修缮了桑耶寺
邬孜大殿。随后鲁梅让热豁和巴（ ཟ ）二人共同管理邬孜大殿。① 不久
之后，桑耶寺被鲁梅及其门人牢牢控制，巴·崔成罗追（ ཟ་ཚུལ་ཁྲིམས་བློ་
གྲོས ）与热豁·崔成炯乃（ རག་ཤེ་ཚུལ་ཁྲིམས་འབྱུང་གནས ）二人及门徒只能离
开桑耶来到拉萨河谷流域。据记载："鲁梅与松巴执掌嘎曲，邬孜大殿
也成了他们的供奉地，鲁梅一年之内讲授戒律于大众。其后，热豁掌
管恩兰寂普寺（ ངན་ལམ་སྐྱི་བུ་ ），巴豁（即巴·崔成罗追）占夏拉康（ ཤ་
ལྷ་ཁང་ ）。"② 可见，热、巴二人势力转移到了拉萨河谷流域，占据主要寺
院作为据点。之后，鲁梅、松巴、热豁和巴四个派别之间针对大昭寺
等地的掌管权发生了争乱。《青史》等文献皆记录过"拉萨四派争乱"。
《西藏通史·松石宝串》对这一事件进行了梳理。③ 之后，达波噶举的
崔成宁布出面调停，重新让人掌管大昭寺。据记载："来到拉萨时，由
于'拉萨争乱'，大昭寺遭到荒废，深感修缮无望时，达波拉吉（噶
举）突然显现，释迦牟尼佛也流出眼泪，之后潜心供养觉沃佛。"④ 后
期史料中并没有留下"拉萨争乱"的更多细节，其实"拉萨争乱"持
续时间极长，一直到 12 世纪前叶，最后由达波噶举派出面调停应属事
实。《青史》并没有交代达波·崔成宁布修缮完大昭寺之后具体让何人
来管理。《西藏通史·松石宝串》认为，是直接交给蔡巴噶举创始人喇
嘛·尚（ བླ་མ་ཞང་བརྩོན་འགྲུས་གྲགས་པ ）。据记载："达波·崔成宁布调节各派
争乱，并与热译师修缮大昭寺，之后把大昭寺交给喇嘛·尚打理，从
此很长一段时间内形成蔡巴掌管拉萨之俗。"⑤ 但是，最新发现的《聂氏
族起源》（ ཁ་རག་གཉོས་ཀྱི་གདུང་རབས ）中则有不同于上述的记载。达波·崔
成宁布主持修缮大昭寺后交给聂氏家族（ གཉོས ）管理。聂氏家族也是
古老氏族，源于拉萨西边曲水卡热（ ཁ་རག ）地区，11~12 世纪，在拉

---

① དགེ་བཤེས་མ་བོད་ཤེད། ཆོས་འབྱུང་མེ་ཏོག་སྙིང་པོ་སྦྲང་རྩིའི་བཅུད། བོད་ལྗོངས་མི་དམངས་དཔེ་སྐྲུན་ཁང་། སྤྱི་ལོ1988ལོ། ཤ418

② དགེ་བཤེས་མ་བོད་ཤེད། ཆོས་འབྱུང་མེ་ཏོག་སྙིང་པོ་སྦྲང་རྩིའི་བཅུད། བོད་ལྗོངས་མི་དམངས་དཔེ་སྐྲུན་ཁང་། སྤྱི་ལོ1988ལོ། ཤ418

③ 参见 ཆབ་སྤེལ་ཚེ་བརྟན་ཕུན་ཚོགས་དང་ནོར་བྲང་ཨོ་རྒྱན། བོད་ཀྱི་ལོ་རྒྱུས་རབས་རིམ་གཡི་བྱེང་ཁ། ཤས། བོད་ལྗོངས་བོད་ཡིག་དཔེ་རྙིང་དཔེ་སྐྲུན། སྤྱི་ལོ2006ལོ། ཤ595

④ འགོས་ལོ་གཞོན་ནུ་དཔལ། དེབ་ཐེར་སྔོན་པོ། ཤིན་དུ། མི་རིགས་ཀ་པའི་དཔེ་སྐྲུན་ཁང་། སྤྱི་ལོ1984 ཤ553

⑤ ཆབ་སྤེལ་ཚེ་བརྟན་ཕུན་ཚོགས་དང་ནོར་བྲང་ཨོ་རྒྱན། བོད་ཀྱི་ལོ་རྒྱུས་རབས་རིམ་གཡི་བྱེང་ཁ། ཤས། བོད་ལྗོངས་བོད་ཡིག་དཔེ་རྙིང་དཔེ་སྐྲུན་ཁང་།
ལོ2006ལོ། ཤ596

萨下游许多地方属于聂氏掌管之地。据记载："此时发生了'拉萨派乱'，大昭寺无人正常开门与供养，达波贡炯（指达波·崔成宁布）派三僧人，携大昭寺钥匙，并称'聂·扎巴白'（གནོས་གྲགས་པ་དཔལ་）为镇措（འབྲིང་མཚོ་）上下之主，拉萨四派也大有被你接管之势。除尔之外，无人能驾驭拉萨，为了平息拉萨四派之乱，供养大昭寺，众师徒随神变来到拉萨，格尔聂氏（འགྱེར་གནོས）主要人众聚集于此。聂·僧格亦把拉萨之人众交给其，调息了'四派争论'，开始修缮大昭寺，并回复前面三僧人：'已完成当初之交代！'开始长时间掌管大昭寺。"① 细看《聂氏族起源》发现，与玛尔巴译师同时代的聂译师·云丹扎在曲水卡热聂地区开始了该家族的有序传承。到了聂译师·云丹扎之子藏擦·多吉喇嘛（གཙང་ཚ་རྡོ་རྗེ་བླ་མ་）时期，卡热聂氏的名称已经流传至卫藏各地，其被称作"卫藏四大人或四贤人"（དབུས་གཙང་མི་ཆེན་བཞི）之一，卡热与吉雪镇措（སྐྱི་ཤོད་འབྲིང་མཚོ་）均归其管理。② 可见，从这时期开始，卡热聂氏家族逐渐在拉萨河谷崭露头角，成为该地区的望族。而藏擦·多吉喇嘛之孙扎巴白时期，拉萨发生了前面提到的鲁梅等人四派之争。在无人能调停的情况下，达波拉吉邀请聂·扎巴白来调息，并让聂氏掌管拉萨大、小昭寺等地。不久之后，同样兴起于拉萨河谷的蔡巴噶举登上历史舞台，也许作为达波噶举重要派系而逐渐得到达波派倚重，引起卡热聂氏的不满。在喇嘛·尚传记中提到了蔡巴噶举开始挥师卡热聂氏根据地"格尔"（འགྱེར），旨在征服该地，但并未完成。之后继续组织军队进行第二次攻打，最终平灭"格尔"地方军队即聂氏势力。虽然传记中相关描述相当奇特，喇嘛·尚似乎以一种宗教禅定概念来征服对手，然而结果是蔡巴派战胜了卡热聂氏，把

① དཔའ་རིས་བྱ་བྲལ་ཆུལ་ཁྲིམས་མཆོག་སོགས། ཁ་རག་གནོས་ཀྱི་གདུང་རབས་དང་ལྭ་རིགས་རྣམས་ཀྱི་རྣམ་ཐར། ལྭ་ས། བོད་ལྗོངས་མི་དམངས་དཔེ་སྐྲུན་ཁང་། སྤྱི་ལོ2020ལོ། ན8

② 参见 དཔའ་རིས་བྱ་བྲལ་ཆུལ་ཁྲིམས་མཆོག་སོགས། ཁ་རག་གནོས་ཀྱི་གདུང་རབས་དང་ལྭ་རིགས་རྣམས་ཀྱི་རྣམ་ཐར། ལྭ་ས། བོད་ལྗོངས་མི་དམངས་དཔེ་སྐྲུན་ཁང་། སྤྱི་ལོ2020ལོ། ན6

聂氏势力赶出拉萨。[①]这件事情一直被蔡巴噶举人铭记，直到喇嘛·尚圆寂时，蔡巴噶举还在对格尔家族之事耿耿于怀。据记载："此外，喇嘛·尚圆寂后，格西聂如何挥师军队等身语意之功无数，在此恐嫌赘述而不书。"[②]纵观当时历史，蔡巴噶举逐渐兴盛，与聂氏家族之间发生争斗是历史必然。据记载："此后得到'四派'所供养喜宴等无数供养之物，先后得到四十套《十万般若波罗蜜多经颂》，一套供于大昭寺、一套敬喇嘛·尚、一套则供于当界喇兴拉康寺（གཅབ་ཆན་ལུ་ཤིང་གི་ལྷ་ཁང་.）。"[③]蔡巴噶举通过武力获得了大、小昭寺等地管理之权，双方武斗自然也就难免流血事件。据记载："虽发动战乱，但鲜有众人死于战火或其他恶果之说。"[④]作为教派势力，对宗教历史的叙述模式下的武力斗争等记载极为隐秘，蔡巴噶举文献中极力地掩盖当时战乱细节，把对大、小昭寺的管理当作理所当然之事。据记载："佛法重地的拉萨二地发生了派系之争际，吉祥天母与宗赞神从拉隆扎热地方迎接，来到拉萨时觉沃佛像流下眼泪，并从心间发出之光，直入喇嘛·尚。喇嘛依曾前所愿及菩提心降伏天、魔与人，平息派系之争。然受不怀善意者之攻击而欲放弃之时，空中显达波拉吉大师，开口道：'尔忍心丢下吾而去？'不让其离开或放弃。又有一次，达波拉吉大师亲自前来，道：

---

① 原文如下：ཁྲིགས་པའི་དུས་སུ་བརྒྱད་པ་ལ་གཏོགས་པ་རྣམས་དཔུང་ལྡས་བས་གྲོལ་ཅུ་རྒུ་ཀླུང་གི་སྟོན་ན་རྣམས་ཐུག་དགེ་ཐུག་ནས་བསྒྲུ་པ་རིན་པོ་ལ་གཞེན་རྒྱུ་བྱུང་བའི་སོ་བགྲོས་ཀྱི་དཀོན་པ་མེད་པར་དགོང་ནས། འགྱིར་དུ་དམག་གདང་ལས་མ་ཆགས་ཏེ། དེ་ཙམ་ཤ་དམག་གི་འཁྲུག་ཆགས། དགང་ཁ་གལ་དགོས་བས་ན་ཐམས་ཅད་ཞིག་ནགེ་ཤེན་ན་དེ་དཀྱིག་བརྟེན་སྟོན་དཔོར་ཀྱི་ཁལ་ནས་དང་ཞེ་བ་ད་ཏེ་འཛིག་གཞ་ནས་འགྲམ་གནང་གི་གཏགས་ཤ་ནས། དམག་ཐམས་ཅད་ཀྱི་སེམས་ཀྱི་མཐའ་ལ་ཞེན་ཆོས་ཤ་དུ་སྟི་སྐྱེ། དེ་རྣམས་ཀྱི་ལྡང་ཁ་དུང་བ་ར་སྟོར་བརྒྱུ་ཅཤ་དང་སྟི་ལྷ་ཀྱི་གཏགས་ཏེ་རྣ་དག་ཁམས་དམག་ཐམས་ཅད་ཀྱི་ལ་ཚོ། འཁྱིར་བ་ཡང་དེ་ཁྲེ་འབྱོར་བ་ཞིན་དུ་ཁ། དམག་ཤ་མི་རྣམས་འཁྱོན་ཆགས་འཛིན་ཆགས་བཞིན་ནས། དཔ་ཐུན་ཐམས་ཅད་ཡུང་བ་ཤ། འཛིར་བ་རིན་པོ་དང་ཞིན་རྒྱང་པར་མཛད་དོ།། 载 དཔུ་སྐྱེན་ཚལ་བར་འཁགས་ཀྱི་བསྒྲུ་པ་རིན་པོ་ལ་འཁའ་ན་ཅིག་ཀྱི་རྣམ་པ་ཐོ་བཀོད་པ་གང་བ་ཤཤ།རཤ་ད་ཤ་མཛི་གནགས་དྲ་ཤཤ།ཤ་མ་ཡཤ། ཨ46ན47

② 原文如下：གཅན་ཡང་ཇེ་རིན་པོ་ཆེ་རྒུ་གཤེགས་པ་ན། དགེ་བཤེས་གཉགས་ཀྱི་དྨག་དཔུང་འགྱིར་བ་ལ་སོགས་པ་སྐུ་གསུང་ཐུགས་ཀྱི་ཡོན་ཏན་དང་། 载 དཔུ་སྐྱེན་ཚལ་བར་འཁགས་འཁགས་ཀྱི་བསྒྲུ་པ་རིན་པོ་ལ་འཁའ་ན་ཅིག་ཀྱི་རྣམ་པ་ཐོ་བཀོད་པ་གང་བ་ཤ།རཤ་ད་ཤ་མཛི་གནགས་དྲ་ཤཤ།ཤ་མ་ཡཤ། ཨ49

③ 原文如下：དེ་ནས་ཆེ་བཞིའི་སྟོན་མོ་དང་འཛུལ་བ་ཆེ་དཔག་ཏུ་མེད་པ་གྲང་། འབུམ་ཆེར་བཞི་ཁལ་ལ་འབྱོར་ཅིང་། གཅིག་ཇོ་ཁང་ཆེན། གཅིག་ཇེ་རིན་པོ་ལ་དབུལ། ཆེན་ཁཅིག་ཞིན་རིན་ལ་སྐྱུ། ཆེན་ཁཅིག་ཀང་ཆེན་ལུ་ཤིང་གི་ལྷ་ཁང་ལ་བཞུགས།། 载 ཏུ་སི་རུ། 2020ན། ཨ9

④ 原文如下：དམག་ལ་སོགས་པ་མཛད་ཀྱང་། མི་ཤི་བ་དང་རྟེན་འདང་བ་མེད་ཀྱི་དགས། 载 ཏུ་སི་ཧུ་བྱང་རྒྱལ་རྒྱལ་མཚན་སོགས་པ། རག་ཆོས་ཀྱི་གཏུང་རབས་དང་ལུ་རིག་སྟོན་ཀྱི་རྣམ་ཐར། ཤ། བོད་ལྗོངས་མི་དམངས་དཔེ་སྐྲུན་ཁང་། ཀྱུ་ལོ2020ན། ཨ9

'尔要放弃，吾亦不留'等进行多次劝阻。继续道：'吾等愿望并非眼前之烦琐之事，是要修大手印法。'并大破诸敌，兴佛寺（指大昭寺）修造觉沃佛大背光，居于邬孜大殿。后任喇嘛·尚为代理法主，自己则往达拉岗波寺继续执掌该寺法座。"①后人撰写的《喇嘛·尚传记》中把喇嘛·尚得到大昭寺的一切归功于达波噶举派祖师达波拉吉大师，而具体经过同样处理得极为隐秘，乍一看，很难看出大规模争斗的痕迹，这正是因各教派都极力地塑造各自正面形象，避免了直接参与武斗等与佛法相悖之事，但爆发争斗的历史事实在字里行间得以寻见。据记载："藏地法度沦丧，蒙古之法未兴，藏地处于分裂，各派争斗四起之际，喇嘛上师（指喇嘛·尚）按照《文殊菩萨名赞》所授记般，以人间轮王之身，设法立规，违此法规者以战事来降服。"②这点在15世纪的噶举派教法史《洛绒史籍》(ལོ་རོང་ཆོས་འབྱུང་) 中也有所体现。据记载："哟茹河流域正法濒临灭亡之际，消灭了卡热至沃卡之军。"③喇嘛·尚代表的蔡巴噶举实力大增，完全掌握大、小昭寺管理权后修建蔡寺（ ཚལ་དགོན་པ་ ），成为拉萨河谷最具影响力的地方势力。特别是蔡寺的修建完全是出于其势力范围的巩固与提升。据记载："拉萨二地发生争乱而荒废，达波巴修缮二寺并任大小昭寺主，达波巴前往达波之际，命喇嘛·尚为二寺之主。源于喇嘛·尚《密传·拉萨本》所记：'三尊觉

---

① 原文如下：བསྟན་པའི་རྩ་ལག་རྣམས་ཀྱི་གུ་སྟེ་འབྲིང་ཆུང་ནས་སྒྲ་འཇིགས་པ་བརྒྱུད་དུ། དལ་འབྱོར་སྩོལ་ལ་སྒྲུབ་ཀྱི་རོང་ བཙན་གཉིས་ཀྱི་སྲ་ལ་བ་ནས་དཀར་དངས། སྲས་ཕོན་དུ་ཕོ་ཕ་པོ་ཆེ་ལ་སྒྲུབ་ཆལ་བྱུང་ནས་འོར་ནེར་བྱུང་ནས་ རྨ་ལ་སོག །རྨ་ལ་སྐྱ་ཀྱི་སྨོན་ལམ་དང་ཆུང་རྒྱལ་ཤེས་མ་སྒྲོལ་ཀྱི་འཕི་མི་གསུམ་བཀལ་ལ། འཕུལ་རྣམས་འོར་ཀུན་ཀྱི་ འཕུལ་ནས་སྒྲུབ་པ་བྱུང་ནས་འཕུལ་ནི་སྐྱ་པོ་བ། ལན་ཅིག་ཏུ་དགོན་པ་ནས་འཕི་འགྲོ་ནས་ཐལ། འཕུལ་ཤོ་ནི་ཡིན་ འཕུལ་ནས་ཕྱི་ཆེན་པོ་བྱི་དུ་ལ་ཡིན་ནས་ཁྲམས། གདུག་ལ་རྨས་ནས་སོག །ཕྲིང་ནས་ཕྱིང་ནས་འཕི་ན་འཕི་ལ་ཕི་ ཆེན་མོ་བཟུགས་ནས། ཕྱིས་ལ་རྒྱལ་ཆལ་ཏུ་དགོས་ནས། དགོན་ས་རྨ་ལ་སོག་རྒྱལ་བཙན་རྣམ་ནས་ཁྲམས། དུ་ན་ཕོ་ བཟུང་པའི་མཐའ་དཀོན་ཏན་ལ་སྒྲུབ་ཆལ་འཐུག་ནས་འཕི་ནི་ཆེ་ཆོ་རྨ་མ་བཟུགས་པ་དཀོན། 载 དཔལ་ལྡན་ཚལ་པ་ཀུར་ཀྱི་ ཆེའི་རྣམ་ཐར་བསྒྲུབས་པ་དགོས་འདོད་རེ་སྐོང་འཕལ་བ་བཞུགས་སོ། ཤིང་དཔར། ན་17

② 原文如下：ཆོས་རྒྱལ་བཞིན་རྒྱལ་ ཆོས་ཀྱི་རྒྱལ་བཞིན་དང་དང་བའི་རྩ་བ་ལྟ་བུ་ རེ་ཕོ་རོ་གོང་དུ་འཛིན་དཔལ་ ཆ་རྒྱུང་ཆོ་ལུང་བས་ལྷ་ རྒྱ་གར་དུ་གྲུབ་དང་དང་ བཙན་རྣམ་པའི་སྒྲུབ་ཆལ་ལ་རྒྱ་སྒོལ་སྐལ་མཛད་ ལ་རྒྱ་དང་འཕུལ་བ་རྣམས་དགོས། འཕལ་ལ་སྒྲལ་ཀྱི་ཁམས་སྲ་བྱུང་རྒྱ་ཀྱི་དང་ནས་རྩ་བའི་རང་དང་རྣམ་བཙན་ ལྟ་པ་ལ་བཙན་འཕུལ་འགས་པའི་ གཉིས་འཛིན་དི་ན་རྒྱ་ སྒྲོལ་བ་ན་རྒྱ་ལ་འཕུལ་ནས། འགྲོ་འཕིན་རེ་ར་ཆོ་ཆེན་བཞིན་ཆལ་བཟུགས་པ་དཀོན་ དཔོ་རེ་རྒྱ་ནའི་འཕུལ་ལ་བཞུགས་སོ། ཤིང་དཔར། ན་23 ན་24

③ 原文如下：གཉིས་དུ་ཀུན་བཀུར་ཀྱི་བསྒྲུབ་ན་བྱུང་ལ་ཕུལ་ནས་ནར་རྣམ་ས་ཕུལ་པའི་དཀག་ རྣམ་བཟུགས། 载 ༦་ཚར་ཆེ་དང་ རྒྱལ། སློ་རོང་ཆོས་འབྱུང་། སྐ། བོད་ལྗོངས་བོད་ཡིག་དཔེ་རྙིང་དཔེ་སྐྲུན་ཁང་། སྤྱི་ལོ་1994ན། ན་193

沃佛与赞普与赞普妃显现并授灌顶法'而供二尊觉沃佛。此时，为了方便来自上部游僧于木羊年建立蔡寺。"① 作为达波噶举派的分支蔡巴噶举在 12 世纪已经占据"拉萨二地"，周围依然被其他地方性宗教势力掌控。特别是曲水聂氏等势力掌控拉萨西边，扼守拉萨经曲水到后藏乃至阿里等地的要道，蔡巴的僧徒或信众前往上述地方时，必须避开曲水绕过北部念青唐古拉山脉到拉萨上游。

图 3　《喇嘛·尚传记》局部（多吉平措摄）

因此，为了笼络或者集中本门僧徒，特别是门徒不被其他人劫道，在拉萨东边咽喉处修建了蔡巴寺，这点在上述文献中有详细记载。蔡巴噶举以拉萨东边的蔡寺与贡塘寺为据点，统治着拉萨河谷。后来，蔡巴以拉萨作为据点长期统治着拉萨河下游及今天山南贡嘎境内的大片区域，比如位于贡嘎杰德秀境内的"堆松绕林"（ དོལ་གསུང་རབ་གླིང་ ）于 15 世纪由五世噶玛巴交给聂普·索朗桑布供养，并取名为"蔡敏"（ མཚལ་

---

① 原文如下：ལྱས་རྣམ་གཏིན་གྱི་ལུགས་འབྱུང་ཁུངས་ནས་རྒྱུད་པ། རྣམ་མ་དགའ་པོ་སྐུ་མཆེས་པ་གསོལ་ནས་ལྱ་ཁྱང་གི་དཀའ་ཐུབ་མཛད་ཟ། ཆོས་དགའ།
 བོང་གཏགས་བཞིན་འདང་འདི་མཆན་རིག་རོ་ཚེ་པ་གཏད་ནས། བསྒྲུབ་པ་ལ་རྒྱལ་གི་དཀའ་པོ་མཆི་ལྱང་གསིལ་ནས། རྒྱ་གར་ལྱ་ས་ཟ།
འབྱུང་བ་ལྱད། ཏོ་ཕོ་རྒྱ་ཕོ། རྒྱལ་པོ་ལ་སྒྱུ་ལྱང་དང་བཙན་པ་ལ་དགའ་བསྒྱུར་ཞིག་མ་ལྱད་པའི་དོན་གྱི་ཊོ་ནི་གཏེས།
ཤལབས་ཊོ་མཛད་བཞིན་པ་དང་། དུ་དེ་ད་སྟོ་ལྱོ་ཆོག་ནས་ཆོས་པའི་སྟོ་ནས་རྣམ་མས་ལྷ་དེ་ཊོ་བཞིན་ཊ་ད་བཞུང་ནང་།
ཊོན་དུ་ཊོ་གླ་ཊོ་གཏས་ནས་ཚ་བཞག་པད། 載 ད་གསུང་ཚ་ནང་ག་བཞིན་གྱི་བཞག་པ་ཊ་ནད་ཊོ་འདང་ཊ་ཊོ་ཊ་ཊ་ཊ་ཊ།
གཏ་ཊ་པ་ཊ་གཏ་ཊ་ཊ་ཊ་ཊ་ཊ་ཊ་ཊ་ཊ་ཊ་ཊ། འདོལ་ཊ་ཊ་ཊ་ཊ་ཊ་ཊ་ཊ་ཊ་ཊ་ཊ་ཊ་ཊ།
འབྱེལ་པ་ཊ་ཊ་ཊ།། ཟིང་ད་ཊ། ྷ་24

ཉིན་），意为不属于蔡巴的寺院，[1] 可见这一片区域到了 15 世纪才正式摆脱了蔡巴派的掌控。学界对蔡巴噶举的兴盛有过专门的研究，并且认为蔡巴噶举为修建自己属寺而破坏了周边的古代遗迹，这点在现代中外学者的研究成果中已经有所交代。据记载："根据文献记载，因建寺的建筑材料难以获取，喇嘛·尚还拆除了朗达玛塔一部分用来建造贡塘寺。彼时，后弘期初兴，拉萨地区大兴土木以建造寺院，各派对建筑材料的争夺异常激烈，尤以蔡巴为甚，其局面可谓剑拔弩张，于是不得不由一世噶玛巴杜松虔巴亲自出面找喇嘛·尚斡旋。"[2] 这一记载可能来自喇嘛·尚的相关传记，两位国内学者似乎参考了奥地利学者哈佐特（Guntram Hazod）的相关研究成果。[3] 但是，笔者尚未在蔡巴噶举创始人喇嘛·尚相关传记中找到上述记载。虽然上述提到的《聂氏族起源》中有关拉萨南边有称作"噶茹佛塔"（མཆོད་རྟེན་ག་རུ）的记载，且在喇嘛·尚秘传之一的《金刚乘传 金刚乘伏藏传》（བཀའ་རང་བབས་མ་གསང་སྔགས་རྡོ་རྗེ་ཐེག་པའི་རྣམ་ཐར་བཞི། གསང་སྔགས་རྡོ་རྗེ་ཐེག་པ་སྲས་མ་ཟེར）中也提到了"与聂格西一道加持尼陈自成佛塔（གཉེན་ཕྱེང་རང་བྱུང་མཆོད་རྟེན）"[4]，以及另外一本《秘传诸神奇显现》（མཛོད་སྤྲུང་སྤྲུ་ཚོགས་མ་བཞུགས་སོ།།）中有"被迎请至聂·噶哇白（གཉོས་དགའ་བ་དཔལ）灵塔加持仪轨，祷告尼陈自成佛塔而居"[5]。也许与上述沈、侯二人所提到的朗达玛佛塔相关，可见当时蔡巴噶举在兴盛道路上的艰难。

到了 12 世纪，拉萨河谷流域已经被蔡巴万户掌控，但经过曲折或

---

① 参见 བསོད་ནམས་དབང་རྒྱལ། གྲོ་ལོད་གཞུང་གསུམ་དུ་གྲོད་པའི་དད་མོས་དང་པོ་བཅུད་ནང་བསྐུད་ཀྱི་ལྟ་གྲུབ་རྗེ་སྐར་དང་རྒྱལ་སྲོང་གི་ཞིབ་འཇུག །，西藏大学博士学位论文，2018。

② 沈卫荣、侯浩然：《文本与历史：藏传佛教历史叙事的形成和汉藏佛学研究的建构》，北京大学出版社，2016，第 155~156 页。

③ 参见 Guntram Hazod, *The Stele in the Centre of the Lhasa Mandala: About the Position the 9th-Century Sino-Tibetan Treaty Pillar of Lhasa in its Historical and Narrative Context, in Kurt Tropper ed, Epigraphic Evidence in the Pre-modern Buddhist World: Proceedings of the Eponymous Conference Held in Vienna*, 14-15 Oct 2011, Wien: Universitat Wien, 2014, pp. 37-81。

④ 原文如下：གཉེན་ཕྱེང་གི་རང་བྱུང་གསུང་གི་མཆོད་རྟེན་ལ་དགེ་བཤེས་གཉེན་ཆེན་པོ་རང་གསུམ་དུ་གསོལ་སོ།། 载 དག་སྣང་ལྷན་ཚལ་ལ་བགག་བརྒྱུད་ཀྱི་བམ་པའི་མངའ་དག་ཞང་ཡུ་བྲག་པ་བརྩོན་འགྲུས་གྲགས་པའི་གསུང་འབུམ་རིན་པོ་ཆེ་ལྒྱགས་སམ་བྲུ་ལ་བཞུགས།། ཞང་རིན་པོ་ཆེའི་རྣམ་ཐར་རྒྱལ་བློན་མ་བཞུགས་སོ།། ཤིང་དཔར་མ་ཤ་83

⑤ 原文如下：གཉོས་དགའ་བ་དཔལ་གྱི་གདུང་འཛིན་གི་ལ་དགས་ལ་གདན་དྲངས་པའི་ཚུལ་སོ།། སྐུ་འཁྲུང་མཆོད་རྟེན་རང་བྱུང་ལ་གསོལ་བ་འདེབས་ཤིང་བཞུགས་པའི་ཚུལ་སོ།། 载 དག་སྣང་ཚལ་ལ་བགག་བརྒྱུད་ཀྱི་བམ་པའི་མངའ་དག་ཞང་ཡུ་བྲག་པ་བརྩོན་འགྲུས་གྲགས་པའི་གསུང་འབུམ་རིན་པོ་ཆེ་ལྒྱགས་སམ་བྲུ་ལ་བཞུགས།། ཞང་རིན་པོ་ཆེའི་རྣམ་ཐར་རྒྱལ་བློན་མ་བཞུགས་སོ།། ཤིང་དཔར་མ་ཤ་83

者多伴有武力之情节。因此，蔡巴噶举本门的后期史料中很少提到 12
世纪前后在拉萨河谷的争夺权力之事。以 14 世纪成书的蔡巴·贡嘎多
吉《红史》为例，在讲述喇嘛·尚的生平时，基本上以宗教发展的叙述
模式来体现其"历史功绩"。因此，也就无法得知上述传记中更加详细
的内容。15 世纪的《洛绒史籍》和 16 世纪的《贤者喜宴》中皆提到了
第一世噶玛巴前来主持调解喇嘛·尚之事 ①，这点显然不在《红史》的叙
事之内。

　　蔡巴噶举的创始人喇嘛·尚在 12 世纪晚期基本上控制了拉萨河谷
流域，成为最具影响力的地方势力。这点在喇嘛·尚圆寂之后的法事仪
轨的举办规模上也可详细看出。据记载："寺主上师在西边修造上师意
供六十二尊胜乐坛城进行法供；东边由堪布设立三组法音仪轨（དབྱངས་
ཀྱ་གསུམ་）进行供奉；南边由各地密咒师与格西修造各种新旧密宗坛城进
行供奉，以苯顿·嘉贡（བོན་སྟོན་རྒྱ་གློལ་）为首的众苯教徒亦修造坛城进
行供奉。此外，各地头人、寺院、格西以及诸师供奉曼陀罗。"② 随着喇
嘛·尚的圆寂，蔡贡塘寺寺主由喇嘛·尚弟子桑杰崩（སངས་རྒྱས་འབུམ་）承
袭。他完成了修建贡塘寺大塔、寺院廊道及修缮大昭寺等事宜，成为拉
萨四部之主。③ 可见，12~13 世纪前后，蔡巴噶举对拉萨的掌控权得到了
很好的过渡。当时主要以大昭寺为中心进行争夺，还未发现针对红山的
记载，可见红山当时依然是僻静之地而没能引起更多的关注。

　　喇嘛·尚弟子桑杰崩担任蔡巴噶举法台之时，在继续修缮蔡巴寺的
基础上修建了贡塘寺，组织人手在拉萨河畔筑坝修堤。④ 拉萨的地势相

---

①　参见 རྩ་ཚག་ཆེ་དབང་རྒྱལ་པོ། སྟོང་རོང་ཆོས་འབྱུང་། ལྷ་ས། བོད་ལྗོངས་བོད་ཡིག་དཔེ་རྙིང་དཔེ་སྐྲུན་ཁང་། ཤྲི་ལོ1994ལོ། ཤ་233 参见
　　དཔལ་པོ་གཙུག་ལག་ཕྲེང་བ། ཆོས་འབྱུང་མཁས་པའི་དགའ་སྟོན། པེ་ཅིང་ མི་རིགས་དཔེ་སྐྲུན་ཁང་། ཤྲི་ལོ2006ལོ། ཤ439

②　原文如下：རིན་པོ་ཆེ་གདན་ས་ནས་ནུབ་ཕྱོགས་ནས་རིན་པོ་ཆེའི་ཐུགས་དམ། བདེ་མཆོག་འདོང་དྲུག་ཅུ་རྩ་གཉིས་ཀྱི་
　　དཀྱིལ་འཁོར་བཞེངས་ནས་མཆོད་པ་ཕུལ། ཤར་ནས་མཁན་པོ་དབུ་མ་གསུམ་ནས་འབུལ་བ་ནས་མཆོད་པ། སློ་ནས་ཕྱོགས་ཀྱི་སྒྲགས་
　　པ་དང་བཤེས་ཐམས་ཅད་ཀྱི་སྒྲགས་གསར་རྙིང་གི་དཀྱིལ་འཁོར་བཞེངས་ནས་མཆོད་པ་ཕུལ། བོན་སྟོན་རྒྱ་གློལ་ཀྱི་དྲུང་དུ་བོན་པོ་
　　ཐམས་ཅད་ཀྱི་དཀྱིལ་འཁོར་བཞེངས་ནས་མཆོད་པ་ཕུལ། བོ་པ་སོ་སོ་དང་དགོན་པ་དང་དཔེ་བཤེས་དང་རང་རང་གི་
　　ཐམས་ཅད་ཀྱི་ཀྱང་མཎྜལ་དང་མཆོད་པ་ཕུལ། 载 དུ་གསལ་ཚལ་པ་བཀའ་བརྒྱུད་ཀྱི་བསྟན་པའི་སཎ་དག་ལ་ཡིག་ག་པ་ཚ་ཚོ་
　　འབུང་གནས་པའི་གསུང་རིན་པོ་ཆེ་གྲགས་པ་བསྒྲིགས། ཤན་རི་བོ་ཆེའི་ཤ་བར་རྒྱལ་སློ་ས་བསྒྲིགས། བོད་དཔར། ཤ
　　56ནས57

③　参见 རྩ་ཚག་ཆེ་དབང་རྒྱལ་པོ། སྟོང་རོང་ཆོས་འབྱུང་། ལྷ་ས། བོད་ལྗོངས་བོད་ཡིག་དཔེ་རྙིང་དཔེ་སྐྲུན་ཁང་། ཤྲི་ལོ1994ལོ། ཤ199

④　参见 ཚལ་པ་ཀུན་དགའ་རྡོ་རྗེ། དེབ་ཐེར་དམར་པོ། པེ་ཅིང་ མི་རིགས་དཔེ་སྐྲུན་ཁང་། ཤྲི་ལོ1982ལོ། ཤ139

对平坦，每当雨季来临之际，拉萨河的涨势给大、小昭寺等地带来了巨大的水灾隐患。解决雨季时拉萨河对拉萨城的灌没问题成为每一个掌管该地势力的人的首要任务。在蔡巴噶举掌管的很长一段时间内，把修缮拉萨的大、小昭寺和治理拉萨河作为其真正掌管该地的重要举措，①拉萨逐渐成为人口聚居区的重要标志。

13 世纪之后，蔡巴噶举在拉萨河谷的影响力持续增强，作为蔡巴噶举名僧拉吉·噶哇崩（ཤུ་རྗེ་དགེ་བ་འབུམ），常年居住在布达拉和查拉鲁普等地，并为拉萨红山作了赞颂之词如下：

> 上师又驻锡在玛布日（红山）宫时，为玛布日献这首颂词，一望坦荡吉雪地，拔地而起玛布日，嗡嘛呢呗咪吽敬两次，天有八幅祥轮兆，地有八瓣莲花相，中间八种瑞相，上有白幔围绕之，下部犹如摄地印，八瑞齐聚之地域，疾病饥饿断离地，右有扎拉鲁谷山，左为嘉达热木其，前方正是大昭寺，后山依靠坚硬崖，前方江河流淌之，可见蔡之贡唐地，亦见喇嘛·尚之寺，曾经赞普居住地，普陀山与相媲美，吾之乞丐念经地，嗡嘛呢呗咪吽，为敬玛布日山之敬颂词。②

蔡巴噶举法台桑杰崩弟子拉吉·噶哇崩一生几乎都致力于拉萨大昭寺的修缮与修拉萨河堤坝之事。特别是 17 世纪之后，关于蔡巴噶举名僧拉吉·噶哇崩的记载日益丰富，但其确切生平年代目前还未找到可信史料。虽然有其专门传记，但也以宗教神秘主义情节为主，极少有史实

---

① 参见 ཚལ་པ་ཀུན་དགའ་རྡོ་རྗེ། དཔལ་ལྡན་བླ་མ་དཔེ་སྐྲུན་ཚེ་པོ་ཤེས་རབ་ཅན་ལ་རུང་ཆེན་སྐྱོང་ལམས་བར་རུང་ཆེན་ཀུན་དགའ་ཞེ། རྗེ་མཛད་པ་བཀའ་གདམས་སོ། ཁྱབ། བོད་ལྗོངས་མི་དམངས་དཔེ་སྐྲུན་ཁང་། ཤྲི་ལོ 2021 ལོ། ཤ 33

② 原文如下：ཡང་བླ་མ་རིན་པོ་ཆེས། པོ་ཏ་ལ་དམར་པོ་རི་ལ་བཞུགས་པའི་དུས་སུ། བླ་མས་དམར་པོ་རི་ལ་བསྟོ་བ་འདི་ཡིན་སྐྱེས། ས་ངང་ཤོང་མེད་པའི་ཀྱི་གོང་ན། དག་བཏུར་དོ་པོའི་དམར་པོ་རི། ཨོཾ་མ་ཎི་པད་མེ་ཧཱུྃ། རབ་བརྟ་རེ་ལོང་། (གཉེན)ཁམས་པར་ལོར་པོ་ཕྱོ་བྱས་པ། ཡོ་ས་ལ་པར་ས་འབུན་རྒྱུ། (གཉེན)འབུན་ བར་ན་བརྒྱ་ཉིས་རྟ་བརྒྱུ་གཏན། ཕྱ་དང་དུ་དགོ་ཡོ་ལ་འདུ། མདུ་རེ་ཕྱུག་རྒྱུ་སྐྱོང་། འདུ། བས་ཤིང་རྟ་བརྒྱུ་ཆོང་པའི་ཐེ། སུ་གི་སི་ཀ་ལ་ལ་ཡོང་བའི་ཐེ། གུས་ན་ཤ་བྱག་སུ་སྐྱོ་ལ་བཞུགས། གུས་ན་ས་སྤུ་བྲ་ཚ་ཅེ བཞུགས་སོ། འདུན་ན་འ་ལ་ལ་བཞུགས། རྒྱུ་རྗེ་རྗེ་རི་ཤ་ཡ་ལ་ཡང་། འདུན་ན་གནས་ཆ་ཤ་མཚོ་ལ་ཀུན་ནན་མེད། (ཚ)འཚལ་པའི ཀྱི་དང་ས་སར་པའི་ཐེ། བླ་ལ་ང་གི་ཀ་ན་ས་སར་པོ་རི་ཐེ། སྟོ་རྒྱ་པོ་ས་ལ་བཞུགས་པ་མ་སུ་མཚ་ལ་རང་ཡང་ལག་ས། ནར་ར་པོ་ལ་ས་རྒྱུ་ས་སྐྱ་སྐྱེ། བླ་ར་ཡོ་ས་འཛིན་ས་ཡིན། ཨོཾ་མ་ཎི་སེ་ཧཱུྃ། ཞེས་ལ་འདི་དམར་པོ་རི་བསྟོད་བའི་ཚོར། 载 ཚལ་པ་པོ་རི་ཤ་ལས། ཤུ་རྗེ་དགེ་བ་འབུམ་གྱི་རྣམ་ཐར བཞུགས་སོ། ཁྱིམ་ས། ཤ 23 ནས 24

性。以 14 世纪成书的《红史》中称拉吉·噶哇崩为蔡巴噶举法台桑杰崩弟子[1]为据，可推断出拉吉·噶哇崩生活的年代大致在 13 世纪中叶，而在 17 世纪五世达赖喇嘛的相关记述中，对拉吉·噶哇崩供养、修缮和管理大昭寺的记载比比皆是。[2]

由此不难看出，13 世纪，蔡巴噶举基本上完全掌控着拉萨大、小昭寺等地的管理权，因此无须再借助家族式的武力方式去提高影响力，更注重借用宗教的影响力，尤其是通过个人的威望和超脱一般世俗的方式，比如以修行者身份或丐僧等噶举派固有的传统身份进行"服侍"大、小昭寺等地，这一操作超越了世俗权力的影响，充分得到大众的支持，也能在后世留下无法逾越的美名。这点以上述提过的 17 世纪格鲁派观念认知作为参考。拉吉·噶哇崩等人开始对拉萨大、小昭寺以外的地方形成自己的影响力，拉萨红山就是其中之一。随着历史进程的发展，特别是经过 12 世纪的各种争夺战之后，其势力开始聚焦于拉萨红山这一具有特殊地理位置的地方。蔡巴噶举凭借自己在拉萨大、小昭寺等地的影响力，自然也就把红山当作自己的属地，把拉萨的传统概念从大、小昭寺延伸到一定距离之外的拉萨红山，为蔡巴万户长进一步掌管更大范围提供了基础，也为拉萨逐渐形成较大范围的人口聚集区提供了基础。

二　"法王洞"与"法王殿"模式

大约从 14 世纪开始，蔡巴万户等地方的势力有意为之，西藏各地涌现出了所谓吐蕃时期遗迹的修缮活动，最具典型的数拉萨大昭寺、拉萨红山、山南的雍布拉康和昌珠寺等。在修缮或者重塑过程中以"祖孙

① 参见 ཚལ་པ་ཀུན་དགའ་རྡོ་རྗེ། དེབ་ཐེར་དམར་པོ། པེ་ཅིན། མི་རིགས་དཔེ་སྐྲུན་ཁང་། ཀྲི་ལོ 1982འི་ ཤ 133

② 原文如下：ཤ་རྗེ་དཀོ་བ་འབུམ་གྱིས་ད་ཀྲ་ཐུན་ལ་ཁག་ཁང་གི་ ཅིག་པ་ཏུ་ མའི་ གནས་བཅོས་དང་ དཀༀ་ཀྱི་ཞབས་ཏོག་ ཁུ་ཞིབ་འཆ་ མ་བསྣམས། 和 ར་ཚ་བྲ་སོ། ཤ་རྗེ་དཀོ་བ་འབུམ་ཁོ་རང་གི་ ཕྱག་ནས་མ་ཙམས་བཞུགས། ། 载 དག་དཀར་བྲོ་བཟང་རྒྱ་མཚོ། ཤ་ལྟར་རྒྱལ་པའི་ གཏན་ལ་ཁང་གི་ དཀར་ཆག་གསལ་དཀར་ མེ་ལོང་ དག་དཀར་བྲོ་བཟང་རྒྱ་མཚོ་གསུང་འབུམ་ ཐ། ཤེང་པར་ ཤ 11、14 原文如下：གདན་ཐན་སྐྱེ་ཀྱུར་ཉི་ཐི་མ་ན་ཧོ་ཤ་ན་ན། །གསོ་དུག་བ་དཀྱ་ ཅིག་འགྲ་གྲོ་ཞ་འཁྲ། །ཤུན་འདི་ཡི་ ཡུ་སོ་ལྷར་(ཀ་ༀ)ལྷ་ཚོལ་ མའི། །ཁུ་བ་ས་ང་ང་བརྩེ་ཤ་རྗེ་དཀོ་བ་འབུམ། ། 载 རྒྱ་གསོ་ཁ་ཁྱུགས་ཐེ་ གསར་ཞ་བརྙན་ཞ་ན་ཞི་འཆ མཚོན་ མཙཧན་ ཞ་ན་དཀར་ཆག དང་ ཐང་ཞ་སྐྱ་ དེ་ཁྲིམས་ཡིག་གི་ཤ་རྒོན་ཞ་ལས་ཞི་ བཞི་ སྐྱབ་ཞར་གཤ་བའི་ བ་ཏ་བརྒོ། ། གཤ་ན་ལ་ཁན་བ་འ་ཁུགས། དག་དཀར་བྲོ་བཟང་ མཚཧེ་གསུང་འབུམ་ ཐ། ཤེང་པར་ ཤ 72

三法王"、赞普妃子、赞普子或者吐蕃王朝大臣像等组合式地出现。之后受如此习俗之影响，在远离卫藏地区的阿里等地开始出现"祖孙三法王"组合式壁画，以此来承托某一具体历史人物形象。布达拉宫内的"法王洞"这一习惯上称作吐蕃时期的珍贵遗迹与上述相关活动有着千丝万缕的联系。

14 世纪是藏族历史上文化觉醒的时期，尤其是属于吐蕃时期的许多历史记忆被唤醒，比如雍布拉康、拉萨红山和后藏香布孜古（ཞང་བུ་ཉེ་དགུ）等早期历史记忆都在此时得到重新建构，与这一时期成书的历史文献一同成为建构早期历史记忆的重要载体。在拉萨红山上从 14 世纪开始正式出现了较为清晰的建造房屋、设立造像和绘制壁画等历史事实，成为现代学术意义上布达拉宫的历史雏形。这一小节将依据相关史料来探讨布达拉宫法王洞的建筑起源和对相关文物遗迹的考察。

曲杰珠普（ཆོས་རྒྱལ་སྒྲུབ་ཕུག）藏语意为法王修行洞，受后弘期佛家思想的影响，通常把松赞干布称作法王（即对佛法传播有重要贡献的赞普）。

法王洞位于布达拉宫红宫第六层北侧，顶上为七世达赖喇嘛灵塔殿的前墙，下方为本生殿（འཁྲུངས་རབས་ལྷ་ཁང）西侧（十一世达赖喇嘛灵塔处）屋顶。法王洞坐北朝南，东南长约 4.9 米、东西长约 5 米、西北长约 4.5 米、南北长约 5.6 米，基本上呈西南宽、东北窄之状。按照传统的藏文史料即《宗教源流》和《王统史》，此处是吐蕃时期的建筑遗迹，距今有 1300 多年的历史。

事实上，布达拉宫虽然没有真正意义上的石窟或凿石洞窟，但为了凸显或尊崇法王"洞"的特色，后期殿内用泥质扶墙的方式制造洞窟状，这一现象在法王洞北墙处尤为明显。据现场勘查，法王洞北面松赞干布及其妃子像的背光，并未采用常见的圆形、半圆形和椭圆形的佛像背光而是用柽柳和茅草搅拌于泥巴当中，以此来做出特殊背光即山洞的样式，表现出诸塑像居于自然洞窟内的"假象"。在没有任何所谓的自然洞窟的情况下，这种建筑形制完全充当了"洞窟"样式，刻意地表达着"洞"的特点。现代研究人员也注意到了这点，认为"这座佛殿并不是一个真正的石窟，而是泥塑的石窟"①。这种泥塑方式所造的洞也许就是 14 世纪进行修造的。②到了 17 世纪，此处被正式称作法王驻足过的地方，比如"法王洞为赞普曾亲自开光之地"③等记载应该是我们能够查到的关于"法王洞"这一称谓的确切史料依据。据此推断，17 世纪重修布达拉宫（白宫）之前，当时人们认为拉萨红山上确实存在所谓吐蕃建筑遗迹即法王洞。五世达赖喇嘛重修布达拉宫之时，此处也未作大改。过了半个世纪后的 1690 年，第司·桑结嘉措主持扩建布达拉宫红宫部分，并对整体工事提出了一套自己的想法，据史料记载："为了不致于塌陷，需要从红山中央处开始修造。但是，法王洞为赞普曾驻足，并亲自开过光的地方，其上之观音殿亦为五世达赖喇嘛禅定过的殊胜地，而无法确定能否拆除。"④第司出于整体布局的考虑，虽然倾向于拆除旧址即所谓早已存在于红山上的法王洞和观音殿遗址，但为了更好地遵循古代遗迹的殊胜性，他也选择了更为稳妥的处理方式，这一点亦在史书中有所体现，"在五世达赖喇嘛法体和本尊吉祥天母像前卜卦两次，皆得出'不拆为好'"⑤，遂遵循了传统神卦之结果，但也为布达拉整体的改、扩建留下了较大的难题。"虽然未能满足最大空间的建筑需求，但

---

① 费尔南多·梅耶：《拉萨的布达拉宫》，载熊文彬译《西藏艺术：1981—1997 年 *ORIENTATIONS* 文萃》，文物出版社，2012，第 69 页。

② Michael Hens. *THE CULTURAL MONUMENTS OF TIBET THE CENTRAL REGIONS VOLUME I THE CENTRAL TIBETAN PROVINCE OF U PRESTEL. The Potala Palace—Sacred and secular residence of the Dalai Lamas* O Prestel Verlag, Munich. London. New York. 2014.P99.

③ 原文如下：ཆོས་རྒྱལ་སྲོང་བཙན་ཆོས་ཀྱི་རྒྱལ་པོ་སྲོང་བཙན་སྒམ་པོ་ཉིད་ཀྱི་རབ་ཏུ་གནས་པ་དང་། 载 རྗེ་སྲིད་སངས་རྒྱས་རྒྱ་མཚོ། མཚོ་སྔོན་འཛིན་སྐྱིད་རྒྱལ་གཞིས་ཉེན་ནེ་གསུག་ལག་ཁང་དང་བཙམ་པའི་དཀར་ཆག་ཐར་སྒྲིང་རྒྱ་མཚོར་བགྲོད་པའི་གྲུ་གཟིངས་ཕྱིན་ཅ་ནས་ཀྱི་བང་མཛོད། ཤིང་པར། ཤ217

④ 原文如下：དེ་ཡང་རི་པོའི་སྙིང་ནར་ཕྱུག་ལག་ཁང་གི་ཉེ་བཙལ་བའི་བཤགས་ན་ག་གས་ས་ལ་བརྟེན་པའི་འབེལ་ཆོལ་སོ་གས་མི་ཡོང་བདང་། འཕགས་པའི་བཤམས་ཀྱང་འདོར་དུ་ཉེད་པའི་བར་གོ་ནངང་ཆོས་རྒྱལ་སྲོང་བཙན་ཆོས་ཀྱི་རྒྱལ་པོ་སྲོང་བཙན་སྒམ་པོ་ཉིད་ཀྱི་རབ་ཏུ་གནས་པ་དང་། འཕགས་པ་ལ་སྤྱན་ལ་རྗེ་བླ་སྒྲིང་ཞིའི་གཉུག་རྒྱལ་ཆེ་ཞེ་བོས་སྒམ་མཚམས་ལ་སོགས་གནང་ཙ་སོགས་ཅེ་བ་ཤུན་ཙན་ན་སོང་ལས་བཞིན་ན་ཚུང་མེན་སོ་ཉེར་གྱུར། 载 རྗེ་སྲིད་སངས་རྒྱས་རྒྱ་མཚོ། མཚོ་སྔོན་འཛིན་སྐྱིད་རྒྱལ་གཞིས་ཉེན་ནེ་གསུག་ལག་ཁང་ལ་ག་ལ་དང་བཙམས་པའི་དཀར་ཆག་ཐར་སྒྲིང་རྒྱ་མཚོར་བགྲོད་པའི་གྲུ་གཟིངས་ཕྱིན་ཅ་ནས་ཀྱི་བང་མཛོད། ཤིང་པར། ཤ217

⑤ 原文如下：རྗེ་བླ་མའི་སྐུ་གདུང་དང་ཡི་དམ་ཆེ་མ་ཞལ་ནས་སྒ་སྒ་མོ་གསུང་ཕྱོན་པའི་བང་ག་ཁ་ཙན་བཙམ་དཀན་གཉིས་ལ་ག་གཞིས་པ་བ་སྲང་གི་ཉིང་ར་བར་སོ་ས་ཀུ་འགུལ་མེན་པར་བཞག་ན་ལ་བདག་ལ་བེས་བ་ས་བ་ལ་བ་ནས། 载 རྗེ་སྲིད་སངས་རྒྱས་རྒྱ་མཚོ། མཚོ་སྔོན་འཛིན་སྐྱིད་རྒྱལ་གཞིས་ཉེན་ནེ་གསུག་ལག་ཁང་དང་བཙམས་པའི་དཀར་ཆག་ཐར་སྒྲིང་རྒྱ་མཚོར་བགྲོད་པའི་གྲུ་གཟིངས་ཕྱིན་ཅ་ནས་ཀྱི་བང་མཛོད། ཤིང་པར། ཤ217

为了迎合全局，保留了北面的基础部位"①，因为后来对布达拉宫的修缮，尤其是改、扩建的频繁程度是前人无法想象的。也从那时起该殿被正式称作"法王洞"，紧接着 1685 年编纂的《布达拉宫法王殿志书》等档案类文献以及上述提到的《五世达赖喇嘛灵塔志》等权威史料中均称其为"曲杰拉康"（即法王殿或法王洞）。

18 世纪中期，七世达赖喇嘛格桑嘉措圆寂，为了选址修建其灵塔殿，布达拉宫经历了重建后第一次较大规模的改建。根据《七世达赖喇嘛灵塔志》记载，当时"众人商议后，大概选择五世灵塔殿左侧和其顶上扎西其巴寝殿（ གཟིམས་ཆུང་བཀྲ་ཤིས་འཁྱིལ་པ། ）（吉祥盘旋殿）二地……对其旁侧观音殿和上下法王洞等殊胜地无任何改动，对西侧建筑进行少许改、扩建后开始修建灵塔殿"②。1758 年，红宫顶层的西北角和观音殿西侧改变了原来的建筑布局，修建了七世达赖喇嘛灵塔殿。可以看出，由于第司等人的推崇，到了 18 世纪，法王洞的殊胜性变得越发明显。

14 世纪，拉萨红山之宗教场所的功能突然得到了前所未有的增强，在短短几年之内，开始在此建塔、雕塑佛像，与几乎处于长期"失忆"状态的"吐蕃遗迹"在时空上得到了有序衔接。14 世纪前叶，红山上开始出现修造佛教建筑行为，这就是法王洞修建的历史事实，史料中称："玛布日，松赞干布之宫殿，唐武则天举兵烧毁之余，修赞普殿、三面围墙及护墙顶上的金顶。"③ 这一年应为藏历木猪年即 1335 年，由蔡巴万户

① 原文如下：དངོས་གནའི་རི་ཆེར་སོང་ཤིང་ལ་ཟད་ཉིང་བ་ཕྱིགས་ལ་སོགས་ནས་འདོད་པར་གང་ཡིན་ཚིག་ལ་བྱུང་ནའང་ཕྱུང་དང་མཐུན་པར་ཕྲུ་དཀའི་ཆུའི་སྲེ་རྒྱ་མིད་ང་བཤགས་ཅིང་ང་མཚོག་ངས་ང་ཡངས་ནས་ཀུན་སོགས་ངས་ལས་སྤྱར་ཀྱི་ཆེ་བར་རྒྱ་ཆེ་ང་ང་མཚོག་གསོ་ང་བསྐྱད། 载 སྲེ་སྲིང་ནང་རྒྱལ་གྱི་མཚོ་མཆོད་སྒོ་འཛོན་སྲིང་ང་ང་ད་ཕ་ངེ་ལྕུ་ང་དཕའལ་ལང་ང་ང་ངང་ངས་པའི་དཀར་ཆག་ང་ང་ང་སྲིང་རྒྱ་མཆོད་བགྱིས་པའི་ག་ང་ང་གཞིངས་ཕྱི་རྒྱ་མཆོད་ཀྱི་སྲ་ང་ང། ཤིང་ནར་ང་ 217

② 原文如下：གོང་སྨོན་ཆམ་ས་རི་སོ་གང་བསྲོལ་ནས་ རྒྱལ་མཆོག་ལྔ་པའི་ང་ང་ རི་ན་ང་ང་ང་ མཆ་ས་མ་ང་ང་སྲོང་འཛན་ང་ང་རྒྱ་ཆ་ང་གི་ གཞིས་ཆེ་ང་ང། ང་ང་ང་ང་ ང་ང་ ང་སྲེ་ང་ང་ མཆ་ ང་ང་ ང་ང་ ང་ང་ ང་ང་ ང་ང་ ང་སྲ་ ང་ས་ ང་ང་ང་ང། དང་ང་ང་ ང་གཞིངས་ཆང་ང། ང་ང་ འབྱིལ་ང་ཐལ་ང་བལ་ང་ སྐྱ་ ང་ང་ང་ ང་སྲ་ང་ས་ འ་ང་ང་ དེ་ང་བ་ཕྱིགས་ང་ང་ང་ང་ ང་ང་ མཚོ་ང་ང་ ང་ ང་ང་ ང་ ང་ང་ ང་ ང་ས། ང་ང་མཆ་ང་ ང་ ང་ང་ང་ང་ ང་ ལ་ང་ ང་ ང་ས། ཆ་ཀྱི་རྒྱ་ར་སོ་ང་ རྒྱ་ང་ ང་ ང་ ང། མཆ་ ང་ ང་ ང། ང་ ང་ ང་ ང་ས་ ང་ ང་ རྒྱ་ང་ ང་ ང་ ང་ ང་ ང་ ང་ ང་ང་ ང་ ང་ ང་ ང་ ང་ ང་ང་ ང་ ང་ང་ ང། 载 ཕ་མཆ་ང་ང་སྲུན་ང་ང་ ང་ རིག་ང་ང་ ང་ ང་ ང་ ང་ ང་ ང་ ང་ ང་ ང་ ང་ ང་ ང་ ང་ མཆ་ ང་ ང་ ང་ ང་ ང་ ང། ང་ ང་ང་ ང་ ང་ ང་ ང་ ང་ ང་ ང་ ང་ ང་ ང་ ང་ ང་ ང་ ང་ ང་ ང། ཤིང་ང་ 10

③ 原文如下：དམ་ང་ང་ང་ཆམ་རྒྱ་སྲ་ང་ང་ ང་ ང་ ང་ ང་ ང། རྒྱ་ རྒྱ་ ང་ ང་ ང་ ང་ ང་ ང་ ང་ ང་ ང་ ང་ ང་ ང་ ང་ ང་ ང། ང་ ང་ ང་ ང་ལ་ ང། ང་ས་ ང་ ང་ ང་ ང་ ང་ ང་ ང་ ང་ ང་ ང་ ང། 载 ཆ་ང་ ང་ ང་ ང་ ང་ རྒྱ། ང་ ང་ ང་ ང་ ང་ ང་ ང་ཆ་ ང་ ང་ ང་ ང་ ང་ ང་ ང་ ང་ ང་ ང་ ང་ ང་ ང་ ང་ ང་ ང། ཁྱ་ ང་ 18-19

长美朗多吉对大昭寺进行长时间的供养和大面积的修缮活动，并且在拉萨红山顶上也修建佛像和佛庙等。这一珍贵记载，后来很少被人提起，就连五世达赖喇嘛和第司·桑结嘉措也似乎故意绕开不谈。同时可以看出，14世纪，红山上的吐蕃赞普宫殿只剩下烧毁殆尽的遗迹。这一段记载具有非常重要的参考依据，同时，仔细查看当时的其他史料后，其准确性也可以得到补证，如1376年编纂的《雅砻教法史》中记载了同样的事件，其中称："人主皇帝之珍宝、教主国师衮噶坚赞白桑布（ གུ་ཧྲི་གུན་དགའ་རྒྱལ་མཚན་དཔལ་བཟང་པོ་ ）之师阿叶（ ཨ་ཡས་ ）即圣者，不为私利，为众生之福益，不仅对拉萨大昭寺进行修缮，尤其对观世音净土布达拉山顶修造身之主供大菩提（像）及其围廊。"[①] 这一段中有几点值得我们去思考，萨迦派的大国师衮噶坚赞白桑布在位期间，对早期吐蕃时期建筑遗迹的重修和维修似乎比较在意，除了上述拉萨红山上"吐蕃遗迹"由其上师修缮，他还有过亲自修建雍布拉康顶上的大殿及立佛造像等较大规模的建寺立佛之举。据史料记载："大殿的诸塑像，后期由觉卧·释迦衮担任施主，帝师衮噶坚赞白桑布主持并设计，由大匠索朗桑布塑造。"[②] 与其年代相当的噶玛巴·若比多吉时期，欲想在前吐蕃时期止贡赞普之传说遗址香布孜古地方上修建寺院等具体记载[③] 都可以作此印证。

法王洞内文物遗迹相对丰富，除了著名的松赞干布像、墀尊公主像和文成公主像等塑像，还保存着数量可观的珍贵壁画遗迹。

---

① 原文如下： སྐེ་འི་དབང་པོ་རྒྱལ་པོ་ཆེན་པོ་གཙུག་གི་ནོར་བུ། བསྟན་པའི་བདག་གུ་ཧྲི་གུན་དགའ་རྒྱལ་མཚན་དཔལ་བཟང་པོ་དགེ་བཤེས། སློབ་དཔོན་ཨ་ཡས་རང་གི་བདག་ཏུ་འཛིན་པའི་ཕྱིར་མ་ཡིན་པར། སེམས་ཅན་རྣམས་ལ་ཕན་པའི་གོན་ས་སྒྲུབ་པའི་ཕྱིར། ཁྱེ་ཕིའི་མཆོག་གནས་ནིའི་གཙུག་ལག་ཁང་ཙམ་མ་ཟད་ཅིག་གསོལ་ས་དུ་མཛད་ས་ལ་ལས། ཇེ་ཕ་སྒྲུབ་ནས་གནས་གཙིགས་ཀྱི་ཐུང་པོ་དེར་ཆོས་ཀྱི་མཛོད་ཅེས་བྱ་བ། ཆེན་མོ་དང་ས་ཞིང་མགོ་ས་གོ་ས་ལ་མཛད་པའི་འཕྲུལས་ས། 载 ཤཱཀ་རིན་ཆེན་སྟེ། ཡར་ལུང་ཆོས་འབྱུང་བཞུགས་སོ། ལྷ་ས། བོད་ལྗོངས་མི་དམངས་དཔེ་སྐྲུན་ཁང་། སྤྱི་ལོ2012 ན164
② 原文如下： གཙུག་ལག་ཁང་གི་སྐུ་བརྙན་དུ་བཙན་པ་འདི་ཉིད་ནི། ཇེ་དར་གྱི་དུས་སོ་ནས་ནོ་ནོ་རྐྱང་འགོན་པོས་བྱིན་བདག །ཏི་ཤྲི་གུན་དགའ་རྒྱལ་མཚན་དཔལ་བཟང་པོས་ཞལ་ གོ་རང་དུ་ནས། སོ་ནམ་བཟང་པོས་ས་མཁན་གྱི་ས་དགར་ཆག་འཛུ་པོ་ལ་བཞུགས་སོ། 载 དར་ཡུ་ཕུན་ཚོགས་ཚེ་རིང་གིས་བསྒྲིགས། ས་བོད་ཁུལ་གྱི་ས་དགར་ཆག་འཛུ་པོ་ལ་བཞུགས་སོ། ལྷ་ས། བོད་ལྗོངས་མི་དམངས་དཔེ་སྐྲུན་ཁང་། སྤྱི་ལོ2010 ན9ནས10
③ 原文如下： ས་སོ་ཁྲིའི་པོ་ལགས་ཀར་ལུང་རྗེ་རྒྱལ་ཤེགས། ཀྱང་ཕྱིར་ལྡང་ས་ནས་དགུགས་པ་ལ་དཔལ་གྱི་གུན་དགའ་དཔལ་བ་ཡར། སྒུལ་དང་བཤམས་ན་ཆེ་དཔུལ་རི་ས་ལ་ཁང་ཁྲི་ཆོ་ལ་ཆུ་བར་བཟུགས་བཞེས། ནོར་རྒྱལ་པོ་གོ་ས་ཀྱི་ཆེ་རི་སྒར་ཅ་ངན་ཅེན་ཀྱི་འཛུ། ས་ནམ་ཅི་ཆེ་དགར་ལ་ལུང་ས་བཞེས་བ་གནས་གཙིགས་ཀྱི་དུས་བཙན་གཅུ། 载 ན་རིན་ཆེ་ས་དུ་ན་ས། ཞ་ང་འབྱུང་། ལྷ་ས། བོད་ལྗོངས་མི་དམངས་དཔེ་སྐྲུན་ཁང་། སྤྱི་ལོ1983 ན92

布达拉宫法王洞内主要塑像分别为松赞干布像、墀尊公主像、文成公主像、贡日贡赞像、禄东赞像及吞米·桑布扎像等，通常被认为是吐蕃时期遗留物。其中，松赞干布像，高1.507米、宽1.085米，一面双臂，面容庄严，双眼注视前方，且修有八字胡须，双腿略盘而坐，右臂自然下垂，左臂垂放于身体左后侧，左肩略高于右肩，右手搭于右膝之上，食、拇指尖轻触，呈圆状，剩余三根手指自然而落，呈明显的佛像手印状，塑像身着极富质感的三层黄色锦袍，领口向左交错并系精美花纹的扣式腰带，脚穿藏靴，头缠高高的发髻（ལ་ཟོ་），其中供有无量佛首，三根发辫分别从左右肩膀及后背处自然垂落，塑像坐落于法王洞偏西北，朝东南方向，与另一侧的墀尊公主像呈对角线，全身涂金。

14世纪的珍贵史料《蔡巴·美朗多吉传》中对布达拉宫法王洞造像的记载，使得与其相关的所有问题基本都可以迎刃而解。据载："塑造了赞普、王子、二妃子以及二大臣的塑像。"[1]

从布达拉宫法王洞内法王及其眷属像特点来看，有明显的14世纪青藏高原腹心地区造像风格，头戴"高桶式"发髻[2]，本身可以看作吐蕃时期上层人士装扮，这一点从敦煌158窟赞普礼佛题材壁画中可以窥见一二。到了11世纪，扎塘寺壁画相关人物的头饰风格大幅度地利用"高桶式"发髻装扮，但这时候的头饰表现得更富有艺术装饰性，"比较而言，卫藏拉萨大昭寺内的松赞干布塑像[3]，头上用布帛缠成的高桶式头髻，与扎塘寺壁画中的菩萨发髻更加接近"[4]，可以看出，吐蕃时期应用型头饰，经过几百年的变化，从11世纪开始逐渐变为艺术表现化的手法，而这一表现形式到14世纪达到了巅峰。14世纪以后出现的法王鎏金像除了

---

① 原文如下：ཆོས་རྒྱལ་འཕགས་སྐྱབས། བཙུན་མོ་གཉིས་སྐུ། བློན་པོ་གཉིས་དང་བཅས་པའི་སྐྱེ་ཚོ། 载 ཚལ་པ་ཀུན་དགའ་རྡོ་རྗེ། དཔལ་ལྡན་བ་མ་དགེ་སློང་ཆེན་པོ་ཞེས་པ་ཆལ་པ་ དུང་ཆེན་སློབ་ལམ་པའི་རྣམ་ཐར་བཞུགས་སོ། ཁྲིས། ན18-19

② 原文如下：ན་བཟའ་བེར་དང་ཞབས་ཀྱི་གསོལ་པ། དུ་རྒྱལ་གཙུག་ལག་ཆེ་མོ་ནང་དུ་བྱུག ཕལ་ཆེན་ན་བཟའ་གཟིགས་རིན་ཡོད་པ་མང་ ཆོས་རྒྱལ་སྐུ་བོད་ན་བཟའ་བེར། རྒྱལ་བོད་འབྲོང་རིས་ཅན་ཅི་གཤེས་དང་། བྱེ་བྲག་གསལ་སམ་ས་གྲུབ་པར། ར་ཏ་ཐོ་ལྒྱ་ར་ ར་ཐོ་ད་ཡིན་ན 载 དཔལ་ལྡན་པ་དཀར་གྱི་ ཉེ་བཞག་བབ་ལུགས་དུ་སྒྲ་བ་འཕྲ་འདོབ་པའི་ ཁྱུན་ཞེས་བྱ་བ་བ་ལྷ་འཁས་སོ། བོད་ལྗོངས་བོད་ ཡིག་དཔེ་རྙིང་དཔེ་སྐྲུན་ཁང་། ལྷ་ས། སྒྱི་ལོ་1990 ན་272

③ 指的是布达拉宫馆藏松赞干布像。参见 TIBET:TREASURES FROM THE ROOF OF THE WORLD, The Bowers Museum of Cultural Art, Santa Ana, California, p.30。

④ 张亚莎：《11世纪西藏的佛教艺术——从扎塘寺壁画研究出发》，中国藏学出版社，2008，第90页。

领口统一地向左交错，都强调衣领处花纹等纹饰的处理方式和耳饰及项链等装饰的丰富性，面庞的圆润程度也接近一般神像的处理方式，基本上很难存有法王洞内塑像面容的写实性特征。法王洞法王头顶的无量寿首基本上半陷于发髻或头饰之中，而 14 世纪以后的鎏金像头顶无量寿首则完全露于头饰之外，在美感上有一种标准化的表现形式。有些鎏金像则失去或干脆没有头顶的无量寿首，与其他赞普或大臣像很难分辨清楚，换句话说，没有这一标准的无量寿首，我们就很难断定这尊像是法王还是其他人物。此外，这一类造像都双手呈禅定印，是受后弘期佛教强烈影响的艺术作品，若无头顶无量佛和垂落的发辫，基本上可以与任何一位西藏后弘时期的上师像形状作对比。

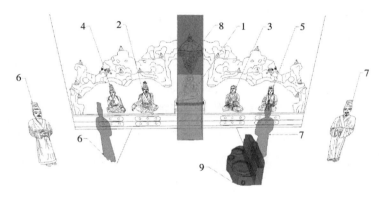

图 4　法王洞北面视角图（索朗旺堆绘）

图 5　法王洞（布达拉宫管理处提供）

布达拉宫法王洞内除了上述提到的造像，东面及南面还留有较大面积的珍贵壁画遗迹，其中东面墙的壁画面积达 3.93 米 ×2.58 米，南面墙的壁画面积约达 1.8 米 ×1.9 米。东面局部的两幅壁画照片曾刊登于布达拉宫的相关书籍①，且做出简单的断代，才被世人所熟知。我们仔细观察发现，法王洞东面墙壁上能够看清的人物达十几组，加上南面的几组本尊或护法画像，可以看出，这间极小的殿堂仍然保留了大量的壁画信息。

法王洞的壁画内容，据《仲钦·美朗多吉传》记载："墙上绘了从众敬王到罗睺罗王子的传承图②；从聂赤赞普到热巴坚之间的吐蕃历代赞普、妃子及众臣及千佛像等壁画。"③东面所保留下来的壁画应该反映了《传记》中提到的从聂赤赞普到热巴坚之间的吐蕃历代赞普、妃子及众臣像。尤其是诸妃所戴花环式样的头饰与法王洞文成公主像头饰可以作比对，虽然研究人员认为这属于唐代汉地妇女的形象，"浅石禄软锦缎的护簪罩住了唐时妇女的顶簪，类似唐代花簪的菱形头饰，饰大耳珰"④。此外，按照殿堂及绘画布局来看，法王洞东面墙现存壁画较为清楚的应该是松赞干布之后的历代赞普像，除了上面提到的《传记》，《雅砻教法史》中也对法王洞壁画有较为清晰的记载："在（布达拉）回廊壁上，对教法之源流，尤其是法王敬王之嫡如法延续、霍尔（ཧོར་）及藏地诸法王如何行兴法之事等为了能够代代相传之事，绘制于墙壁四周。"⑤值得说明的是，法王洞的壁画似乎有刻意模仿吐蕃风格之嫌，但与赭面习俗的处理上存在一些差距。总之，从现存壁画遗迹和藏文史料来看，布达拉宫法王洞内的壁画以及造像群皆为仿吐蕃古风的 14 世纪艺术作品。

---

① 索南航旦：《世界文化遗产——布达拉宫》，中国藏学出版社，2016，第 122~123 页。

② 指古印度众敬王系。

③ 原文如下：མང་བཀུར་ཀྱི་རྒྱལ་པོ་ནས། སྒྲ་གཅན་འཛིན་བར་གྱི་གདུང་རབས་དང་། རྗེ་གཉའ་ཁྲི་བཙན་པོ་ནས། ཁྲི་རལ་པ་ཅན་བར་གྱི་རྒྱལ་རབས་དང་། བཙུན་མོ་བློན་པོའི་ཚོགས་དང་སངས་རྒྱས་པ་རི་སོ། 载 ཆོལ་བ་གུང་དགའ་རྡོ་རྗེ། དཔལ་ལྡན་བླ་མ་དམ་པའི་སྐྱེས་ཆེན་པོ་ཞེས་ཆོས་དང་ཆེན་སློབ་ལགས་པའི་རྣམ་པར་ཐར་པའི་རྒྱར་རོ། བྲིས་པ་ན19

④ 参见谢继胜著《藏传佛教艺术发展史》（上），上海书画出版社，2010，第 4 页。

⑤ 原文如下：སྐུ་བའི་བར་གཉིགས་པའི་བཀོད་པ་ཆ་གཉགས་ཀྱི་ཆོས་ཀྱི་རབ་དུ་ཆོས་གཉགས་མང་ཆེན་གྱུང་བའི་གདུང་རབས་རྗེ་ཁྲི་ཅོལ། ཧོར་དང་བོད་ཀྱི་རྒྱལ་བའི་ཞབས་རོ་གས་དཔ་བའི་ཆོས་གཉགས་གང་ཆ་གི་སློགས་ན་བའི་གསལ་བྱེད་རྣམས་ཀྱི་ནས་ཆ་སྲ་སྐྱེའི་ཆོས་རྣམས་ལ་ཆོས་བའི་རོ་དུ་ར་ལོ་ཆི་ལ་རོ། 载 ཕུ་རེ་ཆེན་སྐྱེ། བར་སྒ་རེ་ཆོས་ཀྱི་བཀོད་གས་ས། ཁོན་སློ་ངག་མི་མབར་ལ་སྐུ་ཁང་། ཆ་མ2012 ན164ནས165

图6 法王洞壁画（布达拉宫管理处提供）

　　蔡巴万户长修造法王洞后又对其进行修缮和扩建，这点从 14 世纪相关史料中可得到印证。据记载："马年（1318 年）由曲白上师（ཆོས་དཔལ་）所供修造了见得如意金幡，扎拉鲁谷（ཐག་ལ་ཀླུ་སྒུག）顶上修造金顶，狗年由雅孜王所供黄金，在释尊及圣观音 ① 顶上修造了金顶。"② 可以说自蔡巴万户长在拉萨红山上修建庙宇起形成了真正意义上的布达拉宫雏形。

　　与 14 世纪法王洞修建史料一同出现的是在山顶修建白塔之说。1358 年，有人在此主持兴修佛塔，据史料称："拜谒噶玛巴若比多吉，唤作阿热亚大师（སློབ་དཔོན་ཨ་ཙ་）者在布达拉山正修造吉祥多门塔，应邀前去行佛塔加持仪轨。"③ 活跃于 14 世纪的觉囊派高僧聂普·索朗桑布传记中提到了此事，应当是聂普·索朗桑布 18 岁时前来拉萨受戒时，此时一位名叫"阿热亚"（ཨ་ཙ་）的上师在拉萨布达拉修建佛塔之情景。据后藏《乃宁教法史》记载，这位阿热亚为乃宁寺德钦东本（རྗེ་ཆེན་སྟོང་དཔོན་）传承体系中一员，出生地为乃宁星巴（གནས་རྙིང་བཞིངས་པ་），为完成乃宁寺衮布上师（དགོན་བུ་）传承者杰赛·仁青旺久（རྒྱལ་སྲས་རིན་ཆེན་

---

① 是指位于红山上的吐蕃时期圣观音像。

② འཛོབ་ཡི་དཀ་དཔང་བསྒྲུབ་འཇིན་བ། ཀུལ་ཐབ་དཔལ་གྱི་གནུལ་ལག་ཁང་ཞབ་རབས་དང་བསྟན་པར་དཀ་ཆགས་འགྲོ་འགོན་ཞལ་ལུང་བཀྲ་ ཁྱེའི་ཆུ་རྒྱུན་ཞེས་བུ་བ་བཞུགས་སོ། སིན་པར་ ན228

③ 原文如下：ཀཾ་པ་རོང་པའི་རྗེ་མཛད་ཨཛལ་དང་། སློབ་དཔོན་ཨ་ཙ་ཅེས། ཕོ་བྲང་པོ་ཏ་རི་ར་བཀྲ་ཤིས་སྒོ་མང་གི་མཆོད་རྟེན་ཆེན་གི་ ཕོ་བའི་རབ་གནས་ལ་སྦྱར་དང་། 载 བཀའ་བཞི་འཛིན་པའི་སྐྱེ་བརྒྱུད་སོ། རིན་དཔོན་དཔོན་ནམ་བཟང་པོའི་རྣམ་ཐར། ལྭ་ སེར ཀྱག་ ཁ་ སྐྱེ་ཏ་པའི་རྗེ་འཆོལ་ལ་ཆོས་གཉེགས་སྒྲིག་ཁང་ནས་བསྒྲིགས། སྐྱ 2016 ན18

དབང་ཕྱུག）圆寂法事，在拉萨布达拉修建了吉祥多门塔（འབུམ་པ་བཀྲ་ཤིས་སྒོ་མང་）。①这对上述提到修建"身之主供大菩提"（སྐུའི་རྟེན་བྱང་ཆུབ་ཆེན་པོ）一事有了更加清晰的认识。可以确定，14世纪时有人在当年红山或者在其山脚下修建过佛塔。如今，法王洞回廊内确实保存有两座佛塔，但是从大小、形状等方面来看，应该不是上述所提之物，除此之外，可以与之联系的就是位于布达拉宫山脚下的白塔，有关该白塔较为准确的记载可以追溯到17世纪中叶，据《五世达赖喇嘛自传》记载："为了修复红山与药王山之间金城公主（རྒྱ་བཟའ་ཀྱིམ་）所毁风水，按照伏藏授记般'若以点缀风铃的铁链连着白塔，则能修复风水。'到了火牛年（1637年）藏巴第悉时期修建的白塔已破损不堪，由第司·索朗热登进行过修葺，之后又趋毁损，于火马年（1666年）由第司·赤列嘉措重新修缮，然期间木匠札萨巴前往后藏地基未牢固，工事荒废、多有残损，于火羊年（1667年）再次翻修。本想塔身外镶琉璃瓦，由于匠人不懂汉式琉璃之道而使质量出现了差池，颜色日渐变淡。"②由苏尔钦巴大师（ཟུར་ཆེན་ཆོས་འབྱུང་རང་གྲོལ་）绘制塔门内壁画，"贡嘎曲德寺画师在布达拉宫白塔（བྱག་སྒོ་ཀཻབྲུ）天蓬装饰（གནམ་རྒྱན་）绘制十二铺破恶趣坛城（ངན་སོང་སྦྱོང་རྒྱུད）和中央位置绘制了长寿九尊坛城"③。留存有钦孜派坛城内容等珍贵壁画。这座17世纪之前就已落成，经过五世达赖喇嘛等人修缮的拉萨红山西南山脚之白塔，有可能就是上述被称为"阿热亚"大师主持修建白塔之前身。到了18世纪，在《西宁府志》卷二一"武备志·西

---

① འདི་ཡིགས་ཀ་པ་དཔོན་པོ་ནས་མཁན་སོགས། གནས་རྟེན་ཕྱི་ཡི་ལོ། པོ་སྟོངས་བོད་ཡིག་པ་རྟེ་དཔ་སྐུལ་ཁང་། རྒྱ་ལོ་2011 ན་272ནས་273

② 原文如下：དཔར་སྐུགས་ཀ་ཀུན་ཏུ་བར་རྒྱ་མོ་བཟའ་ཀྱིམ་བཟའ་བཞི་མིས་ཤེན་ཏེ་རེ་ལ་ཕུན་ཏུ་འཕ་ཀ་དང་དི་ལ་བུན་སྐུ་རྒོལ་ན་གཏེ་ཁུང་བར་གི་བཞ་བར་བཞེ་གཏ་ཤ་ལྱུང་ཞིག་ཕ་ཆེ་པ་བོ་ལ་ནས་རྣ་བགྲུ་ཀྱི་གཔོ་ན་གན་ན་གི་ཞི་ཏུ་བས་མི་ཆྱི་འཕྱི་ལམ་ནས་རྒྱལ་བར་ཟེན་ཀ་ཆི་ན་གས་ཏུ་བཞིན་གུན་ལང་ནི་ལ་མི་ནུ་རྟ་ཕ་ཏུ་འགྲིན་རས་པ་ཆི་ཁང་མ་ལ་ན་སྐུ་གི་ཀ་མ་ཆེ་ནས་ཕ་ལུ་བཀབ་བོ་མ་ཤད་ད་ཁ་ཁྱི་ཆུ་ཁང་བཞེ་ལྱི་འདུ་གཏ་བ་ལེན་ན་བུན་ད་ཤ་ཆེ་འདུ་བ་གཀ་ཁྱེ་ལྱུང་བ་དི་ཕ་ཆེ་གྱིཆ་ར་ཆེ་ཁ་ལ་གི་རྒྱ་གདན་ན་བ་ཤ་བ་རང་ན་མ་ཁོན་ཁྱ་ནས་མི་ཆི་གབ་ལ་ནི། ཆོ་འཕ་ན་འ་ཁ་ཆ་མ་གས་ན་རེ་ཁ་ན་ཕ་ཆུ་ན་པ་ན་ན། པོ་ནི་ལ་སོ་ང་། བྱ་ལ་ནི་མོན་གདན་ནས་ན་ན་བ་ན་ན་ཆི་ཁ་ཤ་ན་ཏ་ཆུ་ཆི་ན་སོ་ན། དེ་བ་ཟ་རང་ག་ན་ན་རྒྱ་ལ་ན་ཁང་དང་ཆི་ཆ་ས་ཁ་ཤ་ན་རི། ཆི་ལ་ན་ན་ན་ན་ཆ་ན་ཆི་ན་ཀ་ཆ་ཆི་ན་ཆ་ཆི་ཆ་ཀ་ཁ་ན། གན་ན་ཆ་ཆེ་ཆ་ན་པ་ན་པ་ན་ཆ་ན་ན། 载 དཔ་དབང་སྒྱ་བཟའ་རྒྱ་མོ། ཟ་ཆི་ཆི་ཀ་ན་ན་དཔ་ངུ་ན་ན་རྒྱ་མོ་ཆི་ན་ཆ་ན་ན་ན་ཆི། རོ་ཆི་ཆ་ཆ་ན་ན་ན་ན་ཆ་ཆ་ན་ཆ་ན་ན་ན་ན་ན་ན་པ། ཤིང་ན་ན་ 月62

③ དཔ་དབང་སྒྱ་བཟའ་རྒྱ་མོ། ཟ་ཆི་ཆི་ཀ་ན་ན་དཔ་ང་ན་ན་རྒྱ་མ་ཆི་འ་ང་ན་ན་ན་བ་ན་ཆ་ཆི་ན་ཆ་ཆ་ན་ཆ་ན་ཆ་ཀ་ཆི་ཀ་ཆ། ཀ་ན་ན་ཀ་ཆ་ན་ན་ན་ན་ན་ན་ན་ན་ན་ན་ཆ། ཤིང་ན་ན། 月363

藏"条中"布达拉寺塔，在藏西五里"①也明确记载了此塔；20 世纪 20 年代初，先后抵达拉萨的专业人士所拍摄图片中也有该塔之身影；20 世纪 50 年代末期，中央文物调查工作组所做文物专题报告中提到了该塔。②此后该塔有过不同程度的修缮，直到 20 世纪 60 年代，"因扩展拉萨西郊街道，三塔俱被拆除"③。经过几百年时间的演变，佛塔精确位置、具体形状和大小等肯定有所变化；20 世纪 90 年代初，布达拉宫白塔在原址废墟上又一次得以重建，成为拉萨城的一道亮丽风景线。

如上述所言，从 14 世纪开始，各地出现仿制吐蕃时期历史遗迹的活动。直到目前，部分文物遗迹和零散信息得以保存，把相关内容作为整体的研究对象，就能还原相对清晰的历史事实，也就会对这些"现象"的产生有较为客观的反思。

图 7　布达拉宫法王洞松赞干布像（布达拉宫管理处提供）

首先，布达拉宫法王洞及其相关文物遗迹按照目前确切史料来看，

---

① 《西宁府志》卷二一"武备志·西藏"条。宿白：《藏传佛教寺院考古》，文物出版社，1996，第 208 页。

② 原文如下："布达拉宫位于拉萨市西北隅红山上，是西藏地区最大的一处宗山类型的建筑群。此建筑群西南端的红山南麓连接药王山之隘口处建有塔门。塔门正扼拉萨西去之公路，实即拉萨市之西大门，其建年应与 17 世纪兴筑布达拉宫同时。"宿白：《藏传佛教寺院考古》，第 208 页。

③ 《西宁府志》卷二一"武备志·西藏"条。宿白：《藏传佛教寺院考古》，第 208 页。

基本上可以断定为 14 世纪遗存，即蔡巴万户长美朗多吉时期修造的，当然，从纯粹的艺术史角度来看，特别是针对法王洞松赞干布像某一局部的艺术特征，比如腰带的纹饰等可能带有早期样式或要素，但是如松赞干布所着王袍等又与腰带样式在时代上冲突明显。[①] 因此，单纯的局部样式的对比难以概括某一阶段的整体历史信息与艺术特征，特别是在缺乏历史证据链的情况下，这种单纯的艺术风格对比显然缺乏科学性。

目前西藏地区将修造有法王形象（吐蕃时期赞普形象）的殿宇称为"法王洞"或者"法王殿"，除了布达拉宫，拉萨大昭寺也有法王殿的建筑遗迹，并且年代稍晚的史料多次指出，大昭寺法王殿及相关遗存就是 14 世纪修建完成。比如大昭寺内殿门廊及其附近的法王及妃子像和法王形象的壁画等均为蔡巴·美朗多吉时期修建与绘制[②]，且清晰地提到了法王像的艺术风格为印度样式（རྒྱ་ལུགས་）。14 世纪形成的蔡巴·美朗多吉传记中也不止一次地记录了当年主持修缮大昭寺的情况，虽然没有具体描述修建了哪些造像，但是后期的文献中皆认为法王形象的文物遗存由蔡巴万户长所修造。据记载："拉萨大昭寺大廊庭、护法殿内设金顶、建四堡织供坛……觉沃佛顶盖金篷，进行无比供养。承蔡巴与竹巴噶举派修行者衮叶所奏，在大昭寺修建了庭院、内廊道及栅栏；修建新殿

---

① 参见谢继胜著《藏传佛教艺术发展史》（上），上海书画出版社，2010，第 3 页。

② 原文如下：གཙང་ཁང་ནས་ཕྱི་ལོགས་ལ་བའི་ཁྱམས་ན། ཆོས་རྒྱལ་འཁོར་བཅས་ཀྱི་ལྷ་ཚོགས་མང་པ། སྐྱེས་བུ་དག་གི་རྒྱ་ལུགས་དུ་གཤེགས་ཁྱམས་ཀྱི་བུང་བར་བཞེངས། ཚེ་རྒྱལ་གྱི་དུ་ལས་འདས་པའི་གཏམ་རྒྱུ་ལུས་པ། ཐོགས་ན་ཕག་རྒྱུ་འདས་ལས་ལོང་བོ་དུ་ཤུགས་པའི་འཇིགས་ཡིས་ཀྱི་ན་ལ་ཉི་བཞིན། ཁྱོ་འདའ་འི་ནི་ཤ་ཉི་ནི་རྒྱལ་གྱི་དགས་གུང་མེད་པ་བའི། ནས། རྒྱ་དགས་ནམས་ཀྱིན་བཞེངས་པའི་ཚེ་འཕུལ་བཞང་པ་བྱེ་དཔ་ལྔ་བཞིན་ཏུ། དེ་ནས་རེ་བ་བཞིན་ཚལ་ལ་ཁྱི་དག་གིས་བཞེངས་པའི་རྒྱ་ལུགས་ཀྱི་ཆོས་རྒྱལ་ཡུལ། 载 དག་དང་དོ་བྱེ་སློ་སྐྱལ་སྒྱུ་ལྔ་ན། ཉི་དང 9-8 原文如下：སློ་འཕུལ་ས་གཞིན་ན་ཕུལ་ན་རྡོ་རྗེ་སྐུལ་བའ་སང་དཔི་བ་ལ་གྱིས་ཡོ་འཆང་ཕོ་དེ་མིན་དཀ་ཕལ་ཀི་འཕལ་གྱི་གཏུག་ལག་ཁང་ན་བཞེངས་པའི་སྐུ་དུ་བཞེངས་པའི་ཆས་ལ་དང་གས་ཕྱི་ན་ཀྱི་ང། ཕྱི་ཁྱམས་ན་རྒྱལ་མཚ་དཔུལ་མེད། རོ་ད་དཔ་བོ་པ། སྐྱན་ར་བཞིན་སྐྱུ་ལ་ཕ། སྐ་རུ་དུང་སྐྱུ་ཏུ་གཤངས་དུ་མངན་དམ་བར་ཐེས་ས་བཞེངས་པའི་ཐི་ང་འཁྱམས་པ་ཕི་ཡུགས་ལ་མཇའ་ལ་བ་ལ་འབྱུང་གཤངས་པ། ཆས་རྒྱལ་ནི་སློ་ཕི་བཞང་གི་ནི་བཞིན་བཞུགས་པ། ལི་མཇིན་དག་ནི་ཆས་ཏུ་ཀྱུ་བརྗོལ་བ། ཁ་ལ་ཕུལ་ཕེ་རྗེ་ནི་ཤ་ཕེ་ག་ཐུར་ལ་འཕུལ་བཞི་དར་འགྲོ་ལ་སྐྱོ་ནབེ་རྣམ་པ་རྒྱུ་ཀྱུ་ན་བཞིན་པ་དང་ཆར་གྱི་ས་བཞེངས་པ་དུ་ཆས་རྒྱལ་ཡ་རྒྱུ་ཡ་ཆས། རེ་ཕ་ནི་བཞིན་དུ་གཤངས་སང་ཀྱི། ཕོ་དཔི་ཕ་ཆེ་སློ་བཞང་ལས་མ་རྒྱལ། དང་འ་ཏ་ཀྱུ་བཏ་ན། ཁ་ན། ཕི་དག་ཀྱི་བཞིན་ན་ཆས་རྒྱལ་ཡ་ལ་ཡུང་གས་མ། སློ་བཞང་ཕི་སྐྱ། སས་གུང་དུ་བཞང་ན་བཞ་པ་ལ་ས་ཡི། མགར། ཕང་སློ་སྐྱུ་ས་ར་ནས་བཞུངས་སོ། 载 དག་དང་སློ་བཞང་རྒྱ་མཚི། སྐ་སྐྱུ་བཞུ་ལ་བའི་ཁྱམས་ལ་དག་ཀང་ཆས་ས་དང་སྐྱུ་ས་བཞ་ང། དག་དང་སྐྱུ་བཞང་རྒྱ་མཚི་དི་སྐྱ་དང་འབྱུང་ད། ཉི་སྐྱ་པ 9-10

及其内供雕像，绘制壁画。"①对修建有法王像等殿堂只是以"新殿"称呼，17世纪开始统称"法王殿"（ཆོས་རྒྱལ་ལྷ་ཁང་），到了18世纪更是如此了。②历史上大昭寺的修缮和改、扩建是具有连续性的，一直到近代拉萨大昭寺从没停止过修缮活动，因此14世纪修建的殿堂及其殿内陈设是否一直保留至今仍需进一步探讨，特别是20世纪受"十年浩劫"的影响，大昭寺遭受了一定程度的破坏，也因此许多原有建筑结构与殿内文物遗迹更是遭受破坏。如今，大昭寺内相关殿堂及其造像等遗迹也是经历了多次维修之结果。同样，在拉萨之外的山南等地也有相似的文物遗迹，最重要的两处是位于雅砻河谷流域的昌珠寺与雍布拉康。

昌珠寺相传是吐蕃时期的遗迹，这点在传统藏文史书中的记载比比皆是，按照20世纪中叶开始的专业调查记录来看，昌珠寺一层布局为大小不一的几个小殿堂围着中央"祖拉康"（即大殿）而落。③以中央大殿连成一排的左侧殿就是"曲杰拉康"（即法王殿）。殿内供奉有松赞干布等所谓法王像。据记载："第一层礼拜道围绕的佛堂系由内部不相通的四个大小不同的佛堂所组成。正中佛堂面积最大，后壁前置金银宝殿式佛龛，内奉三世佛铜像。左侧佛堂后壁前立千手千眼观音塑像，以上皆似14世纪遗物。右侧佛堂后壁前正中塑松赞干布，右为文成公主，左为墀尊公主，皆坐像；两侧壁前右塑吞米·桑布札，左塑禄东赞，俱立像。左侧佛堂后方另辟门南向之小间，原奉护法像。佛堂前宽五间、深三间之经堂与内回廊外侧部分虽经改建，但存旧制，部分础石之刻柿蒂状之覆莲者，当是14世纪原物。"④宿白先生对相关遗迹的断代为14世纪，具有较为科学的意义。从昌珠寺法王殿的原有陈设来看，与布达拉

---

① 原文如下：ཤ་སའི་གཞུང་ལག་ཁང་གི་ད་འདབས་ཆེན་མོ། མགོ་ཁང་ནང་གི་རྒྱ་ཕུལ་བཀའ། ཆོས་བཞི་སྐྱངས་བསྟོ།…… རྩ་བོ་རིན་པོ་ཆེའི་དུད་ཀུ་གསེར་དངུལ་ལ་སོགས་ཁང་ཕི་ལེ་ཁ་ལུ་ལ་ཐབས་ཅད་མངོ་འཚལ་འདུལ་གི་སྲོ་སྐྱོ་རྒྱུ་ཕོ་མགོན་ཨེ་བཀྲ་ནས། ཤ་སའི་འབོར་ཆེ་ཆེན་མོ། ཁྱབ་ཡི་མོ་སྒྱ་གསར་ན་ཕུལ་ན། རེ་མོ་བཅས་བཞིགས་གཟུ་གཏུན། ལ ཆིས་ཀུ་དུན་རྩི་རྫོ། དུ་སྲུ་དབ་མ་དགེ་སྒྱུ་ཆེ་བོ་ཟེས་ཚལ་ང་ཆེན་སྐྱོ་ལལ་བའི་ནས་གར་ངུ་ང་དགར་རོ་རྩ་མངད་ང་བཤུགས་སོ། ལ ག བོ་སྟོ་དང་ན། དབངས་དབེ་སྐ་ཁང་ སྒྱི་ལོ་2021 སྐ ག་33ནས་35
② 参见 འཇིགས་རི་དག་དང་བསྒྱེ་འཇིག ཀུང་ཁབ་དང་གི་གནགས་ལ་རབས་དང་བཤད་པའི་དཀར་ཆག་འཕྲལ་ཟན་ལང་བདུད་ཆེའི་རྒྱ་རྒྱལ་ཟེས་པ་འཕུགས་སོ། ཧི་པར་ ག229
③ 参见西藏自治区文物管理委员会编《乃东县文物志》，陕西省印刷厂，1986，第3页。
④ 宿白：《藏传佛教寺院考古》，第75页。

· 135 ·

宫法王殿极为相似，最重要的是殿内还留有一台"尼泊尔公主灶"①。"文革"之前关于昌珠寺法王殿的具体细节描述鲜有资料留世，但是从宿白对该殿内础石刻纹的判断及留下的速写图来看，其认定为14世纪的断代具有较强的客观性。而比宿白一行人更早的对昌珠寺进行文物考察记录的专业人士是意大利的图齐，他对昌珠寺的评价是"前门廊处的一口有铭文的青铜大钟是寺庙现存唯一真正老的物品"②。该寺法王殿等皆非早期遗存或者没有明显的吐蕃时期特点。除此之外，当时的文物调查人员，未对昌珠寺法王殿的相关遗迹进行深入的描述，换句话说，此处文物的艺术风格和造型样式并没有让人眼前一亮的特点。目前，能够看到专门记述昌珠寺文物遗存方面的传统史料是五世达赖喇嘛受其"却本"（མཆོད་དཔོན་）即专职法事官阿旺谢热（མཆོད་དཔོན་ངག་དབང་ཤེས་རབ་）委托，于1678年编纂的《昌珠寺内供略志·利安如意源》（དེབ་ཐེར་ཕན་བདེའི་དཔག་བསམ་འདོད་འཇོ་），其中详细记载了当年为昌珠寺修造的善逝佛八尊、报身与法身两种长寿佛（ཚེ་མཐའ་ཡས་པ་ལོངས་སྐུལ་གྱི་ཚ་ཕྱུད་ཅན་གཉིས།），不动佛、弥勒佛、莲花生、宗喀巴以及五世达赖喇嘛像等，③对殿堂陈设，特别是法王殿并没有留下笔墨。之后更是经过多次修缮，难以捋清始末。

图8　雍布拉康法王殿佛像莲台遗存（多吉平措摄）

---

① 宋伯胤：《宋伯胤文集·民族调查卷》，文物出版社，2012，第462页。
② 〔意〕图齐：《到拉萨及其更远方》，李春昭译，中国藏学出版社，2017，第175页。
③ 原文如下：མཆོད་དཔོན་ངག་དབང་ཤེས་རབ་ཀྱི་བོ་འཕགས་ཀྱི་དེ་ཐབས་དང་སྐོབ་ས་དགོན་དལ། མ་སྐྲེ་སྐྲེལ་ སྒྲུན་མགོ་ནས་ རང་བསྐུན་ ཀྱི་སྐུལ། ཁ་དབང་སྐུལ་སྤྲུལ་ ཚ་ཕོ་དང་ དང་བསྐུན་འཇིན་སོགས་ཉེ་ དགྲ་གསུམ་ འདི་ ཕྱིང་ ཤེལ་ཁཁ་སྒྲུ་སྒྱུལ་བའི་ ཚེ་དུ་དེ་ དབང་ཁེ་ཤེལ་པ་བསྐུན་ ཚ་མཐའ་ཡས་པ་ལོངས་སྐུལ་གྱི་ ཚ་ཕྱུད་ཅན་གཉིས། བསྐུ་སྐུན་དངས་མི་འཕྲུལ་བ། རྒྱལ་བ་མ་སྐལ་པ། སངས་རྒྱས་ གཉིས་པ་པོ་ཐེན་ཙཕ། བསམ་གཏམ་མཆོ་སྤྲི་ རྒྱལ་པོ་ནས་འཇོ་ན་དང་བཟང་བརྒྱགས་བའི་ དཔལ། འདི་དེ་ འདུ་འགྲ་དང་བཟང་བ། 载 དལ་དབང་སྒོ་བཟང་རྒྱ་ མཆོ་ དེབ་ཐེར་ཕན་བདེའི་དཔལ་བསམ་འདོ་འཇོ། ཤེསལ ཤེ་དཔར་བ། ﻦ1

相比于昌珠寺，其不远处的雍布拉康法王殿的相关文物在专业人员的考察报告中有相对丰富的细节性描述。雍布拉康法王殿位于二层，据调查报告记载："殿内供奉松赞干布、赤松德赞、文成公主、尼泊尔公主等，其中松赞干布的塑像甚好。松赞干布头戴宝冠，冠上有一释迦像。穿长袍，大襟，系宽腰带，有矩形带钩，袍上绣花，袖口绣花边。泥塑。神态极好，很生动，能显出他的伟大智慧。"[①]与此同时，与宋伯胤一行的王毅也认为部分造像有早期艺术特点。[②]根据两位文博专业人士的记载发现，雍布拉康内法王殿陈设与布达拉宫和昌珠寺相近，且造像有独特的艺术风格。但是目前还未发现当时的照片等资料。之后在"文革"期间，相关文物全部被毁。当下只能通过该殿残存的佛像莲座进行分析，佛像的石质莲台，莲瓣呈瘦长形，且与上方的"工"字形台座组合而成，基本上保留了14世纪前后的莲瓣及其台座的样式。但是，仅存的莲瓣难以界定整体法王殿塑造的艺术风格和历史断代，因此需要更多的资料加以讨论。雍布拉康相关建筑的历史记载有相对可信史料，成书于14世纪的《雍布拉康志》（ ཡོ་བྲང་ཡུལ་བུ་བླ་མཁར་གྱི་དཀར་ཆག་འཇིང་པོ་བཞུགས་སོ།། ）中提到了大殿的诸塑像由当时萨迦帝师衮噶坚赞白桑布主持设计，具体由大匠索朗桑布建造之记载。因此，将其界定为14世纪的遗存并无太大争议。但是意大利的图齐认为雍布拉康是翻修的，除了一尊尼泊尔风格的度母像，并没有值得关注的点。[③]可见，雍布拉康法王殿建筑及造像等跟吐蕃时期或者后弘初期没有任何关系。

---

① 宋伯胤：《宋伯胤文集·民族调查卷》，第464页。
② 原文如下："殿内中塑三世佛，北壁为松赞干布、赤松德赞两王像，南侧壁塑文成公主、墀尊公主坐像。在两边塑像之外，北塑吞米桑布扎立像，南塑禄东赞立像……早期九像造型极精美，塑法浑厚朴素。如释迦面部宽而短，眼较狭长，两耳偏上，这是西藏早期雕塑手法特点。"王毅：《西藏文物见闻记》，神州图书公司，1975，第64页。
③ 〔意〕图齐：《到拉萨及其更远方》，李春昭译，中国藏学出版社，2017，第175页。

图9　白居寺吉祥多门塔法王殿（罗文华提供）

图10 古格故城红殿壁画（罗文华提供）　图11　皮央351号窟壁画（罗文华提供）

14世纪前后，前藏地区集中出现了修建带有西藏本土历史题材的殿堂及与其相关主题文物之俗。15世纪开始在后藏日喀则和藏西阿里等地流行。最为典型的是修建于15世纪的江孜白居寺十万佛塔。该塔第四层就设立了专门的"法王殿样式"建筑，内有法王等人众组合像，且有明确的史料即《法王大佛塔题记》（ཆོས་རྒྱལ་སྐུ་འབུམ་ཆེན་པོའི་དཀར་ཆག་ཞལ་ཤུས་དགེའོ།།）记载。[①]虽然，江孜白居寺的法王殿面积狭小，但是里面的主题却丰富多彩，除了传统意义上的祖孙三法王、二公主和两位

---

① 原文如下：དེའི་ཁར་ཆོས་རྒྱལ་སྐུ་ལྷ་ཁང་གི་དབུས་ན། ཆོས་ཀྱི་རྒྱལ་པོ་སྲོང་བཙན་སྒམ་པོ། ཕྱི་སྲོང་བཙན་མཐར། མཐའ་བདག་ཁྲི་རལ་ལ་ཅན། བལ་མོ་ཁྲི་བཙུན། རྒྱ་མོ་བཟའ་ཀོང་ཇོ། ཐོན་གྲུབ། མཛོད་ཁྱི་མི་སྣང་། མགར་སྟོང་ཆེ་བྱེ་དུན་གྱི་གཟུགས་འདྲོ་པ་དང་། རྗེ་འབངས་ཁྱི་བཙུན་པོ། ལྷ་ལུང་དཔལ་རྒྱལ་པོ་དང་། ཕོ་བྲང་བཙན་པ་བ་ཟ་དོན་རྣམས་ལ། དོན་སྲུང་དང་ཡབ་བཙད་བཏུད། འདི་དག་སྲོང་གི་དཀར་ཆག་ནང་དུ་མ་བྱས་འདུག། སྲོང་འདྲུབ་ཆེ་པ་སོགས་ཀྱི་བཀུར། 魏正中、萨尔吉主编，〔意〕图齐著《梵天佛地》（第四卷第一册），上海古籍出版社，2009，第272页。

大臣像①，在墙壁上增加了聂赤赞普，降曲沃、希瓦沃、永丹以及伟松等人物壁画。殿内二公主和二大臣塑像比三法王像更小，突出了三法王为主尊的概念。此外，三法王开始有固定的手持物，与佛教观念中的三怙主像相呼应。由于江孜白居寺修建年代精确，且相关史料和研究成果相当丰富，因此无须赘述。此外，在遥远的阿里古格红殿东面墙壁和阿里札达县皮央第 351 号窟Ⅲ壁中分别出现了"三法王"像壁画。壁画绘制时期在 15~16 世纪。②根据研究人员的结论，"'三法王'组合传到阿里地区后当地的艺术家按其图像所蕴含的对佛法崇拜的意义绘制出了以益西沃为首的一组三尊像，体现了神话世间伟人的历史现象"。以此来看，大概从 14 世纪开始流行的"法王像"或者"三法王"形象于 15~16 世纪开始在阿里地区传播，这"既有阿里地区本土的继承又受到了来自卫藏地区与汉地的风格影响，充分体现了这一时期阿里地区各种文化艺术风格的交流与融合"③。在内容上更是对卫藏地区的主流文化的继承与传播。

"法王殿模式"的由来与 14 世纪前后西藏各地方势力迅速崛起有着直接关系，从现有资料来看，当时盘踞拉萨河谷的蔡巴万户首次推行后形成了固定的文化模式。以遥远的吐蕃时期历史人物作为主题，强化了各自所代表势力的世俗愿望。后弘期之后，以"家族—教派"模式为主的诸地方势力迅速兴起，他们在宗教上遵循着印度的正统性，这对具体统治有一定的影响，但在这一模式对藏传佛教派别并没有特殊区别或者体现不出优势之时，就不得不借助早期历史元素或者主题来体现其特殊性。特别是用宗教与历史合二为一的主题来宣扬自己教派或家族势力的正统性、权威性和延续性。吐蕃时期历史人物，尤其是所谓弘扬佛教文化的赞普等人这一主题对这一逻辑具有不可替代的作用，也就形成了这

①　吞米·桑布札和禄东赞是后面增立的。参见熊文彬《中世纪藏传佛教艺术——白居寺壁画艺术研究》，中国藏学出版社，1996。

②　参见王瑞雷著《古格故城白殿绘塑内容及图像程序重构——基于意大利藏学家朱塞佩·图齐及印度李·戈塔米的考察记录》，《艺术设计研究》2021 年第 2 期，第 14~22 页。杜雪瑞：《西藏阿里地区皮央石窟第 351 号窟壁画研究》，中国社会科学院大学硕士学位论文，2021，第 46 页。

③　杜雪瑞：《西藏阿里地区皮央石窟第 351 号窟壁画研究》，第 46 页。

一独特的文化模式，最典型的当属给作为佛教观音净土的拉萨红山或有着佛教传播故事情节的大昭寺修建了专门殿宇，塑造了作为观音本生的吐蕃赞普像，以此来进一步巩固红山、大昭寺等地的"固定身份"，同时对修建者自身的身份进行了重新定义，宣告了拉萨河谷流域的主权意识。蔡巴作为"家族—教派"联合的典型模式，对这一方面有着极其明确的意识，14世纪前后的《喇嘛·尚秘传》（ཕྱག་མའི་བཀའ་རང་བབ་རྣམ་ཐར་སྒུས་པ་ཤིག་ཉིད་བཞུགས་སོ།）中开始出现大昭寺内有关松赞干布等人的模糊记载，虽然以宗教神秘主义色彩进行表述，但不可否认的是蔡巴派对这一方面的极大兴趣与关注。该传记的大意是，喇嘛·尚在大昭寺时梦中或者宗教禅定意念中亲睹了松赞干布、文成公主与墀尊公主三位人物，并且与其进行交流的情节。[①]众所周知，喇嘛·尚生活在13世纪，而带着宗教神秘主义色彩的密宗传记是后期弟子补充之结果。可见，蔡巴僧徒利用喇嘛·尚这一权威来推动"法王殿模式"的情怀。这种做法似乎在藏传佛教噶举派中有着较广泛的传统。同时期亚桑噶举派（གཡའ་བཟང་བཀའ་བརྒྱུད་）相关文献中也有相似记载，建构了教派创始人为松赞干布转世的相关说法[②]，归根结底这些与13世纪末，随着元朝势力在西藏深入，蔡巴万户、亚桑万户等传统地方势力的格局发生变化有关。特别是到了14世纪中叶，"家族—教派"模式的西藏各大万户逐渐走向衰落，处处受元朝中央政府和萨迦地方政权的牵制，失去了原有权威，处于相对尴尬阶段。为了挽回颓势，各地方势力试图利用一种全新的模式来维持和巩固自己领地内的地位。

---

① 原文如下：དེར་རྒྱལ་བ་སངས་ཅན་ཞ། རང་གི་མདུན་དུ་སྤྱན་ཆེ་གཟིགས་ན། རྒྱལ་པོ་སྲོང་བཙན་སྒམ་པོ། ཇོ་བོ་ལ་མོ་བཟང་དང་། རྒྱ་མོ་དབང་ཆུང་གི་སྐུ་གསུམ་ནས་བཞུགས་ནས་འདུག་པ་ལ། དེ་དག་གི་གནས་མཆན་པོ་མཆིས། དེ་རྒྱལ་པོའི་ཞལ་ནས། ཕྱག་མའི་བ་དག་ཁྱེད་ཆེན་པོ་ཡིན། འཁོར་བ་ལས་ཁོལ་དོན་གྱི་སྒྱེ། །མདོ་ང་ས་སྣ་ཚ་འཁོར་ལོས་སོ། །ཁེ་ཕོར་སྐྱོ་པ་དཔལ་མེ་ཀྱི། །གཟིགས་ས་ཡི་ཁོའི་གཏིང་ཆེན་ན་ནི་ མཐས་ཉིད་ད་ཡ་ཆེ་མེ་བཟིས། །གཞན་གྱི་དོན་དུ་ང་མེ་ཀྱི། ཐ་མ་ལ་སྒུར་གནས་ལ། ཕྱེད་གཙུག་ཆོ་བཟང་རྣ་བྱང་ད། །ཞེ་གི་ལང་སོ། །གུས་དེ་ཆ་སྣམ་ཀྱི་མ་ས་ལ་འདུག །ག་རྒྱ་ལ་ཞལ་ནས། འ་ལ་བཙན་མོ་ཡིན་ཏེ་དཔ་ད་དང་མགོང་ད། །བཙན་མོ་གཏིང་པོ་བདག་གི་གཡཱལ་འ་གཏིང་ནས་ཏ་གཏིང་ནས་དག་ལ་ཡ་རིཾ་ཆ་ས་ཆ་ཀྱི། བདེ་བ་ཅ་མེ་པར་ཕྱི་གྱི་སྨོ་ན་དེ། །ཆེ་པོའི་ཉམས་སྐྱ། རྒྱ་མ་ལ་ཞིང་ད་པ་མེ་བི་བ་ནས་རྒྱལ་པར་སྒུར་བ། དུ་ད་རྒྱ་པོ་ང་ག་སྐྱར་ཏེ། བང་ལ་ཕེམ་པ་ཕིང་ག་ང་གི་དཔ་ང་མ་བ་སྐྱ་མེ་པ་བ། །ཁཾ་ས་ང་མ་ནས་ཆ་ཅ་ཀྱི་ཕིང་ད་ཐ་གི་སྨོ་ལ་ཕྱི་གཏིང་གྱི་ཆ་ཟང་པར་བྱེད་ནས་ལ་ཕ་རོ་ཞིས་ང་གླ་ནས་ཐ་ས་ང་ད་པ་ལ་ཡ་བ། 载 དཔ་ང་སྐྱ་ཆ་ས་ཧ་ར་བ་ཞ་བརྒྱུ་གྱི་བཀ་ས་ཡ་ང་ཅ་ང་ཆ་ང་པ་ཆ་ཆ་ཆ་ཆ་འ་ང་བ། འ་དྲ་ན་སོ་ཆ་ག་ཆ་ཆ་ས་ང་ལ་བ་བཞུགས་སོ།། ཕྱག་མའི་བཀ་ར་རང་བབ་རྣམ་ཐར་སྒུས་པ་ཤིག་ཉིད་བཞུགས་སོ།།གནང་དང་ང་ 69ནས70

② སྐྱོན་ལམ་མེ་ཅན་ཆ་ གཡའ་བཟང་ཆོས་འབྱུང་། སྐྱ། ཕོ་སྐྱོང་ཕོ་ཤིག་པའི་ཉིང་ནི་སྐྱ་གང་། ཀྲུ་སོ་2021སོ་ ང་ 18ནས19

　　与此同时，雍布拉康或者昌珠寺都选择带有吐蕃早期历史记忆的具体地方为依托，完成了"法王殿"的修建，到了 15 世纪，江孜法王更是以法王自居，白居寺和十万佛塔都超出单一宗教流派，代表着一种包容万象的格局。到了 15~16 世纪的古格故城和皮央石窟等地更是如此，虽然受萨迦派和格鲁派的较大影响，但以正统的赞普后裔自居的王朝，更是展现出了超出单一宗教派别的观念。

三　圣观音像的探讨

　　需要与早期的拉萨或者拉萨红山一同进行探讨的还有供奉在布达拉宫的圣观音像。由于目前没有确切的证据证明该观音像的早期源流，因此在时间顺序上，将其与拉萨或者拉萨红山早期历史记忆一同进行讨论，但圣观音像在 17 世纪之后的历史还是相对清晰的。

　　与早期"布达拉"记忆一同出现的是如今供奉在布达拉宫内的"天然形成的圣自在观音像"（ རང་བྱུང་འཕགས་པའི་སྐུ ），圣观音像高 1.09 米，檀香木质，一面双臂，站立状，右手持施法印（ མཆོག་སྦྱིན ），左手微扶左髋关节（ སྐུ་ཟུར་གྱི་ཙོགས་ལ་བརྟེན་པ ），头饰立佛的首三叶冠，通体鎏金。该像成为早期布达拉宫历史的重要组成部分。虽然《柱间史》、《玛尼宝训》和《娘氏宗教源流》等后弘期史料对吐蕃时期迎请观音本尊像有相应记述，但是，这还不能肯定史料中提到的就是今天所看到的布达拉宫主供观音像，而似乎是一尊十一面观音像，并由"神变比丘"（ སྤྲུལ་པའི་དགེ་སློང ）迎请至当年松赞干布居住的扎堆蔡（ སྤ་སྟོད་ཚལ ）[①]。从上述记载可以看出，这与我们今天看到的布达拉宫内圣观音像没有直接关系。到了 14 世纪，随着《西藏王统记》的问世，开始出现松赞干布派遣"神变比丘"迎请本尊像到"布达拉"的故事情节，并且第一次出现"四尊圣观音像"

---

① ཚོས་རྒྱལ་སྲོང་བཙན་སྒམ་པོ་སོགས། མ་ཎི་བཀའ་འབུམ། སྨད་ཆ་ལེ་བ་དང་པོ། ལྷ་ས། བོད་ལྗོངས་མི་དམངས་དཔེ་སྐྲུན་ཁང་། སྤྱི་ལོ 2011 ༢ 283 和 ཏོ་པོ་ཞི་གཤམ་གཉེར་ནས་བདེར་ན། སྣོང་ལམ་རྒྱ་མཚོ་ཞུ་དག་བྱས། བཀའ་ཆེམས་ཀ་ཁོལ་མ། ལན་གྲུ། གན་སུའུ་མི་རིགས་དཔེ་ སྐྲུན་ཁང་། སྤྱི་ལོ 1989 ༢ 84 以及 ཉང་ཉི་མ་འོད་ཟེར། ཆོས་འབྱུང་མེ་ཏོག་སྙིང་པོ་སྦྲང་རྩིའི་བཅུད། ལྷ་ས། བོད་ལྗོངས་མི་དམངས་དཔེ་སྐྲུན་ ཁང་། སྤྱི་ལོ 1988 ༢ 179ནས 180

（རང་བྱུང་འཕགས་པ་མཆེད་བཞི།）的相关记载。[1]

以上文字说明开始出现所谓"四尊圣观音像"。现代研究人员发现这一故事的另外一个版本也在尼泊尔地区传播，据记载："西藏的这个故事与尼泊尔的相关故事是平行吻合的，西藏故事是托钵僧，将圣世自在菩萨迎往雪域并献于松赞干布，而纽瓦尔传说则讲述的是尼泊尔国王盎输伐摩（དེ་བ་ལྱ）和他的教主金刚规范师将邦伽神带回去的。这些故事深刻地揭示了佛教历史和观世音菩萨的信仰在两位伟大的国王期间分别兴起于尼泊尔和西藏的真相。"[2]可以看出，关于圣观音像由来的几种版本一致地认为"四尊圣观音像"最早出现在7世纪，其中来到西藏的"罗格谢热"像从此就供奉在"布达拉"。但是相关细节相对模糊，并没有进一步交代圣观音像如何到达拉萨红山或者"布达拉"之详情。到了14世纪，对圣观音像如何到达或出现在布达拉或者拉萨红山情节才有了进一步的描述，这一点除《西藏王统纪》，也从当时另外一部重要文献记载中得到佐证。据记载："自然形成的檀香圣观音遗落在小昭寺其他佛像中，仲（དྲུང་）[3]按照本尊之所指和造像手部、腿部等均为天成，无专门加工痕迹，擦饰金粉后迎请至布达拉作为此处的主供佛像时出现天虹，以观音传承师顿夏巴·崔成白（དོན་ཞགས་པ་ཚུལ་ཁྲིམས་དཔལ）主持装藏仪轨时，其梦中现观音亲临此地之场景。虽然该殿遭受一次雷击，但供奉之物和众人皆安然无恙，众人也对此地为

---

① 原文大意如下："该'神变比丘'得知赞普本尊像从该檀香而来，并用斧头慢慢割开檀香树，此时四尊像分别自言，顶上的檀香树发出：'请慢点取出，将吾供奉于芒域城（མང་ཡུལ་གྱི་གྲོང）'之声，切开后出现了'帕巴瓦底'像（འཕགས་པ་ཝ་ཏི），接下来的檀香树也曰：'请慢点取出，将吾供奉于延布亚根城（ཡམ་བུ་ལ་འགཾ）'之声，切开后出现'帕巴乌岗'像（འཕགས་པ་དུ་གང），接下来的檀香树也发出：'请慢点取出，将吾供奉于天竺与尼婆逻交界处'之声，切开后出现了'帕巴嘉玛里'像（འཕགས་པ་རྒྱ་མ་ལི），最后的檀香树也是发出：'请慢点取出，吾愿前往雪域，作赞普本尊（ཕྱག་ན་འགྲོ）'之声，帕巴瓦底供于芒域城、帕巴乌岗供于延布亚根城、帕巴嘉玛里供于天竺与尼婆逻交界，由于三尊观音像之恩，三地众生免于横死等恶象，之后'神变比丘'带着'罗格谢热'即圣观音像到吐蕃，如今供于布达拉顶上。"载 ས་སྐྱ་བསོད་ནམས་རྒྱལ་མཚན་རྒྱལ་རབས་གསལ་བའི་མེ་ལོང་ པེ་ཅིང་ མི་རིགས་དཔེ་སྐྲུན་ཁང་ 1981 ར་84.
② 伊恩·艾尔索普：《拉萨的布达拉宫藏圣世自在菩萨像》，载熊文彬译《西藏艺术：1981—1997年 ORIENTATIONS 文萃》，第69页。
③ 这里是指蔡巴万户长仲美朗多吉（དྲུང་ཆེན་སྨོན་ལམ་རྡོ་རྗེ）。"仲"（དྲུང་）为古代藏族官位名。

真正'布达拉'之说坚信不疑。"① 这是有关该圣观世音像的重要记载，其遗落他地后应该是 14 世纪重新回到了红山上。而 16 世纪权威文献《贤者喜宴》则把《玛尼宝训》和《柱间史》等书中有关观音像由来及《西藏王统纪》传承进行更好的衔接后形成具体故事情节，但是《贤者喜宴》把"四尊圣观音像"变成了"五尊圣观音像"（རང་བྱུང་འཕགས་པ་མཆེད་ལྔ་），多出了"布冈"（བུ་ཀ་）像②。除此之外，并没有提到具体的布达拉内供奉之情况。按照 17 世纪藏文典籍说法，该圣观音像一直保存在布达拉之内，直到 17 世纪前叶，随着西藏地方局势变化被迫移到青海地区。③

1645 年，辗转多地后的圣观音像回到拉萨，并且一直供奉在布达拉宫法王洞内。据《法王洞志》记载："法王松赞干布为圣观音魂山宫殿所主供，浸入松赞干布智慧之心（ཡེ་ཤེས་སེམས་དཔའ་དངོས་སུ་ཞིམས་པ་）、帕巴像位于何处就朝向何处之无上加持像。"④ 此后的记载更加确信地认为该圣观音像就是吐蕃松赞干布时期的珍贵文物，比如"赞普的主要宫殿，如今该宫殿内供奉着赞普亲自加持过的、自朝'罗格谢热'之神奇赞普像"⑤。19 世纪前后，圣观音像又被从法王洞迎请到布达拉宫圣观音殿内，直到今天，成为布达拉宫主供之物。

---

① དཔལ་ལྡན་བླ་མ་དགེ་སློང་ཆེན་པོ་ཞེས་ཆལ་པ་དུང་ཆེན་སྟོང་ལམ་པའི་རྣམ་ཐར་དུང་ཆེན་གུ་དགག་རོ་རྗེ་མཛད་པ་བཞུགས་སོ། ཁྱེ་མ། ན་19

② 参见 དཔའ་བོ་གཙུག་ལག་ཕྲེང་བ། ཆོས་འབྱུང་མཁས་པའི་དགའ་སྟོན། པེ་ཅིན། མི་རིགས་དཔེ་སྐྲུན་ཁང་། སྤྱི་ལོ་2006 ན་108。

③ 原文大意如下："圣观音四尊像中松赞干布本尊'罗格谢热'像，自松赞干布、格热拉巴（ནེ་རེ་ལྕམ་）蔡巴万户、第司帕竹到吉雪扎西热登（སྐྱིད་ཤོད་བཀྲ་ཤིས་ལྷུན་པོ་ནས་བཟུང་）时期，一直供奉于布达拉，到了第巴玉杰巴时期（སྡེ་པ་ཡོ་གུ་རྒྱལ་）迎请到扎嘎黏卡（གཞིས་ཀ་བྲག་དཀར་）之故，丧失了下部吉雪（ཞོལ་སྨད་）属地，第巴阿白（སྡེ་པ་ཨ་དཔལ་）为了战事所需，赠予土默特斯钦台吉（ཐུ་མེད་ཀྱི་སེ་ཆེན་ཐའི་）后，来到青海，期间诸事不顺，只好请到东科寺（སྟོང་སྐོར་དགོན་），后此地也频发地震等凶相。虽然所发生的一切应验了莲师等人的授记，但是并没有人为该圣观音像迎请拉萨之事而努力。如今，源于有别与普通女子之达赖衮吉王后（ཏཱ་ལའི་ཀུན་དགའ་རྒྱལ་མོ་ 指土默特斯钦台吉之后）。从东科头人手中智取后，专门派遣祖谢热师（མཚོ་སྐྱེ་རྡོ་རྗེ་）护送圣观音像，到达此处正值布达拉宫白宫进行乞地仪轨时。"载 དགའ་ལྡན་ཕོ་བྲང་དུ་མཚོ། བ་རོང་གི་རྡ་དག་དང་དགའ་ལྡན་ཕོ་བྲང་། མཚོ་འདི་སྲུང་འཕྲུལ་གི་རོལ་ཤེད་བཀག་བཀྲ་ད་རྒྱལ་དུ་བཀའ་པ་ནུ་གུ་པའི་གོས་བཟང་ལམ་སྲེགས་བར་དང་བལུགས་ས། ཤིང་པར། ན་126

④ པོ་བྲང་ཆེན་པོ་པོ་ཏའི་ཆོས་རྒྱལ་ལྔ་བཀའ་འགྱུར་ལྔང་དང་བཅས་པའི་དེ་བེར་འདོད་དགུའི་དཔག་བསམ་སྟོན་ཞིང་བཞུགས། ཁྱེ་མ། ན་4

⑤ 原文如下：པོ་རྒྱལ་པོའི་པོ་བྲང་གི་སྐེ་ཡིན་ཞིང་། དཀྱིལ་གཙུག་ལག་ལ་ཁང་འདི་ཉིད་ཀྱི་ནང་། རྒྱལ་པོ་རང་ཉིད་ཀྱི་སྒྲུ་བརྒྱ་ནས་མ་དེས་འཕགས་པ་ལ་སོ་གི་ཤུ་ཀར་བཞུགས་ལ་ཞལ་སྟོན་པར་བཞུགས་པའི་ཕྱིན་ཏ་ལམ་ཀྱི་སྲང་པོ་མཛར་ས་ར་། 载 དགའ་ལྡན་ཕོ་བྲང་མཚོ། ན་སྤུ་སྐྱེ་པའི་གཙུག་ལག་ལ་ཁང་གི་དཀར་ཆག་དང་ར་བོལ། དགའ་ལྡན་ཕོ་བྲང་མཚོ་གཙུག་འགྱིམ། ཏ་ཤིང་པར། ན་19

图 12　布达拉宫圣观音像　　图 13　故宫馆藏圣观音像（罗文华提供）
（布达拉宫管理处提供）

　　当下，针对布达拉宫圣观音像的专门性研究以伊恩·艾尔索普在 20
世纪 80 年代完成的《拉萨的布达拉宫藏圣世自在菩萨像》以及李翎的
《藏传佛教阿弥陀佛与观音像研究》两篇文章相对深入和具体。伊恩·艾
尔索普运用纯粹的图像学比较方法，对中国西藏、尼泊尔和喜马拉雅周边
其他地方发现的所谓"布达拉宫圣观音像"样式做了梳理、比较与分析，
得出了该类型的观音像原型来自 7 世纪前后的尼泊尔地区，与当地"瞻
巴哈"即财神像信仰有关的结论。[1]此外，李翎的研究中借助伊恩·艾尔
索普的相关图片资料，关注到了圣观音头冠中法金刚小像的"圣观音"[2]，
但未能展开更细致的讨论。如本书中反复提到的那样，受 14 世纪佛教化
史籍的影响，二人也都对《西藏王统记》的内容做了反复的阐述。但是，
这些文献对具体解决圣观音这尊造像并没有实质性意义。此外，按照伊
恩·艾尔索普举出的馆藏于其他地方的圣观音的信息来看[3]，"布达拉宫圣
观音"还有双耳挂坠着硕大方形耳铛的特点，这在众多佛教或印度教神像

---

①　参见伊恩·艾尔索普著《拉萨的布达拉宫藏圣世自在菩萨像》，载熊文彬译《西藏艺术：1981
　　—1997 年 *ORIENTATIONS* 文萃》，第 98~102 页。
②　参见李翎著《藏传佛教阿弥陀佛与观音像研究》，甘肃民族出版社，2012，第 132~135 页。
③　参见伊恩·艾尔索普著《拉萨的布达拉宫藏圣世自在菩萨像》，载熊文彬译《西藏艺术：1981
　　—1997 年 *ORIENTATIONS* 文萃》，第 91~95 页。

装饰中极为罕见。由于布达拉宫圣观音像在当地信徒心中有着巨大的影响力，对这尊像脸部和全身涂刷金粉是至高的礼拜，在长时间的供养当中，布达拉宫圣观音像早已"面目全非"，只能看出大致的轮廓，特别是头冠中的小型立像佛和方形耳饰几乎难以看得真切。然而，无独有偶，故宫博物院馆藏有七世达赖喇嘛格桑嘉措于乾隆十七年（1752）敬供于乾隆皇帝的仿制白檀香布达拉宫圣观音像。由于此为较为精确的仿制之物，保留了原件上的许多细节，该像通体施金，仿早期喀什米尔风格观音像，头戴三叶冠，正中冠叶上雕饰佛尊。着清宫造办处为其量身特制的黄锦佛衣，左手置于腰间，右手手掌向前施与愿印。颈挂一红珊瑚朝珠，佛衣腹部绣释迦牟尼佛一身，佛衣下部裙上遍饰和田青白玉珠串组成的菱格状装饰。观音跣足立于半圆形覆莲台上，莲台下还有一大型"亚"字形方台座，台座两侧各有一嵌玉铜制香薰亭。背后金书汉、满、蒙、藏四体文题记，汉文曰："乾隆十七年十二月二十六日，奉旨供奉番造白檀香自在观世音，番称坚赞资克济克德因旺舒克，清称查兰尼托僧阿济·尼布勒·拂萨，蒙古称伊尔提因楚尹额尔珂图胡穆施穆博氏萨多。"

　　故宫馆藏的圣观音像是七世达赖喇嘛仿布达拉宫罗格肖热像而制作的。清乾隆十六年（1751），乾隆帝受命七世达赖喇嘛格桑嘉措管理西藏地方事务并颁布《藏内善后章程十三条》，第二年，格桑嘉措便向清廷进献了这尊白檀香圣观音像，说明七世达赖喇嘛将倾心贯彻《藏内善后章程十三条》和朝廷旨意，与驻藏大臣保持密切交往且关系融洽，西藏地方与中央政府的密切关系从此进入一个新的发展阶段。当仿照罗格肖热像的白檀香圣观音像运抵北京时，乾隆帝即下旨将其供奉于雨花阁一层"西方极乐世界阿弥陀佛安养道场"前，以作为莲花族部主，并与雨花阁顶层无上瑜珈部密集金刚相呼应。据罗文华考证，密集金刚有三种形象，即密集不动金刚佛、秘密自在观世音、密集文殊金刚佛。从图像说角度看，雨花阁所供的这尊密集金刚可以断定为"密集文殊金刚佛"。其用意不言自明。

　　除了故宫，历史上还有许多地方出现过仿造布达拉宫圣观音像的情况，如北京雍和宫、西藏拉萨和内蒙古等地，表明这一观音像作为特殊文化现象或具体的载体而广泛存在。在上述相关信息的基础上，我们可以发现，布达拉宫圣观音像至少从 14 世纪开始就在拉萨地区出现，但是跟《柱间史》和《西藏王统记》等佛教化史书中记载的情节之间并没有必然的联系。通过造像风格的比较发现，圣观音像样式在中国西藏、尼泊尔和拉达克等国家和地区极为盛行，到目前世界各大博物馆依然有相类似的造像收藏。从圣观音的几个特点（简朴的造型，两边散开的浓发，除了两个耳铛和戴着小型立像佛的头冠之外几乎没有华丽的装饰）来看，或许这类造像的来源跟印度或尼泊尔当地的某些早期信仰有一定的关系。[①] 当然，这一观点还需要做更多的比较研究来证明。

按照藏文史料所罗列的布达拉宫圣观音像基本历史脉络，当下研究人员对该圣观音像最初造型以及相关故事情节和"四种圣观音像"之间进行比对后能得出一些具有参考意义的结论。随着文物研究方法的多样化，尤其是材质分析等科学手段能够运用到文物研究当中，这有助于将来对相关文物研究得出更加让人信服的结论。布达拉宫圣观音像是早期佛像典型代表，在形成布达拉宫这一文化观念的过程中，这类造像发挥出了巨大的文化作用，成为布达拉宫文化的重要组成部分，但是在学术研究的视角下，其具体历史源流依然扑朔迷离。需要借助更具科学意义的研究手段和更加开阔的研究视野，才能得出相对客观的结论。

四 各方势力逐鹿拉萨

经过几个世纪的争夺，15 世纪时拉萨已然成为各地势力逐鹿之重要目的地，以大昭寺为中心的拉萨城的概念也在此时得到进一步加强，特别是随着格鲁派的兴起，拉萨作为重要现实战略的地位有了明显提高。处于拉萨最显眼之处的红山，在蔡巴万户几代人的经营之下，建构"吐蕃时期红山宫殿"的"历史"得到了进一步加强，大众心中慢慢形成了"殊胜地"的概念。之后，拉萨河谷流域，藏传佛教各宗教派别与地方世俗势力交替掌管着拉萨，以拉萨的特殊性与拉萨红山的殊胜性来表明各自执掌政权之正统性。

---

① 参见〔德〕施勒伯格著《印度诸神的世界——印度教图像学手册》，范晶晶译，中西书局，2016，第 217~224 页。

14 世纪中叶，帕竹政权的大司徒・降曲坚赞（1302~1364）取代位于拉萨河谷的蔡巴万户，并在拉萨河畔修建了奈吾宗堡（སྣེའུ་རྫོང་），让其家臣仁青桑布之子南卡桑布担任宗本之职，南卡桑布及其后代史称“第巴奈吾巴”，其统治范围包括整个拉萨河谷流域，直到 1498 年被仁蚌巴（རིན་སྤུངས་པ་）取代为止。① 在第巴奈吾巴统治拉萨河谷的几十年时间里，同时在帕竹地方政权的支持下，第巴奈吾巴・南卡桑布等人对刚刚兴起的格鲁派给予了巨大支持。宗喀巴等人依靠强大的宗教影响力，在第巴奈吾巴的支持下，创办了规模无比巨大的拉萨传召大法会，修缮大昭寺，这一系列的具体参与者和支持者都是第巴奈吾巴，第巴奈吾巴也以此来宣扬格鲁派在拉萨的影响力。②

15 世纪，宗喀巴创建格鲁派成为藏族历史上最具影响的事件之一。宗喀巴及其弟子把拉萨红山作为拉萨河谷腹地讲经说法时的重要修行道场。据记载，“当年（1399 年）秋季，（宗喀巴）前往吉雪驻悉于布达拉，为来自桑普、德瓦坚、贡唐、噶哇东、觉木隆和绥布等寺院的僧众大授《中观光明论》、《摄论》以及《菩提道次第》等经典。”③ 而作为早期格鲁派又一个核心人物即宗喀巴大师大弟子甲曹杰也在此长时间修行，并最终圆寂于拉萨红山上，“即将圆寂之时，把拉萨布达拉视为人间第二刹土，经过乃宁、昂仁曲德寺，又乘牛皮船到布达拉，此时身感

① 参见 ཡོན་ཏན་རྒྱ་མཚོ། སྐྱིད་ཤོད་སྡེ་པའི་སྐོར། ལྷུགས་པར་མ། སྤྱི་ལོ·2001 ཤ·2

② 参见 སྣེ་གདོང་གོང་མ་ཆེན་པོ་དབང་གྲགས་པ་རྒྱལ་མཚན་ལ། རྒྱལ་བ་ཙོང་ཁ་པ་ཆེན་པོས། བོད་ཡུལ་གྱི་རྡོ་རྗེ་གདན་འདི་ཉིད་ལ་སྲིད་ཞུ་བྲི་ལྷག་ཏུ་བསྐུལ་བའི་མཐུན་རྐྱེན་མཛད་དགོས་པའི་བཀའ་གནང་། སྣེ་སྲིད་རིན་པོ་ཆེས་ཀྱང་སྣེའུ་པ་ནམ་མཁའ་བཟང་པོ་དང་། བྲག་དཀར་བ་སོགས་སྐྱིད་འཕན་གྱི་རྫོང་གཉེར་རྣམས་ལ། ཆོས་ཀྱི་རྒྱལ་པོ་ཙོང་ཁ་པའི་བཀའ་བཞིན་དུ་བསྒྲུབ་བཅུག་སྟེ། ཡང་དག་པར་རྫོགས་པའི་སངས་རྒྱས་ཀྱིས་ཆོས་གཅིག་ནས་བཅོ་ལྔའི་བར་དུ་ཆོ་འཕྲུལ་བསྟན་པའི་དུས་ཆེན་ཁྱད་པར་ཅན་ལ། དགེ་འདུན་ཁྲི་ར་ཅན་ལ་བསྙེན་བཀུར། རྩམ་ཁལ་སྟོང་ལས་བཞེངས་པའི་ལྷ་བསྔོས། ཀོང་རྒྱ་མཚོ་ཆེན་པོས་ཐོག་དྲངས་པའི་མར་མེ་ཀོང་ལྔ་བརྒྱ་ཙམ། སྐུ་རྣམས་རང་རང་དང་མཐུན་པའི་ན་བཟའ། ཇོ་བོའི་སྐུ་ལ་གསེར་ཆབ། གཞན་ཡང་ཀུན་ཏུ་བཟང་པོའི་མཆོད་སྤྲིན་ལ་འགྲན་པར་ནུས་པའི་ལྷ་མཆོད་མི་མཆོད་རྒྱ་ཆེན་པོ་གནང་། སྟུ་རྡོ་འགྲོ་བ་རྣམས་དད་པ་བསྐྱེད་པའི་སྐད་དུ། སངས་རྒྱས་ཀྱི་རྣམ་པར་ཐར་པ་ལས་བརྩམས་པའི་(༡༥བ)འབྲུངས་རབས་སོ་བཞི་པའི་བཀའ་ཆོས་དང་། ཕྱི་དྲོ་སྨོན་ལམ་གྱི་རིམ་པ་སོགས་ཕྱག་ལེན་དུ་བསྟར། ཇོ་བོ་རིན་པོ་ཆེ་ལ་གསེར་གྱི་དབུ་རྒྱན། ཐུགས་རྗེ་ཆེན་པོ་ལ་དངུལ་གྱི་དབུ་རྒྱན། ཇོ་བོ་ལ་དངུལ་གྱི་ལྷུང་བཟེད་དང་། དངུལ་དམ་ཧ་མགོ་མ་གཉེར་ནས་བཞེས་ཏེ་ཕྱུལ། ཞང་སེར་སྨན་རི་ནས་རྡོ་གཉེར་བརྟོན་ནས། རྡོ་མོ་ཆེས་ཐོག་དྲངས། ཁྱམས་དང་བར་སྐོར་གྱི་རྡོ་གཅལ་བརྗེས། གནམ་གཡེངས་རྡོ་རྗེའི་ར་བ་ཀ་བ་བཅུ་གཉིས། ཐོག་འབྱུད་ཀ་བ་བརྒྱ། ཁྱམས་ཀ་བ་བཅུ་རྣམས་སྣེའུ་རྫོང་པ་ལ་བཀའ་གནང་སྟེ་བསྒྲུབས། བར་སྐབས་སུ་སྐོར་བའི་རྒྱུན་འགྲིབས་པ་སླར་དར་རྒྱས་སུ་མཛད་པ་སོགས་ཆོས་འཁོར་དཔལ་གྱི་ལྷ་སའི་ཞབས་ཏོག་ལ། རྒྱལ་བ་ཙོང་ཁ་པ་ཉིད་འགྲན་ཟླ་མ་མཆིས་པ་ཡིན་ནོ། 载 ངག་དབང་བློ་བཟང་རྒྱ་མཚོ། ལྷ་ལྡན་སྤྲུལ་པའི་གཙུག་ལག་ཁང་གི་དཀར་ཆག་ཤེལ་དཀར་མེ་ལོང་། ངག་དབང་བློ་བཟང་རྒྱ་མཚོའི་གསུང་འབུམ། ཇ། ཞིང་པར། ཤ·15

③ རྒྱལ་དབང་ཆོས་རྗེ་བློ་བཟང་འཕྲིན་ལས་རྣམ་རྒྱལ། འཇམ་མགོན་ཆོས་ཀྱི་རྒྱལ་པོ་ཙོང་ཁ་པ་ཆེན་པོའི་རྣམ་ཐར། ལྷ་ས། བོད་ལྗོངས་མི་དམངས་དཔེ་སྐྲུན་ཁང་། སྤྱི་ལོ·2013 ཤ·174

微羔，于六十四岁即水阳鼠年（1432 年）藏历五月八日安详圆寂。"① 可以看出，源自传统观音净土观念，尤其是蔡巴万户时期修造庙宇、塑造佛像和绘制壁画后，刚刚兴起的格鲁派把拉萨红山视作重要净土也是一种宣扬正统性的表现。

此外，随着明朝中央政府对西藏实行"多封众建"的治藏政策，第五世噶玛巴·得银协巴成为"多封众建"政策的直接受益者。1407 年，明成祖朱棣（1402~1424 年在位）把年仅 20 岁的得银协巴召请进京，在内地一年多时间内，他得到了永乐皇帝的优厚礼遇，"期间明成祖对这位年轻的藏传佛教高僧给予超乎寻常的优宠礼遇"②，并封其为"大宝法王"③，其影响力甚至超过了"三法王"中的其他两位。回到西藏后，当时地方掌握政权者把作为神圣地的拉萨布达拉献给"大宝法王"，据记载：

> 吉潘（རྒྱ་འབངས་）之主奈吾第巴（གནས་ཀ་སྡེ་ཏུ་པ་）献拉萨布达拉于噶玛巴，作为其寝殿，期间禅定剧增，并且"不久将会行众生之大事"而授圆寂之记。期间聚集无数雪域众生，（噶玛巴）讲授了释尊及观世音之法门，仅仅一日就引度无数众生于解脱道。此时，迎来了三次皇帝大赐使团，其中一次携带四周刻有五种或七种龙爪纹，底部书有皇帝名讳款四个汉字之珍贵瓷器及其配套囊匣。每人左右手各捧一只碗，供奉人员绕拉萨城一周，一直到布达拉之宝座前。④

---

① པ་ཆེན་བསོད་ནམས་གྲགས་པ། བཀའ་གདམས་གསར་རྙིང་གི་ཆོས་འབྱུང་ཡིད་ཀྱི་མཛེས་རྒྱན། ལྷ་ས། བོད་ལྗོངས་མི་དམངས་དཔེ་སྐྲུན་ཁང་། རྒྱ་ལོ་2013 ལ་72

② 拉巴平措、陈庆英总主编，熊文彬、陈楠分册主编《西藏通史》（明代卷），中国藏学出版社，2016，第 48 页。

③ 参见拉巴平措、陈庆英总主编，熊文彬、陈楠分册主编《西藏通史》（明代卷），第 479 页。

④ 原文如下：རྒྱ་འབངས་ཀྱི་བདག་པོ་གནས་ཀ་སྡེ་ཏུ་པས་ལྷ་ས་ཕོ་བྲང་པོ་ཏ་ལར་ནས་བཞེས་ནས་མཛོད་ནས་བཞུགས། འདི་སྐོར་ཏུ་འཇིག་རྟེན་དུ་འཇལ། རིང་མི་ས་ཤིག་པར་གཞན་དོན་བྱ་ཞིང་ཆེ་ལོ་གཞན་ཞིག་ལོ་ནས་འདས་པར་ལུང་བསྟན་ནས་ཧ་མའི་མཛོད་ཏུ་ཡུང་ཏ་མ། བོད་ཡུལ་གྱི་སྐྱེ་བོ་མཚོ་དམངས་ཀྱི་སྣ་མར་ཐམས་ཅད་རྒྱལ་བ་འཆར་བར་འདུག །སྐྱབས་གདན་པོ་དང་སྒྲ་རས་གཞེན་གྱི་གཟིགས་པའི་ལེགས་ཆོས་ཀྱི་འཁོར་ལོ་བ་སྐུར། རྒྱལ་སྲས་མ་འཆལ། ཉིན་གཅིག་ཙན་གྱིས་འགྲོ་བ་གྲངས་མེད་པ་ཐར་པར་བཀོད་པ་ལ་སོགས་བཀོད་པར་རུན། གོང་མའི་འབུལ་ཆེན་ཡང་ལན་གསུམ་དུ་སྙེན་པའི་གཡི་ལ་ག་ཀར་འབུལ་སྙེ་ར་ལ་ཕྱི་ཆར་གྲང་དངུལ་སྲོལ་གོས་ལ་ལ་དང་། མཛེ་ཀ་ག་ཀ་མཐའ་ཆམ་གྱི་རྒྱ་ཡི་སྲོ་བཞི་ཡིན་པ་ཕུངས་ཚན་ཁྲོ་བ་ཤི་ཆ་སྒོ་ལ་ལ་སྙི་ཚོན་ཆེན་མོ་ལ་ནུ་ཀ་ལ། དེ་ནས་ཁོ་བར་བཞེན་ནས་ཁྲིད་ཀྱི་གར་ཡས་ལ་ཕྱུལ་བར་གྱུག །载 གང་ཀས་ཆམ་ལ་བཀྲ་ཕྱུན་ཚེ་ཆེན་མོ་ལ་ནུ་ཀ་ག་ཚོ་དང་ཀ། སྲོག །ཀ་ག་ཆ་དང་ཀ་ཁྱན་ཡང་ནས་རིགས་པའི་སྐྲུན་ཁང་། རྒྱ་ལོ་1998 ལ་552ནས55

不仅如此，最新发现的史料中也对五世噶玛巴·得银协巴圆寂在布达拉一说进行了描写："观音化身之宫殿布达拉山顶圆寂。"[①]可见，执掌潘域和吉雪河谷的奈吾第巴把作为自己核心区域的拉萨红山或"布达拉"献给五世噶玛巴，表达了自己对噶举派，尤其是对噶玛噶举派的认可与支持。从噶玛噶举派传统来讲，教派领军人物在外地圆寂时，往往在圆寂之地修建纪念性质的享堂来表示该地的殊胜性，并顺理成章地把该地纳入自己的管辖范围。[②]

15世纪晚期，作为前藏势力代表的吉雪家族逐渐登上历史舞台。有关吉雪家族（ སྐྱིད་ཤོད་རྗེ་པ་ ）的记载，数五世达赖喇嘛的《西藏王臣记》最为完整和齐全。吉雪家族最早源于米琼顿杰（ མི་ཆུང་དོན་རྒྱལ ）时期，担任过帕竹政权奈吾巴宗本下属官员，后被宗本封为娘热甘丹（ ཉང་བྲན་དགའ་ལྡན་ ）头人（ མི་དཔོན ），从此得名甘丹巴。[③]米琼顿杰有索朗杰布、旺达尔和朗赛三子，其中旺达尔之子囊索·南卡杰布（ ནང་སོ་ནམ་མཁའ་རྒྱལ་པོ ）有次丹杰布和索朗二子。其中索朗与第巴、奈吾巴索朗伦波不和，公元1480年，仁蚌巴攻打前藏时，吉雪·索朗投靠仁蚌巴，并与其里应外合，使得仁蚌巴轻松攻取奈吾宗、布达拉等拉萨河谷重要地区，布达拉作为要地，被仁蚌巴从奈吾巴家族手中夺取。16世纪前叶，卫、藏两地之间发生了较大规模的战事，吉雪·索朗帮助前藏帕竹政权攻打以仁蚌巴为首的后藏势力并取得胜利，被帕竹第司任命为拉萨河谷流域吉雪地方领主，从此统治拉萨河谷一带长达百年，史称"吉雪第巴"。[④]

吉雪第巴统治拉萨河谷时期，兴起于后藏的仁蚌巴家族逐渐登上西藏历史舞台，依靠噶玛噶举派的支持，频频发兵于前藏地区。15世纪末，噶玛噶举派的势力在拉萨有了明显的增强，这一点可以通过其在拉萨大昭寺和拉萨红山等地的影响性来体现。1467年藏历七月，来到拉萨

---

① 原文如下：རྗེ་བཙུན་སྐྱུན་རས་གཟིགས་ཆོས་སྐྱོང་བའི་རྒྱལ་པོའི་ཆོས་བརྒྱ་བའི་སྦོང་ཆེན་ཉིད་བདེ་བའི་རྟེ་ཆོར་སྐྱུ་དང་ལས་འཕེ་འཕུལ་ཆུལ་བཞུགས་དོ། 载 ཕ་གྱིའི་སྐྱུན་བཟོད་ནིམན་རྒྱལ་མཚན་ བཀའ་བརྒྱུད་རིན་པོ་ཆེའི་ཆོས་འབྱུང་ཤིག་འབྲོ་ནོར་སྐྱོང་ ཁན་མི་ཡུལ་ནན་རིག་གནས་ སྤྲུ་རྩལ་པའི་སྐྱུན་ཁང་ སྨ་2019 ན95
② 第八世噶玛巴·弥久多吉（ གཀར་པ་མི་བསྐྱོད་རོ་རྗེ ）于1554年圆寂于山南雅堆热木纳（ ར་ཚོ་ནང་ ），后在此修建了纪念之庙"噶玛拉康"（ གཀར་མ་ལྷ་ཁང ），一直到今天。
③ དག་དགང་སྦོ་བཟང་རྒྱ་མཚོ དེབ་ཐེར་དྲིད་ཀྱི་རྒྱལ་པོའི་དུ་བྱང་ བེ་ཅིན་ མི་རིགས་དཔེ་སྐྲུན་ཁང་ སྨ་1989 ན183
④ 参见 པོན་ཏན་རྒྱ་མཚོ སྐྱིད་ཤོད་རྗེ་པའི་སྐོར་ སྨགས་པར་མ སྨ་2001 ན7ནས8

的第七世噶玛巴·曲扎嘉措得到了无数人的供养，他想要在大昭寺建立常驻于此的噶举派供养僧团，并与仁蚌巴商讨，然而仁蚌巴一心想在拉萨红山山脚下修建一座大型噶举派寺院而未许。因此噶玛巴只能在拉萨东郊修建大佛法轮寺（ཐུབ་ཆེན་ཆོས་འཁོར་），①这就是平常所说的噶玛贡桑寺（གཉན་དགོན་གསར་ཐུབ་བསྟན་ཆོས་འཁོར་གླིང་）。显然，仁蚌巴已经有趁着打入拉萨之际，在大昭寺之外，且具备一定军事攻守功能的拉萨红山修建属于自己的建筑群之意图。到了1497年，仁蚌巴的大军挥师拉萨，彻底打败了帕竹及其下属奈吾第巴的残余势力。是年，第七世噶玛巴·曲扎嘉措来到拉萨，供奉大昭寺，主持开光和加持了拉萨红山"布达拉新殿"（པོ་ཏ་ལའི་ཁང་གསར་）之仪轨。②从15世纪中叶开始，仁蚌巴意欲在拉萨红山处修建殿宇来提高在前藏地区的影响力，到了15世纪末期，这一想法似乎得到了具体的实施，从《贤者喜宴》的记载能够看出此时噶举派与仁蚌巴联合在拉萨红山顶上修建了建筑的事实，在噶举派的其他文献如《噶玛巴活佛传》（གཉ་ཀམ་ཆང་གི་བརྒྱུད་པ་རིན་པོ་ཆེའི་རྣམ་ཐར）中也有同样记载。

图 14　桑珠孜宗（网络图片）

① 原文如下：རྗེ་བོའི་སྐུ་འཁོར་དུ་དགོ་འདུན་གཙང་རྒྱལ་པ་ཐག་གཉན་བཞེད་ཀྱི་སྟེ་ར་རང་གི་ཕྱགས་བཞེན་ཀྱི་པོ་ལའི་ར་ལྷགས་ལ་ཆོས་སྟེ་འདེབས་ལ་ཆལ་པ་བསྟན་ཆོས་ལ་རང་དགེས་ནས་དུང་གས་བཀའ་མ་གནང་། ལྷ་འི་ཕོ་ད་ཐུབ་ཆེན་ཆོས་འཁོར་གྱི་རྒྱ་བའི་ད་ 载 དཔལ་པོ་གཙུག་ལག་ཕྲེང་བ། ཆོས་འབྱུང་མཁས་པའི་དགའ་སྟོན། པེ་ཅིན་ མི་རིགས་དཔེ་སྐྲུན་ཁང་། ཀྲུང་གོ2006 ན563ནས564

② 原文如下：སྐུ་སྟོད་དུ་དུ་ཟེར་ནས། ལྷ་སར་མ་ཆོད་པ་ར་པོ་ད་ལའི་ཁང་གསར་གྱི་རབ་གནས་མཛད། 载 དཔལ་པོ་གཙུག་ལག་ཕྲེང་བ། ཆོས་འབྱུང་མཁས་པའི་དགའ་སྟོན། པེ་ཅིན་ མི་རིགས་དཔེ་སྐྲུན་ཁང་། ཀྲུང་གོ2006 ན581ནས582

16 世纪之后，吉雪家族在仁蚌巴攻打拉萨时的突出表现，使其逐渐成为拉萨河谷流域的实际统始者。这一时期，格鲁派的势力有所恢复，但是位于拉萨河谷上游的直贡噶举却频频与格鲁派发生摩擦，成为格鲁派在拉萨崛起的另一个对手。根据直贡派的文献记载，源于噶举统一法脉，加上有暂时的共同对手，仁蚌巴的势力每当到达前藏之时，逐渐崭露头角的直贡派都表示出一种极大的兴趣来参与其中，在史料中留下了不俗的笔墨。[1]到了 16 世纪中叶，格鲁派在与直贡派的斗争中逐渐分出了胜负，在三世达赖喇嘛索南嘉措时期，格鲁派恢复了当年在拉萨地区的影响力。特别是在格鲁派的东嘎·仓央珠扎（དུང་དཀར་ཚངས་དབྱངས་འབྲུག་གྲགས།）和第二十五任甘丹寺赤巴杰康孜巴·边觉嘉措（རྒྱལ་ཁང་རྗེ་པ་དཔལ་འབྱོར་རྒྱ་མཚོ།）等人的努力下开始在拉萨红山等地修建属于格鲁派的修行之地，以此来提高格鲁派在这一区域的影响力。据记载："'布达拉'作为历代法王利众之殊胜之地，与'布咀洛迦'无异，特别是索南嘉措命吉雪第巴·扎西热登（སྐྱིད་ཤོད་སྡེ་པ་བཀྲ་ཤིས་རབ་བརྟན།），在此创建修行僧团（སྒྲུབ་སྡེ།），能造福众生，特别是对格鲁派及众施主有利。"[2]这是杰康孜巴·边觉坚赞对吉雪第巴·玉杰诺布（སྐྱིད་ཤོད་སྡེ་པ་གཡུལ་རྒྱལ་ནོར་བུ།）所说之言。三世达赖喇嘛索南嘉措时期就对上一任吉雪第巴有过在拉萨红山上创建僧团的交代，但一直未能如愿。因此到了 1598 年，已卸任甘丹法台的杰康孜巴·边觉坚赞继续让吉雪第巴"主持修建创办修行僧团，并修缮'布达拉庙殿'"（པོ་ཏ་ལའི་ཚོམས་ཁང་།）[3]。这里所指的"布达拉庙殿"应该是 14 世纪蔡巴万户主持修造的法王洞等建筑。吉雪第巴沿袭着 14 世纪开始的习俗，在大昭寺修造了铜质等身法王像、释迦牟尼与法王堆绣唐卡、新造《甘珠尔》（即《宗喀巴文集》）等。[4]特别是在布达拉山

---

[1]　参见 འབྲི་གུང་བསྟན་འཛིན་པད་མའི་རྒྱལ་མཚན། འབྲི་གུང་གདན་རབས་གསེར་ཕྲེང་། ལྷ་ས། བོད་ལྗོངས་བོད་ཡིག་དཔེ་རྙིང་དཔེ་སྐྲུན་ཁང་། རྒྱ་ཡིག2013ལོ། ད 222ནས226

[2]　原文如下：པོ་ཏ་ལའི་ཚོམས་རྒྱལ་ན་རིམ་གྱི་འགྲོ་བའི་དོན་མཛད་པའི་གནས་གྲོ་བར་ཙན་ཡིན་པར་གུན་ལ་གཟིགས་ཤིན། རི་པོ་ཏ་དང་ཁྱད་པར་མ་མཆིས་མ་སོ། སྒྱ་པར་དུ་གདམས་ཙན་ཨོགོན་པོ་བསོད་ནམས་རྒྱ་མཚོའི་ཞལ་ཏ་ལ་སྐྱིད་ཤོད་སྡེ་པ་བཀྲ་ཤིས་རབ་བརྟན་ལ་བཀའ་གནང་སྟེ། གནས་འདིར་སྒྲུབ་སྡེ་ཞིག་ཚུགས་ན་སྱན་པ་སྒྲ་བཟང་ཟུང་། ཁྱད་པར་དུ་དགེ་ལྡན་པ་འཆོར་ཆོས་ཐམས་ཅད་ལ་ཕན་པའི་བསྱབ་པའི་རོ་བོ་བྱའོ་ད་རྒྱུག་དུ་ཁྱད་ཀྱིས་ལེགས་ཆགས་མཛད་ང་ད། ཁྱ་བར་དུ་སྐྱན་པ་སྡེན་ཙ་མཆོག་འོན་ཐམས་ཅད་ནས་ནས་པའི་བསྲབ་པའི་རོ་བོ་ཤིན་ད་དགུན་ཤིན་ད། 载 ཚེ་རིང་ཨོགོན་པོ་སོགས། དཔལ་ལྡན་ཁི་ཆེན་རིམ་བྱོན་གྱི་རྣམ་ཐར། ལྷ་ས། བོད་ལྗོངས་མི་དམངས་དཔེ་སྐྲུན་ཁང་། རྒྱ་ཡིག2020ལོ། ད 87

[3]　参见 ཚེ་རིང་ཨོགོན་པོ་སོགས། དཔལ་ལྡན་ཁི་ཆེན་རིམ་བྱོན་གྱི་རྣམ་ཐར། ལྷ་ས། བོད་ལྗོངས་མི་དམངས་དཔེ་སྐྲུན་ཁང་། རྒྱ་ཡིག2020ལོ། ད 88

[4]　参见 ཚེ་རིང་ཨོགོན་པོ་སོགས། དཔལ་ལྡན་ཁི་ཆེན་རིམ་བྱོན་གྱི་རྣམ་ཐར། ལྷ་ས། བོད་ལྗོངས་མི་དམངས་དཔེ་སྐྲུན་ཁང་། རྒྱ་ཡིག2020ལོ། ད 88

上创建修行僧团之事，甘丹法台对吉雪第巴以佛教的本生观念加以解释，使这一事情变得更加具有说服力。[①] 相关材料表明，拉萨红山到 16 世纪末期，有了较为完备的佛教僧团和相当规模的各个时期所修建的建筑等文物遗迹。16 世纪，各个割据势力在争夺拉萨河谷统治权时，把夺取布达拉作为重要战略目标，可见布达拉地理位置的重要性和综合影响力。到了 17 世纪前叶，吉雪家族统治走向衰落，为了扭转被动局面，吉雪第巴索朗坚赞或阿白把布达拉主供佛像圣观音像（ཇོ་བོ་ལོ་ཀེ་ཤྭ་ར）赠予来自青海一带的蒙古土默特斯钦台吉，这点已在上文有所介绍。

17 世纪前叶，西藏历史进入第悉藏巴统治时期，在第悉藏巴军队攻打前藏尤其是拉萨河谷一带时，前藏各种势力和寺院进行了顽强抵抗，除了提到的吉雪第巴等正统地方势力，作为潘域地区重要势力的以寺主夏仲阿旺南杰为首的达隆寺也参与抗击第悉藏巴战事，据记载："铁阳虎年（1590 年）藏历五月，本人（指达隆寺夏仲·阿旺南杰）援助第巴吉雪率达隆部众前往拉萨，驻扎于布达拉。"[②] 此时，布达拉已经成为前藏各种势力联合抗击第悉藏巴的前沿阵地，作为拉萨河谷隆起的山岗，不管从地理位置和自身险要度上，还是从现实战略上均起到了桥头堡和前沿指挥部的作用，各种势力迫不及待地想占为己有。而随着第悉藏巴的短暂胜利，前藏指挥部所在拉萨红山也受到牵连，遭受破坏。因此，当战事告一段落或者暂时趋于平静之时，遂即组织人员修缮布达拉，并邀请重要宗教人物进行相关仪轨，据记载："《达隆夏仲传记》中讲，为布达拉修缮工事举行开光仪轨，邀请东嘎珠扎活佛到布达拉。"[③] 这是 1604 年，第悉藏巴邀请著名高僧东嘎·仓央珠扎（དུང་དཀར་ཚངས་དབྱངས་འཕྲུལ་ཕྱུགས）为布达拉宫维修进行开光仪轨。由此可以看出，受战

① 参见 ཚེ་རིང་མགོན་པོ་བསོད་ནམས། དཔལ་ལྡན་འབྲི་གུང་ཆེན་མོ་ཆོས་ཀྱི་རྣམ་ཐར། སྨད་ཆ། ལྷ་ས། བོད་ལྗོངས་མི་དམངས་དཔེ་སྐྲུན་ཁང་། སྤྱི་ལོ2020ལོ། ཤ89
② 原文如下：རྣམ་འབྱུང་ཞེས་པའི་ལྷགས་ཟླ་སྐྱ་གི་ཡོའི་ནོར་ནུ་བླ་མ་ཡིན་པའི་ནན་ནེ་རང་ཉིད་རང་ཡུལ་ཞུ་སྟེ་མི་སྣེའི་དཔས་དཔུང་རྣམས་སྟེ་ལྷ་ས། ནོན་པའི་དུང་ཀུད་སྟེ་ཏ་བཀོ་ནས་ཏོ་ལ་པ་བསྡད། འདིར་སྲིད་དུ་ལྷས་མོག་ལག་པའ་མི་ང་ན་གྱི་ད་ལ་བཙན་གཅི་ན་ད་ད་འཕྲིལ་བོ་ལྷོ་ཚས་གྱུར་བར་བདག་གིས་ཀྱི་ཤ་ང་བརྒོས་ཏེ། ནེ་ནི་སྐྲས་པའི་གན་ཡིག་གི་ན་བ་ཏ། སྟངས་སྣང་རྒྱ་བཞིན་འབྱོད་དུ་རྒལ་ཏེ་ཤ་ཀ། མེད་པར་གྱག་ ཤེན་ཅིང་ལྷ་མ་ བརྩང། 载 གའ་ལུང་ལྷ་སང་ དུང་དཀར་ བང་ རྣམ་རྒྱལ་ དེའི་ སྐོ་ རང་དཀར་ རྣམ་ རྒྱལ་ བར་ ཚེ་ གྱི་ སོ་ རྣམ་ དྤལ་ བལ་ རིན་ ས་ ཤར་ བལ་ བཟང། ཡིན་གི་ཤིན། ཤིན་པ། ཤ34
③ 原文如下：ལོ་འདིར་བླ་ས་ དུང་དཀར་ འཕྲུལ་ ཕུགས་ པོ་ དྤར་ དྤ་ རྣ། དྤང་དེ་ ཞིག་ གསོལ་ རྱས་ སོ་ དཔ་ ཤ་ ཤ་ རྣ་ དྤས་ ཤ་ ཤ་ ཤ་ ཤ་ ཤ་ བ། ཞེས་ སྐྱ་ ལུང་ དཀར་ རྣམ་ རྒྱལ་ ལོ་ རྣ་ རྣམ་ དུ་ གསལ། 载 དུང་དཀར་ བྤ་ བཟང་ འཛིན་ དཔ་ ལ་ས། དུང་དཀར་ ཚིག་ མཛོད་ ཆེན་ མོ། མི་ རིགས་ དྤ། དུང་བོ་ རིག་པ་ དཔེ་ སྐྲུན་ ཁང་། སྤྱི་ལོ2002 ཤ2366

事牵连，布达拉遭受了一定破坏。到了 1608 年，势力达到巅峰的第悉藏巴和前藏第巴·雅嘉巴（ཉེ་པ་ཡར་རྒྱབ་པ་）联合在布达拉山上修建了宗堡，取名平措热旦宫（ཕོ་བྲང་ཕུན་ཚོགས་རབ་བརྟན་），并邀请噶玛噶举派夏玛巴·曲吉旺久（ཞྭ་དམར་ཆོས་ཀྱི་དབང་ཕྱུག་）前来开光。[①]从著名学者东嘎·洛桑赤列的相关记载中可以窥见这一条重要线索，但是从五世达赖喇嘛的记载中来看，这一说法似乎还不能完全成立，据记载："与天竺布达拉无二异之法王松赞干布的红山宫殿，经过霍尔王、蔡巴万户和帕竹万户下属宗喀巴之施主的奈吾巴宗本等人分别执掌，并修造有各种工事，然而均如电幻般消逝，如今只剩下一处佛堂。"[②]此外，我们需要对东嘎先生所引用史料做出进一步的整理和分析。尤其是东嘎先生具体从何处引用这一史料仍需要考证。对此，作为这段记载当事人之一的噶玛噶举派夏玛巴·曲吉旺久的传记[③]中似乎也有相似的记载。总之，这一历史事件为布达拉宫历史沿革研究提供了重要线索，以此为据，今天布达拉宫西大殿地垄处依然可以看到粉刷过白灰的早期建筑外墙遗迹，或许就是平措热旦宫遗址，但相关问题仍需要进一步考证、分析和研究。

通过前、后藏几个回合的较量，第悉藏巴作为得势一方，显然完全看中了布达拉山的地理等方面的重要性，并且做了适合战事和平时统治需求的具体安排，为 17 世纪中叶正式修建布达拉宫奠定了一定的空间基础。

小　结

本章以藏族历史发展脉络为主线，把拉萨以及拉萨红山的相关历史记忆作为探讨的重点，试图勾勒出 11 世纪至 17 世纪上半叶，拉萨这座高原城市的历史变迁脉络。随着藏族历史进入 11 世纪，在藏传佛教后弘期

---

① 原文如下：ས་སྐྱིག །སྤྱི་ལོ་1608ལོར། སྡེ་པ་ཡར་རྒྱབ་པ་དང་གཙང་པ་སྡེ་སྲིད་གཉིས་ཀྱིས་པོ་ལར་མཁར་རྫོང་གསར་རྒྱག་གི། ཁང་དམར་པ་ཆོས་ཀྱི་དབང་ཕྱུག་རབ་གནས་སུ་གདན་དྲངས། སོ་བྲང་གི་མིང་ཕུན་ཚོགས་རབ་བརྟན་དུ་བཏགས། 载 དུང་དཀར་བློ་བཟང་འཕྲིན་ལས། དུང་དཀར་ཚིག་མཛོད་ཆེན་མོ། ཅིང་ཀྲུན་བོད་རིག་པ་དཔེ་སྐྲུན་ཁང་། སྤྱི་ལོ་2002 ན་2367

② དགེ་འདུན་བློ་བཟང་རྒྱ་མཚོ། སོ་བྲང་ཆེན་པོ་པོ་ཏ་ལའི་ཆོས་འཆ་ཆེན་ལོག་གསུམ་གྱི་ཆུང་ངེ་རེན་ནེར་དུ་བཀོད་ན་ཀུན་ལ་རབ་གསལ་ཞེ་ན། དགེ་འདུན་བློ་བཟང་རྒྱ་མཚོའི་གསུང་འབུམ། ད། ཤིན་པར། ན37

③ 原文如下：ཡར་རྒྱལ་པས་སྐྱུ་དང་ནས་སྙ་པོ་ཏ་ལར་ཕེབས། གནས་ནར་འབུལ་བར་ཏུ་དེ་ཞིག་གསོལ་མཛད། 载 ཞི་ཧུ་ཚོགས་ཀྱི་འདུ་གནས། གང་ཀ་ཀ་ཚོ་ང་བ་ཡེ་ཤེའི་རྣམ་ཐར་བར་རབ་འཇམས་ནོར་བུ་ཟླ་བ་བཀོ་ཤེལ་གྱི་ཕྲེང་བ་ཞེས་ཨ་འག། ཤིན་པར། ན134

的大背景之下，拉萨这一吐蕃时期就拥有历史痕迹的地方成为各个宗教势力关注之地。后弘时期，各方宗教势力开始在拉萨大、小昭寺等地进行频繁的宗教活动，修缮早期建筑遗迹成为最重要的历史事实。而大、小昭寺不远处的这一坐凸起的山岗亦被人当作宗教活动之场域，形成早期拉萨及拉萨红山的历史记忆。12 世纪之后，西藏各地家族力量作为强大依靠的割据势力此起彼伏，兴起于拉萨河谷流域的蔡巴噶举经过长时间的奋起努力，力排诸多对手，最终把拉萨大、小昭寺等地的控制权牢牢掌控在手中。到了 14 世纪，蔡巴万户进一步加强了对拉萨城市构建的力度，除了对位于传统中心位置的大昭寺等地进行日常管理，还在拉萨红山修建殿宇、重塑造像、绘制壁画，为僻静的拉萨红山赋予了神圣的内涵，成为吐蕃时期王宫设于藏传佛教观音净土观念的具体体现，成为拉萨城市演进过程中的重要一笔，更是布达拉宫沿革史上最具典型意义的历史事件。值得一提的是，布达拉宫法王洞及其相关文物遗存模式此后在西藏各地逐渐盛行，成为那一时期人们所追捧的文化信仰。

15 世纪之后，又一波地方势力随之兴盛，在各种宗教势力的参与下，对于拉萨的争夺日趋白热化，拉萨成为群英争雄之地。期间，世俗化的军事争斗贯穿始终，而这一过程中，依托西藏现实地理的特殊性，人们创造了修建宫堡这一极其适用于军事争斗的模式。拉萨红山也被各方势力轮番占领，或留下重要的宗教活动之轨迹，或修建殿宇吸引人的注意，或成为军事要塞，发挥相关优势。比如宗喀巴师徒、五世噶玛巴活佛等藏传佛教重要人物均在此讲经说法，也有奈吾巴、吉雪巴、仁蚌巴和第悉藏巴等历代西藏地方割据政权为争夺拉萨河谷流域而变成前沿阵地，显示了布达拉在宗教上的特殊性和在地方势力战略上的重要性。17 世纪，第悉藏巴等政权在红山上直接修建宗堡，使得其重要性表现得更加具体，这也为本书提供了又一个重要线索，是有别于以往布达拉宫历史研究的视角，对 17 世纪中期正式修建布达拉宫问题的深入研究起到了承上启下的作用。

布达拉宫历史沿革在时间上有上千年的时间跨度，本章对布达拉宫的前身即 17 世纪正式修建布达拉宫之前相当长时间内拉萨及拉萨红山的零散记载加以整理，梳理拉萨城以及拉萨红山的具体历史脉络，得出了拉萨这座高原城市是在 11 世纪之后逐渐兴建城市之结论。同时，得出作为布达拉宫前山的拉萨红山也是从无人问津的僻静之地，并随着地方势力的角逐渐渐被人冠以特殊意义后成为"殊胜之地"，之后又在地方势力军事争斗中逐渐显示出现实的地理上的优势而成为众人争夺的目标，为修建真正意义上的布达拉宫提供了基础。

第四章　红山之巅

——布达拉宫的修建

虽然后世史料中布达拉宫的历史可以追溯到吐蕃时期，但是人们如今能看到的建筑基本上属于 17 世纪的产物，随着甘丹颇章地方政权的建立，修建象征地方政治权力中心的布达拉宫成为当时首要的任务，从此布达拉宫正式成为藏族文化的代表之一，影响毋庸置疑。从 17 世纪起，布达拉宫建筑修缮和历史文化内涵的发展变迁等都有相对具体的史料可循，但是学界对这一部分内容还未能进行较深入的梳理和研究。以白宫和红宫的修建背景、具体历史事实与布达拉宫修建完成后对藏族社会、藏族思想观念上产生的具体影响等方面作为核心内容去探讨，具有较强的可操作性、历史意义和学术意义，因此本书把这一时期布达拉宫的历史演变作为重点内容进行阐述和分析。

一　修建白宫

布达拉宫按照建筑的形制和修建年代以及建筑功能划分可分为白宫和红宫两个部分，在修建年代上白宫比红宫早半个世纪，是由五世达赖喇嘛主持修建。

17 世纪前叶，后藏崛起的第悉藏巴政权和前藏帕竹下属雅嘉巴（ཡར་རྒྱབ་པ་）、奈吾巴和吉雪巴等地方势力以及以格鲁派、噶玛噶举派和止贡噶举派等诸教派之间的争斗进入复杂局面。其中，第悉藏巴盘踞在后藏，以桑珠孜宗（བསམ་གྲུབ་རྩེ་）作为政权中心，在与前藏较量中逐渐占据上风。第悉藏巴为了与前藏格鲁派和帕竹属下诸地方势力抗衡，在拉萨红山上修建了平措热旦宫，还在红山山脚下和拉萨城东分别修建噶玛噶举派寺院。虽然帕竹政权及其下属宗谿（རྫོང་གཞིས་）势力大部分在前藏地区，但没落不堪的帕竹政权根据地一直在南部乃东地方，很难在拉萨河谷发挥作用，而前藏地区不管是较为活跃的谿卡贡嘎（གཞིས་ཀ་གོང་དཀར་）还是拉萨河谷流域的奈吾巴和吉雪巴，均与拉萨城距离较远，因此作为前、后藏争斗中占据重要位置的拉萨河谷区域并没有一个能作为战斗堡垒和政权集中地的重要地域来对抗第悉藏巴，更是难以对以大昭寺为核心的拉萨城进行实际控制。第悉藏巴深知这点，据记载："噶玛巴王朝藏巴汗三代人统治西藏七十余年，在此期间，除保留原有十三大宗堡外，其余尽净拆除，以防变乱。"① 因此，16 世纪晚期起，以格鲁派为首的前藏力量在拉萨城中能够作为实体战斗堡垒来对付第悉藏巴势力，也就剩下以哲蚌寺和色拉寺等为数不多的格鲁派寺院及僧兵，在双方战斗中格鲁派两大寺院充当着重要角色，据记载：

　　吉雪第巴索朗坚赞与色、哲两个寺院相互商讨，蒙古兵、色、哲僧兵和吉雪兵联合出动，这时第悉藏巴挥师卫藏十三万户军队到拉萨，六月十五日两军展开厮杀，此前释迦牟尼佛像出现流泪等征兆，第悉藏巴指挥无数人攻入拉萨，更有勇者欲攻打哲蚌寺而来到了哲蚌寺后山。此时，达青率领的蒙古兵和格鲁派僧兵杀入第悉藏巴军中，致使第悉藏巴一方无一生还，但是，次日在拉萨河边出现了更多的第悉藏巴军营，蒙古兵见此情形，准备逃命之时，格鲁派僧兵和吉雪派的兵勇也随即闻风逃向潘波和达隆地方。第悉藏巴军攻入色拉、哲蚌二寺，夺取了吉雪巴下属各个宗谿。②

①　西藏自治区政协文史资料编委会编《西藏文史资料选辑》Ⅱ，民族出版社，2007，第281页。
②　དཔལ་ལྡན་སྲིད་རྒྱ་མཚོ། རྫེ་བཙུན་ཐམས་ཅད་མཁྱེན་པ་བསྟན་འཛིན་སྐྱབས་རྒྱ་མཚོ་དཔལ་བཟང་པོའི་ཞལ་སྔ་ནས་ཀྱི་རྣམ་པར་ཐར་པ་དད་པའི་སྒོ་འབྱེད་ཅེས་བྱ་བ་བཞུགས་སོ། ཤིང་པར། ཤ11

这段记载来自当时吉雪巴家族著名高僧吉雪夏仲·旦增洛桑嘉措（ སྐྱིད་ཤོད་ཞབས་དྲུང་བློ་བཟང་བསྟན་འཛིན་རྒྱ་མཚོ་ ）传记。他亲睹了 17 世纪前叶，前、后藏之间这一重大历史事件，并且自己也牵连其中，最后亦不得不随着格鲁派和吉雪巴残余势力逃向青海，后半生都在青海地区讲经说法，直到圆寂。从中可以看出，第悉藏巴挥师拉萨后，前藏联合势力还是将色拉寺和哲蚌寺两大寺院作为抵抗第悉藏巴的阵地，虽然两大寺院均拥有坚固城墙①和数量众多的僧兵，但是毕竟是宗教场所，不可能发挥战事堡垒作用。拉萨地区唯一可以用作战事城堡的红山则早就被第悉藏巴占据并修建了宫堡。基于此，前藏联合势力并没有一处具备战事之需、易守难攻，尤其是联合两大寺院的宗堡类建筑，作为统一指挥和调度之用，因此两大寺院和吉雪巴各个小宗堡被第悉藏巴逐个击破，失去了抵抗之力。从这一点看，17 世纪前叶，以格鲁派为主的前藏势力还是一味地仰仗三大寺的优势，而第悉藏巴则很早就利用桑珠孜作为权力中心，循序推进，向前藏扩张。据史料记载，第悉藏巴大力推行帕竹政权所延续下来的宗堡模式来管理地方行政事务，除了拥有桑珠孜这一重要宫堡建筑，其余类似建筑也起到了重要作用，据记载：

> 东边嘉卡孜（ རྒྱལ་མཁར་རྩེ་ ）如雄狮腾飞、犹如天挂粮斗（ ཟོ་བ་ ）的白朗伦珠孜（ ལྷུན་གྲུབ་རྩེ་ ）、大山环绕的黠卡仁布（ གཞིས་ཀ་རིན་སྤུངས་ ）。此外，四周分别有东边为了震慑达、贡（ དགའ་གོང་ ）而建的沃卡达孜（ འོལ་དགའ་སྡག་རྩེ་ ），南部震慑门隅朵卧宗（ དོ་པོ་རྫོང་ ），西部能震慑尼婆逻和印度而建的南杰拉孜（ རྣམ་རྒྱལ་ལྷ་རྩེ་ ），北部能震慑霍尔等的桑昂德庆宗（ གསང་སྔགས་བདེ་ཆེན་ ），此外还有许多城堡。②

这点与单纯将寺院作为军事指挥场所或城堡还是有很大区别的。

---

① 参见牛婷婷、汪永平、焦自云《浅谈西藏政教合一时期寺庙中的宫殿建筑——以萨迦寺和哲蚌寺为例》，《华中建筑》2010 年第 7 期，第 157 页。

② དཔལ་སྤུངས་ཀུན་པོ་སངས་རྒྱལ་རྡོ་རྗེ་སོགས། གནས་ཆེ་སྤྱི་རྒྱལ་པོའི་རྣམ་ཐར་དང་རྒྱལ་རབས་བཤུགས་སོ།། པོད་སྟོང་ཕི་ཨིག་དེ་ རྩེ་དང་སྔན་ ལིང་ སྐྱེ་ མི་ལོ་2011ལོ་ཟླ་12 ན་30ནས་31

因此，到了 17 世纪中叶，当格鲁派得到固始汗强兵作为支援，并最终取代第悉藏巴成为西藏地方统治者之后，建立一处从帕竹政权起流行，并符合当时第本体系（སྣེ་དཔོན་ལུགས།）下的宗堡成为地方政权行政中心的首要任务。为了付诸行动，借助宗教思想，开始出现以"佛典授记"等方式对红山上修建宗堡之考虑。据记载："若能在拉萨麦布日（ལྷ་ས་སྨན་པོ་རི།）、白吉曲沃日（དཔལ་གྱི་ཆུ་བོ་རི།）和诃布日（ཏལ་པོ་རི།）等卫地三座山上修建宫殿，则能收服'卫、哟、边'（དབུས་གཡོར་མཐའ་གསུམ།）三地。如此佛法能够兴盛六十载，之后再过七十年，众生能够安乐，此等授记能够符合于现实。"[1]它起初只是为满足世俗政权之需要，也是修建布达拉宫白宫之初衷。因此，当甘丹颇章地方政权建立后，相关人员立刻就提出为满足新兴政权之需要建立宗堡之想法，这点在当时权威文献中有清楚记载："1645 年，以林麦夏仲（གླིང་སྨད་ཞབས་དྲུང་།）为首的僧俗官员提议，'当今若没有一个按地方首领规则修建的城堡作为中心，从长远来看有失体面，从眼前来看也不甚吉利。再者，豁卡贡嘎与拉萨三大寺等又相距甚远，因此需要在布达拉山进行修建宗堡。'"[2]这也是在拉萨红山上修建宗堡的直接历史背景。同时，五世达赖喇嘛相关早期记载中一直把布达拉宫白宫称作"布达拉宗"（པོ་ཏ་ལའི་རྫོང་），也把布达拉宫（指白宫）当成一种古代宗本制度下具有实际意义之宗堡类建筑，这也是修建白宫的直接目的。

除此之外，拉萨红山作为传说中的"布达拉"，自藏传佛教后弘期就有流传，因此把观音信仰与甘丹颇章地方政权进行衔接，符合自古以来很多历史人物的企望。因此，在这样的历史背景下，在红山上修建布达拉宫即白宫部分也是顺理成章之事。

有关白宫修建的历史在现存珍贵史料中有详细记载，根据《五世达

---

① 原文如下：ལྷ་ས་སྨན་པོ་རི་དཔལ་གྱི་ཆུ་བོ་རི། དཀར་པོ་རི་གསུམ་ཁྲོམས་ཀྱི་གནས་ལ། པོ་བྲང་ལྷས་བྱས་དགཡོར་མཐའ་གསུམ་སྲུང་ ཅེས་གསུངས་ཤིང་། ཆུ་གཅིག་ལྷ་བཙུན་པའི་གནས་ཆེན་ཀུན་ ཕྱར་ཀྱི་ལྷ་བཀ་བཤད་ཀྱི་འཁོར་ཉིད། དེ་ནྱིད་བསྟན་པ་ལ་བ་ སོ་ལྡན་འདྱུ། རྟེན་ཀྱི་བསྟན་གཤྱག་དང་བསྟན་དཔན་ཀུ་རྒྱལ་ སེམས་ཅན་ཕུ་རིའི་སྐྱིད་ངེས་པར་འགྱུར་ 载 སྣོན་འབྱེར་འཛེད་ནུས་དང་རྒྱལ་རི་དེ་ རྒྱལ་དང་ཕམས་ཅན་ མཇིན་པ་དགའ་དང་བོ་བཞང་མཚེའི་མཚན་སོ་རིའི་ ཡིད་ལ་བདེ་ཅེ་ཉུང་དེ་ རྱལ་དཔན་མ་མཁ་དགཔི་དགའ་བ་ལྲ་དགས་ དྲས་མ་ གསུམ་པ་བཞུགས་སོ། ཤེ་ངར་པ། ༡120
② དགའ་དཔན་བྲོ་བཞང་རྒྱ་མཚོ། ཟ་ཧོར་ཀྱི་བཞེ་དགའ་དཔན་བྲོ་བཞང་རྒྱ་མཚོའི་འདྱེ་སྣང་འཁྲུལ་པའི་རོལ་ཆེད་རྟོགས་བརྗོད་ཀྱི་རྩུལ་དུ་བཀོད་པ་དུ་ ཀུ་ལའི་གོས་བཞང་ལས་ སྨེགས་བམ་དང་པོ་བཞུགས། ཤེ་ངར་པ། ༡126

赖喇嘛自传》内容来看，1642 年，随着甘丹颇章地方政权的建立，紧接着准备修建白宫，最早提出修建白宫的是时任甘丹赤巴的五世达赖喇嘛经师林麦夏仲·贡确群培（ རྒྱང་སྨད་ཞབས་དྲུང་དཀོན་མཆོག་ཆོས་འཕེལ ）。由于在常年的拉锯战中，格鲁派没有与拉萨三大寺院遥相呼应、高度统一的政权中心，只能依靠和硕特部精兵强将的支持才能占据主动地位。因此，格鲁派上层将修建符合世俗权力象征的宗堡建筑作为必须要完成的事项来对待。尤其是林麦夏仲，他身兼格鲁派宗教要职，为格鲁派和刚刚成立的甘丹颇章地方政权长远利益着想，对修建布达拉宫一事表现得非常积极，据记载：

　　林麦夏仲从桑浦寺来到色拉寺，在寝殿下榻之时曰："从前看过的宁玛派典籍中有授记，虽然很难分辨所述是否属实，然能够修建一座把玛、嘉（ དམར་ཞྱགས ）两座山连接起来的巨大宗堡，将会把色拉与哲蚌二寺连接起来，不管从目前还是长远来看都是稳妥的。加上该地为观音驻地，若能在此举行嘛呢法会，对消除福施（ མཆོད་ཡོན་གཉིས ）二人的罪孽也有益处。"[1]

这是 1643 年藏历二月，林麦夏仲出于格鲁派及甘丹颇章地方政权未来的考虑，让五世达赖喇嘛主持修建红山宗堡之记载，但是五世达赖喇嘛由于受到佛教慈悲为怀、与世无争等思想影响，加上他还仅仅是一位未到而立之年的青年，对形势有待加以清晰认识，起初对修建宗堡一事还没有那么热忱。这点在他们的对话中可以看得真切，据记载：

　　吾答："在蒙古人驻军期间，应该不会有变故，对于宗修建堡等亦无眷恋。"（指林麦上师）又曰："如此为何还能发生战乱？心无杂念并非不妥，然而从前发生祸乱之时，只能逃向北方，当下定要严防再次发生类似事情，不能把宗喀巴法脉付之东流，因此要咬

① དག་དབང་བློ་བཟང་རྒྱ་མཚོ། ཤ བོད་ཀྱི་བརྗེ་དག་དབང་བློ་བཟང་རྒྱ་མཚོའི་འདི་སྲིད་འཕྲུལ་བའི་རོ་རྗེད་རྟོགས་བརྗོད་ཀྱི་རྒྱལ་དུ་བཀོད་པ་དུ་ཀུ་ལའི་གོས་བཟང་ལས་སྐྱེལ་བར་དང་པོ་བཞུགས། ཤེད་པར་ཤ ༡༡༨

紧牙关、励精图治。"①

五世达赖喇嘛也受经师教诲启发。到了 1645 年，林麦夏仲等僧俗官员正式提出修建白宫，这就是上述提及的那段记载。五世达赖喇嘛很快让人着手在拉萨红山上修建工事，并亲自参与工程开土动工等相关仪式，据记载：

> 以林麦夏仲为首的僧俗官员提议，"当今若没有一个按地方首领的规则修建的城堡作为中心，从长远来看有失体面，从眼前来看也不甚吉利。再者，谿卡贡嘎与拉萨三大寺等又相距甚远，因此需要在布达拉山进行修建宗堡"。根据他们的建议，请求我去举行合乎福田施主心意的净地仪轨。于是，我就按照林麦夏仲的请求，于藏历三月二十五日前往布达拉，行至丹巴仁钦岗（དན་འབག་རིན་ཆེན་སྒང་）时，阵阵雷声从北边轰隆响起，倾盆大雨骤然而降，随后刮起狂风，到达布达拉以前一直没有停息，形成了风云之帷幕，应该是吉祥天母欢愉之兆，有时从东西两面刮起狂风，为八部鬼众作祟之征。二十六日，准备妥当后，素尔衮钦钦波（指素尔钦·曲英让卓）每天早上将煨桑等供品分配给八部鬼众。喇钦囊热瓦（བྱ་ཆེན་ནང་སོ་རལ་པ་）按天文历算进行消灾仪轨。从前，莲花生大师在金刚橛坛城中，以法力制伏鬼神后顺利建成了桑耶寺之缘，雪域大地与莲花生大师及其八大法行法渊源颇深之故举行北部伏藏金刚橛黑天坛城（བྱང་གཏེར་ཕུར་པ་ལྷ་ནག་གི་དཀྱིལ་འཁོར་）法会。二十八日，素尔钦·曲英让卓按照续部经典之仪轨进行绘制蓝图。此时，响起宗喀巴从甘丹寺迎请的佛陀法螺、阿底峡法螺以及萨迦班智达法螺等螺号声于四方。二十九日吉时，按照钦则大师的金刚橛诸法器迎请至官殿中心位，由香灯师格丁喇嘛（དགེ་སྐྱིང་བླ་མ་）率领南杰扎仓众僧以具德饮血忿怒金刚（དཔལ་ཆེན་ཁྲག་འཐུང་ཁྲོས་པ་）之相举行净地仪轨。圣观音四尊像

① དཔལ་དབང་བློ་བཟང་རྒྱ་མཚོ། ཟ་ཧོར་གྱི་བནྡེ་དག་དབང་བློ་བཟང་རྒྱ་མཚོའི་འདི་སྣང་འཁྲུལ་པའི་རོལ་རྩེད་རྟོགས་བརྗོད་ཀྱི་རྩལ་དུ་བཀོད་པ་དུ་ཀུ་ལའི་གོས་བཟང་ལས་སྟོད་ཆ་དང་པོ་བཞུགས། ཤིང་པར། ན 118

・161・

中的松赞干布本尊"罗格谢热"像，从松赞干布、格热拉巴、蔡巴万户、第司帕竹到吉雪扎西热登时期，一直供奉在布达拉，到了第巴玉杰巴时期迎请到扎嘎黺卡之故，丧失了下部吉雪属地，第司阿白为了满足战事所需，赠予土默特斯钦台吉。后来到了青海，期间诸事不顺，只好请到康区东科寺，此地也频发地震等凶象，虽然所发生的一切应验了莲师等人的授记，但是并没有人为该圣观音像迎请拉萨之事而努力。如今，源于无别与普通妇女之达赖衮吉王后从东科头人手中智取后，专门派曼祖谢热师护送圣观音像，正好在布达拉宫白宫举行净地仪轨时到达此处。直到昨日，天有狂风不止，但到今日，则阳光明媚，天静无风，且有彩虹、祥云和花雨出现于天宇等奇妙象，众人均有目睹。固始汗亲睹在天空中许多人之扮相者供奉圣观音像，应为天女祝贺之景。如此圣物保不齐被邪念之人惦记，因此由素尔·曲英让卓以诃如噶（ནེ་ཙུ་ཀ）像来举行驱魔仪轨，完成后将圣观音像迎请至内殿（གཙན་ཁང་），众人详谈该造像之神奇源流并举行喜宴。下午，按照仪轨绘制蓝图、破土动工，开始挖出的是油松土（ས་སྲུམ་པ），后来逐渐出现白土并堆满于此，红山四周也均碰到背水之人，且都带有吉祥之名讳。由于邪魔作祟比较凶恶，由以扎那曲杰（བྲག་སྣ་ཆོས་རྗེ）为首的扎仓定额僧人举行驱除仪轨。①

可以看出，五世达赖喇嘛严格按照宗教仪轨，尤其是通过宁玛派金刚橛仪轨来完成白宫净地仪轨，工事由第司·索朗热旦全权负责，由仲萨尔巴·白玛热登（གྲུང་གསར་པ་པདྨ་རབ་བརྟན）担任总工程师，于1645年藏历四月一日②正式动工。参与人员基本上囊括了卫藏各地之人，据记载："此时，第司甘丹颇章（སྡེ་སྲིད་དགའ་ལྡན་ཕོ་བྲང）差卫、藏、洛、达等人

---

① དཔལ་དཔལ་ལྡོ་བཟང་རྒྱ་མཚོ། ཟ་ཧོར་གྱི་བནྡེ་དཔལ་དཔལ་ལྡོ་བཟང་མཚོའི་འདི་སྣང་འཁྲུལ་བའི་རོལ་ཆེད་རྟོགས་བརྗོད་ཀྱི་ཚུལ་དུ་བཀོད་པ། ཀུ་ལའི་གོས་བཟང་ལས་གླེགས་བམ་དང་པོ་བཞུགས། ཤིང་པར། ན་125ནས་126

② 原文如下：ཤིང་བྱ་བྲ་བའི་ཆོས་འཕྲེལ་ཤེས་དགའ་དགའ་བའི་ལོ་ཟེར་བཞིན་པ་སོ་སྒྲུབ། 载 བབཀའ་རྒྱུད་རོན་རྒྱལ་གདན་ས་བ། གཞུང་ལས་ལ་ནེད་མ་སྒྲུབ་དུན་ཚིག་གི་རྒྱུ་སོ་ཕམ་དེ་བ། ཨེ་ལོ་བཟུར་ན་དངི་སོལ་གྱི་དེ་བར་གོང་བའི་འཁྲིགས་ན། ཞེས་བྱ་བ་བཤུགས་སོ།། ཐྲུབ་མ། ན་3

修筑布达拉宫之顶层（ཉེ་སྟེང་）、角堡（ཕྱོག）和城墙等结构。"① 五世达赖喇嘛也亲自参与具体事宜，体现了对工事之重视，而又通过宁玛派相关仪轨完成工事所需宗教程序，除了个人在宗教教派传承上的特殊原因，很大程度上以修建工事之名，建立健全地方统一政权，同时广泛吸收各方名士，有吸收格鲁派之外其他各教派之目的。

图 15　东大殿权衡三界壁画（布达拉宫管理处提供）

然而为了加快工程进度，具体修建过程中也出现了一些急功近利之事，对此五世达赖喇嘛以及工程师仲萨尔巴·白玛热登等人都提出了一些异议，据记载：

咋库鼐（ཅ་ཁུ་ནས་）和扎西孜巴次子（བཀྲ་ཤིས་རྩེ་པ་འབྱུང་པོ）等人反对泥巴没有弄干而立即堆砌的做法（ཡར་པོ་སྟོན་བཙུགས་），吾也提

---

① 原文如下：དེ་ནས་སྐྱེ་བྱེད་དཔལ་ལྡན་ཕུན་ཚོགས་དབུག་གཙང་སྐྱོ་དུག་པ་ནས་སོ་ལ་ནས་སོ་ཅེན་པོ་ལ་བརྩིགས་པའི་རྩེ་སྟེང༌། ཕྱོག་དང་དེ་སོགས་ཀྱི་ཡིན་པར། ཟེ་བཙུན་རྗེ་འདས་དངོས་ཀྱི་མར་དབང་ནན་ཀྲུགས་དབང་འགྲེར་པོའི་རྣམ་པར་ཕར་པོ་མཚར་རྒྱ་མཚོའི་ལོགས་པར་ཞེས་བྱ་བ་བཞུགས་སོ། ཤོག༌ཨ༔51

出"当年贡顿仁布齐（སྐུ་མདུན་རིན་པོ་ཆེ· 指三世达赖喇嘛管家赤列曲桑
འཕྲིན་ལས་ཆོས་བཟང）修建甘丹颇章宫时，一年建一层，才能有如今之
坚固"，但是达隆夏仲与管家二人还是希望尽快完工而置之不理，甚
至有达东准聂（སྟག་སྟོང་མགྲོན་གཉེར）和阿里仲琼（མངའ་རིས་དྲུང་ཆུང）两
人在隆冬时节夯筑墙体（དགུ་འཇིན་སྐབས་གྱང་བརྒྱབ་པ）等非常之举，对
此仲萨鼐（གྲོང་གསར་ནས· 仲萨尔巴·白玛热登）也无可奈何。①

由于受第司·索朗热旦等权贵影响，布达拉宫（指白宫）在较为仓
促下开始动工修建，也从另外一个角度看出甘丹颇章上层人物对很快完
成宗堡的渴望。当然，虽然五世达赖喇嘛作为政教领袖积极参与，并对
工事进度等提出具体意见，从原先保守态度明显转变为积极态度，但是
甘丹颇章地方政权的核心人物在具体事件上还是占据主导地位，未采纳
五世达赖喇嘛的意见，可以看出第巴等握有实权者借五世达赖喇嘛之威
望，实际上快速修建白宫之急切心情。

1647年，白宫主体基本完工，并由五世达赖喇嘛进行巡查，"在返
回哲蚌寺途中，布达拉宫修造已完成了大部分，让吾到现场观看，吾到
了以后向圣观音像呈献了题词，敬献了哈达，他们吃过午饭后返回哲蚌
寺。"②1648年，布达拉宫白宫主体工事已经完成，四壁绘画内容由五世
达赖喇嘛参与撰写题记，据记载：

> 布达拉宫大殿四周绘有从藏人的起源到佛教弘传的历史。在此
> 基础上，根据第巴之意，召集以曲央嘉措（དབུ་ཆེན་ཆོས་དབྱངས་རྒྱ་མཚོ·）
> 为首的前、后藏许多画家，绘制更敦珠巴大师本生传承；在桑阿噶
> 蔡（གསང་སྔགས་དགའ་ཚལ· 布达拉宫南杰扎仓）四壁，由钦则派画师绘
> 有新、旧密乘上师、本尊及护法像等壁画；在甘珠尔殿中，本想

① དཔལ་དབང་བློ་བཟང་རྒྱ་མཚོ། ཟ་ཧོར་གྱི་བཎྜེ་དཔལ་དབང་བློ་བཟང་རྒྱ་མཚོའི་འདི་སྣང་འཁྲུལ་བའི་རོལ་ཆེད་ཀྲོད་ཀྱི་ཆུལ་དུ་བཀོད་པ་དུ
ཀུ་ལའི་གོས་བཟང་ལས་སྐྱེགས་དམ་དང་པོ་བཞུགས། ཤིང་པར། ན·129

② དཔལ་དབང་བློ་བཟང་རྒྱ་མཚོ། ཟ་ཧོར་གྱི་བཎྜེ་དཔལ་དབང་བློ་བཟང་རྒྱ་མཚོའི་འདི་སྣང་འཁྲུལ་བའི་རོལ་ཆེད་ཀྲོད་ཀྱི་ཆུལ་དུ་བཀོད་པ་དུ
ཀུ་ལའི་གོས་བཟང་ལས་སྐྱེགས་དམ་དང་པོ་བཞུགས། ཤིང་པར། ན·137

绘制菩提道次第传承图，并给画师们一幅齐乌岗巴派原作为蓝本，然而画师们不熟悉该派风格，结果成不伦不类之风；地母堡内塑造十二地母像；平措堡（ཕུན་ཚོགས་སྒོ）内塑造五种地祇像（རྒྱལ་པོ་སྐུ་ལྔ）。此时有人请求分别撰写布达拉宫赞颂词和大殿壁画题记，然而大殿壁画绘制现场只有边框等彩绘，还没有壁画具体内容，吾也未觉察到这一点，加上第巴监管不力，仲萨霭也未能在壁画布局上作出合理安排，后来壁画题记内容进行刻版时做了校对，但是墙壁上的题记一直未有过精准校对。①

可见，布达拉宫白宫的修建是出于西藏甘丹颇章地方政权亟须建立政权中心的需要，整体工事较为紧促，虽然奠定了布达拉宫建筑的基础，但相比于之后的红宫，具体过程中相对缺乏一种统筹和协调，进而反映出了修建白宫时的一些客观事实。

虽然布达拉宫建筑经历过多次维修，但是上述史料中提到的东大殿四周及扎仓桑阿噶蔡内珍贵壁画、地母堡和平措堡内的塑像等珍贵文物如今依然保存于布达拉宫内，尤其大殿北面较好地保留了当时壁画原作和上述所讲由五世达赖喇嘛亲自撰写之壁画题记，更能说明上述大篇幅引用《五世达赖喇嘛自传》对布达拉宫研究起到了重要作用。

修建布达拉宫白宫是藏族古代建筑史上又一次创举，但是年代较为久远，加上未能参阅当时白宫修建档案等一手材料，建筑具体样式及其受到何种影响等问题只能从现存建筑遗存来进行探讨。

修建白宫的主要目的正如上述篇章中多次提到的，建立甘丹颇章地方政权中心之用，具体是以拉萨河谷腹地隆起的红山作为支撑和中心，与其南面药王山形成坚固的要塞，并一左一右与哲蚌寺和色拉寺呈遥相呼应之势，能在战事中发挥宗堡建筑特有作用。这点也是多次提到"黎卡贡嘎与拉萨三大寺相距甚远"之原因了。因此，布达拉宫白宫最早是依照当时西藏地区流行的宗堡类建筑样式修建，直到今天，

① དགའ་ལྡན་ཕོ་བྲང་རྒྱ་མཚོ། ཟ་ཧོར་གྱི་བཎྜེ་དགའ་ལྡན་ཕོ་བྲང་རྒྱ་མཚོའི་འདི་སྣང་འཁྲུལ་བའི་རོལ་རྩེད་རྟོགས་བརྗོད་ཀྱི་ཚུལ་དུ་བཀོད་པ་དུ་ཀུ་ལའི་གོས་བཟང་ལས་སྨྲས་བམ་དང་པོ་བཞུགས། ཤིང་པར། ན142

白宫建筑，尤其是其外观部分至少一半以上仍保留着原样。从现场勘察来看，白宫应该是标准的宗堡样式，呈梯形状，东面为大门及采光窗，东北和西北各有三重叠压状墙边角，共六个，呈东西对称，且均保存完好。东南与西南应该也各有两重叠压状墙边角，共四个，呈东西对称分布，但是西南两重墙边角在修缮过程中已经完全被后来红宫建筑代替，只剩下东南两重墙边角。由于白宫坐北朝南，工匠们利用地形上的优势，处理了采光问题，因此南面有巨大采光窗和其他许多中小型窗户，为整体建筑在美观上起到了很好的点缀作用，加上红山山体的走位，修建白宫时北面墙体高度远高于南面，因此支撑重量也比阳面（即南面）大，故而需要从底部慢慢往上收缩墙体，同时东西两侧墙边角也做了重叠式处理，使得墙体本身重量减轻，尽可能地达到结构平衡和分散重量之作用。

布达拉宫白宫建筑形制基本上围绕着中央大殿而修筑，大殿坐北朝南，"有立柱四十四根，其西侧二、三库房各有立柱二十八根和三十五根"①，面积巨大，成为整个建筑的核心区域，其他建筑围绕大殿而层层筑起，外部呈方形，内部回廊式建筑模式有围墙、四大角堡（ཟློག་བཞི་）和大门等结构，厚厚的城墙围绕于四周，有四大门和角堡等具体样式。随着历史的变迁，布达拉宫白宫建筑也经历过多次修缮和改、扩建，因此现在能看到的白宫部分也是 17 世纪在布达拉宫白宫建筑基础上修建的。

布达拉宫白宫为何呈现如此形状，这一点还得从西藏地方历史中寻找答案。如今有学者把西藏地区现存的山崖式建筑起源笼统地归结为宗教文化和军事堡垒，从上述史料来看，布达拉宫白宫修建起初更多的还是突出其军事要塞功能，至于现代研究人员所说的更深层次的文化内涵②，仅仅以布达拉宫白宫现存史料来看还是有待考证的，而针对白宫，还是需要具体问题具体分析。当建筑工事竣工后，在其规模和形制等方

---

① 姜怀英、噶苏·平措朗杰、王明星：《西藏布达拉宫修缮工程报告》，文物出版社，1994，第30页。
② 石硕：《藏地山崖式建筑的起源及苯教文化内涵》，《中国藏学》2011 年第 3 期，第 153 页。

面人们还是相信该宫堡为殊胜"布达拉","犹如佛典授记般，战胜一切地上宫，恰似天宫无二别，威严胜过夜叉城，增长福禄赛璁叶宫，安乐无尽持舟山"。[①]可以看出，把神秘"布达拉"直接赋予在白宫建筑上，逐渐实现了文化意义上的升华。它的建筑样式的原型就是典型的宗堡类建筑，帕竹时期和第悉藏巴时期流行的宗堡建筑风格基本上是大同小异，这点从许多建筑遗存和现存旧照片中能找到证据。尤其是从后藏桑珠建筑旧照片上看，其与布达拉宫在样式上有很多相似点，1642年，固始汗邀请五世达赖喇嘛到后藏桑珠寺，正式宣告甘丹颇章地方政权建立，桑珠寺宗堡建筑肯定给五世达赖喇嘛等僧俗官员留下了深刻印象。此外，反复提到的"贡嘎宗"有可能也是白宫修建过程中直接参考的对象之一，这也是现代研究人员所公认的一种思路，"竭力为布达拉宫寻找一个确切的建筑模式看来是徒劳无益的，因为布达拉宫整体结构和建筑完全符合西藏城堡的传统，尤其是与14世纪降曲坚赞修建的那些建筑完全一致"[②]。因此，不管是后藏桑珠寺还是前藏贡嘎宗等传统宗堡建筑都是布达拉宫白宫建筑的设计灵感来源之一，因为皆以山体作为支撑点，突出了建筑结构上威严高大和具体使用性上易守难攻之特点。

　　1662年，耶稣会的传教士白乃心（原名约翰·格鲁贝）于1661年从北京启程，经中国西宁、中国拉萨、尼泊尔返回欧洲。于1661年底到达拉萨，并且描绘了一幅布达拉宫图，收录于其《中国图说》一书。从中可以看出布达拉宫坐落于红山上，左边建筑略高于右边，最高层基本上位于今天红宫位置，可以看出是法王洞所在地，此外，山下有明显的城墙，城墙外有行人、牲畜和马车等，最为重要的是该幅画上方有一

---

① 原文如下：ཕུང་བཟུན་ཧེ་བཞིན་དུས་སུ་ཐུ་རེ་བབས་པས། ཁམ་ངན་ཀུན་ལས་རྒྱལ་བའི་ཕོ་བྲང་ཆེ། ནས་སྐྱག་ལྷ་དབང་ཡང་བཟུང་རྫས་འཁྲ ཞིག །ཧམ་བདེ་ལྔར་ཀ་ཡི་ལྔ་ར་ཁྱ་ར་ཐུ་ར་ཆུ་བ། །འདོག་རྒྱས་ལྔོང་ལྔོ་འཇལ་བས་ལྔང་ལྔ་ཐ། །བ་ཏི་ཅྱ་དགགས་ལྔོག་གྱ་གྱ་འཇིས་འ ར་ལྔོས། མི་བཞུན་སྒྲགས་སྐྱེ་ལྔན་སྒྱག་ལྔ་མཁར་སྒྱོ་ར་པ། །ཧམ་བདུག་ལྔུག་རྫ་ཁོ་ཡུ་ཀུན་གྱོར་ལ་བ། །ཧི་འབཞིད་ལྔ་ལྔ་མཆྱོག་འཇུང་ལྔ །ལྔོག་རྫས་རྒྱུ་ཚེ་འཇུ་ཡི་མཁས་ལ་འབྱུབ། །ཧ དག་དབང་ལྔོ་བབན་མཚོ་གྱ་གྱས་འཇུམ། མ། ཧི་བ་ར 33
ལྔ་ཆི་མཆོག་རྫང་ལྔང་བཞུ་གྱི་དགས་ཆག་དང་ཐབ་ཕུང་དེ་བ་ཁྱམ་ཆི་ལྔོའི་རྒྱུལ་ལྔ་ཧི་བ་ལྔ་ལྔ་རྫང་གྱ་ལྔ་ཧི་འ
དང་ཕོ་བཞིགས་བབན་དཔ་ལྔ་དབང་ལྔ་བབན་རྒྱ་མཚོའི་གྱུང་འཇུང་ལ། མ། ཧི་ར 33

② 原文如下：མི་བཞུན་སྒྲགས་སྐྱེ་ལྔན་སྒྱག་ལྔ་མཁར་སྒྱོ་ར་པ། །ཧམ་བདུག་ལྔུག་རྫ་ཁོ་ཡུ་ཀུན་གྱོར་ལ་བ། །ཧི་འབཞིད་ལྔ་ལྔ་མཆྱོག་འཇུང་ལྔ
འབཞ་བ་ལྔོ་འཇལ་བ། །ལྔོག་རྫས་རྒྱུ་ཚེ་འཇུ་ཡི་མཁས་ལ་འཇུ། མ། དག་དབང་ལྔོ་བབན་རྒྱ་མཚོའི་གྱ་ལྔ་ཧི་ གྱས
ལྔང་དང་ར་ལྔ་ཧི་མཆོག་རྫང་ལྔང་བཞི་གྱི་དགས་ཆག་དང་ཐབ་ཕུང་དེ་བ་ཁྱམ་ཆི་ལྔོའི་རྒྱུལ་ལྔ་ཧི་བ་ལྔ་རྫང་གྱ་ལྔ་ཧི་འ
བབན་གྱི་ལྔགས་བབན་དཔ་ལྔ་དབང་ལྔ་བབན་རྒྱ་མཚོའི་གྱུང་འཇུང་ལ། མ། ཧི་ར 33

横条用拉丁文拼写着"BIETALA"等字样，可以断定其是表现布达拉宫的图画。然而，此画应该不是现场所作之画，因为细节上与原样之间出现了一些偏差，比如宫顶部分带有明显欧洲建筑风格，这也源于作者受到了欧洲文化影响而出现一些主观偏差，这是可以理解的，毕竟之前并没有欧洲人士对布达拉宫有过介绍，更谈不上建筑形制绘于图画。不仅如此，白乃心在拉萨期间对藏族社会的信仰和"大喇嘛"（指达赖喇嘛）等事件、人物和文化现象做了阐述[1]，均带有较大的主观臆想，因此也反映了作为第一批到达拉萨的欧洲人士对待拉萨及其文化的态度。这幅图画形成年代刚好是布达拉宫白宫修建完成后的十年前后，由于红宫还未形成，对白宫建筑样式的研究有很高的参考价值，虽然 18 世纪之后，表现布达拉宫建筑样式的壁画和唐卡等作品不在少数，但是 17 世纪中叶藏族社会中有关作品少之又少，因此，这幅画对直观了解布达拉宫白宫部分建筑样式起到了关键作用。更重要的是，"不过当时公布这幅画产生了很大的反响，因为在此之前，人们根本没有见过布达拉宫的图画"[2]。这表现出布达拉宫的素描画以及白乃心对拉萨及其相关问题的种种记述，在遥远的欧洲人心中莫名地增加了西藏及其文化的神秘性，使得欧洲人对拉萨及布达拉宫充满遐想，因此这幅画算是他者视角下描绘布达拉宫的最早案例。

二 白宫建筑样式的来源

最初修建布达拉宫是出于现实目的，17 世纪中叶，当格鲁派得到固始汗强兵作为支援，并最终取代第悉藏巴成为西藏地方统治者，紧接着建立一处从帕竹政权起流行，并符合当时第本体系（ཨྱེ་དཔོན་ལུགས་）下的宗堡成为地方政权行政中心的首要任务。布达拉宫白宫部分修建伊始就借助了佛教典籍，值得注意的是五世达赖喇嘛等人特别推崇的宁玛派伏藏典籍中有关授记内容作为重要理论依据。据记载："若能在拉萨麦布日（ལྷས་སྨྲན་པོ་རི་）、白吉曲沃日（དཔལ་གྱི་ཆུ་བོ་རི་）和诃布日（ཧ་ལ་པོ་རི་）等卫

---

① 参见伍昆明著《早期传教士进藏活动史》，中国藏学出版社，1992，第 334~339 页。
② 参见伍昆明著《早期传教士进藏活动史》，第 338 页。

地三座山上修建宫殿，则能收服'卫、哟、边'三地。如此佛法能够兴盛六十载，之后再过七十年，众生能够安乐，此等授记能够符合于现实。"[①]其目的相对单一和明确，就是作为甘丹颇章地方政权统治中心之用。如今白宫建筑，尤其是外观部分至少一半以上保留着原样。布达拉宫建筑不是建筑体积的任意堆积，它讲究建筑平面布局和整体空间结构的审美感，建筑物与实际地形、日照空间等形成一个有效的统一体。[②]它也是西藏建筑发展和成熟的经验总结，"像布达拉宫那样大规模自由体量组群的创作只有具备大量丰富的实践经验，最好的施工人员的参与以及具有创造力的杰出个人的扎实指导才可能完成"[③]。它为之后"布达拉"这一神圣空间的建构提供了坚实基础。

　　布达拉宫白宫的外形结构和样制与桑珠孜宗相对接近，因此"按照西藏的口头传承，其灵感来自日喀则城堡，因为1642年五世达赖喇嘛在此登上统治位。也许，他及其随员们想在拉萨重新修建一座这样的城堡，更为重要的原因是，后藏王子居住的这座城堡刚被固始汗摧毁"[④]。同时，布达拉宫白宫修建之时，拉萨红山虽然称作"布达拉"，但是建构其作为佛教观音净土观念的具体做法应当是此后逐渐形成的，[⑤]随着布达拉宫红宫的修建，这一观念得到了极大普及和宣传。

　　布达拉宫白宫的修建不仅是几经跌宕的西藏地方政权趋于统一之结果，而帕竹地方政权时期遗留的建筑物，特别是藏巴汗时期所修建的建筑物对布达拉宫白宫的修建起到了明显的作用。藏巴汗短暂统治期间制定了地方社会治理的一系列规范程序，为西藏地方社会发展尽可能地提

---

①　原文如下：ཕྱག་སྟོང་པོ་ར་དཔལ་གྱི་རྒྱལ་བོ་རི། ཏྱལ་པོ་ར་སོགས་དབུས་ཀྱི་རི་གསུམ་ལ། ཕོ་བྲང་བྱས་པར་དབུལ་འཁྱོར་མཐའ་གསུམ་སྡུད། ཆེས་གསུང་སྙིང། ཆྱལ་ར་སྐྱ་ལུའི་སྐྱབས་པའི་གནས་ཆེན་ཀྱི། སྦུར་རྱ་ལྱང་བསྐལ་བ་ཀྱི་འཕྱེན་ཉིང་ད། དེ་ལྱབ་བཤགས་ནས་མི་ལོ་སྱ་ཅུ་འདུལ། ཁྱར་གྱི་བསྱན་ཁྱཆུ་དང་བཀའ་བདུན་བ་རྒྱལ། སེམས་ཆན་ལྱགྱ་པའི་སྙིག་ངེ་པར་འགྱུར། 载 སྐྱ་འགྱ་འཛུན་དུ་དྱས་དང་རྒྱལ་རོ་རེ། རྒྱལ་དབང་ཐབས་ཆན་མ་ཉྱེད་པ་དང་དབང་སྟྱ་བང་ཞ་མཆོག་གོས་པའི་ལིན་ལ་བདུས་ཁྱི་ཉྱད་པའི་རྱམ་ཐར་མངོ་ར་དྱེ་ཤྱེ་མཆོག་ཏུ་དགའ་ར་བའི་སྱ་དྱུ་རས་གསལ་ར་བཞུགས་སོ། ཤེ་པར་ས྄120
②　姜怀英、噶苏·平措朗杰、王明星：《西藏布达拉宫修缮工程报告》，第28~40页。
③　Knud Larsen Amund Sinding-Larsen 著，李鸽（中文）、木雅·曲吉建才（藏文）译《拉萨历史城市地图集——传统西藏建筑与城市景观》，中国建筑工业出版社，2005，第104页。
④　费尔南多·梅耶：《拉萨的布达拉宫》，载熊文彬译《西藏艺术：1981—1997 年 *ORIENTATIONS* 文萃》，文物出版社，2012，第51页。
⑤　参见 མཁར་ཆེ་ལྱ་བསམ་ཏུ་གཀྲས་རྒྱལ་མཆོ་ཀྱི་བསྐམས། ཉྱེ་ཁ་བསྱད་ནས་ཆོ་རྒྱལ་ཀྱལ་བའང་། མཆ་དང་དབང་། སྐྱན་ཁྱ་གུང་གྱེ་ བོ་རེག་ར་ཉ་དྱེ་སྐྱ་ཁ། ཀྱ2020 ས྄192

供了积极环境，并且在一段时间内效果也是较为明显。藏巴汗以修建宗堡建筑为主，继续推行相对符合当下社会发展的各项措施，一直强调管理地方法理制度。从有限的材料看到，藏巴汗通过总结、完善和颁布法典，进一步规范了地方法理制度。这也说明，近一个世纪的大分裂、小割据状态下，亟须改变西藏地方社会各自为政的局面。从文献中得知，藏巴汗颁布《十三法典》之前，就做了相应调查，并且对当时社会所存在的问题进行披露，在道德和法理双重概念下提出了地方社会制约性标准。[①] 可以看出，大部分就是针对社会整体存在的一种乱象，试图解决，以达整治之目的，是藏巴汗下属各个具体地方官吏如何管理一方等具体举措。随着《十三法典》的颁布，在短暂统治期限内，西藏地方社会发展水平得到了一定提高，这点在藏巴汗时期修建寺院、宗堡以及连续发动地方战争等层面可知一二。

藏巴汗除了修建各个宗堡之外，对于寺院修建投入了巨大成本，其中以达旦平措林寺（ དག་བཏན་ཕུན་ཚོགས་གླིང་ ）和扎西色诺（ བཀྲ་ཤིས་ཟིལ་གནོན་ ）两座寺院为典型。作为藏传佛教派别中具有重要位置的觉囊派，16 世纪起与藏巴汗家族建立紧密联系。[②] 藏巴汗·平措南杰于 1615 年，直接资助觉囊·多罗那他（ ཇོ་ནང་ཏཱ་ར་ནཱ་ཐ ），让其筹建达旦平措林寺（ དག་བཏན་ཕུན་ཚོགས་གླིང་ ）。[③] 经过四年时间，达旦平措林寺共修建了 17 间佛殿，及僧舍、围墙等建筑，形成了庞大的建筑群。紧接着，藏把汗继续出资和帮助多罗那他建立了平措林印经院，[④] 在藏巴汗支持下，"第巴雄为寺院的修建提供了连续三个月，每月百余种的乌拉差役"[⑤]，觉囊附近的昂仁、拉孜和桑珠孜、前藏地区的人员以及来自尼泊尔的工匠先后在达旦平措林寺承担建筑、绘画装饰、金铜造像和相关内供的修造任务和印经院经版雕刻

① 参见 དགེ་སློང་ཆོས་པོ་སངས་རྒྱས་རྡོ་རྗེ་སོགས། གཅན་སྐྱོང་རྒྱལ་པོའི་ཁྲིམས་ཡིག་དང་རྒྱལ་རབས་རྣམས་བཞུགས་སོ།བོད་ལྗོངས་བོད་ཡིག་དཔེ་རྙིང་དཔེ་སྐྲུན་ཁང་། སྤྱི་ལོ་2011 ན་32ནས་35

② 参见 ཇོ་རྗེ་ཕུན་ཚོགས་ཀྱི་རྒྱལ་རྒྱུད། དགའ་ལྡན་ཕུན་ཚོགས་གླིང་ག་འབྱུང་ཤིང་བ་བཞུགས་སོ།། བོད་ལྗོངས་མི་དམངས་དཔེ་སྐྲུན་ཁང་།སྤྱི་ལོ་2016 ན་392ནས་400

③ 参见 ཇོ་རྗེ་ཕུན་ཚོགས་ཀྱི་རྒྱལ་རྒྱུད། དགའ་ལྡན་ཕུན་ཚོགས་གླིང་ག་འབྱུང་ཤིང་བ་བཞུགས་སོ།། ན་5

④ 参见 ཇོ་རྗེ་ཕུན་ཚོགས་ཀྱི་རྒྱལ་རྒྱུད། དགའ་ལྡན་ཕུན་ཚོགས་གླིང་ག་འབྱུང་ཤིང་བ་བཞུགས་སོ།། ན་73

⑤ 原文如下：འདི་ལོ་སྐྱེ་པ་གཞུང་ནས་ཟླ་ལག་བཅུ་རེ་ཟླ་གཅིག་ལ་ཚམ་ཏུ་ཉིས་ལ་བདང ། 载 ཏུ་ར་ནཱ། ཇོ་ནང་ཏཱ་ར་ནཱ་ཐའི་རང་རྣམ་བཞུགས། སེར་གཙུག་ནང་བསྟན་འཛིན་བཟོ་སྒྲིག་གྲྭ་ཁང་། སྤྱི་ལོ་2017 ན་327

和经书印刷等工作。藏巴汗政权对修建平措林寺的支持几乎没有中断过，时任藏巴汗的平措南杰还亲自到达旦平措林寺视察和参拜，把觉囊派达旦平措林寺当作藏巴汗属寺来提供支持。由此可知，从某种程度上来看，平措林寺的建成并非多罗那他一己之力，而是在当时西藏地方政权支持下，是以觉囊地方为首的广大后藏地区人民的经济、技术和智慧的结晶。藏巴汗政权不仅派遣大批石匠、木匠等建筑工人参与寺院修建事宜，同时多次为寺院修建提供乌拉差役，藏巴汗的地方政权被推翻后，达旦平措林寺成为第一批改宗的对象，寺藏部分文物和建筑也遭受不同程度的破坏。[①]

从达旦平措林寺及其印经院修建始末来看，其是依靠着藏巴汗地方政权大力支持，加上多罗那他个人宗教影响力，当时能够召集前、后藏能工巧匠参加工事，加上尼泊尔工匠也参与其中，可谓工程量浩大。达旦平措林寺建筑规模、绘画、雕塑、艺术品技艺水平和较短工期均能体现藏巴汗地方政权统治下西藏地方社会整体发展水平和西藏地方社会所积累财富之现状，为后来甘丹颇章地方政权建立及修建布达拉宫白宫部分提供重要社会经验和社会财富。

藏巴汗又在扎什伦布寺和桑珠孜之间修建了一座大型寺院，作各种教派讲修之用。[②]这座寺院在历史上一直称作"扎西色诺"（བཀྲ་ཤིས་རྩེ་ལ་གནོན་），据记载："听闻'扎什伦布寺旁修建噶玛派寺院、修建高大院墙取名'扎西色诺'而怒。"[③]我们从中可以明显看出，这是由于后期格鲁派文献对《四世班禅自传》等早期文献解读方面过于草率造成的。现代研究人员认为"五世达赖喇嘛的两部传记中未见其被称作'扎西色诺'应是后期格鲁派门徒夸大杜撰"[④]也是源于此。然而，《四世班禅自

---

① 参见 རྗེ་རྗེ་ཕུན་ཚོགས་ཀྱིས་སྒྲིག་ དཔལ་ལྡན་ཕུན་ཚོགས་གླིང་གི་འབྱུང་ཞེས་བྱ་བ་བཞུགས་སོ།། ༠32
② 参见 མཁས་རྗེ་ལུ་བསམ་གཏན་རྒྱལ་མཚན་གྱི་བརྩམས། བདེ་ཁང་བསོད་ནམས་ཆོས་རྒྱལ་གྱི་བསྒྲུབ། མདན་དད་འབའ། སྨད་ཁ་ གྱང་པོའི་ བོད་རིག་ནས་ཁང་། ཤྲི་ལོ2020 ༠226
③ 原文如下：བཀྲ་ཤིས་ལྡན་པོའི་འདབས་སུ་གནའ་བོའི་དགོན་པ་བདག་སྟེ་ རྒྱལ་ཏུ་ལྷགས་པའི་རེ་སྟེ་ལྡུ་མཆོད་པོ་བཙུགས་ནས་མིང་བཀྲ་ཤིས་ རྩེ་ གནོན་ཞེས་བཏགས་སོགས་ལན་ནས་ཞེས། 载 ཤུམ་པ་ཡེ་ཤེས་དཔལ་འབྱོར་ ཆོས་འབྱུང་དངེ་བའི་བསྟན་བཅོན་ བཀྲ་སྟུབུ་རེ་ཁྲིད་ལུན་ ཁང་། ཤྲི་ལོ1992 ༠323
④ མཁས་རྗེ་ལུ་བསམ་གཏན་རྒྱལ་མཚན་གྱི་བརྩམས། བདེ་ཁང་བསོད་ནམས་ཆོས་རྒྱལ་གྱི་བསྒྲུབ། མདན་དད་འབའ། སྨད་ཁ་ གྱང་པོའི་བོད་རིག་ དཔའ་སྟུབུ་ཁང་། ཤྲི་ལོ2020 ༠227

传》中记载："扎什伦布寺旁正修建大型寺院，在扎什伦布后山，砌筑高大围墙而被闲来无事者调侃称'扎西色诺'。"[1] 可见，唤作"扎西色诺"即当成震慑扎什伦布寺寓意之名并非后期杜撰，而是在四世班禅生活的 17 世纪上半叶，有人调侃两派之争取其谐名罢了。按照文献记载，藏巴汗给这座寺院取名为"德庆曲果"（བདེ་ཆེན་ཆོས་འཁོར་），并且是由当时与藏巴汗有密切联系的萨迦派高僧孜东夏仲·衮噶索南伦珠（རྩེ་གདོང་ཞབས་དྲུང་ཀུན་དགའ་བསོད་ནམས་ལྷུན་གྲུབ་）主持修建。[2] 这是卡尔梅先生（མཁར་མེའི་བསམ་གཏན་རྒྱལ་མཚན་）发布的最新研究成果，为我们认识这座寺院的历史提供了珍贵线索。与觉囊派达旦平措林寺一样，修建于桑珠孜附近的德庆曲果寺共有 18 个佛殿和 4 个康参，可看出规模之不俗。对此，孜东夏仲·衮噶索南伦珠也针对寺院规模过大而提出过不同意见。[3] 与达旦平措林寺命运截然不同的是，德庆曲果寺在 1642 年遭到了彻底毁坏，主持修建寺院的孜东夏仲·衮噶索南伦珠在寺内被杀，时任藏巴汗噶玛·丹炯旺波亦在该寺内被捕。[4]

此外，从平措林建筑遗存到桑珠孜宗早期照片等档案、文字记录以及上述德庆曲果寺的史料来看，不难发现，17 世纪前叶，在卫藏地区修建大型建筑物，从帕竹政权时期开始的宗堡建筑传统在这一时期依然得到延续，并且有了进一步发展，这给布达拉宫（白宫）建筑样式来源提供了相对完整的范本。从达旦平措林寺，特别是修建于平措林寺山顶的哲蚌殿（འབྲས་སྤུངས་ལྷ་ཁང་）[俗称确康孜（མཆོད་ཁང་རྩེ་）]，殿内供奉有两层高的释迦牟尼佛像，又称释迦巨像殿（ཐུབ་ཆེན་ལྷ་ཁང་）。多罗那他圆寂后，平措林哲蚌殿成为其灵塔殿，称为"世间庄严灵塔殿"（སྐུ་གདུང་འཛམ་གླིང་བརྒྱན་）。1642 年，由于地方政权更迭和教派争斗等多种原因，该殿遭到巨大破坏，17 世纪下半叶，第司·桑结嘉措等人主持修缮修造相

---

① པད་ཆེན་བློ་བཟང་ཆོས་རྒྱན་དང་པཎ་ཆེན་བློ་བཟང་ཡེ་ཤེས། པཎ་ཆེན་བཟང་ཆོས་རྒྱན་གྱི་རྣམ་ཐར་བོད་ལྗོངས་མི་དམངས་དཔེ་སྐྲུན་ཁང་།ཤོ་2011ཤ་198

② 参见 མཁར་མེའི་བསམ་གཏན་རྒྱལ་མཚན་གྱི་བརྩམས། བདེ་ཁང་བསོད་ནམས་ཆོས་ཀྱི་བསྐུར། མདོ་དང་འཕན། སྟོད་ཆ་ ཤ་ 226ནས་227

③ 参见 མཁར་མེའི་བསམ་གཏན་རྒྱལ་མཚན་གྱི་བརྩམས། བདེ་ཁང་བསོད་ནམས་ཆོས་ཀྱི་བསྐུར། མདོ་དང་འཕན། སྟོད་ཆ་ ཤ་227

④ 参见 མཁར་མེའི་བསམ་གཏན་རྒྱལ་མཚན་གྱི་བརྩམས། བདེ་ཁང་བསོད་ནམས་ཆོས་ཀྱི་བསྐུར། མདོ་དང་འཕན། སྟོད་ཆ་ ཤ་226

关内供。按照文献资料记载，此殿当时也是多罗那他生前主要寝殿，修建于巍峨的山巅，建筑设计和执行难度巨大，以大殿为中心被多间小型房屋簇拥而成，其中"寝殿温嘎孜"（གཉིད་ཁང་ས་གཞུང་མཛོན་དགའ་）更是多罗那他常住之地。[①] 这些在多罗那他传记中有不少篇幅。而早年生活在于此的宗孜·强巴图登（རྫོང་རྗེ་བྱམས་པ་ཐུབ་བསྟན་），根据文献资料记载，加上实地考察，对这一方面进行过深入的研究工作。从上述记载看，由于特殊历史原因，平措林寺对布达拉宫建筑影响是不言而喻的，第司·桑结嘉措修缮平措林寺，他在之后修建布达拉宫红宫时，明显借鉴了平措林寺山顶殿的结构和功能，比如红宫灵塔殿和寝宫结构、功能和名称等方面，按照 17 世纪晚期形成的布达拉宫红宫部分无疑是平措林寺山顶殿的放大版。

除了平措林寺，桑珠孜宗建筑外形结构对布达拉宫白宫修建产生了巨大和直接影响，在整体建筑选址、规模和功能上，桑珠孜宗更加贴近布达拉宫白宫样式。桑珠孜宗与布达拉宫一样皆位于山崖之上，山崖四方托起建筑本身，"宗堡犹如堆砌珍宝般的大山……大四方被犹如六座狮子般山头托起"。[②] 与山体合为一体，这点与布达拉宫建筑如出一辙，应该说是布达拉宫建筑灵感的又一来源。布达拉宫白宫建筑形制基本上是以中央大殿为中心而修筑，大殿坐北朝南，"有立柱四十四根，其西侧二、三库房各有立柱二十八根和三十五根"[③]，面积巨大，成为整个建筑核心区域，其他建筑围绕大殿而层层筑起，外部呈方形，内部回廊式建筑模式有围墙、四大角堡（ཟུག་བཞི་）和大门等结构，厚厚的城墙围绕四周，有四大门和角堡等具体样式。随着历史变迁，布达拉宫白宫建筑也有过多次修缮和改、扩建，现在能够看到的白宫部分也是在 17 世纪布达拉宫白宫建筑基础上逐渐形成的结果。

① 参见 རྫོ་རྗེ་ཕུན་ཚོགས་ཀྱིས་བསྒྲིགས། དགའ་ལྡན་ཕུན་ཚོགས་གླིང་གི་འབྱུང་བ་ཞིབ་ཏུ་བཤད་པ། བོད་ལྗོངས་མི་དམངས་དཔེ་སྐྲུན་ཁང་། ༡ 32ནས33

② དགེ་སྨོན་ཀུན་པོ་སངས་རྒྱལ་རྫོ་རྗེ་སོགས། གཙང་སྟོད་རྒྱལ་པོའི་རྣམ་ཐར་དང་རྒྱལ་རབས་བཤད་པ། བོད་ལྗོངས་བོད་ཡིག་དཔེ་རྙིང་དཔེ་སྐྲུན་ཁང་། སྤྱི2011 ཤ29

③ 姜怀英、噶苏·平措朗杰、王明星：《西藏布达拉宫修缮工程报告》，文物出版社，1994，第30 页。

总之，从桑珠孜宗到达旦平措林寺，再到德庆曲果寺，从藏巴汗主持修建的几座大型建筑来看，17世纪上半叶，藏巴汗能够迅速组织卫藏各地手工艺人，持续不断地提供工事所需各种后勤补给，具体参与人员除了来自卫藏本土，不乏来自其他地区和国家，留下了许多叹为观止的艺术、文化遗存，在达旦平措林寺壁画和现存金铜造像等文化遗存中看得真切。比如，在谈论平措林寺祖拉康大殿二楼沃玛拉康中各种观音菩萨壁画时，杜齐等人认为这些造型优美的体态和精确的设计，清楚地体现出画家谙熟精美绝伦的印度艺术的风格，[①]研究人员则在平措林寺壁画中发现从人物造型到风景纹样都受到了汉式艺术的影响。[②]这些能证明17世纪上半叶，西藏社会呈现出的发展面貌。

从修建布达拉宫的背景来看，西藏社会虽然经历了漫长纷争，地方社会的不统一是主要特征，但是在藏巴汗短暂统治期内，试图极力地改变这一现状，从整治社会习俗到修建代表地方政权权威的大型建筑物都能体现西藏社会成熟的运行模式，以及创造和整合社会财富的能力。同时，可以看出西藏地方社会涌现出了一大批从事不同工种的手工艺人，不断带动和发展各类传统手工艺行业，形成了绘画艺术、土木建筑、金铜锻造与铸造工艺、雕版印刷、职业藏文抄写团体等体系化、系统化的地方社会文化发展模式。在本土行业发展的大环境下，可以招收来自尼泊尔、蒙古甚至中原汉地的手艺人到西藏，形成文化的良性互动，留下了丰富多彩的文化遗迹，社会开放程度更是达到了前所未有的水平。具体到传统建筑经验，藏巴汗政权在短时间内主持修建几座大型建筑对西藏建筑行业的发展更是起到了巨大推动作用。随着藏巴汗地方政权的颠覆，格鲁派与和硕特联盟的地方政权很好地继承和利用了西藏地方社会发展的优势资源，从地方政权的现实需求出发，修建了布达拉宫白宫，这对之后形成布达拉宫这一举世闻名的建筑起到了极其关键的作用。我

---

① 参见熊文彬、孜强·边巴旺堆著《西藏拉孜县平措林寺祖拉康大殿壁画的题材与风格及其流派初探》，《藏学学刊》2016年第15辑，第79页。

② 参见熊文彬、孜强·边巴旺堆著《西藏拉孜县平措林寺祖拉康大殿壁画的题材与风格及其流派初探》，《藏学学刊》2016年第15辑，第84~87页。

们也从另一个方面得知，布达拉宫白宫不是凭空想象而营建的，它是借助整体社会发展的大趋势，结合了当时西藏社会综合发展的势头，是 17 世纪前叶西藏社会发展的重要的政治、经济、文化产物。

布达拉宫白宫修建完成后，为了进一步巩固和确立其政治上的正统性和思想上的神圣性，除了建筑本身的造型样式，还形成了具有特殊意义的各种礼俗与之匹配。有些是通过竞技形式表达了新政权建立的历史由来，有些是通过重塑和仿制早期藏地各种珍贵服饰礼俗来塑造新政权的正统性和政权中心布达拉宫白宫的神圣性，还有些则是以优雅的宫廷舞蹈等形式表现布达拉宫的特殊寓意，而且每一个礼俗都制定了专门的典籍进行严格规定或讲述其内涵，体现了布达拉宫白宫政治文化内涵的多样性和重要性。

五世达赖喇嘛着手制定"珍宝服饰"制度来达到加强政权象征体系建设和布达拉宫（白宫部分）神圣性之目的。1672 年，五世达赖喇嘛为了传承和发扬从吐蕃时期、萨迦时期以及仁蚌巴时期开始延续的宫廷流行的传统礼仪服饰之俗，具体让第司·洛桑图多新制，共创制 53 件套，1673 年，第司·洛桑图多专门著有《珍宝服饰簿册》（ཡ་རབས་རྣམས་ལ་འོས་པའི་རིན་ཆེན་རྒྱན་ཆའི་དེབ་ཐེར་དཔྱིད་ཀྱི་རྒྱལ་མོའི་གླུ་དབྱངས་བཞུགས།）一书，并亲自题写簿册前序，"第巴主持修造屋脊宝和珍宝服饰等政教所需之物清册之前序"。[①] 这一礼俗由来已久，据记载："从萨迦开始，西藏地方就已经流行蒙汉之着装，帕竹万户时期各俗官、头人就有穿戴珍宝服饰的习俗，但是近来已趋于荒废，为了专门在布达拉宫内举行新年庆祝活动和大召法会时俗官仪仗（སྐུ་རགས་）之需，第司·洛桑图多于藏历水牛年（1673 年）九月重新制定了'金质嘎乌'（གཟེར་ག་）、耳坠（སོག་ཆུ་）、圆形耳坠（སོག་སྒོར་）、长耳坠（ན་རྒྱང་）、（珊瑚）红色珠串（ཤལ་དམར་）、（蜜蜡）白色珠串（ཤལ་དཀར་）、长袖长袍（ཙེ་ཞེར་）、顶帽（གཙུག་ནུ）和服套（ཋེ་ལུའི་ཕུབས）等服饰及其专门簿册。"① 珍宝服饰的长袍为搭襟、长袖，蓝色经面缎纹地上用大红、枣红、黑绿、油绿、草绿和白色等彩色丝线织成四方连续式的缠枝莲花纹，夹袍领口、下摆及两袖均用杏黄地云龙纹妆花缎，并用大约 6 厘米宽的水獭皮做成。饰物由金质嘎乌、耳坠、圆形耳坠、长耳坠、（珊瑚）红色珠串、（蜜蜡）白色珠串、无袖长袍和顶帽等其他部件组成，显示服饰的高贵和隆重。当年珍宝服饰礼俗制定完成后，由指定的俗官穿戴在布达拉宫"康松"（ཁམས་གསུམ）殿内受五世达赖喇嘛的检阅。②

从此，每年的藏历新年初二和传召大法会等重要时节，都要穿戴珍宝服饰，具体为地方政府官方组织，早期也有各宗谿自筹方式参加，据记载："按照上年所下旨懿各'第本'和'囊索'即内臣自筹珍宝服饰，除了拉嘉日、达孜哇、蔡巴三家之外，其余均已准备妥当，并于二日，所差（ཆེས་འབྲི）珍宝服饰者四十人之上，第司·日沃扎巴（རི་སྲིད་རི་བོ་བྲག་པ）、德庆夏仲（བདེ་ཆེན་ཞབས་དྲུང）、甲夏仲（རྒྱ་ཞབས་དྲུང）、吞蕭（ཐོན་ནས）、囊索·衮确达杰（ནང་སོ་དགོན་མཆོག་དར་རྒྱས）、波贡两家（འབོག་གོང་ལྷག་གཉིས）、多卡蕭（མདོ་མཁར་ནས）、尼木·衮巴哇（སྙེ་མོ་དགོན་པ་བ）、白德哇（དཔལ་དེ་བ）、浪卡子夏仲代表两人等共五十七位前来受阅。"③ 到了近代，尤其是 20 世纪 50 年代，珍宝服饰依然作为俗官们所要穿戴的重要礼俗，"藏历新年初二，珍宝服饰仪仗队在布达拉宫大殿内参加典礼，其中有一位'仁坚赤巴'（རིན་རྒྱན་ཁྲི་པ）为四品俗官，接下来有珍宝服饰'司膳官'和'挽扶员'（ཕྱག་འཛིན་པ）均为'赛囊巴'（སྲས་ནང་པ），此外有一名'准涅尔'，由五品俗官担任，此外还有一般珍宝服饰者，大约有五人或者七人，此外，比如举行传召大法会等其他大型典礼时，珍宝服饰的一般人员在之前的人数上再增加十六位。我当年担任过一届的'仁坚索本'

---

① དགའ་དན་ཕོ་བྲང་རྒྱ་མཆོག ཟ་ཧོར་གྱི་བནྡེ་དགའ་དན་ཕོ་བྲང་རྒྱ་མཆོའི་འདི་སྣང་འཇལ་བའི་རོལ་ཆེད་ཀྲོགས་བཟང་གི་ཆོལ་དུ་བཀོད་པ་ཞུ་ཀུ་ལའི་གོས་བཟང་ལས་སྙེ་གས་བས་དང་པོ་བཞུགས། ཤིང་པར། པ127

② 原文如下：དེ་ལོ་གནས་བཟོ་རྣམས་ཞེ་འི་རིན་ཆེན་རྒྱན་ཆའི་གོས་ཞེ་གཅིགས་སྣང་མཚན་སོ་དུ་བཞུགས་བ་སྟེ་སྐྱོ་བ་མ་ནང་པ་ཞིན་ནུ་འཕྱིན་པའི་ལེ་ལན་ཞ་དྲུང་ལ་བ་སྟེར། ལམ་ 载 དགའ་དན་ཕོ་བྲང་རྒྱ་མཆོ་ ཟ་ཧོ་ར་གྱི་བནྡེ་དགའ་དན་ཕོ་བྲང་རྒྱ་མཆོའི་འདི་སྣང་འཇལ་བའི་རོལ་ཆེད་ཀྲོགས་བཟང་གི་ཆོལ་དུ་བཀོད་པ་ཞུ་ཀུ་ལའི་གོས་བཟང་ལས་སྙེ་གས་བས་དང་གཉིས་པ་བཞུགས། ཤིང་པར། པ163

③ དགའ་དན་ཕོ་བྲང་རྒྱ་མཆོ ཟ་ཧོ་ར་གྱི་བནྡེ་དགའ་དན་ཕོ་བྲང་རྒྱ་མཆོའི་འདི་སྣང་འཇལ་བའི་རོལ་ཆེད་ཀྲོགས་བཟང་གི་ཆོལ་དུ་བཀོད་པ་ཞུ་ཀུ་འི་གོས་བཟང་ལས་སྙེ་གས་བས་དང་སོ་བཞུགས། ཤིང་པར། པ164

（ རིན་ཆེན་གསོལ་དཔོན་ ）即司膳官，那年好像是土狗年（1958年）"。[①] 参与穿戴珍宝服饰之人被称为"仁青坚嘉瓦"（ རིན་ཆེན་རྒྱན་ཅ་བ ），意为着珍宝服饰人员。珍宝服饰作为官方重要礼俗之用，平常在布达拉宫内收藏，每当庆典时，由指定穿戴人员从布达拉宫天子库借出，也就不存在自筹，借出时登记出库时间、借出和监督人员以及珍宝破损程度等事项，使用过后，按照原先登记内容严格进行归还。"从布达拉宫天子库借出时，会派出孜仲对借出的珍宝服饰的每一件珍宝进行严格的登记等借阅手续。那天除了九位珍宝服饰者之外，其余俗官均以'贾鲁装'（ རྒྱ་ལུ་ ཆས་ ）出行藏历新年二日在布达拉宫东大殿举行的新年典礼。"[②]

珍宝服饰作为清代西藏地方政府重要宫廷礼俗的载体，从创制该服饰习俗之初就一直保管在布达拉宫内，不仅编纂了详细的清册以用递藏之需，在具体交接过程中也要进行耐心细致的登记工作，保管制度可谓相当严苛，非同他物。珍宝服饰属于极富象征意义的礼俗活动展演服饰，虽然并没有具体的内容承袭，但以极强的外在表现力来衬托礼俗，本身就是清代西藏地方政府重新制定这一习俗最核心的目的之一。通过华丽的服饰造型、端庄的仪式展演等外在形式，来塑造珍宝服饰这一特殊礼俗活动的规格与权威，体现了清代西藏地方政府宣示地方政权的正统性、承袭古老传承、全方位建构和重塑早期传统记忆的努力。珍宝服饰作为地方政府的权威性之物，保管和出入库房都具有严格的制度，通过看得见的服饰及严格的保管制度来强化看不见的仪式的庄重性，进而体现西藏地方政府政教合一制度的等级观念。珍宝服饰平常必须保存于布达拉宫之内，由设立在布达拉宫内的地方政府重要职能部门"译仓列空"保管。可见珍宝服饰保管工作已经成为当年西藏地方政府日常事务中的必要内容。

总之，由于布达拉宫在三百多年历史中的特殊性，保存于布达拉宫之内的各类物件也自然地被赋予独特性。这一特殊性并非由单独材质的特殊性来决定，而与当初建立甘丹颇章地方政权、修建布达拉宫（白

---

① 顿旺·索多（ དོན་དབང་བསོད་སྟོབས་ ）访谈录，访谈时间：2019年8月4日16时。
② 朗通苏尔巴·日桑（ གྲུང་ཐུང་རི་གསལ་བཟང་ ）访谈录，访谈时间：2019年3月19日13时。

宫）、规范系列地方礼俗活动有着直接关系。布达拉宫除了建筑等外观上有其威严性之外，保存于此的各宫藏之物也从不同的角度建构其本身的等级观念。

到今天，布达拉宫内依然保存着数量不俗的珍宝服饰及与其配套的宝匣。珍宝服饰礼俗体现了甘丹颇章地方政权的正统性、权威性和政教合一制度的特殊性，更体现了布达拉宫白宫的神圣性。

宫廷舞乐表演也是布达拉宫白宫内举行重大庆典活动时必不可少的环节之一，宫廷舞乐演出队被称为"嘎巴"（གར་པ་），17 世纪正式形成。"嘎尔"宫廷舞乐最早是从上部阿里和拉达克等地方流行后传入卫藏地区，尤其是在第悉藏巴政权时期，在宫廷内得到进一步推广，成为重要的庆典礼俗。五世达赖喇嘛时期正式被甘丹颇章地方政权接受并得到推广，到了 17 世纪末期，第司·桑结嘉措专门组织人员编纂宫廷舞乐簿册《簿册赏心悦目喜宴》①（དེབ་ཐེར་མིག་ཡིད་རྣ་བའི་དགའ་སྟོན་），据《簿册赏心悦目喜宴》记载："在提供乐谱之清样，甲郭·洛桑旺久（བྱ་སྒོ་བློ་བཟང་དབང་ཕྱུག）和康沃·欧珠（ཁང་འོག་དངོས་གྲུབ）两人撰写谱词等文字，藏历第十二绕迥土龙年（1688 年）八月五日完成《正统礼仪簿册赏心悦目喜宴之钩》（གཎན་པོའི་ཕྱགས་བཟང་ཡ་རབས་སྲོལ་གཏོང་བའི་དེབ་ཐེར་མིག་ཡིད་རྣ་བའི་དགའ་སྟོན་འགུགས་པའི་ལྕགས་ཀྱུ་）一书的编纂。"②从此成为地方政府的正式典礼之规，其扮演着重要的角色，每当藏历新年和重要庆典时，在以布达拉宫为主的定点处表演"嘎巴"曲目，体现了仪式的隆重性、正统性和正规性。"嘎巴"舞乐不是歌舞表演团队所表演的简单、肤浅和低俗的歌舞表演形式，而是通过重要的时节在布达拉宫和罗布林卡等地方政权的核心区域内以极其隆重方式参与庆典活动，具体表演过程中舞步姿态端庄、歌诵含蓄尚雅、节奏稳步大气，符合政教庆典的隆重感，体现了政

① 参见西藏自治区政协文史资料编辑部编《西藏文史资料选辑》Ⅱ，第 68 页。
② 原文如下：བཀའ་ཞིབས་ཀྱི་སྐྱུར་དང་དབ་སྐྱུར་ཅིག་ཤོགཿ ཇ་སྒོ་བློ་བཟང་དབང་ཕྱུག་དང་ཁང་འོག་དངོས་གྲུབ་གཉིས་ཀྱི་ཝི་གེ་དང་ཚིག་གི་དངོས་པ་བ་བཟུང་ཏེ་གཏན་ལ་ཕབ་པའི་སྐྱུ་ཤི་ཀྱི་རྣ་ཚིག་རྣམས་རང་ཕྱོ་བཟུ་གཏེ་གཎིས་པའི་རྣམ་ཕྱུང་འཛུང་བ་གསུ་སྐྱེ་ཀྱི་འཛུན་འཕུ་ཀྱི་ཁྱམས་རྣ་བྱིད་འི་དཀྱགས་ཀྱི་ཕྱགས་པ་ཕོ་དང་སྲོ་བྲ་སྤྱུ་ཀྱ་མཆགས་ཀྱི་དཀར་ཕགུ་སྐྱེ་ཀྱི་འཆི་བྱི་བྱུང་བའི་སྐྱ་བའི་ཉིཿ གཎན་པོའི་ཕྱགས་བཟང་ཡ་རབས་སྲོལ་གཏོང་བའི་དེབ་ཐེར་མིག་ཡིད་རྣ་བའི་དགའ་སྟོན་འགུགས་པའི་ལྕགས་ཀྱུ་）ཞེ་བྱ་བ་བཀོད་ཀྱི།載 དག་འགུས་འཕེས་རྒྱལ་ བོད་ཀྱི་ལོ་རྒྱུ་དཔ་བཅོ་གཎས་རྣ་ དང་ར་དྲུ་རྣ་ཡི་ཚགས་ཕྱགས་ཀྱི་བཀྲུགས་ སྨྲ་ བོད་སྲོ་རྣ་ དབཀས་དཔི་སྐྱུན་ཁང་ སྤྱི་ལོ2012 ར་203

教礼仪习俗的多样性和审美的高雅性，更重要的是通过演绎宫廷舞乐的"嘎尔"，用以规范礼俗和对众人起警示教育作用。

"强噶塔旭"（ བྱང་བགལ་ཐག་ཤུར་ ）也称"南卓塔孜"（ གནམ་གྲོ་ཐག་ཆེན་ ），是一种爬杆表演，也是藏历新年初二在布达拉宫正南面无字碑旁的表演，最早是从"玉杰堡"到无字碑之间挂一长绳，表演者头朝下向下滑行，意为甘丹颇章地方政权颠覆了第悉藏巴政权，据记载："后藏东纳地方的差役表演'藏强噶塔旭'（ གཙང་བྱང་བགལ་ཐག་ཤུར་ ），即头朝下滑绳而下，意为颠覆第悉藏巴政权；爬杆而上则为甘丹颇章地方政权欣欣向荣之愿，但是十三世达赖喇嘛时期出于对表演者安全考虑和寓意不祥等原因停止举办。"[1]最早是从布达拉宫顶端到下面的雪城，落差巨大，安全隐患自然不言而喻，后来还真出了事故，为了减小这一风险，对落差等进行了调整，就开始从玉杰堡向下滑行，但是这一举措依然存在着安全方面的风险，这一点在查尔斯·贝尔的书中有过详细的描述。[2]后来慢慢取消了滑绳表演只剩下了立地爬杆表演的风俗，直到20世纪50年代，这点在陈宗烈的《目击雪域瞬间——20世纪五六十年代的西藏》一书中记录得非常清晰。

可以说，这一看起来较为荒诞、惊悚的表演方式则有着非常深刻的政治内涵，对甘丹颇章地方政权的渊源之回顾和未来的展望，选择于藏历新年的初二在布达拉宫前举行，并且所有的僧俗官员前来观看，显得正规、隆重和神秘。

布达拉宫白宫由五世达赖喇嘛主持修建，"第司·索朗热旦具体负责、仲萨巴·白玛热登（ གྲོང་གསར་པ་པདྨ་རབ་བརྟན་ ）担任总工程师"，[3]于1645年藏历二月开工，1648年竣工，历时三年。"藏历第十一绕迥木鸡年（ ཤིང་

① ནོར་བུ་བསམ་གྲུབ། བོད་སྲོལ་ཡུལ་སྲོལ་རེ་འགའ། སྐུ། བོད་སྲོལ་མི་དམངས་དཔེ་སྐྲུན་ཁང་། ཀྲི་ཡ1998 ན188

② 参见查尔斯·贝尔著，冯其友、何盛秋、刘仁杰、尹建新、段稚荃、莫兆鹏译《十三世达赖喇嘛传》，西藏社会科学院西藏学汉文文献编辑室编，1985，第267~268页。

③ 原文如下：ས་གཞི་ཆོས་བཞིན་སྐྱོང་བ་ཡི་ཨི་དབང་།　འགོ་གནམ་ར་ཏུ་བརྟན་པའི་སྲིད་སྐྱོང་དང་།　དཔལ་འབྱོར་བརྫོང་འཕེང་།　ポ་ན་ལ་ཡི་བསྒྲུན།　ཕོ་མཁར་བག་དང་ལ་ཡ་གནས་ཁ་ཆིག་མཁན།　སྲོ་ཐ་ཅན་ད་ཐལ་ད་ཟལ་ལ་བྲོ་དལ་གྱི།　ཉམ་དགྲོ་རབ་ཟངས་རྨ་སྲོ་གྲུ་ན་བ་ཟངས་ཀ་ཨ།　ཤ་སྤུར་པའི་སྐྱེ་གནས་ལས་བརྟན་ཞིག་གི་ལག་བརྟན་ནི།　ཆེ་ཅན་དལ་འདི་འོ་དོན་གི་ཉེར་བཟང་དལ།　载 ངག་དབང་བློ་བཟང་རྒྱ་མཚོ། སྐུ་གོང་ས་ཕུལ་ཆེན་པོ་བཞི་ཅན་དང་ར་ལི་ཆེ་མ་མཚོ་གཏམ་ཅག་གི་དཀར་ཆག དང་ཐབ་སྤུར་རོ་ད་ཕྱི་ཨ་འགྲོ་དས་ད་བཞི་སྲོ་འཁར་ཀག་ལ་ཟང་ད་གྲང་ད་ས་ད་ཞེ་བ་གཅལ་དཀ་ད་བཀལ་ད་རྒྱ་མཚོ་གསང་འབྱུག་ས། ཞིང་པ་ར་ན34

ཚོ་བྱའི་ལོ་དག་ན་） 二月正式开工，藏历土鼠年（ས་ཕོ་བྱི་ལོར་）圆满完成。"[1]白宫共七层，坐北朝南，以大殿（ཚོམས་ཆེན་）为中心回廊式逐一修建甘珠尔拉康殿（བཀའ་འགྱུར་ལྷ་ཁང་）、上师殿（བླ་མ་ལྷ་ཁང་）、扎仓（གྲ་ཚང་）和各种寝殿等，屋顶有屋脊宝瓶和金顶等装饰物，四面修四大角堡（ཟུར་རིག་）和城墙，是一座标准的传统宗堡式建筑，它的修建具有重要的意义。

首先，布达拉宫白宫修建的意义在于以格鲁派为首的西藏甘丹颇章地方政权实现了在拉萨河谷复兴区域修建政权统治中心，使得这一政权中心与拉萨三大寺之间在地望上形成呼应之势，为巩固西藏甘丹颇章地方政权起到了重要作用。这是几百年来格鲁派争夺地方政权的现实经验，真正完成了拥有大型宗堡建筑来统一指挥地方势力的夙愿。

其次，在五世达赖喇嘛的主持下，第司·索朗热旦为总负责人，由仲萨巴·白玛热登担任工程师，包括著名的新勉唐派画师曲英嘉措和钦则（མཁྱེན་རྩེ་）派诸画家参与绘制宫内壁画，其规模、地理位置上的险要程度均远远超越了历史上其他宗堡建筑，参与修建的人员基本上囊括了卫藏大部分地区，举当时卫藏之力，集西藏其他各个宗堡建筑的特点，最大限度地利用拉萨河谷地势走向来修建这一政权中心的宗堡建筑，工事浩大、影响深远。布达拉宫是西藏地方政府的顶层设计，成为当时西藏传统宗堡建筑的典型和最高水平，为后来修建红宫打下了坚实基础。

再次，布达拉宫（白宫）与"布达拉"完全结合起来，对塑造观音道场"布达拉"本土化具有重要意义，比如"毋庸置疑，红山位置完全适合第一位主政的达赖喇嘛修建未来宫殿。而且，继承疆域并且统一西藏古代君主们世俗遗产的这位教皇，显而易见的是想把自己当作观世音菩萨的化身来入主红山。与此同时，根据佛教万圣殿给红山取了一个梵文名字布达拉，从而使其与观世音菩萨在南印度神秘的驻锡地完全一

① 原文如下：ཕྱག་མཛོད་ས་སྐྱོང་བསོད་ནམས་རབ་བརྟན་གྱིས་སྟེང་སྨོན་བཅོལ་བའི་དུང་དཔལ་ཁ་བོ་གྲོང་གསར་གྱི་གཡས་རབ་བརྟན་ཕྱིར་བཀོད་པ་བྱས་ནས་ས་ཕོ་གཅིག་པའི་ཤིང་བྱ་ལོ་དག་ན་བླ་ཤིང་ནང་གི་འཛིན་ཞས་ལ་ས་ཕོའི་ལོ་ལེགས་པར་གྲུབ་པའི་སྦྱང་ཆེན་པོ་དང་བཅས་ལ་ 参见 བདག་དབང་སློ་བཟང་རྒྱ་མཚོ། སྐུ་གསུང་ཐུགས་ཀྱི་གསང་བ་བརྗོད་དཀའ་རིན་ཆེན་ཐེམ་སྐས་མ་བར་གནི་དཀར་ཆག་དང་ས་སྤྱི་དེ་ཁྲིམས་ཡིག་འཕྲུལ་བྱེ་བའི་སྤོ་ལས་ཕྱི་འཕྲལ་དང་སྦྱར་གྱི་སྲོག་པ་དང་པོ་བཞུགས། དབང་སློ་བཟང་རྒྱ་མཚོའི་གསུང་འབུམ། ཀ ཤོང་པར། པ32

致"①,形成了特定藏族"集体历史记忆的历史积层"②的典型,也为后来修建布达拉宫红宫,形成这一具有观音道场意义的建筑群奠定了多方面基础。

总之,布达拉宫白宫的修建是举西藏地方之力完成的一项重大工程。在拉萨河谷腹心区域,选择拉萨红山这一极具战略位置的山岗修建宗堡,具有重要战略意义,表现出了当时西藏地方首领对以传统的、具有严格等级制度的山崖式宗堡建筑来体现政权高度集中的政治渴望,是地方政权的现实需要,"布达拉宫整体建筑的生长过程一方面是基于生活或者军事需要循序渐进地建设而成,另一方面这种顺其自然的建筑格局本身又是一件气势雄伟的艺术品"③。标志着以格鲁派为核心的西藏甘丹颇章地方政权实现了拥有大型宗堡建筑作为政权中心的政治愿望。同时也使吐蕃时期历史记忆在时空上得以衔接,在把"布达拉"观念进一步塑造得具有本土性和正统性方面起到了重要的作用,这就是修建白宫的意义。

三 修建红宫

布达拉宫白宫修建完成后,西藏地方政权中心从哲蚌寺迁到了布达拉宫,从此布达拉宫正式成为甘丹颇章地方政权集权中心,被赋予了更多的文化内涵。1682 年,五世达赖喇嘛在布达拉宫白宫内圆寂,为了安置其"真身法体"(སྐུ་གདུང་),第司·桑结嘉措着手修建灵塔殿,这就正式拉开了修建布达拉宫红宫的帷幕。

1682 年藏历二月二十五日,五世达赖喇嘛阿旺洛桑嘉措在布达拉宫内圆寂,享年六十五岁。作为甘丹颇章地方政权实际掌权者,更是作为五世达赖喇嘛生前最为倚重和关系最为密切的近侍,第司·桑结

---

① 费尔南多·梅耶:《拉萨的布达拉宫》,载熊文彬译《西藏艺术:1981—1997 年 ORIENTATIONS 文萃》,第 51 页。

② 参见肖竞、曹珂《今生的前世——从布达拉宫的"形意轮回"看卫藏地标建筑的历史层积》,《新建筑》2018 年第 3 期,第 157 页。

③ 胡琦、吕超、熊坤新:《布达拉宫建筑的伦理意蕴》,《青藏高原论坛》2014 年第 3 期,第 126 页。

嘉措在第一时间需要着手处理五世达赖喇嘛圆寂之后事，其中如何安置"真身法体"成为首要任务。按照传统惯例，高僧圆寂后遗体要么进行火化，之后结成舍利晶体专门供奉；要么把遗体整体保存，以供后世瞻仰。因此，在处理五世达赖喇嘛法体时也出现这一问题，据记载："圆满佛陀涅槃后法体分为八大部分（རུ་གདུང་ཆ་བརྒྱད་）继续为众生行善事。另有，诸佛虽已涅槃，但其法体与舍利依然为众生行善等记载随处可见，要么火化后所得舍利等继续为众生行事，要么法体整体供奉，相关人员商议后，'众人一致认为如珍宝般供奉在其中为宜'之结果。"①选择灵塔殿修建位置时，更是把甘丹颇章地方政权中心和五世达赖喇嘛驻锡地红山作为首选。因为，布达拉宫（白宫）经过五世达赖喇嘛的重建后，形成了公认的藏地"布达拉"，选择在红山上修建灵塔殿安置五世达赖喇嘛的法体符合政教两方面的意愿，据记载："与五世达赖喇嘛了义相符的灵塔在智慧自成南部持舟山宫（རུ་འཛིན་པོ་བྲང་）无疑成为其专属封地（གོ་སྐལ་），因此依授记般修建符合善逝地道之轨灵塔。"②1690年，在红山顶上开始着手修建灵塔工事。第司·桑结嘉措对布达拉宫现状和未来的发展等综合考虑，指出要修建灵塔殿必须要对布达拉宫的整体结构做出一些改变或者改、扩建，才能完成修建五世达赖喇嘛灵塔殿的目标。对此，首先于"二十五日，由于丹玛角（地母堡 བསྟན་མ་ཤོག）附近正在维修，为了安全把各种塑像迎请至杰布角，并对其新绘壁画等由比丘加央扎巴进行相关仪轨"③，紧接着，"五日，德央厦南侧由于维修而拆迁，（达赖喇嘛法体）移到德瓦坚寝宫而居"④。"十九日起，从红殿开始拆迁"⑤，正式开始修建红宫。

---

① སྡེ་སྲིད་སངས་རྒྱས་རྒྱ་མཚོ། དྲི་ཅན་རྩ་བའི་བླ་མ་དཔལ་དཔལ་ལྡན་བློ་བཟང་རྒྱ་མཚོའི་ཐུན་མོང་ཕྱིའི་རྣམ་པར་དུ་ཀུ་ལའི་གོས་བཟང་སྐྱེགས། གསུམ་པའི་འཕྲིན་བཞི་པ་བཞུགས། ཀྲུང་གོ་བོད་རིག་པ་དཔེ་སྐྲུན་ཁང་ ཞེ་སྦ་ 2013 ཟླ་ 7 ན་ 398 ནས་ 399

② སྡེ་སྲིད་སངས་རྒྱས་རྒྱ་མཚོ། མཚོ་སྤོང་འཛིན་སྐྱིད་རྒྱལ་གཅིག་ཉེ་གུ་གཤིན་ལྷ་ལག་དང་དང་བཟའམ་བློ་དཀར་ཆག་པར་སྐྲིང་རྒྱ་མཚོར་གཟོ་བའི་གུ་གཟིགས་ཉིན་ནབས་ཀྱི་ཁང་མཆོ་གོ ཤེ་པ་ར། ན་ 79

③ སྡེ་སྲིད་སངས་རྒྱས་རྒྱ་མཚོ། དྲི་ཅན་རྩ་བའི་བླ་མ་དཔལ་དཔལ་ལྡན་བློ་བཟང་རྒྱ་མཚོའི་ཐུན་མོང་ཕྱིའི་རྣམ་པར་དུ་ཀུ་ལའི་གོས་བཟང་སྐྱེགས། གསུམ་པའི་འཕྲིན་དུ་པ་བཞུགས། ཀྲུང་གོ་བོད་རིག་པ་དཔེ་སྐྲུན་ཁང་ ཞེ་ཅིང་ སྦ་ 2013 ཟླ་ 7 ན་ 90

④ སྡེ་སྲིད་སངས་རྒྱས་རྒྱ་མཚོ། དྲི་ཅན་རྩ་བའི་བླ་མ་དཔལ་དཔལ་ལྡན་བློ་བཟང་རྒྱ་མཚོའི་ཐུན་མོང་ཕྱིའི་རྣམ་པར་དུ་ཀུ་ལའི་གོས་བཟང་སྐྱེགས། གསུམ་པའི་འཕྲིན་དུ་པ་བཞུགས། ཀྲུང་གོ་བོད་རིག་པ་དཔེ་སྐྲུན་ཁང་ ཞེ་ཅིང་ སྦ་ 2013 ཟླ་ 7 ན་ 91

⑤ སྡེ་སྲིད་སངས་རྒྱས་རྒྱ་མཚོ། དྲི་ཅན་རྩ་བའི་བླ་མ་དཔལ་དཔལ་ལྡན་བློ་བཟང་རྒྱ་མཚོའི་ཐུན་མོང་ཕྱིའི་རྣམ་པར་དུ་ཀུ་ལའི་གོས་བཟང་སྐྱེགས། གསུམ་པའི་འཕྲིན་དུ་པ་བཞུགས། ཀྲུང་གོ་བོད་རིག་པ་དཔེ་སྐྲུན་ཁང་ ཞེ་ཅིང་ སྦ་ 2013 ཟླ་ 7 ན་ 95

可以说，修建红宫是从安置五世达赖喇嘛灵塔的现实需求出发，进而达到灵塔安置、塑造历代达赖喇嘛为观音转世以及布达拉宫成为真正的观音净土"布达拉"的多重目的，这点从史料中看得真切，也是赋予修建红宫最大的历史使命。

布达拉宫红宫修建的具体过程被第司·桑结嘉措整理成《五世达赖喇嘛灵塔志》，从该书中能够梳理相关史实叙述，为红宫研究提供了不可替代的第一手资料。

具体施工图纸由第司·桑结嘉措亲自设计，需要精确的地方，再由洛扎巴（ཕྱོག་པ་）测量后绘图。吉日，波贡门巴·罗追坚赞（འབོག་གོང་མོན་པ་བློ་གྲོས་རྒྱལ་མཚན་）与首席木匠奈萨哇·降阳旺波（དོལ་གནས་གསར་བ་འཇམ་དབྱངས་དབང་པོ་）按照第司·桑结嘉措所设计的图纸在实地严格绘制蓝图。①

17世纪晚期，在实施布达拉宫红宫修建工程时，人们绘制了一份极为珍贵的平面设计图纸。这是由红宫工程总负责人召集当时各工种负责人和勉唐派主要画师共同参与完成的。该图纸使用藏族传统纸墨，由大小不同的十二张羊皮拼接而成，完整地展现了17世纪晚期修建红宫时所要修筑建筑区域的平面布局。该图纸总长度约14米，最宽处有1.5米左右，原件现保存于西藏档案馆。红宫平面图纸对红宫修建工程中总体建筑样式的勾勒、建筑细部的精准把控和施工材料的选用等方面做了详细说明，与《五世达赖喇嘛灵塔志》《布达拉宫红宫房屋册》等一同成为研究布达拉宫建筑的第一手材料。

从平面图纸绘制内容先后顺序来看，首先设计了位于布达拉宫主体东南面的平措堆朗大门。从图纸中可以看出，具有四大柱的朝西门庭两侧作为高层建筑，为了使地基直接能接触到自然岩石层而设计了面积较大的地垄结构，北面的地垄呈"回"字形，南面为长方形，这两个地垄基本上保障了门庭高四层建筑的负重。从大门门庭沿着石阶到德央厦东门结构与现实建筑布局基本一致。上到台阶之后的虎穴圆堡朝南大门处也有地垄结构，现场能够看到这一区域已经跟岩石层接触，由于门庭

---

① 参见 སྡེ་སྲིད་སངས་རྒྱས་རྒྱ་མཚོ། མཆོད་སྡོང་འཛམ་གླིང་རྒྱན་གཅིག་ཅེས་གྲགས་པ་ལགས་ཤིང་དང་བཅས་པའི་དཀར་ཆག་ཐར་གླིང་རྒྱ་མཚོར་བགྲོད་པའི་གྲུ་གཟིངས་ཤིན་རྣམས་ཀྱི་བང་མཛོད། ཤིན་པར། ཤ་169

结构及顶层负重之因也利用了地垄。虎穴圆堡西侧德央厦第一层地垄结构则是修建红宫时除主体建筑外面积最大的一个区域，从另一方面可以看出，17世纪中叶修建白宫时并没有德央厦这一规模巨大的建筑区域。德央厦就是为了使布达拉宫整体建筑规模起到衬托之用，在两层多的地垄建筑作用下，修筑完成后其地面显得高耸而平坦，因此南北两侧自然是建筑受压最明显的区域。与此同时，为了能够把地垄结构包围其中，南北两侧不得不砌筑高大的墙体来保障建筑整体的美观。按照图纸所示，红宫修建时主要为三大区域，德央厦、红宫东南侧强钦塔朗大门门庭至红宫南门区域，最后一个则是红宫主体建筑。其中，强钦塔朗大门门庭至红宫南门区域依旧利用了结构复杂的地垄建筑，补齐了南面自然山崖高度的短板，同时为了美观和烘托红宫主体建筑气势，地垄上方设计了面积较小的德央努区域，这一区域正好起到衬托红宫主体建筑之作用，使得红宫主楼显得层次感分明且保障了地垄结构在建筑外观中的美感。

图纸中最为重要的区域就是红宫主楼设计，红宫主体建筑地下为四层地垄结构，与强钦塔朗大门门庭至红宫南门区域即德央努地垄高度大致相同，而红宫主体建筑中心西侧的灵塔殿南侧地垄也达到了同样高度，但是面积相对较小，随着高度升高，这一区域地垄结构逐渐变多，到地面即第五层时灵塔殿一大半为地垄结构，可见红山地势呈南高北低的态势。第五层为地面，即西大殿位置，这一区域的东南西北四座殿堂至今保留了原状，第六层为西大殿二回廊，即四座殿堂二层朝拜阁。六层东为时轮殿、南有"诺杰班觉"殿、"堆古白吉"殿、"萨松瑟诺"殿三座殿堂，这一区域到了18世纪之后建筑用途发生了变化。西面为灵塔殿三层朝拜阁，北面分别为法王洞、合金殿和上师殿，这一区域同样在18世纪之后开始频繁改建，原样发生了变化。

第七层为红宫顶层部分，东面有"德丹其"殿和"平措德乐"殿两座殿堂，18世纪末期至19世纪初这一区域变化最大。南面分别为"扎西贵巴"殿、"平措贵巴"殿和"萨松南杰"殿三座殿堂，后期建筑的改建与功能的改变也较大。西南面为"噶当其"寝殿，西面依旧是灵塔殿第四层朝拜阁、"沃擦扎西其"殿和"德庆伟色"殿等，这两座殿堂结构发生了较大变化后成为七世灵塔殿，以南面观音殿为中心，其背后有僧舍、茅厕等四五间小型房屋结构，南侧为新旧建筑之间的过道，观音殿前面即南侧有合金殿、上师殿和汉地殿，三座殿堂与观音殿之间还有两间库房。第八层为金顶建筑即红宫屋顶，有灵塔殿金顶建筑及附属建筑。

从图纸中可以看出，红宫主体建筑从最底层的地垄算起共有八层，地下、地上分别有四层。这与人们平常所说布达拉宫建筑高度为十三层存在差距。此外，红宫顶上三层建筑在后来发生频繁改建，建筑结构、功能和殿堂名称与每一时段所发生的具体历史事件有直接关系。平面设计图纸的意义在于可以直观了解当时修建布达拉宫红宫时所设计的每一处建筑的具体位置，以及能够折射出之后布达拉宫建筑所发生改变的历史事实。

红宫修建在严格的工事流程下进行，不仅如此，按照西藏档案馆馆藏红宫图纸等珍贵史料来看，不仅有施工图纸，而且每一间房屋朝向、门窗格局和每一个柱础之间精确位置等均做了详细说明，这对当下认为布达拉宫的修建是在完全没有可遵循的图纸和方案下随意建造等言论提出了严厉驳斥。

同时，为了禳灾解难，由格隆洛桑阿旺（担任金刚师），在南杰扎仓行沐浴仪轨、洒五世达赖喇嘛生前所用供奉青稞、解禳以及举行供食仪轨，帕崩卡僧众也举行龙族供奉和水供仪轨，木如寺僧众举行各种念经活动和刻擦擦等法事。1691 年藏历元月十一日，第司·桑结嘉措前来进行求神仪式，南杰扎仓与曲科杰寺为施工取材之地能够祈求平安而举行仪轨。为了按预期三年完成工期，向卫藏各地商议具体的各民工派遣属地、人数和其他相关事宜。同时，南林班钦（ རྣལ་སྦྱོར་པ་ཆེན། ）在宴前为预祝吉祥而"妙谈"（ འབེལ་གཏམ། ），当年修建桑耶寺时的种种妙传，布达拉宫顶上则由南杰扎仓部分僧人念诵战神仪轨，在白宫顶上挂起五彩经幡和长幡（ ཕུ་རིང་ ），布达拉宫山脚下的雪城内众人欢跳各种舞蹈，从布达拉宫到白塔间被围观群众围得水泄不通。①

① 参见 སྡེ་སྲིད་སངས་རྒྱས་རྒྱ་མཚོ། མཆོད་སྡོང་འཛམ་གླིང་རྒྱན་གཅིག་གི་ཉེན་གསལ་ལག་ཁང་དང་བཅས་པའི་དཀར་ཆག་ཐར་སྒྱེར་རྒྱ་མཚོར་བགྲོད་པའི་གྲུ་གཟིངས་ཞིན་ནུས་ཀྱི་བང་མཛོད། ཤིང་པར། ན་171

虽然五世达赖喇嘛圆寂之事还处于保密当中，但是修建其灵塔殿作为当时主要任务来进行，工事进行得如火如荼。

南杰扎仓掌事（སྒྲུ་པ་）格隆降阳扎巴、达本南宗（ཏ་དཔོན་རྣམ་འཛོམས་）和强林巴（བྱང་སྒྲིང་པ་）等人给予各作坊以奖资。第司·桑结嘉措也许下了工程建设期间提供所有支出之承诺。任命波贡门巴·罗追坚赞为工程总负责人，分别任命黍卡哇·宁宁（གཉིས་ཀ་བ་སྙིང་སྙིང་）、噶恰·丹珍多吉（དགའ་ཆགས་པ་ད་འགྱིན་ཚེ་བརྟན་རྡོ་རྗེ་）、卡纳·次旦多吉（མཁར་ནག་པ་ཚེ་བརྟན་རྡོ་རྗེ་）担任具体工种负责人。郑重宣读了包括以尼婆逻工匠为首的所有参工者以及各负责人需要恪守本分，不得暗藏私心之规定书，要为各首席师依次赐予上等锦衣等物品，为年老者插上奖赏之五彩经幡，举行盛大的开工典礼。[1]

以修建红宫为代表的许多大型工程，[2] 皆由上述人员参与，并担任要职，除了完成宗教仪轨，有一批精通各种工艺，拥有非凡统筹、协调和运作能力之人员，在17世纪晚期开始慢慢登上西藏地方历史舞台，可见红宫工事不仅有严密组织和流畅的工序，更重要的是为以手工艺人为首的各行业人才提供了尽情施展才华的平台。

安排尼婆逻工匠、铜工、锻工、錾刻工以及铁匠等在印经院（པར་ཁང་）和犏牛圈（མཛོ་ར་ར་）内设立各自作坊；木材加工作坊设立在甘丹康萨（དགའ་ལྡན་ཁང་གསར་）内；拉章坊（བླ་བྲང་བཟོ་ཁང་）内设缝纫作坊；嘉里康萨（རྒྱ་རི་ཁང་གསར་）内设颜料调配坊，在曲麦林卡（ཆུ་སྨད་གླིང་ཁ་）内搭民工及各工种头目住所帐篷。由岗布永（སྐམ་པུ་ཡུང་）、夺底（དགོས་སྟེ་）、堆巴（གདོལ་པ་）、拉隆（ལྷ་ལུང་）和地热（སྒྲིག་རག་）等地开采石材；从怕崩卡搬运红土，在叶巴（ཡེར་པ་）开采阿嘎（ཨར་ཀ་）土；从直布开采青石板（རྡོ་གཡའ ）；由布达拉东面田间取土；从岗布永开采出许多两米多长的巨型石块，由蔡巴头人扎巴（ཚལ་སྟེ་པ་གྲགས་པ་）利用四周挂牦牛皮圈的特殊木船渡吉曲河而运来，其余用牛皮船搬运。地热开采的青

---

① 参见 སྡེ་སྲིད་སངས་རྒྱས་རྒྱ་མཚོ། མཆོད་སྡོང་འཛམ་གླིང་རྒྱན་གཅིག་རྟེན་གཙུག་ལག་ཁང་དང་བཅས་པའི་དཀར་ཆག་བར་སྒྲིང་རྒྱ་མཚོར་བགྲོད་པའི་གྲུ་གཟིངས་ཞེས་ཉིན་མ་ལྡོངས་ཤིང་ར་བ། ཤེན་པར། ？172

② 比如五世达赖喇嘛本生系列唐卡（འཁྲུངས་རབས་ཐང་ཁ་）、制造仪仗法会（ཆིངས་མཆོད་）、巨幅唐卡（གོས་སྐུ་）等17世纪晚期珍贵文物作品题记中经常可以见到上述人物，因此也算是重要历史人物。

石板也通过新建便桥后顺利运至。夺底开采出了金、银、铁矿石以及钟石（ཆང་རྡོ་）等石材；① 派琼杰卡丹巴·次仁顿珠（འཕྲིངས་རྒྱལ་མཁན་ལྷུན་པ་ཚེ་རིང་དོན་གྲུབ་）、朗热·嘉顿（གླང་ར་སྐུ་འབེལ་）、工布嘉郭哇·索朗旺布（ཀོང་པོའི་རྒྱལ་སྐོར་བ་བསོད་ནམས་དབང་པོ་）、昌都管家仓央桑珠（ཆབ་མདོ་ཕྱག་མཛོད་ཚངས་དབྱངས་བསམ་གྲུབ་）、擦巴哇（ཚལ་པར་བ་）等人员到嘉儿（བྱར་）地方督促合法采运木材、巨型长柱和长梁。②

　　正式开工之前，为拉萨周围开采工事所需大量且能够保障工程质量的材料以及指派具体人员各自负责材料开采、搬运和配制等工序，掌握具体材料供给情况等做了充分准备。

　　与卫藏各地商议具体的各民工派遣属地、人数和其他相关事宜。用三年时间，分别从桑珠孜、降南杰拉孜（བྱང་རྣམ་རྒྱལ་ལྷ་རྩེ་）、曲科杰、郭热南杰（ཀུ་རབ་རྣམ་རྒྱལ་）、金东（སྐྱེམས་སྟོང་）、江热卡托（ལྗང་ར་མཁར་ཐོས་）、雪卡（ཤོལ་）等地以及扎什伦布寺、拉嘉里（ལྷ་རྒྱརི་）、吉雪三地（སྐྱིད་ཤོད་ལྷག་གསུམ་）、夏洛哇所属（ཤག་ལྟོ་བ་མི་ཆེན་ཁུངས་）、朗宗巴（སྣང་རྫོང་པ་）、准巴（བྱུམ་པ་）、仲达瓦（སྒྲོམ་མདའ་བ་）、珠拉哇（འབྲུ་ལ་）和甘丹热丹（དགའ་ལྡན་རབ་བརྟན་）、贡嘎、乃东、琼结、直古（གྲི་གུ་）、墨竹、直孔、达隆、沃卡、曲水、尼木、扎（སྒྲགས་）、昌果（ཕྲེང་འགོ་）、玉杰伦布（གཡུལ་རྒྱལ་ལྷུན་པོ་）、波贡、卡达（མཁར་ལྡག་）、浪卡子、伦布宗（ལྷུན་པོ་རྫོང་）和嘉巴（བྱར་）等所宗谿共派遣一万两千余人，加上来自尼婆逻的各工种、康熙皇帝派遣的工匠师罗白（སྒྲོ་དཔལ་）（清宫档案称"老魏"）等一百一十四名及来自蒙古等地的人员。③ 工事参与人员基本上包括今天西藏自治区全境，吸收和整合各地优秀手工技艺，把各地不同风格、不同流派和不同地界的工艺集中在布达拉宫红宫工事中，以达到广纳各地人才，择优而上充分发挥各自优势，又高度集中，使最精锐的人才和最高超、完美的技艺服务于红宫工事之目的。

① སྡེ་སྲིད་སངས་རྒྱས་རྒྱ་མཚོ། མཆོད་སྟོང་འཛམ་གླིང་རྒྱན་གཅིག་ཞེས་གགག་ལགར་ལ་བ་དང་བཅས་པའི་དཀར་ཆག་ཐར་སྲིད་རྒྱ་མཚོར་འགྲོ་བའི་གྲུ་གཟིངས་ཞེས་བྱ་བ་རྣམས་ཀྱི་བང་མཛོད། ཤིན་པར། ནུ་172

② སྡེ་སྲིད་སངས་རྒྱས་རྒྱ་མཚོ། མཆོད་སྟོང་འཛམ་གླིང་རྒྱན་གཅིག་ཞེས་གགག་ལགར་ལ་བ་དང་བཅས་པའི་དཀར་ཆག་ཐར་སྲིད་རྒྱ་མཚོར་འགྲོ་བའི་གྲུ་གཟིངས་ཞེས་བྱ་བ་རྣམས་ཀྱི་བང་མཛོད། ཤིན་པར། ནུ་172

③ 参见 སྡེ་སྲིད་སངས་རྒྱས་རྒྱ་མཚོ། མཆོད་སྟོང་འཛམ་གླིང་རྒྱན་གཅིག་ཞེས་གགག་ལགར་ལ་བ་དང་བཅས་པའི་དཀར་ཆག་ཐར་སྲིད་རྒྱ་མཚོར་འགྲོ་བའི་གྲུ་གཟིངས་ཞེས་བྱ་བ་རྣམས་ཀྱི་བང་མཛོད། ཤིན་པར། ནུ་172ནུ་173

图 16 红宫修砌图（布达拉宫管理处提供）

1690 年藏历二月二十二日开始，从德央努（འདེ་ཡངས་ནུབ་）与扎康南侧开始筑起地基。到了 1692 年藏历一月二十五日，继续从扎康德央努一带和外积柱地下层（ཀ་སྦུངས་ཕྱི་མའི་མས་ཐོག་རྣམས་）开工；[①] 藏历三月十日起，从德央努旧址开始拆除；五月二十五日，由于要拆除地母堡旧址，所藏内供佛像迁至地祇堡（རྒྱལ་པོ་ལྕོག་），殿内及新绘壁画由格隆降阳扎巴主持开工仪轨（ཡར་ཚིག་）。六月一日起，第司·桑结嘉措亲自安排刻画装藏陀罗尼咒（གཟུངས་པར་）相关事宜，由格隆降阳扎巴负总责，琼结·洛桑索朗（འཕྱོངས་རྒྱས་བློ་བཟང་བསོད་ནམས་）和托美白桑（ཐོགས་མེད་དཔལ་བཟང་）具体负责，共十余名僧俗一道开始了刻画陀罗尼咒和装藏等工序。[②] 此时，设立了修造五世达赖喇嘛灵塔作坊，十八日，以格隆降阳扎巴为首的扎康僧众对甘珠尔殿新绘壁画等进行开工仪轨。[③]

匿丧一直在严密地进行，但却开始大范围修建灵塔殿，看似极具矛盾的两件事情，就在布达拉宫内如常运行，这不仅需要考虑工程本身，

---

① སྡེ་སྲིད་སངས་རྒྱས་རྒྱ་མཚོ། མཆོད་སྡོང་འཛམ་གླིང་རྒྱན་གཅིག་རྟེན་གཙུག་ལག་ཁང་དང་བཅས་པའི་དཀར་ཆག་ཐར་གླིང་རྒྱ་མཚོར་བགྲོད་པའི་གྲུ་གཟིངས་ཉིན་རྣམས་ཀྱི་བང་མཛོད། ཤིང་པར། ཤ174

② སྡེ་སྲིད་སངས་རྒྱས་རྒྱ་མཚོ། མཆོད་སྡོང་འཛམ་གླིང་རྒྱན་གཅིག་རྟེན་གཙུག་ལག་ཁང་དང་བཅས་པའི་དཀར་ཆག་ཐར་གླིང་རྒྱ་མཚོར་བགྲོད་པའི་གྲུ་གཟིངས་ཉིན་རྣམས་ཀྱི་བང་མཛོད། ཤིང་པར། ཤ175

③ སྡེ་སྲིད་སངས་རྒྱས་རྒྱ་མཚོ། མཆོད་སྡོང་འཛམ་གླིང་རྒྱན་གཅིག་རྟེན་གཙུག་ལག་ཁང་དང་བཅས་པའི་དཀར་ཆག་ཐར་གླིང་རྒྱ་མཚོར་བགྲོད་པའི་གྲུ་གཟིངས་རྣམས་ཀྱི་བང་མཛོད། ཤིང་པར། ཤ175

更需要考虑更多复杂的因素，这才是探讨红宫工事背后的真实历史。

据记载，期间，一只小猫触碰了工地上的石块，滚石砸死了一名石匠，正在拆除的工事墙体也突然坍塌，无故损失数名民工。八月四日上午，从扎康到德央（བདེ་ཡངས་）间的新建房屋，在波贡巴（འབོག་གོང་）等人正在刷泥墙时，十根柱子面积、通高三层的新修房屋突然倒塌，虽然波贡巴幸免，但其余九人皆葬身于此。[①]八月二十九日，第司·桑结嘉措等亲自到雪城乃康顶（གནས་ཁང་སྟེང་），与三大寺诸主事、从各处来的高僧、头人、博硕克图王使者措让巴（པོ་ཤོག་ཐུ་ཁན་གྱི་མི་སྣ་ཚོགས་རམས་པ་）等四周汗王、诸邦使臣，东国人主皇帝所派诸工匠头领顶其·索朗桑布（དིང་ཆི་བསོད་ནམས་བཟང་པོ་）、工程总负责人波贡巴、噶恰巴、卡纳巴、黝卡宁宁等大小工事负责人、尼婆逻等地的诸工匠等上千人举行了隆重的工事宴会，献上传统的宣舞（ཞོན་）剧目表演。当日，扎康欢喜密院里、外天窗阁四墙壁画而创建念诵仪轨，使得扎康及个人每日所诵、所修之仪轨词诸神得到了完满，还准备绘制五世达赖喇嘛本生及其注解图，宗喀巴大师部分上师像以及密、胜乐道等交与首席画师洛扎·丹增罗布（ལྷོ་བྲག་བསྟན་འཛིན་ནོར་བུ་）完成。十一月十四日，内供佛像搬迁完毕，并行开光仪轨；十五日，南杰扎仓僧众以金刚杵法门举行扎康搬迁仪轨。[②]

从白宫修建时邀请勉萨派画师曲英嘉措等人参与绘制壁画到修建红宫时邀请勉唐派、钦则派和其他一些重要画家参与绘制壁画，其他工种也是如此，体现了红宫是聚集全藏各行业最具影响力的手工艺人，集众家所长之果。

1693 年藏历二月七日，由历算师阿旺举行盛大的龙族法会，龙族、地祇等供养仪轨也与上一年一样无误进行。二十日，从直（གྲི་）地方搬运小石碑，蔡巴第巴扎巴（སྣེ་པ་གྲགས་པ་）上一年就已搬运完成，今年又由扎东·欧珠边巴（བྲག་གདོང་དངོས་གྲུབ་དཔལ་འབར་）利用木船、轮车等工

---

① སྡེ་སྲིད་སངས་རྒྱས་རྒྱ་མཚོ། མཆོད་སྡོང་འཛམ་གླིང་རྒྱན་གཅིག་གི་ཉེ་གནད་ལ་ཁང་དང་བཅས་པའི་དཀར་ཆག་ཐར་གླིང་རྒྱ་མཚོར་འགྲོ་བའི་གྲུ་གཟིངས་ཀྱི་རྣམས་ཀྱི་བང་མཛོད། ཤིང་པར། ན175

② སྡེ་སྲིད་སངས་རྒྱས་རྒྱ་མཚོ། མཆོད་སྡོང་འཛམ་གླིང་རྒྱན་གཅིག་གི་ཉེ་གནད་ལ་ཁང་དང་བཅས་པའི་དཀར་ཆག་ཐར་གླིང་རྒྱ་མཚོར་འགྲོ་བའི་གྲུ་གཟིངས་ཀྱི་རྣམས་ཀྱི་བང་མཛོད། ཤིང་པར། ན176

具，由 139 人利用两天时间送达。其方形三层底座则由上述人员利用 20 多天的时间运回。接着从直地方运大石碑到布达拉宫前，"大石碑座莲方形三层，长 2.5 米，由于巨大无比，一般木船无法承受其重量，由扎东·欧珠边巴主持修建专门的桥梁，由 500 名民工，用两个月的时间，顺利到达而立于宫殿前"[①] 。

图 17　搬运无字碑场景壁画（布达拉宫管理处提供）

此时，完成了最先开始的德央厦、德央努（འདེ་ཡངས་གནས་ཁྲུན་）与扎康建筑工事，还把红宫中心位于西大殿二层北面墙、高一人头的墙面等也开始筑起，除了部分建筑结构布局，整体预计在三年内完成。由于石匠等人需要各自回家，于四月二十一日举行竣工宴会，第司·桑结嘉措等人亲自前去祝贺，还有巴索活佛（བ་སོ་སྤྲུལ་སྐུ་）、三大寺主事、古格王子洛桑白玛扎西（གུ་གེ་རྒྱལ་སྲས་བློ་བཟང་པདྨ་བཀྲ་ཤིས་）、檀越博硕克图济农等北方王族（བསྟན་པའི་སྦྱིན་བདག་བོ་ཤོག་ཐུ་དང་སོགས་བྱང་པ་རྒྱལ་རྒྱུད་ཀྱི་རིགས་）、人主皇帝使者格隆益西（ཏོང་ཀྱུན་འཛམ་དབྱངས་གོང་མའི་མི་སྣ་ཨེ་ཤེས་དགེ་སློང་）、噶尔丹使者措让巴（དགའ་ལྡན་བསྟན་འཛིན་བོ་ཤོག་ཐུ་ཁང་གི་མི་སྣ་ཚོགས་རམས་པ་）以及尼婆逻王使者等四周使者，各寺主事、头

①　སྡེ་སྲིད་སངས་རྒྱས་རྒྱ་མཚོ། ཎིན་ཅན་ཙ་འབའི་ཀྲ་མ་དཀའ་དྲང་བློ་བཟང་རྒྱ་མཚོའི་ཐུན་མོང་ཕྱི་ནང་རྣམ་ཐར་དུ་ཀུ་ལའི་གོས་བཟང་སྐྱེས་བུའི་དགའ་སྟོན་ལས་གླེགས་བམ་དང་པོ་བཞུགས། གུང་གོ་བོད་རིག་པ་དཔེ་སྐྲུན་ཁང་། པེ་ཅིན། ཀྲུ་ལོ་ 2013 ༧ 223

人、僧官等无数人齐聚一堂，举行盛大的竣工宴会，为各工种负责人和民工发放了所得薪资物品。紧接着开始为灵塔装藏事宜（གཟུངས་འབུལ།）。

红宫于1691年藏历元月一日开工，1693年藏历四月二十日竣工，于二十四日举行盛大竣工典礼，共两年零四个月完成了整体工事，立竣工纪念石碑。

红宫建筑的形制与寓意从本质上与白宫有区别，一开始就是围绕时轮金刚坛城、四大洲、八小洲的佛教观念进行修造，为建构空间的神圣性提供了理论依据。

红宫作为布达拉宫整体建筑核心部分之一，以坐西朝东的灵塔殿为中心，按照回廊式建筑布局层层修建。第一层为西大殿（ཚོམས་ཆེན་ཤྲིད་ཞིའི་ཕུན་ཚོགས་འདུན།），有8根巨柱、36根大柱，面积为689平方米，大殿到屋顶通高为几十米，加上地下层和地垄等结构高度达十几层，是布达拉宫内面积最大的一处建筑。一层西面为灵塔殿，依次为北面的观音本生殿、东面菩提道次第殿（ལམ་རིམ་ལྷ་ཁང་）和南面持明殿（རིག་འཛིན་ལྷ་ཁང་），殿内四壁绘制五世达赖喇嘛生平传记内容，"三月一日，西大殿四周，按照《王妃遗教》所载：'吾为授记天之主，赤松德赞之化身，修建无异之造像，传记绘于墙壁之。'按照五世达赖喇嘛旨意，其一生传记、观音传承、观音转世于达赖喇嘛等内容，由洛扎·丹增罗布所绘，花草树木等内容则由钦则派画师们接着上年内容绘制"。[1]并且每幅壁画均有说明题记："让江孜·阿旺平措、杰萨岗巴·衮确、昂仁·桑丹曲扎、额西巴（དབུས་གཞི་བ།）以及三位艾巴书写者（ཡིག་མཁན།）开始在西大殿墙壁上书写壁画题记。"[2]二层从西面分别为灵塔殿朝拜阁（ཞལ་རས་ལྷ་ཁང་）、北面为本生殿、东面为菩提道次第殿和南面的持明殿，四周同样绘制精美壁画，内容大多为第司·桑结嘉措如何修建红宫部分等历史内容，"西大殿二层回廊四壁，若是继续绘五世达赖喇嘛后半生传记，恐走漏匿丧

① སྡེ་སྲིད་སངས་རྒྱས་རྒྱ་མཚོ། རྗེ་ཉིད་ཅན་ཙ་ལག་མ་དཀར་དབང་བློ་བཟང་རྒྱ་མཚོའི་ཕུན་ཚོགས་ཀྱི་རྣམ་ཐར་དུ་ཀུ་ལའི་གོས་བཟང་སྐྱེས་བུ་ གསུམ་པའི་འཕྲོས་དུ་པ་བཞུགས། ཀྲུང་གོ་བོད་རིག་པ་དཔེ་སྐྲུན་ཁང་ པེ་ཅིན། སྤྱི་ལོ་2013 ན་269

② སྡེ་སྲིད་སངས་རྒྱས་རྒྱ་མཚོ། རྗེ་ཉིད་ཅན་ཙ་ལག་མ་དཀར་དབང་བློ་བཟང་རྒྱ་མཚོའི་ཕུན་ཚོགས་ཀྱི་རྣམ་ཐར་དུ་ཀུ་ལའི་གོས་བཟང་སྐྱེས་བུ་ གསུམ་པའི་འཕྲོས་དུ་པ་བཞུགས། ཀྲུང་གོ་བོད་རིག་པ་དཔེ་སྐྲུན་ཁང་ པེ་ཅིན། སྤྱི་ལོ་2013 ན་287

之事，若绘一些无关紧要之像对未来无用。因此，以绘吾之传记为'幌子'，详细记录了创建仪仗仪轨（ཚོགས་མཆོད་གསེར་སྒྲིང་）之事。对诸殿、佛堂之新修房屋所配具有三种字体之房屋名称牌，由吾亲自起草，并让江孜·降阳旺波抄写"。[1] 这一圈壁画对研究甘丹颇章早期历史，尤其是第司·桑结嘉措生平等历史具有重要参考意义。

第三层西面为灵塔殿朝拜阁，西南角为法王洞，北面依次为普贤会随殿（ཀུན་བཟང་རྗེས་འགྲོ་ཁང་）、黎玛殿（ལི་མ་ལྷ་ཁང་）和汉地殿（རྒྱ་ནག་ལྷ་ཁང་），东面为时轮坛城殿，南面应为堆古白吉殿（འདོད་དགུ་དཔལ་འབྱིལ་）、三界殿（ས་གསུམ་གཟིགས་གནོན་）和诺杰班觉殿（ནོར་རྒྱས་དཔལ་འབྱོར་）。第四层西门为灵塔殿朝拜阁、沃擦其殿（ཙ་མཚར་འབྱིལ་），西南角为德庆伟色殿（བདེ་ཆེན་འོད་གསལ་），北面为圣观音殿（འཕགས་པ་ལྷ་ཁང་），东面为德丹其殿（བདེ་ལྡན་འབྱིལ་）、平措德乐殿（ཕུན་ཚོགས་བདེ་ལེགས་），南面为扎西贵巴殿（བཀྲ་ཤིས་བགོད་པ་）、平措贵巴殿（ཕུན་ཚོགས་བགོད་པ་）以及萨松南杰殿（ས་གསུམ་རྣམ་རྒྱལ་）和噶当其殿（བཀའ་གདམས་འབྱིལ་），等等。由于年代较为久远，各个寝殿建筑结构也在后来的修缮中发生了变化[2]，西大殿上方隔窗处设酥油点供处，当年点燃无数油灯，使得昼夜灯火通明，其顶盖有玄武状银色顶盖，且两边饰有鎏金宝珠，中央为宝瓶状屋脊宝。

第五层为屋顶，分别用金顶、屋脊宝瓶、胜利幢和牦牛蘴（ཐུག་）等饰物进行装饰，顶上则是长形金顶被宝珠、共命鸟等形状，依次为三轮托斗象鼻斗拱木，之上三轮积斗、五轮象鼻斗拱木，之上七轮象鼻斗拱木，在此之上则是八轮猪鼻斗拱木，在此之上椽头垫檐梁。东西积椽三

---

[1] སྡེ་སྲིད་སངས་རྒྱས་རྒྱ་མཚོ། ཇིག་རྟེན་ཀུན་ཏུ་དགའ་བའི་བསྟན་མ་དཀར་དབང་སློ་བཟང་རྒྱ་མཚོའི་ཕུན་སོང་ཉིའི་རྣམ་ཐར་དུ་ཀུ་ལའི་གོས་བཟང་སྐྱེས་བར་གསུམ་པའི་འཛུགས་དཀུ་བ་བཞུགས། གུང་གོ་བོད་ཡིག་དཔེ་སྐྲུན་ཁང་། པེ་ཅིང་། སྤྱི་ལོ 2013 ད 287

[2] 其中噶当其殿如今依然保存在红宫第七层的西南处，共有8根长柱和14根短柱之面积；沃擦其殿和德庆伟色殿当年应该位于红宫第七层的西面，五世达赖喇嘛灵塔殿第四层的左侧。应为现今七世达赖喇嘛灵塔殿扎西伟巴康和喇嘛拉康殿的原址。1757年，此处随着修造七世达赖喇嘛的灵塔殿和本尊殿，又于1837年修造了十世达赖喇嘛的灵塔殿，并封盖金顶，之后考虑到该灵塔殿的承重，把十世灵塔迁至底层五世达赖喇嘛灵塔左侧，并把原处改为喇嘛拉康（ལ་མ་ལྷ་ཁང་），原先的灵塔殿顶层朝拜阁楼（ཐལ་སྒོ་ཁང་）改成现今的本尊殿（ལྷ་མཆོག་ཁང་），原来的金顶则依然保存，使得两间17世纪的殿堂现今无法找寻原来的样子，上述情况从《七世达赖喇嘛灵塔志》（གསེར་གདུང་བཀྲ་ཤིས་འོད་འབར་གྱི་དཀར་ཆག）、《本尊殿文物清册》（ལྷ་མཆོག་ལྷ་ཁང་གི་དཀོན་དེབ་）、《十世达赖喇嘛灵塔志》、《银塔殿文物清册》（དངུལ་གདུང་ལྷ་ཁང་གི་དཀོན་དེབ་）以及相关传记和修缮档案中可见一二。贡桑杰出康殿（ཀུན་བཟང་རྗེས་འགྲོ་）如今还保留在红宫北侧六层内，（转下页注）

轮象鼻斗拱之上一轮象鼻斗拱等共五种积椽，南北共三条积椽，三轮象鼻斗拱之上有一轮象鼻斗拱等，顶端屋脊宝珠之椽头，及其木板，其两侧拴住铁链之共鸣鸟，两侧的屋脊宝珠下各饰一只鳌头。为仪仗大集而新造号称九层吉祥幡之三叠长幡，半璎珞莲花纹、水槽珍宝纹共六种，装藏俱全之铃状屋脊宝，被金汁涂刷软钢质牦纛，显得金碧辉煌。

　　布达拉宫建筑结构中木构件的建筑有其特别之处，中央的西大殿内设立有巨柱和长梁，西侧中央巨柱和长梁被诸珍宝汁涂刷。灵塔殿巨大的木门，有五佛、五怀、五力之五排门之意，本生殿、菩提道次第殿和持明殿均为三排门，灵塔殿两根巨大的长梁长 90 余米，加上被象鼻斗、大斗等结构相连变得不易坍塌。灵塔殿四大长柱底色均由金汁涂刷，比肩瞻部树；左右柱、梁底色由银汁涂刷；西侧长梁则由红宝石汁涂刷；本生殿柱、梁底色由绿宝石汁涂刷；菩提道次第殿八大长柱和梁等底色由水晶汁涂刷；持明殿长柱、梁底色由青金石汁涂刷，各殿堂外部对应的大殿柱、梁之底色也与各自殿堂内柱、梁无异。木构件烦琐复杂达到了藏族传统木结构之最①，其中除了椽头与斗均雕刻精美图案。

（接上页注②）为三排并列门、两柱之面积；萨松色诺殿（ས་གསུམ་གཞལ་གནོན་）由七世达赖喇嘛于 1752 年成立了孜译仓列空，"萨松色诺"（ས་གསུམ་གཞལ་གནོན་）四字门牌至今依然保留在其门楣之上；堆古白吉（འདོང་དཀར་དཔལ་འཁྱིལ་）殿于 1783 年，八世达赖喇嘛正值二十四岁本命年时，由当时的摄政策墨林·阿旺崔成（ཚེ་སྨོན་གླིང་ངག་དབང་ཚུལ་ཁྲིམས）为八世达赖喇嘛江白嘉措长久住世之目的，专门建造九尊长寿佛像供于此，从此殿名改成了次巴拉康殿（ཚེ་དཔག་ལྷ་ཁང་），直到今天；诺杰班觉殿（ནོར་རྒྱས་བདུན་འཛོན་）位于红宫第六层东南角处，1799 年，由八世达赖喇嘛主持修造银质释迦牟尼等身像，并供奉于此，从此殿名改成释迦能仁殿（ཐུབ་དབང་ཤཱཀྱ་），一直到今天。改动后的德丹其殿（བདེ་ལྡན་འཁྱིལ་）和平措德乐殿（ཐུབ་ཚོགས་བདེ་ལེགས་）二间后来成了今天红宫顶层东面的强康殿（བྱམས་ཁང་），具体为 1744 年平措德勒殿改为银塔殿（དངུལ་གདུང་ཤྐྱ་ཁང་），德丹其寝宫内则于 1801 年建造了巨大的弥勒像，并且供奉珍贵的《丹珠尔》经，改为甘丹平措其（དགའ་ལྡན་ཕུན་ཚོགས་འཁྱིལ་），此殿从此除称作丹珠尔殿（བསྟན་འགྱུར་ཁང་）外，通常称为强康殿（བྱམས་ཁང་）。之后，强康殿与银塔殿由于承重之危，于 1815 年各银质塔迁至其他殿，并把二殿合并为现今的强康殿；扎西贵巴殿（བཀྲ་ཤིས་སྒོ་མང་）和平措贵巴殿（ཕུན་ཚོགས་སྒོ་མང་）于 1749 年，由七世达赖喇嘛改并成为供奉三座金刚立体坛城的坛城殿即今天的"轮廊康"（དཀྱིལ་འཁོར་ཁང་）；萨松南杰殿（ས་གསུམ་རྣམ་རྒྱལ་）如今依然保存在红宫最顶层南面的中央处。

①　传统的木结构最复杂的也就十三种，然而红宫大殿内居然达到了十七种结构，分别为椽头（བའ་）、吉祥结（པ་ཏྲ）、斗（ཤིང་ཁ）、弓母（ཞུ）、梁垫（གདུང་གདན）、象鼻木（ཤྲོ་ཙེ）、梁（གདུང་མ）、梁盖（གདུང་ཁེབས）、珍宝木（ནོར་བུ）、莲花木（པ་ཌྨ）、莲花木盖（པད་ཁེབས）、凹齿形枋木（མཆན་འདོགས）、伸椽木（བབགས་རྐྱང་མ）、椽头盖（བབགས་ཁེབས）、缩椽木（བབགས་བསྡུ་མ）以及椽子颈木（ཕིབས་འཛིན་）、椽头板（ཕིབས་）、"剪刀木"（ཅུན་ཙེ）或挑檐椽头、伸缩椽间板（ཀ་གདུང་）、椽子板（ཕྱམ་བཀག）等。

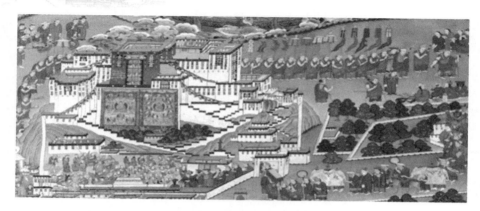

图18 红宫竣工典礼场景唐卡（多吉平措摄）

除红宫主体部分外还修建了宫前、后山道、东西庭院、圆满汇集道门（ཕུན་ཚོགས་འདུ་ལམ）、解脱道门（གྲུབ་ཆེན་བསྒྲུབ་པའི་ཐར་ལམ）和安乐大日门（བདེ་སྐྱིད་ཉི་མའི་དཀྱིལ་འཁོར）等三大聚柱门庭（ཀ་སྦྱངས་ཁར་ཚུབ་སྙིང་གསུམ）；上下旺久殿（དབང་ཕྱུག་སྟེང་གོང）、上下德丹殿（ཙ་མཆར་བདེ་ལྡན་སྟེང་གོང）、迈琼贵巴殿（饰奇妙）（མད་བྱུང་བཀོད་པ）、德乐殿（བདེ་ལེགས）、上供灯殿（མཆོད་ཁྱིན་སྟེང）、密宗欢乐院（གུ་ཁང་གསང་ཕུགས་དགའ་ཚལ）、边觉康（དཔལ་འབྱོར་ཁང）以及静猛供奉给殿（ཞི་ཁྲོ་དཀྱིལ་སྐོང་ཕུན་ཚི་གས་ཁང）等上百间附属房屋，红宫桎柳墙则被巨幅十自在相、祥麟法轮、瑞兽、八善逝佛塔、吉祥八宝、鳌头、雍仲以及塌鼻兽（ཅ་པར）等图案点缀，各大墙角被威猛之狮状点缀，成为今天布达拉宫的原形。

布达拉宫红宫的建筑从承重墙体、地垄、木结构、阿嘎土和"桎柳墙"等结构，体现了因地制宜，利用红山地势来满足建筑的最大化需要。

布达拉宫红宫建筑与其他建筑结构一样，墙体利用土、木、石三种常见材质堆砌，以墙体承重与墙柱承重两种结构来承托整个建筑。其中墙体从底层往上逐渐收缩即形成梯级模式，因为想要提升墙体承重能力，只有加大墙体厚度，但是一味地加大厚度，泥料等材质还无法满足现实要求，"这种材料由于具有粘合性弱和缺乏调整石材能力特点"[1]，只能以

---

[1] 费尔南多·梅耶：《拉萨的布达拉宫》，载熊文彬译《西藏艺术：1981—1997年 *ORIENTATIONS* 文萃》，第55页。

收分形式处理。当然，关于泥土使用方面，现代研究人员有不同观点，"在喜马拉雅地区，泥土修建的建筑物已经过时。政府工程师、房屋所有者和很多非政府组织都认为，泥土和夯土是不可靠的，甚至是不安全的。这是一种不公正的看法。最近两次灾害证明，情况恰恰相反"。[①] 因为，泥土等材质所需要热能比混凝土少，[②] 因此黏合度刚好满足藏式土木结构建筑的需求。墙体具体收分方式为："收分墙作为结构的承重墙，其特点是建筑外墙均由收分，内壁不收分；内墙不收分，但是上一层墙体可以比下层更薄一些，做法是两面向内收，横截面为梯形。"[③] 使得越往上越能减轻墙体承重，同时保障了上一层房屋面阔等形制不变，外观上还能起到一种特殊审美效果，"当地的建筑家把这一技术局限转化为强大的审美效果，从而使没有塔尖的大型建筑的比例和结构更加巨大宏伟"[④]。

　　布达拉宫红宫等建筑的又一特点是利用大面积"地垄"（ རྗག་ཤུར་ ）结构。地垄结构是"山坡地基上纵横起墙，上架梁木构成小房，俗称'地垄'"[⑤]。其修筑方式也是按照具体情况，有不同样式，"地垄内纵横墙的坐标位置，一般均与上面柱网位置上下对应，柱子恰好落在地垄墙上"。[⑥] 虽然在西藏其他建筑遗存如琼结县境内日卧德庆寺等山间建筑有"地垄"结构，但是布达拉宫尤其是红宫地垄结构之复杂、面积之大、数量之多、作用之明显是罕见的。在陡峭而狭窄的山间修建如此规模建筑，基础部位的坚固是重中之重，而地垄结构起到了坚实基础，同时增加了建筑物底层面积，使得原来狭窄陡峭的山坡变得平坦起来，为进一步修造不同建构工事提供了条件。随着布达拉宫建筑不断修缮，地垄内

---

① 安德鲁·亚历山大：《自然灾害与历史维护——传统藏式建筑在地震和山洪中的表现》，梁俊艳译，载艾瑞卡·福特、梁俊艳、黛博拉·克林博格-索特、张云、海尔默特·托舍主编《8-15世纪中西部西藏的历史、文化与艺术》，中国藏学出版社，2015，第227页。

② 参见安德鲁·亚历山大著《自然灾害与历史维护——传统藏式建筑在地震和山洪中的表现》，梁俊艳译，第227页。

③ 杨娜：《藏式古建筑木结构基本力学性能》，科学出版社，2017，第10页。

④ 费尔南多·梅耶：《拉萨的布达拉宫》，载熊文彬译《西藏艺术：1981—1997年 *ORIENTATIONS* 文萃》，第55页。

⑤ 杨娜：《藏式古建筑木结构基本力学性能》，第9页。

⑥ 姜怀英、噶苏·平措朗杰、王明星：《西藏布达拉宫修缮工程报告》，文物出版社，1994，第28页。

柱子越来越多，不断地在地垄墙及中间设立柱子形成地下"木桩"。许多地垄也有多层结构，具体层数跟地基岩层有直接关系，地垄大部分是石块砌筑，但也有少量夯土结构，具体为在地垄"墙上分层铺设不甚规整的杨木橼，橼上铺盖沙棘枝（ སྟར་ཚལ་ ），其上再铺卵石、泥土，一般不再铺筑阿嘎土层"。但是，由于年代久远，大部分地垄都有不同程度腐化。因此，现代修缮过程中只能以钢筋混凝土替代而筑。地垄结构按照具体建筑结构需要根据山崖具体情况而设计，从大到几十平方米到最小几十厘米不等，成为布达拉宫建筑又一大特色。

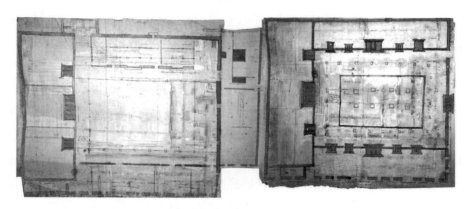

图 19　布达拉宫红宫设计图稿（局部）（布达拉宫管理处提供）

此外，布达拉宫建筑利用大量木结构，木结构主要用于门窗、房梁等部位，也有与内地建筑形制上相同的特点，布达拉宫红宫建筑木结构非常科学地支撑并分散建筑压力，这点与其他地区的木结构建筑形制一样发挥了巨大的作用，[1]建筑力学性能原理发挥得淋漓尽致。布达拉宫红宫木结构中朝南巨大窗户不仅满足了建筑采光需要，并与整体建筑的高低错落形成巨大视觉效果。尤其是在以后需要修缮时，只要替换局部或者整套木结构，对墙体本身不会造成影响，因此木结构除了整体美观、便于采光和减重，为局部修缮留下足够可以操作的空间是又一大特点。

总之，布达拉宫红宫是藏族传统建筑的最高成就，以本土材料并运

---

① 参见梁思成、林洙著《梁》，中国青年出版社，2014，第64~72页。

用古代科学技术原理，由藏、汉、满、蒙以及尼婆逻等周边地区工匠共同参与完成。布达拉宫红宫建筑有土木石宗堡建筑结构特点，利用"阿嘎土""柽柳墙"（ཤེན་བད་）和其他土木结构，同时吸收了内地建筑中常见的梁、斗拱、藻井、歇山顶等形式，更是融汇了印度、尼泊尔等西藏周边国家和地区的宗教建筑特色，形成了独具特色的建筑形式。①

伟大的建筑都是通过具体物质来表现更加神秘的精神世界，即不同建筑形制有其特定的寓意在其中。现代宗教建筑理论学家认为，"物质主义的范式"只承认现实的功能，以"美学"为主的附属物都是脱离实际之做法，以此来区分现代物质建筑与传统宗教建筑。②显然，布达拉宫红宫建筑就是表现力极强的宗教与政权中心合为一体的建筑物。红宫建筑灵感无疑就是纯粹的佛教典籍中虚幻概念的具体体现，据史料记载："一直希望建造无比殊胜的五世灵塔殿犹如三层时轮金刚坛城，外部意为坛城外部诸神、里部众神为中央大殿、意之众神为殿堂和寝宫，主供法、报、幻身三种，其中法、幻身为十二岁释尊等身佛，报身欲为被五种佛簇拥状金刚萨埵，意供为时轮金刚坛城、五世达赖喇嘛法体安放处等。"③与半个世纪之前完成的白宫不同，红宫在建筑形制上的寓意更加明确，就是修建一座展现时轮金刚坛城的模型，与"十三"这一极具宗教神秘色彩的文化符号相互呼应，因为"十三"在无上续部中有十三层地界（ས་རིམ་པ་བཅུ་གསུམ་）之意，因此，以此为中心，具体围绕着灵塔殿，回廊式层层修建各殿把曼陀罗世界中四大洲、八小洲和须弥山等表现出来，这点在文献中有记载："灵塔殿四大长柱底色均由金汁涂刷，比肩瞻部树；左右柱、梁底色由银汁涂刷；西侧长梁则由红宝石汁涂刷；本生殿柱、梁底色由绿宝石汁涂刷；菩提道次第殿八大长柱和梁等底色由水晶汁涂刷；持明殿长柱、梁底色由青金石汁涂刷。"④大殿

---

① 参见杨士宏、袁建勋著《少数民族宗教艺术教程》，中国藏学出版社，2009，第86~87页。

② 参见〔美〕Herbert Bangs 著《宗教建筑学的回归：黄金分割率与现代主义的衰落》，陈亚译，电子工业出版社，2013，第50页。

③ ཏེ་ཤྲི་དབང་རྒྱལ་རྒྱ་མཚོ། མཛོད་སྤྱོང་འཛིན་སྐྱེ་རྒྱལ་གཉིས་ཅིག་ཉེན་གཤིས་ལག་ལེན་དང་བཅས་པའི་དཀར་ཆག་བར་སྐྱིང་རྒྱ་མཚོར་བགྲོང་བའི་ཀུ་གཞིངས་ཕྱིན་རྣམས་ཀྱི་བང་མཛོད། ཤིན་པར་ན་218

④ ཏེ་ཤྲི་དབང་རྒྱལ་རྒྱ་མཚོ། མཛོད་སྤྱོང་འཛིན་སྐྱེ་རྒྱལ་གཉིས་ཅིག་ཉེན་གཤིས་ལག་ལེན་དང་བཅས་པའི་དཀར་ཆག་བར་སྐྱིང་རྒྱ་མཚོར་བགྲོང་བའི་ཀུ་གཞིངས་ཕྱིན་རྣམས་ཀྱི་བང་མཛོད། ཤིན་པར་ན་219

（西大殿）顶上藏式白色穹顶又与观音净水瓶中流出甘露之说相结合。"上方处设酥油点供处，点燃无数油灯，使得昼夜灯火通明，其上方盖有玄武状银色顶盖，且两边饰有鎏金宝珠，中央为宝瓶状屋脊宝。"① 可以与观音净水瓶甘露之滴相互联结，② 把"布达拉"世界以一种更具神秘感的坛城模式进行塑造，具体修建过程中凸显了十三种殊圣（ཁྱད་འཕགས་བཅུ་གསུམ་）之处，整体建筑看似漫不经心、错落无章，但是细节处都是依据建筑规划理念来进行的，这点从《五世达赖喇嘛灵塔志》中可以看得非常真切。

红宫是藏族建筑学家运用理性的空间智慧，科学地分析了直观得到的各种数据，最终以独特的方式解释佛教典籍中的宇宙观念之谜，是在继承藏族传统山崖式宗堡建筑基础上，在强化世俗权力中心的同时，形式上更加符合佛教典籍中宇宙观念的表达方式，是多种观念叠加的经典建筑模式，蕴含着藏族观念中天人合一和世俗与神圣相结合的建筑理念，以运用建筑模式来表达独特的情感世界。

四 修建红宫的影响与意义

红宫的修建代表了藏族建筑工艺的最高成就，形成了今天布达拉宫的基本规模。红宫的顺利修建，体现了特有历史背景，影响力也是多方面的。

甘丹颇章地方政权建立后西藏社会的政治、经济得到了一次转型，到了 17 世纪晚期，成功修建布达拉宫可以看出当时甘丹颇章地方政权的社会综合实力和西藏地方社会资源或者财富整合能力。首先，参与修建红宫的各工种从来源上囊括了西藏上部阿里、后藏、前藏或卫到工布和达布等，即传统意义的上部阿里三围、中间卫藏四茹和下部多康少部

---

① 参见 སྡེ་སྲིད་སངས་རྒྱས་རྒྱ་མཚོ། མཆོད་སྤྲིན་འཛིན་གྱི་རྒྱུན་གཏུག་ཅེན་གསུག་ལ། ཁང་དང་བཞུགས་པའི་དཀར་ཆག་བར་སྲིང་རྒྱ་མཚོ་བཀོད་པའི་ཀུ་བཞིངས་ཀྱི་རྣམ་གར་མཛད། ཤིན་པར། ན222

② 原文如下：ཐུག་གཡས་མཆོག་སྤྲིན་འཛིན་པའི་མཛུ་གཱ་མེའི་རྩེ་མོ་ལས་བབས་པའི་དུད་ཕྲེང་དཀར་པོའི་ཕྱོག་པ་རྗེ་དཀར་པོའི་ཤིག་པ་ཏ་སྲི་ཀི་ཕོག་ཆགས་ལ་ཁྲོ་མ་མངོན་ཞིང་ཀླུ་ཏུ་བསྲུང་བས་ཡི་དཀར་ཀུན་གྱི་བཀྲེས་སྟོང་གྱི་གདུང་ བ་བཟོགས་པར་མཛད་ཅིང་། 载 པོ་ཏཱ་ལ་ནི་བཟང་ཆེན་རྒྱལ་སོ་གཱ་རྒྱ་མཚོའི་བསྐོང་གྱི། འཕེལ་ཡ་ཕྱོགས་སུ་བརྒྱགས་ཏག་ལ་བཤུགས་སོ། ནེ་གསུངས་པ་བཞིན་དེ་དང་མཚོ་ལ་བསྟུ་ཕྱོགས་ཀྱི་ ཁང་།ན210

分地区，不仅参与人数众多，且基本上把当时西藏本土各行业的精英群体聚集于此，各工种分工明确，充分发挥各自优势，而且具备超强的协作能力，使得红宫从外部建筑的修砌到内供佛教各类物件的施造，都能在极为流畅的运转模式下完成，呈现出来的作品如建筑外观和文物形制等均有着极高的工艺水平，体现了藏族社会集科技、美学和宗教文化于一体的审美情趣和高超的工匠技术。其次，建筑工事的耗费上，按照《五世达赖喇嘛灵塔志》的记载来看所耗费的财力是惊人的。[①]可以看出，红宫修建聚集了大量资本，保障了工事顺利进行，更是有利于社会资本快速、便捷地运行，在宗教文化盛行的社会背景下，社会资本很难通过非宗教活动来实现整合、转换和利用等程序，但是随着修建布达拉宫红宫，在很大程度上达到了通过工事分工和细化手段成功把大量社会资本整合、转换的另类模式，这是在以往藏族社会难以想象和实现的，使得整个社会资源的整合与再利用功能得以提高。再次，通过修建布达拉宫红宫，除了人员、物资等社会资源利用更加便捷，还聚集了大量精神资源，这是修建布达拉宫红宫后留给藏族社会最珍贵的财富，许多工种以此为依、以此为荣，世代沿袭各类工种名号，成为藏族社会前行的精神动力。除此之外，康熙皇帝、清朝各级官员、蒙古各部王族及信众等派出施工人员，并自愿筹措大量的物资，体现出西藏与祖国内地和周边民族及国家之间高度发达的文化、政治、经济方面的交流能力。总之，布达拉宫红宫的成功修建体现了当时西藏地区雄厚的社会资本和高度的社会资本运行情况以及社会整体资源流通能力。更为重要的是在修建布达拉宫过程中，各个行业之人才得以充分施展才华，以个人、家庭和地域为基本单位的手工艺发达区域，为整个社会发展带来了极大

① “青稞八万一千一百五十八余斗、大米二百四十五余斗、荞麦二升、粗粮九十三余斗、糌粑八千七百一十五余斗、粗糌粑十二万八千五百九十余斗、饲料糊六百零七余斗、干饲料一百六十六余斗、盐巴二千七百六十余斗、奶渣八百四十余斗、青菜油一千三百六十六余斗、核桃八升、树油三斗十三升、奶昔一百一十一余斗、牛奶一百一十一余斗。此外，糖、茶叶、酥油、牛羊毛、牛羊肉、鸡蛋、氆氇、麻绳、各种布料、牛羊皮、哈达、各类药物、丝绸、各类水果、黄金、白银、松石、珊瑚、玛瑙、旃檀等各种各样所需物品。”载སྡེ་སྲིད་སངས་རྒྱས་རྒྱ་མཚོ། མཆོད་སྡོང་འཛམ་གླིང་རྒྱན་གཅིག་རྟེན་གཙུག་ལག་ཁང་དང་བཅས་པའི་དཀར་ཆག་ཐར་གླིང་རྒྱ་མཚོར་བགྲོད་པའི་གྲུ་གཟིངས་བྱིན་རླབས་ཀྱི་བང་མཛོད། ཞིང་པར། ཤ·222

的推动力。从此，很多手工艺人可以在指定地界进行劳作，并且可以直接参与地方政府组织的大型工事活动，许多手工艺人以父子传承形式使手工技艺代代相传，为社会整体隐形财富的健康运转提供了难得的机遇。

每一个国家或民族史上，与宗教意涵相关或与统治权力相连的建筑物往往被赋予更复杂的内涵，通常会扮演着不同的角色。布达拉宫红宫的修建，在漫长岁月当中，从最初代表早期等级观念、形式单一而影响相对有限的山崖式建筑，到后来具有复杂的佛教理论与典型的藏传佛教寺院建筑合二为一，是政教合一制度高度发展的外在表现，更是西藏甘丹颇章地方政治权力的最直接体现。从最早的碉楼到为数众多的山崖宗堡建筑，到最后的布达拉宫，可以看作西藏地方世俗权力不断集中与发展的历程。以高高的山崖建筑外观，层层叠加的台阶、多重的大门和华丽的装饰，代表包罗宇宙万象的整体结构布局，房屋陈设除以格鲁派为主的元素外，不乏其他教派与传统文化元素，如此包容性对进一步巩固地方政治权力高度集中方面作用是明显的，在表达着至高无上的等级观念和极具神秘色彩的佛教宇宙观的宫殿与地方政权具体的统治者相互形成高度统一的结合体。以往的西藏地方政权以简单的家族宫殿、小型的宗堡或黎卡作为权力集中的模式，但这些往往都不具有完备的行政机构体系和运行模式。修建布达拉宫红宫使藏族单一世俗权力象征的建筑模式内涵得到有效提升，不仅把五世达赖喇嘛灵塔殿作为红宫建筑的核心部位，更是作为红宫文化内涵的关键所在，地方政权统治者与其生活的宫殿间形成亲密无间的关系，"布达拉宫作为达赖喇嘛的寝宫和西藏地方政府的官邸，具有明显的政治色彩与世俗色彩，但红宫的存在却有力地显示出藏族社会的文化性质和精神特征"。[1]红宫宫殿既是统治者生前寝居生活和完成各项权力运作的实地，更是逝后其"法体"通过佛教高级处理方式来让"灵魂"和地方政权之间形成一种永恒不断的观念之地，把今生世俗政权延续到佛教轮回观念中，形成最有效的统治模式，

---

[1] 拉巴平措、陈庆英总主编，西饶尼玛、王维强分册主编《西藏通史》（清代卷下），中国藏学出版社，2016，第1229页。

因此布达拉宫红宫在使地方政权世俗权力达到高度集中化的同时，也实现了统治阶层核心人物陵墓与地方政权中心高度统一、合二为一的目的。从文化内涵的多重性方面得到了其他建筑物所没有的特殊内涵，这是红宫修建后其核心文化内涵所在。

此外，布达拉宫红宫把后弘期以来形成的"吐蕃时期逻些城赞普宫殿"一说在空间上延续或者再现，为甘丹颇章地方政权的正统性和合理性方面做出了具体回应。世俗政权被神秘的宗教建筑作为特殊装饰，因此，它又有别于纯粹的世俗政治都城类建筑，不易受到直接的掠夺和攻击，具有"地缘政治与精神方面"①的深层目的。布达拉的红宫"既是达赖喇嘛的驻锡地，又是'政教合一'的权力中心。其建筑规模、形制和布局自然是在满足使用功能的基础上，尽量使之具有显示自身权威的作用"②。这也不失为一种较为透彻的解读。

布达拉宫红宫的修建，除了世俗政治权力意义，从宗教文化角度上完成了从后弘期开始人们极力地探索和建构的"布达拉"这一概念在藏地的具体化。本书致力于探讨佛教观念中"布达拉"净土，最早于11世纪前后出现在西藏，从此以不同方式试图塑造或解释"布达拉"净土观念在藏地的合理化。然而一直未能与世俗权力形成一体，效果并不明显。到了17世纪，随着甘丹颇章地方政权的建立，常年动荡分散的西藏地区又一次归于统一的政治体系之中，接着从佛教理论角度极力推崇达赖喇嘛一系为观音传承即观音菩萨在藏地的具体显现，把拉萨红山作为"布达拉"净土，为世俗权力蒙上一层公认的神秘衣纱。布达拉宫红宫修建完成后，依照佛教典籍大力塑造布达拉宫为"布达拉"之理论，成为更重要的任务。

17世纪中叶开始，通过显密经典授记方式，开始寻找相关理论依据，到了修建布达拉宫红宫时期，第司·桑结嘉措通过编纂五世达赖喇嘛系列传记和《五世达赖喇嘛灵塔志·瞻部洲庄严》来阐述布达拉宫

---

① 〔英〕阿诺德·汤因比：《历史研究》，刘北成、郭小凌译，上海世纪出版社，2012，第278页。
② 姜怀英、噶苏·平措朗杰、王明星：《西藏布达拉宫修缮工程报告》，文物出版社，1994，第36页。

作为观音"布达拉"净土观在藏地的具体体现。而以宁玛派和噶举派等"小传统"视角亦均把布达拉宫当作能共识的神圣之地，以卫藏宁玛派代表敏珠林寺和多吉扎寺两大重要门派活佛都前来参加五世达赖喇嘛灵塔的开光典礼，[①]除此之外，还有宁玛派白日活佛（དཔལ་རི་སྤྲུལ་སྐུ་ ）、噶举派的竹巴活佛（འབྲུག་པ་སྤྲུལ་སྐུ་ ）以及历来与格鲁派稍有过节之直贡噶举法台直贡贡觉赤列（འབྲི་གུང་དཀོན་མཆོག་འཕྲིན་ལས་ ）也早在五世达赖喇嘛时期就到布达拉宫，从其身前受比丘戒，[②]可看出布达拉宫的修建已经为"大小传统"世界所接受，成为真正的神圣空间。从吐蕃时期开始流传的观音文化、后弘期大力塑造的"布达拉"净土观以及传统宗堡建筑相互融合，完成了布达拉宫红宫就是从吐蕃时期松赞干布修建的宫堡和人们一直寻找的观音净土"布达拉"之理论的建构。西藏社会局势动荡与分散从17世纪之初一直延续到17世纪末期，经过一个世纪的努力，西藏社会在政治上趋于统一、经济和文化得到持续发展，形成了久违的盛世之态，为建构思想精神层面提供了难得机遇。因此，布达拉宫红宫从修建之初就与之前白宫形成鲜明对比，从实用性到具体修建过程以及最后形成的文化观念等都是以塑造观音文化信仰中"布达拉"净土这一思想观念为出发点，因此目的更加明确，效果更加明显，影响也就更加深远。

今天我们能够非常准确地掌握修建红宫的历史信息，完全仰仗第司·桑结嘉措编纂的《五世达赖喇嘛灵塔及其殿志·度苦海船舶加持宝库》（简称《灵塔志》）一书。《灵塔志》现藏于布达拉宫，木刻版，属于甘丹平措林版本（དགའ་ལྡན་ཕུན་ཚོགས་གླིང་གི་དཔར་མ་ ），长卷，共567页，百余万字，1990年由西藏人民出版社出版，近年由西藏色、昭古籍整理中心刊印，流通较为广泛。该著作是由第司·桑结嘉措编纂的一部重要文献档案。通篇分十三大章节，加上序篇共由十四部分组成。分别为

---

① 原文如下：ཉེ་བག་ཁྲོམས་རྣའི་མདུག་ཏུ་མཆོད་སྦྱོང་ཆེན་པོ་རབ་གནས་ལ་གོང་འཕེ་ལུ་བཞིན་སྐྱབགས་ལ་བརྒྱད་ཤེགས་པ་ཉེ་བའི་ལ་ལོ་བྱུང་ཆེན་ལོར་ཤེས་ཡེ། 和 རྡོ་རྗེ་བྲག་འཇིགས་བྲལ་པའི་སྐུ་དང་འབྲུག་པ་སྤྲུལ་པ་ཉིན་པོ་སོགས་ལ་ལ་སོགས་པ་དང་མཉེ་མ་ཚེ་མ།　载 ཆེན་རྩ་གི། བཀོ་ཆེན་ཚོ་ཀྱི་ལ་བ་ནེ་གི་རྣམ་ཐར་ པོ་སྤོ་ལ་པོ་ཡི་གཏེ་ན་ཚ་ཡ།ལང་། ནྩི་ནོ་2013 ན་200དང་205

② 原文如下：འབྲི་གུང་དཀོན་མཆོག་འཕྲིན་ལས་དཔོན་པོ་ཉེར་གསུམ་ལ་དང་ཞ་ལུ་པ་རྒྱལ་ཆིང་གི་སོ་དང་དཔར་པོ་རེ་ན་རྒྱལ་དཔལ་ཐམས་ཅད་མཐུང་ལ་བ་དང་དཔོ་བབང་ཆུ་མཆི་ན་དུང་ན་བཞན་པར་བརྩོན་པའི་དག་ སྒོ་གི་སྐོ་ ལ་བཞིན་པའི་མཆན་དག་དང་ཆོ་ གྲ་གྱ་ཕུལ་ཆོ་ ཞེས་དང་། 载 འབྲི་གུང་བརྒྱད་འཛིན་རྒྱལ་མཆོག་ འབྲི་གུང་གཏན་རབས་གསར་སྒྱེང་ དོ་སྤོང་བོ་ཡིད་ ཉེ་དཔའི་སྐྱན་ལ་དང་། ནྩི་ནོ་2013 ན་312

第一章"殊胜地"篇（གནས་ཀྱི་ཁྱད་པར་འབྱགས་པ་）。其中以佛教宇宙观的视角，通过显密佛典记载，在空间概念上展现了中央须弥山到四大洲与八小洲的情器世界的构成内容，并强调佛法诞生之地南瞻部洲的殊胜性，进而对佛法诞生的具体地界天竺的殊胜性做了阐述。此后按照时间顺序，把佛教与藏地产生联系的历史事件或者佛典中相关史实进行罗列，最终塑造雪域藏地就是佛法向其地传播过程中的重要地望之理论，尤其是藏地中央拉萨红山就是佛教文化中观世音道场"布达拉"，在此修造宫殿、敬奉佛法就是直接体现这一殊胜性的理论。

第二章特别之心或初衷篇（ཆེད་དུ་བྱ་བའི་བསམ་པས་ཁྱད་པར་འབྱགས་པ་）。该篇以大慈大悲观音文化特性为引，对观音法门中观音本生系统进行了梳理，并强调大慈大悲之心，拯救众生于轮回之苦的精神，从观音法门或其文化特性与藏族社会之间形成的默契点出发，对早期藏族历史中赞普这一历史现象如何在观音文化的大背景出现之说法进行重构，特别是将历代赞普和早期噶当派高僧等人物归结为观音本生系统，为后来历代达赖喇嘛尤其是五世达赖喇嘛为观音系统重要一员之理论进行铺垫，重点阐述了第司·桑结嘉措如何被其上师五世达赖喇嘛赏识，而第司为修建上师灵塔殿无分别地供奉观音之叙述框架。

第三章修建时机篇（དུས་ཀྱི་ཁྱད་པར་འབྱགས་པ་）。从该篇开始具体提到如何修建灵塔及灵塔殿即红宫的史实。以佛法诞生到最终消亡的时间段作为开篇，讲授从佛法诞生到 17 世纪，尤其从藏地历史沿革角度阐述了灵塔殿修建的特殊性，之后具体讲授灵塔殿动工时做了哪些符合藏族历史传统的公示前期准备工作，哪些人员参与其中等具体细节，这些已经在上述内容中有过阐述，不再赘述。

第四章匠人及其薪资篇（གང་གིས་བཞེངས་པ་དང་དེ་དག་མ ཉེས་པའི་ཁྱད་པར་འབྱགས་པ་）。该篇首先赞扬了工匠这一工种，把藏地修造佛法之物之人称作天工巧匠，由此浅谈藏地雕塑与绘画源流，最后用大多数篇幅具体罗列参与工事之人，把各个工种的负责人、来源地和各工种之间如何分工协作，各工种各级负责人和他们所得的薪资等细节，光人物名称就提到了几百号人，并且几乎每个人都以各自地方、家族或氏族之名进行命名，可以得知许多相关知识点，特别值得说明的是，其中提到了参与红宫工事的藏族传统绘画流派各领军人物，比如勉唐派的洛扎·丹增罗布、钦则派的桑昂卡·次培等，这给研究 17 世纪藏族绘画艺术史提供了难得的史料。

第五章工艺篇（བཀོད་པས་བྱུད་པར་འཕགས་པ་）。该篇详细讲述了布达拉宫红宫修造过程中根据佛教宇宙观具体以坛城样式进行修造，具体到红宫房屋结构，对每一间殿堂布局和寓意进行详细阐述，这对解读布达拉宫建筑文化寓意有着重要价值。此外，对修造藏族建筑如佛殿和佛塔以及佛像时度量衡的由来及各家之差别进行了较为全面的总结，对研究佛教建筑艺术具有重要参考价值。

第六章主供篇（རྟེན་གྱི་རོ་བོས་བྱུད་པར་འཕགས་པ་）。该篇内容对以灵塔殿为主的红宫各殿堂内身、语、意主供之物修造缘起、过程、格局及其寓意和所耗费用等加以详述，这点为研究布达拉宫诸殿堂文物陈设和具体文物历史由来、材质和风格以及文化背景等课题提供了详细史料，也在上述内容有过阐述。

第七章质地篇（གང་ལས་བཞེངས་པའི་རྒྱུ་ཡིས་བྱུད་པར་འཕགས་པ་）。该篇详细列出了五世达赖喇嘛灵塔各个布局上所镶嵌之各类珍宝名称、具体位置以及珍宝由来等细节，这对今天点校相关文物有着无可比拟的参考价值。此外，详细记录了灵塔殿内其他供奉物，比如灵塔殿相关内供物、八大善逝佛塔、南面本生殿内主供释迦牟尼报身像、五世达赖喇嘛像、持明殿主供莲花生及两位妃子像、菩提道次第殿主供宗喀巴像、药师佛殿主供药师像及祖师传承像、时轮坛城殿主供坛城、黎玛拉康殿、上师佛殿内诸主供之物以及新绘制唐卡、各版本《大藏经》等佛法典籍等数量、质地、所耗费用等信息。

第八章装藏及其仪轨篇（གཟུངས་ཀྱིས་བྱུད་པར་འཕགས་པ་）。该篇重点描述了红宫修建完成之际，按照佛教仪轨在灵塔内装藏相关物品和按照宗教仪轨和天文历算之要求，在藏地相关地方进行仪轨，这对今天修建相关寺院、佛塔或佛像时，其装藏部分可以提供参考，具有一定的现实意义。

第九章加持开光篇（རབ་ཏུ་གནས་པས་བྱུད་པར་འཕགས་པ་）。该篇也是属于

佛教供物修造完成后进行相关仪轨的加持和开光等内容，其中除了仪轨本身内容，提到了许多密宗神祇传承，这为藏传佛教艺术研究提供了难得的史料。此外，提到了加持和开光时祈地或相地仪轨中许多风水学内容，同样有很高的研究价值，更重要的是其中提到了六世达赖喇嘛仓央嘉措修建门隅乌坚林寺的相关事实，这些信息具有很高的研究价值。

第十章供养篇（མཆོད་པས་བྱེད་པར་འཐབགས་པ་）。该篇内容相对较少，重点是如何在主供前摆放花卉、酥油花、供灯、净水等供养之物。最主要的是对布达拉宫红宫供奉殿的作用描述得相对详细，这对研究布达拉宫建筑结构等方面意义较大。

第十一章檀越篇（ཡོན་བདག་གིས་བྱེད་པར་འཐབགས་པ་）。该篇讲述了修建五世达赖喇嘛灵塔殿或者布达拉宫红宫的主持人，也就是《灵塔志》作者第司·桑结嘉措的相关情况。作为藏族历史上的重要人物，与第司·桑结嘉措相关的第一手史料很少，而在此部分他把自己简单的人生履历作为主线，对如何修建红宫等相关事件进行了描述，更重要的是提到了他自己完成编纂的相关文集名录，这对当下研究这一历史人物具有重要的参考价值，是难得的史料。

第十二章功业篇（འཕྲིན་ལས་ཀྱིས་བྱེད་པར་འཐབགས་པ་）和第十三章功德篇（ཕན་ཡོན་གྱིས་བྱེད་པར་འཐབགས་པ་），在佛教理论框架下探讨了修造上师主供物之功业和功德，总结性地阐述了为何修建布达拉宫红宫或者如何把拉萨红山塑造为藏地"布达拉"之理论，这在研究布达拉宫文化内涵和观音文化的解读方面具有重要意义。

全篇从内容构架上分为两大部分，其一是通过引用大量显密典籍，构建布达拉宫所在拉萨红山的殊胜性，对灵塔殿修建初衷即五世达赖喇嘛作为观音本生传承重要性等做了大量阐述，属于开篇部分；其二是整理了大量布达拉宫红宫修建过程中具体档案或第一手资料，因此按照《文献学概要》中文献形成分类法[①]来看，《灵塔志》可以看作编述相结

---

① 杜泽逊：《文献学概要》，中华书局，2016，第34页。

合型文献。

《灵塔志》作为布达拉宫红宫修建综合档案，详细列出了参加工事人员、各工种负责人、工事材料、工时进度和所耗费用等具体信息。此外，还专门记录了布达拉宫红宫每一个新建房屋及造像等内供（ང་ཉེར་）基本情况，比如每一间殿堂结构布局、建筑工事各工种负责人、殿内所绘壁画内容和参加的具体人员。所供文物材质、大小和装藏等情况，是研究布达拉宫红宫建筑、文物和历史的重要史料，从中能够清晰地看到布达拉宫红宫修建的基本面貌。虽然藏族寺院修建史料中也有类似记载之俗，然而基本上都是参糅在历史人物传记中，未能形成专门建筑志书；藏族传统建筑学是通过口耳相传方式进行传承，理论作品较少，因此，《灵塔志》以布达拉宫红宫建筑修建史为主线，整理了众多传统建筑学术语，亦为传统建筑学典范之作，在藏族传统文献典籍学方面占据着重要地位，是藏族传统建筑学极具价值的参考文献。除此之外，其中涉及的传统文物如宝石类、皮料类、造像（塔）类和典籍类的文物分类、鉴定和表述等方式做了大量而细致的统计与分类，为文物点校和研究提供了重要参考，可以称得上藏族传统文物点校领域教科书式的文献，除了宗教、历史上的意义，它还为文物保护领域提供了一种全新的史料模式。该书另一特点就是文博领域重要工具书。

《灵塔志》所涉及的内容浩瀚，价值是多方面的，在藏族文物、经济、建筑等诸多领域有着不可比拟的参考价值，是一部百科全书式的文献。除了上述的具体内容在各个领域的重要性，从中可以透视 17 世纪西藏地方社会的基本面貌，可以看出修建布达拉宫红宫时社会资源和地方政治、宗教模式等现象。第司·桑结嘉措作为修建布达拉宫红宫的主持者，建筑红宫的同时编纂了这一蕴含重要信息的文献档案，可以说为布达拉文化概念的最终形成奠定了重要基础，同时开创了历代达赖喇嘛和班禅等重要人物圆寂后修建灵塔、撰写《灵塔志》之先河，并从此成为一种俗制，这为当下研究布达拉宫提供了第一手资料，更主要的是与布达拉宫红宫一起成为布达拉文化的重要组成部分。

小 结

在布达拉宫历史沿革研究过程中，对白宫和红宫进行研究是最主要的内容和直接的切入点，对该领域研究可以起到承上启下的作用。本章将布达拉宫历史沿革当中最为重要的两件大事即修建布达拉宫白宫和红宫及其相关内容作为研究对象，开展了相关讨论。首先，从有限的第一手资料中梳理了修建白宫的相关史实，尤其是从不同的视角对白宫修建的历史背景和最初目的等做了与以往不同的讨论，认为白宫修建源于当时西藏地方势力在政治角逐中对山崖类型宗堡建筑的现实需要，是格鲁派上层对刚刚建立的甘丹颇章地方政权的需求所做出的一次重大决定。具体修建过程也是按照传统宗堡类建筑作为形制以及布达拉宫白宫建筑灵感由来等问题略做探讨。此外，本章重点就是对布达拉宫红宫部分展开分析，在研究布达拉宫历史沿革领域中红宫占据着重要地位，红宫建筑是整个布达拉宫建筑主体部分，其包含的文化内涵更具影响力。相比于白宫，有关红宫的第一手资料则非常浩瀚。通过对建筑工事的具体事实、红宫建筑形制及其特点等众人关心的问题以及布达拉宫红宫所代表的文化寓意等进行探讨，得出修建红宫不仅是单一的建筑工事，而是集藏族建筑、历史、宗教文化发展于一体的综合表现，代表着 17 世纪西藏整体社会资源整合和地方政权进一步塑造政权中心所做出的决定，是甘丹颇章地方政权进一步走向顶峰的事实，更是观音净土"布达拉"在经过近千年的演变后最终形成的最直接体现。

第五章　样制所涵

——布达拉宫功能的拓展

　　布达拉宫白宫和红宫的修建从 17 世纪中叶一直持续到 17 世纪末期。从 18 世纪开始，随着西藏地方政权各种权力机构相继在布达拉宫落成和密集地修造历代达赖喇嘛灵塔及灵塔殿，使得布达拉宫建筑结构也发生了较大变化。其中七世达赖喇嘛格桑嘉措时期，在布达拉宫设立了"译仓列空"，使得布达拉宫的建筑功能从单一的宫殿转变为地方政府职能机构，这是布达拉宫历史上又一次重要时刻。接着，又成立了"孜洛扎康"即僧官学校和"雪堆白"即雪铸造局等功能各异的组织机构，继续丰富和改变着布达拉宫的建筑结构与功能。1757 年，随着七世达赖喇嘛圆寂，拉开了频繁修造灵塔及灵塔殿的序幕，这又赋予布达拉宫建筑更加复杂的内涵。到了 19 世纪，摄政制度的出现，对布达拉宫建筑结构也产生了较大影响，在历任摄政主持下开始修缮布达拉宫，逐步完善布达拉宫建筑结构功能。到了 20 世纪初期，在十三世达赖喇嘛推行的"新政"背景之下，布达拉宫建筑又一次迎来了全新的变化。一直到 1933 年，因十三世达赖喇嘛圆寂而在布达拉宫内为其修造灵塔殿，布达拉宫这一举世闻名的古建筑才得以完全建成。

一　设立各种机构

　　18 世纪之后，西藏地方政权机构进一步形成规模，作为地方中枢机构的噶厦和译仓都在布达拉宫内设立专门机构，体现了布达拉宫独一无二的建筑功能和神圣性。

西藏甘丹颇章地方政权的中枢机构以设立于大昭寺南角的噶厦与布达拉宫内的译仓为主，加上差德列空和孜康等组成了较为完备的行政体系。其中，布达拉宫内除了译仓外，也设有噶厦和差德列空等中枢机构。

噶厦（བཀའ་ཤག་）最早形成于1721年，到了1751年，在七世达赖喇嘛格桑嘉措主持成立专门机构后成为西藏地方政府最高权力机关和中枢权力机构，办公地点位于大昭寺南角，设有四名噶伦，主持日常政务，主要负责“办理西藏地方政府的政治、经济、文化和军事等内外事务”。[①] 通常达赖喇嘛离开拉萨到其他地方，或者噶伦在拉萨之外行使噶厦权力时，则成立临时噶厦机构，由随行噶伦携带噶厦之印并现场办理各种事务，因此被称为“切噶厦”（བྱེས་བཀའ་ཤག་）。[②] 而布达拉宫作为达赖喇嘛驻锡地，在布达拉宫内也设有专门噶厦机关，被称为“孜噶厦”（རྩེ་བཀའ་ཤག་）。“孜噶厦”位于布达拉宫白宫南面“森琼德哇坚”（གཟིམས་ཆུང་བདེ་བ་ཅན་）内，面积207平方米。此处，“最早是五世达赖喇嘛的寝殿，由于修建红宫时，受时轮殿建筑影响，面积从原来缩小成今日之大小，六世班禅班丹益西在此起居过，之后成为举行‘孜噶厦’之地。内有四位噶伦，门口则有四位‘嘎巴’（འགག་པ་）”[③]。“孜噶厦”在布达拉宫内专门行使权力。

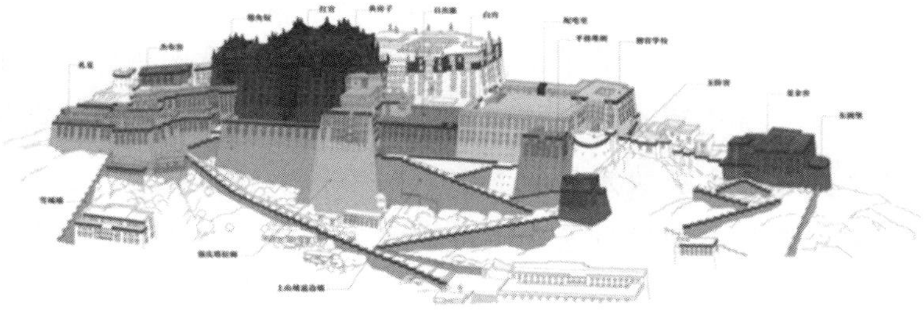

图20　布达拉宫建筑布局图（布达拉宫管理处提供）

---

① 西藏自治区政协文史资料编辑部编《西藏文史资料选辑》Ⅱ，民族出版社，2007，第282页。

② 参见才让加著《甘丹颇章时期西藏的政治制度文化研究》，中央民族大学博士学位论文，2007。

③ 洞波·土登坚赞（དོམ་པོ་ཐུབ་བསྟན་རྒྱལ་མཚན་）访谈录，访谈时间：2019年1月20日18时。

18 世纪中叶，七世达赖喇嘛格桑嘉措为了更加有效地处理相关事务，于 1752 年在布达拉宫红宫南面寝殿"萨松色诺"内成立了"孜译仓列空"（ཡིག་ཚང་ལས་ཁུངས），成为地方政府的又一个中枢权力机构。它位于布达拉宫红宫正南，从顶上往下数第二层，紧邻着次巴拉康（ཚེ་དཔག་ལྷ་ཁང）殿，面积 124 平方米。它是专门管理原西藏地方政府宗教事务的机构，称作"原西藏地方政府的顶梁柱"[①]。"萨松色诺"（ས་གསུམ་གཟིགས་གནོན）四字门牌，至今依然保留在其殿门楣上。译仓列空最早"系为七世达赖喇嘛保管经书和文书的机构"。[②] 由于地方政府各机构特有的灵活性和达赖喇嘛起居习惯等原因，当达赖喇嘛夏天移居罗布林卡时，译仓也会迁到罗布林卡内进行办公。

孜译仓列空始建于藏历第十三饶迥水猴年（1752 年），当时是为七世达赖喇嘛保管经书和文书的机构。工作人员有一名四品僧官、两名五品僧官和若干一般僧官。此后，由于僧官学校毕业人员逐年增多和根据各个机构不仅应设僧官，还应设俗官的规定，该机构改为总管各级僧官的孜译仓列空，由三名四品僧官（热振摄政王时期增设一名四品僧官秘书长）负责。机构内有五品僧官一名，一般僧官十五名，画匠一名，学员四名；该机构的职责是总管达赖喇嘛所属的寺庙和各级僧官和寺庙堪布、执事的任免事项；秉承达赖喇嘛的旨意，草拟向各宗、谿百姓颁布的训令，各寺庙的戒规等。有时遇有重大事件，受噶厦委托，由该机构四位负责人会同孜康的四位负责人负责调查，呈报噶厦批准执行。这八位负责人主持全藏大会，并根据大会决定草拟报告，加盖僧俗官印和甘丹、哲蚌、色拉寺的印章后，经噶厦呈禀达赖喇嘛恩准；该机构还负责僧官学校的管理及摄政王、司伦下发文件的草拟工作；达赖喇嘛和摄政王的印章也由该机构管理。[③]

---

① དགེ་རྒྱས་པ་བསྟན་འཛིན་རྡོ་རྗེ། དེ་སྔའི་བོད་ས་གནས་སྲིད་གཞུང་གི་སྒྲིག་གཞི། ཤོག་ངོ་ ༡༡

② 西藏自治区政协文史资料编辑部编《西藏文史资料选辑》Ⅱ，第 284 页。

③ 西藏自治区政协文史资料编辑部编《西藏文史资料选辑》Ⅱ，第 284 页。

译仓列空的主要职责是制定原甘丹颇章地方政府所属一切寺院戒规，除对寺院堪布和执事等负有任免等权力之外，还负责布达拉宫内灵塔殿、雪城印经院、拉萨吉崩岗（ཇི་འབུམ་སྒང་）和丹杰林等地香灯师交接，若时逢历代达赖喇嘛忌辰，译仓列空则派专人到布达拉宫驻固殿（གནས་བརྟན་ལྷ་ཁང་）和三大寺内帮助和监督相关忌辰法会。重要时节，达赖喇嘛到布达拉宫、大昭寺和三大寺朝拜时，向主供敬献哈达等具体事项均由译仓列空负责执行。另外，他们与基巧堪布（སྤྱི་ཁྱབ་མཁན་པོ་）一道保管珍宝服饰。可以说，译仓列空作为西藏地方政教合一制度下的中枢权力机构，对全藏宗教事务管理如鱼得水。由于僧官作为教职人员身份、笃信佛教等，在具体工作中大部分也是尽心尽责，[①] 充分发挥译仓列空的职能。

作为西藏地方政府中枢机构重要部门的译仓设立于布达拉宫，体现了布达拉宫作为地方政府政治权力中心，以设立地方政府中枢权力机构来充分表现布达拉宫作为地方政教合一中心和其建筑各种功能转型方面的内容。

布达拉宫作为近代西藏地方政权的中心，除了在建筑形态上把地方政权的特殊性表现得非常直观和具体外，布达拉宫还设立许多文教类组织机构，这些也为布达拉宫建筑的功能多样性提供了更多的视角。

"南杰扎仓"（ཇི་ཉམས་རྒྱལ་གྲྭ་ཚང་）位于布达拉宫白宫西南处，面积达到352.8平方米，设有经堂、护法殿、朝西门庭以及顶上专门的僧院伙房和僧众修行的黄房子（ཁང་སེར་）等。"南杰扎仓"的历史可以追溯到第二世达赖喇嘛更敦嘉措时期，其在曲科杰寺创建了"南杰扎仓"僧院。[②] 到了第三世达赖喇嘛索南嘉措时期，又在哲蚌寺专门成立了"南杰扎仓"僧院。据记载："藏历第十绕迥木狗年（1573年），蒙古部首领俺答汗迎请三世达赖喇嘛索南嘉措前往蒙古地区，三世达赖喇嘛临走时从当时的曲水密宗利安院带了二十余位僧人一道前往。随行僧人每天都要祷

---

① 〔英〕查尔斯·贝尔著，西藏社会科学院西藏学汉文文献编辑室编印《十三世达赖喇嘛传》，冯其友、何盛秋、刘仁杰、尹建新、段稚荃、莫兆鹏译，1985，第258页。

② 参见 རྡོ་རྗེ་ཕུན་ཚོགས། མཁར་རྣག་ཚོ་འཛིན་ལས་འཕྲོས་པའི་གཏམ། བོད་ལྗོངས་ཞིབ་འཇུག གསོ 2018 ལོ 114

颂尊胜母（ རྣམ་རྒྱལ་མ་ ）寿量仪轨经。这支队伍最后演变为一个有完备制度的扎仓，并按照平常祷诵的仪轨经的经名取名为'南杰扎仓'，即尊胜僧院。这就是布达拉宫南杰扎仓的前身。"[1]五世达赖喇嘛时期，随着白宫修建的完成，"南杰扎仓"也随即搬到布达拉宫白宫内，到了修建红宫时，对南杰扎仓进行了改、扩建，并在四周绘制精美壁画，该僧院主要秉承宁玛派北部伏藏传承。到了颇罗鼐时期，不仅对布达拉宫"南杰扎仓"所持宗派见习做过整改，[2]还在扎仓内建造过相关本尊塑像。[3]此外，按照19世纪文献所记载，颇罗鼐也对布达拉宫部分壁画做过修缮，"五世灵塔殿二层正门两面，绘有五世达赖喇嘛被众政教福主、众仆簇拥之壁画，但期间某些背佞之摄政（ ལོག་སྨོན་ཅན་གྱི་སྲིད་སྐྱོང་དབང་ཤིག་ ），别有用心地擦拭五世像，在此之上新绘仲敦巴画像，使得画面格格不入、不伦不类"[4]。这是在当时特定背景之下进行的一些具有特殊目的之修缮行为，更能反映颇罗鼐执政西藏地方政权时的强势表现，这点从颇罗鼐完成了六世达赖喇嘛仓央嘉措开始雕刻甘珠尔刻板工作上表现得更加明显。

"孜洛扎康"（ ཚེ་སློབ་གྲྭ་ཁང་ ）又称"孜日乃洛扎"（ ཚེ་རིག་གནས་སློབ་གྲྭ་ ），即布达拉文化学校或者僧官学校。七世达赖喇嘛格桑嘉措为了提高地方政府官员文化综合水平和专门培养僧官，1754年在布达拉宫德央厦东侧修建了三层楼的僧官学校。整层楼面积1532.2平方米，位于布达拉宫德央厦围廊东面高楼上。教室位于第二层，除了教室之外，还有仓库、伙房、柴火储存间以及教师住地及其他房屋等。教室内设有四排座位供学生就座，二排头位则是当年由七世达赖喇嘛格桑嘉措亲自就座，并颁发学校律召之说而被称为"格桑宝座"（ བསྐལ་བཟང་བཞུགས་ཁྲི་ ）。据记载："源

---

① 多吉平措：《对话原布达拉宫南杰扎仓僧人夏珠老人》，载布达拉宫管理处编著《布达拉宫藏品保护与研究》1，四川党建期刊集团、四川民族出版社，2014，第119页。

② 参见 མཁས་དབང་ཚེ་བརྟན་ཞབས་དྲུང་ཚེ་རིང་དབང་རྒྱལ་ གྱི་ མི་དབང་རྟོགས་བརྗོད་ ཞེས་བྱ། མི་རིགས་དཔེ་སྐྲུན་ཁང་ ༢༠༠༢ ཤ509

③ 参见 ཕུར་ལྕོག་ ཐུབ་བསྟན་བྱམས་པ་ཚུལ་ཁྲིམས་བསྟན་འཛིན་ སྐུ་བཞེང་ གི་ ཞིང་བཀོད་རྒྱལ་གོང་མ་ རྒྱལ་བའི་དབང་པོ་ བཀའ་དྲིན་ མཚུངས་མེད་སྐུ་ཕྲེང་བཅུ་གསུམ་ པ་ཆེན་པོ་ ཆེན་པོ་བཀའ་དྲིན་ རྒྱས་པར་ བརྗོད་པ་ དད་ པའི་ འབྲི་ ཐེག་ཆེན་མཆོག་ཏུ་ རྒྱས་པར་ ཞེས་བྱ། མི་རིགས་དཔེ་སྐྲུན་ཁང་ ༢༠༡༣ ཤ456

④ དག་དགའ་ལྡན་རྒྱལ་ ཞིམས་ ཁྲི་ ཆེན་ཚོམ་ གི་ རྒྱལ་པོ་རྡོ་ རྗེ་ འཆང་དགའ་ལྡན་ རྒྱལ་ ཞིམས་བཞུགས་པའི་ གོང་ བཞུགས་ བཀོད་ པོའི་ སྒྲ་ རབས་ རྣམ་ ཐར་ དུ་ དུ་པའི་ སྒོ་འབྱེད་ ལམ་ ཆོས་སྲིད་ ཡོངས་ཀྱི་ དེ་ དགའ་ བོ་ བཞི་བཅས་ སོགས་ཀྱི་ རྟོགས་བརྗོད་ སྐྲུན་ཁ ཤིང་པར་ ཤ141

于诸译师和班智达之力，藏地文化得到了辉煌发展，尤其五世达赖喇嘛时期，大兴学习各种文化之风俗。但随着时间之推移，此等风俗逐趋颓势。若能恢复其传统，定会利于后世。藏历二月，成立了专门学习声明、辞藻、天文历算以及声律学等大小五明及兰扎体、瓦度体等各种字体的学习机构，即布达拉宫僧官学校，并任命擦古哇·格桑赤列（ཚག་སྒྱུར་བ་བསྐལ་བཟང་འཕྲིན་ལས་）为讲师。"①僧官学校为甘丹颇章地方政府培养了大量僧官，影响巨大。

"孜洛扎"作为地方政府官办学校，培养了大量僧官。这与贵族家族聘请或送小孩到私塾学习各种传统文化知识，②成为未来进入噶厦俗官体系奠定基础有所不同，也与正统寺院集团学经僧学习佛典"五部大论"和密宗典籍次第法有区别。未来要进入地方政府僧官集团的普通小僧，则通过固定选拔即"扎恰"（གྲུ་ཆྱག་）之后进入"孜洛扎"学习各种共同学（ཐུན་མོང་རིག་གནས་）知识，为其以后处理各种世俗事务做准备。因此，"孜洛扎"才是真正意义上的西藏地方行政学院，与西藏传统寺院教育运行模式上有很大差别。

"雪堆白"（ཞོལ་འདོད་དཔལ་）意为雪铸造局，位于布达拉宫脚下西南侧，最早是西藏地方政府官办铸造局。这里聚集了许多能工巧匠，可以打造佛教造像等各种佛教器物和部分世俗用具，许多文物珍品都出自雪堆白。雪堆白整体建筑面积达 4119.8 平方米，占地面积 3467.54 平方米，以三层朝南主殿和二层回廊等组成四方形房屋建筑，于七世达赖喇嘛格桑嘉措时期正式建成，据记载："当年，派专人到尼婆逻地方修建诸供奉，在布达拉宫脚下成立了造像局，由此将新修造之八尊巨大的上师、菩萨、护法等像，20 多种小型造像，以及 190 多种不同形态的合金造像和新绘释尊本生传、十八罗汉、宗喀巴传等 500 多幅唐卡进行了开光仪轨。"③因为该地汇集手艺精湛之人，能够制造一切意愿之像而取名

① ཤུང་སྐུ་རོལ་པའི་རྡོ་རྗེ། རྒྱལ་དབང་སྐུ་ཕྲེང་ལྔ་པའི་བ་གྲོ་བཟང་བསྐལ་བཟང་རྒྱ་མཚོའི་རྣམ་ཐར་དཔག་བསམ་རིན་པོ་ཆེའི་སྙེ་མ་ཞེས་བྱ་བ་བཞུགས་སོ། སྨད་ཆ། པེ་ཅིང་ གུང་བཞི་བོད་རིག་པ་དཔེ་སྐྲུན་ཁང་ 2013 ལོ 250
② 参见梅·戈尔斯坦著《喇嘛王国的覆灭》，杜永彬译，时事出版社，1994，第 7 页。
③ ཤུང་སྐུ་རོལ་པའི་རྡོ་རྗེ། རྒྱལ་དབང་སྐུ་ཕྲེང་ལྔ་པའི་བ་གྲོ་བཟང་བསྐལ་བཟང་རྒྱ་མཚོའི་རྣམ་ཐར་དཔག་བསམ་རིན་པོ་ཆེའི་སྙེ་མ་ཞེས་བྱ་བ་བཞུགས་སོ། སྨད་ཆ། པེ་ཅིང་ གུང་བཞི་བོད་རིག་པ་དཔེ་སྐྲུན་ཁང་ 2013 ལོ 301

为如意圆满（འདོད་འཇོ་དཔལ་འབྱོར།），又位于布达拉宫脚下雪城，故其名曰"雪堆白"。其内设铜工、灌注工、鏨刻工、泥塑工、绘画工以及铁匠等各工种。所建造佛像以神韵清秀、庄严典雅、装饰华丽、工艺复杂著称，具有很高的收藏与鉴赏价值。布达拉宫、罗布林卡等处均保存着当年雪堆白之精品。据记载："五世达赖喇嘛时期，为了满足诸寺院和布达拉宫等地所需造像的新建、维修等需求，以首席工匠热玛岗·龚霞（ར་མ་སྒང་གྱུང་ཤར།）为首的众技艺人汇集一处，成立了专门的铸造局，取名'堆白'（圆满一切意愿之意），待遇优厚无比。后来，搬迁至布达拉宫脚下，原羊八井红帽噶玛巴活佛拉章之地即布达拉宫雪城，故名'雪堆白'。"① 雪堆白有"主管官员六品僧官两人，根据技艺水平而视规定享有官员待遇的正副师傅"②。

"孜恰列空"（རྩེ་ཕྱག་ལས་ཁུངས།）又称"孜差德列空"（རྩེ་འཕྲལ་བདེ་ལས་ཁུངས.），是管理和收支达赖喇嘛日常所需财物和统管布达拉宫的重要机构，位于布达拉宫白宫东面五层和西面六层，占地面积 169.48 平方米，最早为第司·桑结嘉措的寝殿，后来改成"孜差德列空"。除了管理达赖喇嘛私人财物外，还要管理布达拉宫所有房屋，负责任免布达拉宫各殿堂香灯师、清洁员，监督平常供灯（མཆོད་འབུལ།）人员在布达拉宫内的行为，比如监督相关人员有无在布达拉宫内着花里胡哨之衣物、佩带刀具，禁止袒胸露背、饮酒和吸烟，尤其是禁止妇女夜宿布达拉宫等行为；除了管理布达拉宫主体建筑内各殿堂和灵塔殿专门灯香师外，还负责管理布达拉宫四周地祇堡、"夏钦角"（ཤར་ཆེན་སྒོག）、"玉杰角"（གཡུལ་རྒྱལ་སྒོག）等各附属建筑的护院、房屋管理员（ཁང་གཉེར།）、清洁员等人员日常在岗情况。"孜差德列空"由一名四品堪琼带领两名助手于每晚8 点左右带着灯笼前去巡查，发现漏岗会严惩；逢历代达赖喇嘛忌辰时除了在有关寺院举办法会外，对布达拉宫和罗布林卡的清洁员和"孜洛

---

① ཐུབ་བསྟན་ཕོ་བྲང་སྐུ་སྟོད་ལྷ་ཁོའི་ལྷན་ལོ་རྒྱུས་རིག་གནས་དཔྱད་གཞིའི་རྒྱུ་ཆ་ཟིན་བྲིས་ཀྱི་ཡིག་ཆའི་སྐྱེལ་ཁྲག བོད་ཀྱི་རྒྱུ་ལོ་རྒྱུའི་གནས་དཔེ་གཞིའི་རྒྱུ་ཆ་བདམས་བསྒྲིགས། དེ་ལྟ་བུ། ཞིག་ན། ཞིག་ཐེ་བཟློག་ཚོགས་ཏ། ཟེ་ཐོན་མི་རིགས་དཔེ་སྐྲུན་ཁང་། རྒྱ་ལོ2008 ན 556

② 西藏自治区政协文史资料编辑部编《西藏文史资料选辑》II，第 293 页。

扎"等相关组织和人员赏赐茶、酥油和氆氇等物。

孜差德列空负责人由一名四品堪琼和一名四品"旭仲"（ཤོད་དྲུང་ 俗官），一名一般官员僧官和小吏，几十位仆役，共三十余人组成。孜差德列空的作用非常明确，对布达拉宫承担着日常保护、管理和使用等任务，并制定专门保护管理的地方性法规和条例。这对当下研究布达拉宫建筑功能转变和如何依据传统保护模式来更好地传承利用布达拉宫及其文化有着重要参考意义。

"孜涅尔仓列空"（རྩེ་གཉེར་ཚང་ལས་ཁུངས་）位于布达拉宫白宫六根柱子门庭内朝西房屋内。里屋大房为粮库，外屋四根柱子，设有炕座（ས་ཁྲི་）处为"孜涅尔仓列空"办公之地。

这里最早在第司·桑结嘉措时期就是收支青稞、糌粑、肉类、酥油奶渣、茶叶、大米、盐巴、羊毛和清油等物资之处。旧时平常负责地方上交的财政收入，提供历代达赖喇嘛的忌辰法会所需财物、布达拉宫内一百七十五名僧官、管家、清洁员、护院等的俸禄，"每日早会所需物品和布达拉宫各殿堂所需法供等"①。

进入 18 世纪之后，布达拉宫建筑在形式和意义上被赋予了更多内容，如从早期的红、白两种庄严建筑布局，逐步形成权力象征，并建成许多附属建筑，内容涉及行政机构、教育组织和手工艺作坊等。在建筑位置选择上，从白宫逐步往红宫方向延伸，"孜噶厦"位于红、白宫之间，到了"译仓列空"直接设立于红宫核心区域。这一做法完全打破了传统红白宫建筑功能上笼统区分的概念。从此，红宫不只是宗教活动区域，更是"译仓列空"等机构常设于此，行使其权力的地方，在管理西藏地方教务方面起到了关键作用。而在"译仓列空"设立方面，做了精心考虑。首先，这一机构设立于布达拉宫，在达赖喇嘛和摄政等人的视线范围内完成权力运行，具有神圣性。其次，把"译仓列空"和"噶厦"等地方中枢机构直接与布达拉宫结合起来，在下达各种政令时，百姓会认为是由布达拉宫或者是达赖喇嘛所颁发，在潜意识里可以削弱或

---

① 参见西藏自治区政协文史资料编辑部编《西藏文史资料选辑》Ⅱ，第 285~286 页。

减少阶级等级观念，自然地与布达拉宫这一神圣地一起联想，达到行使政令更加顺畅的效果。再次，除了中枢机构外，"孜洛扎"和"雪堆白"等其他组织机构也设立在布达拉宫及其周围，尤其是修造了七世达赖喇嘛格桑嘉措灵塔殿。这是布达拉宫修建以来第一次主动进行改、扩建活动。两座灵塔已经在布达拉宫内供置，逐步实现布达拉宫建筑结构与功能转化之目的。从最早的宗堡建筑到红宫的宗教神圣空间的建构，到设立地方政府中枢机构和相关组织机构，布达拉宫建筑早已超出了当年修建的目的，建筑功能变得更加复杂与齐全，成为达赖喇嘛生前起居、圆寂之后安置灵塔之地，也是地方政权中枢机构及其他组织机构正常运行之地，影响力明显，是其他机构和建筑物难以企及的。这是特定历史的产物，也是布达拉宫历史沿革中重要的阶段。

二　从结构到功能

18 世纪，随着西藏地方历史大背景发生变化，衍生出了"摄政"制度，并且在此后的 100 多年时间里，这一制度及其摄政本人发挥着重要作用，成为西藏地方历史的重要组成部分。摄政日常起居和行使权力之地就在布达拉宫，因此在摄政制度下布达拉宫建筑及其功能也发生了一定程度的变化。

摄政制度是在特殊历史环境下产生的，1757 年，七世达赖喇嘛格桑嘉措圆寂，同年藏历四月八日，拉萨丹杰林第穆·阿旺降白德乐嘉措成为代理达赖喇嘛行使西藏地方政教权力的摄政呼图克图，清朝政府称之为"掌办商上事务"。① 从此，摄政制度正式登上西藏地方历史舞台。

摄政在布达拉宫内的办事机构和起居之地称作"杰布仓"（ རྒྱལ་པོ་ ཚང་ ），位于布达拉宫白宫从上往下数第二层。摄政办事机构则称作"旭嘎"。"旭"（ འོག་ ）是一种相对的方位名词，有"之下"或"下面"之意，在布达拉宫与"孜"（ རྩེ་ 即"顶层"）形成一上一下之方位概念。在布达拉宫，相对于达赖喇嘛"孜嘎"，摄政的传达机构称作"旭嘎"。用

① 拉巴平措、陈庆英编著，邓锐龄、冯智分册主编《西藏通史》（清代卷上），中国藏学出版社，2015，第 247 页。

"孜"和"旭"两个相反的方位词来表达布达拉宫内两位最高政教首领
的权威即达赖喇嘛和摄政系统，而以个人名义称呼政教系统也就属这两
位了。"旭嘎"系统是随着创建摄政制度一起出现的，在布达拉宫白宫
往下数第二层朝西大门为"森嘎"（ གཞིས་འདགག ），之内朝南朝东联排窗
户为摄政寝宫，其门外左右两侧有两位身材高大的"旭森嘎"（ ཤོད་གཞིས་
འདགག ）守卫着摄政的安全。众所周知，"旭嘎"在达赖喇嘛未亲政或圆
寂后未寻找到灵童之前摄政行使西藏地方政教大权，达赖喇嘛亲政后也
就不存在摄政及其"旭嘎"一系了。

"旭嘎由一名'南准'（ སྣེ་མགྲོན ）、四名'旭准'和两名'森嘎'组
成。"① 但是，这种编制也并非固定不变。摄政行使政教大权时，"旭嘎"
是极其重要的内侍系统，扮演着重要角色，从布达拉宫内具体机构所处
位置来看，就有明显的寓意。"旭嘎"就在布达拉宫白宫东面顶层大殿
之下，在建筑结构上有一种承上启下和一人之下的寓意，体现了布达拉
宫建筑设计和机构设立上的用心之处。"旭嘎"也在布达拉宫白宫内设
有专门膳房，称作"巴托"（ བར་ཐབ ），② 位于布达拉宫白宫从上往下数的
第三层。

除了摄政办事机构"旭嘎"之外，布达拉宫内还有一处高级僧官
的办事之地，称作"堪布仓"（ མཁན་པོ་ཚང ），也就是"基巧堪布"办事
系统。基巧堪布大约是从 19 世纪八世达赖喇嘛江白嘉措时期逐渐形成，
其办公地点"堪布仓"，位于布达拉宫白宫从上往下数的第三层十八梯
出口（ བཅོ་བརྒྱད་སྐས་འཛེག ）朝西门内，面积 57.13 平方米，内有办公场
所、寝殿和管家房等，该系统配有"仲译"等办事人员。基巧堪布通常
都在办务室（ ལས་ཐག ）内办公，有私人管家一名、文书一名和主管砍伐
树木（ ཤུང་གཅོན ）孜仲一名，管家虽无品阶，但权力极大，因此僧俗管
员见到（基巧堪布）管家都会毕恭毕敬。作为西藏地方僧官中级别最高
的基巧堪布的显赫可见一斑。

"基巧堪布"为旧时达赖喇嘛近侍，三品僧官，掌管达赖喇嘛全体

---

① དགེ་རྒྱལ་པ་བསྟན་འཛིན་རྡོ་རྗེ། དེ་སྔའི་བོད་གནས་ཀྱིད་གཡུང་གི་ཁྲིག་ཀཱ། ཐིས་མ། ན་6
② དགེ་རྒྱལ་པ་བསྟན་འཛིན་རྡོ་རྗེ། དེ་སྔའི་བོད་གནས་ཀྱིད་གཡུང་གི་ཁྲིག་ཀཱ། ཐིས་མ། ན་32

近侍和"全藏寺院的基巧"。其权力与噶伦相当，由噶厦、译仓和"孜堪准"呈递的所有疏折皆由基巧堪布转呈禀奏。基巧堪布还与噶厦一起重点管理布达拉宫内"南赛甘佐"（ རྣམ་སྲས་གན་མཛོད་ ），① 即达赖喇嘛私人库房和珍宝服饰，系旧时布达拉宫"大管家"。

从"基巧堪布"办公地设置来看，白宫顶层为达赖喇嘛活动区域，再下一层就是上述摄政活动区域，从上往下数第三层就是"基巧堪布"之活动区域。作为重要人物在布达拉宫内拥有不同区域的活动中心，显示出政教合一制度下通过建筑功能上的区分来达到高级僧官的政治权力之表现模式。建筑空间上以高高的台阶和层层的上下结构来具体区分达赖喇嘛、摄政和基巧堪布各自主要活动区域。这与紫禁城、圆明园等"严格按照中轴线左右对称的格式"②，从中轴线向东西两侧慢慢扩展的四方形宫廷建筑不同。它主要通过阶梯以循序而上的方式来表现严格的等级制度，与宇宙多维空间观念有着直接关系，也是历史赋予布达拉宫建筑结构的一大特点。

从 18 世纪中叶设立摄政制度起，历任摄政在各自执政时期对布达拉宫进行过各种形式的建筑修缮，有些是因为整体建筑趋于破旧而进行的，有些则是达赖喇嘛圆寂后为了安置其灵塔而做的，还有些是为了特定需求，对原有建筑布局进行纯粹的改建。可以说，18 世纪之后布达拉宫的历史进程中，其建筑结构的改变与历任摄政有着直接关联。

第穆摄政在安排七世达赖喇嘛圆寂之后事、寻访新灵童和八世达赖喇嘛坐床等方面做了大量工作，功勋卓著。八世达赖喇嘛江白嘉措一生共与三位摄政相处，分别是第穆摄政、其接任者第一世策墨林·阿旺崔成以及功德林济咙呼图克图达擦·丹巴贡布三人。在策墨林·阿旺崔成担任摄政一职期间，其多次主持修缮布达拉宫建筑。此时，修建红宫已过了近百年时间，布达拉宫部分建筑日趋破损，第一世策墨林·阿旺崔成对布达拉宫建筑有过较大规模的修缮，据记载：

---

① 朗通苏尔巴·日桑（ གྲང་རར་རིགས་བཟང་ ）访谈录，访谈时间：2019 年 3 月 19 日 13 时。
② 于涌：《移天缩地到君怀——圆明园文化透视》，深圳出版发行集团、海天出版社，2012，第 104 页。

布达拉宫建筑，因年久失修趋于荒废，为此下令进行彻底修缮。①

以地方政府行为进行修缮，规模巨大，效果也较为明显，据记载：

土狗年（1778年）二月，布达拉宫整体及其周围趋于荒废，下令进行大规模维修，从所述各宗、谿卡召集民工，并为了不让劳民伤财，让地方政府付给丰富饷资及茶水等后勤物资，于当年秋末完成了布达拉宫整体、前后马道等所需修缮之工事，并让差德（འཕལ་བདེ་ 即立付局）或布达拉宫管理局要求下属聂康（གཉེར་ཁང་）和保洁员等，务必恪尽职守，严格进行管理、保护和日常维修布达拉宫事宜。②

关于这一次的修缮，我们也能从其他文献中找到更具体的细节。

鉴于布达拉宫整体及周围建筑均趋于荒废，下令进行大规模的修缮。尤其是德央厦门庭所挂两面巨大的马皮鼓已破烂不堪，无法正常使用，为此更换两面鼓。修缮工程从五世灵塔殿二层正门两面，绘有五世达赖喇嘛被众政教福主、众仆簇拥之壁画，但期间某些背佞之摄政者，别有用心地擦拭五世像，在此之上新绘仲敦巴画像，使得画面格格不入、不伦不类，不言心生虔诚之心，反而成为被众贤人所唾骂之事，因此重新对该幅壁画进行开光后恢复原有五世达赖喇嘛像。虽久经岁月，但源于智慧之力，五世达赖喇嘛像得以重见天日、完好如初。也是其源于对五世达赖喇嘛及其甘丹颇章地方政府无限忠诚所致。之后，由于让地方政府提供充足的维修所

---

① དགའ་ལྡན་ཕོ་བྲང་ཆུལ་ཁྲིམས། ཁྲི་ཆེན་ཚོས་ཀྱི་རྒྱལ་པོ་རྗེ་འཆང་དང་དགའ་ལྡན་ཕོ་བྲང་དཔལ་བཟང་པོའི་སྐུ་རབས་རྣམ་ཐར་དཔའི་སྐྱོ་འབྱེད་ལས་ཚོས་ཤྱིད་ཡོངས་ཀྱི་བདག་པོར་བཞིངས་པ་སོགས་ཀྱི་ཆགས་འཛོང་སྐྱད་ཀ། ཤིང་པར། ༤ 141

② དགའ་ལྡན་ཕོ་བྲང་ཆུལ་ཁྲིམས། ཁྲི་ཆེན་ཚོས་ཀྱི་རྒྱལ་པོ་རྗེ་འཆང་དང་དགའ་ལྡན་ཕོ་བྲང་དཔལ་བཟང་པོའི་སྐུ་རབས་རྣམ་ཐར་དཔའི་སྐྱོ་འབྱེད་ལས་ཚོས་ཤྱིད་ཡོངས་ཀྱི་བདག་པོར་བཞིངས་པ་སོགས་ཀྱི་ཆགས་འཛོང་སྐྱད་ཀ། ཤིང་པར། ༤ 141

动用民工之饷资，当年就完成了布达拉宫整体建筑以及前后上下道路等附属建筑维修事宜，并命令所属各级，今后进一步妥善管理和保护布达拉宫日常事宜。①

我们虽然难以找到当年的修缮档案等专门记载，但从人物传记中可知这一次的修缮规模大小。

从此，历任摄政主持修缮布达拉宫也成为该体制内的一种约定俗成的模式。

除了对建筑结构破损进行修缮之外，为了满足历代达赖喇嘛的日常生活、起居和其他需要，从七世达赖喇嘛时期起，布达拉宫内各殿堂进行了规模不一的改、扩建，比如改动原先的建筑布局，把一些寝宫和殿堂根据当时需要进行调查，加强实用性的同时，也拓展了其功能。

按照严格的时间顺序，甘珠尔拉康殿（བཀའ་འགྱུར་ལྷ་ཁང་）的修缮可以追溯到17世纪中期，五世达赖喇嘛阿旺洛桑嘉措时期修建布达拉宫（白宫部分）时，作为白宫组成部分修建了甘珠尔殿："在甘珠尔殿中，本想绘制菩提道次第传承图，并给画师们一幅齐乌岗巴派（སྒྱུའི་ར་མ་）原本作为蓝本，然而画师们不熟悉该派风格，结果成为不伦不类之风。"②到了17世纪末，修建布达拉宫红宫时，甘珠尔殿结构也发生了变化，并且得到了维修，"十八日，由格隆降阳扎巴为首的扎康僧众对甘珠尔殿新绘壁画等进行开光仪轨"③，殿内供奉着多个版本的《大藏经》。④从文献来看，该殿所供奉的《甘珠尔》版本应该有许多值得细细考究之价值。另外，按照相关记载，当时甘珠尔殿内绘制了藏族美术派别中"齐乌岗巴"（སྒྱུའི་སྒང་པ་）派画风之作。在这一段记载中，可以确

---

① ཤེར་སྙིང་དགུགས་པ་མཁན་གྲུབ་། དགེ་སློན་གསེར་རི་རིན་པོ་ཆེར་དཔལ་བསྒྱུར་བའི་ཉེས་མཆོག་དཀར་པོ་ཅེ་རིན་ཆེན་བྱོང་རྣམས་ཀྱི་རྒྱ་བར་རྡ་ན་དོ་རྗེ་ཕྱེ་ཐེ་ལ་ལག་ལེ་གཞིག་ཁ་ཉེན་ལཔན་ནོ་མིན་ནན་ཆེ་པའི་རྣམ་བར་ཐབུགས་ས། ཤ་ཤ། ཤེར་གསུང་དང་བསྒྱུན་དུ་ནེམ་འཆགས་ཕྲོགས་སྒྲ་ཁན་ནས་བསྐྲིགས། ༣256

② དགའ་དབན་བློ་བཟང་མ་ཆེ་། ཆ་ངོར་ཀྱི་བཟེ་དཀར་ངོ་མཆོར་ར་ཆེ་བློ་སྒྱང་འཇུར་བའི་འདེ་ཆེན་ཐགྱ་བ་རྭ་ཆེ་ཋོ་ཁོངས་ཆེ་བ་བཀོད་དུ་གྱུ་གོས་མང་ཟང་གྲུ་ཁན་ནས་བསྐྲིགས། ཤེན་པར་ ༣142

③ སྐུ་སྐྱིང་རྒྱ་ཀྲ་རྒྱ་མཆོ་ར་། མཆོག་ཐནབ་སྒྲེ་འརེན་གྱི་ཆ་བཞི་ངས་གཏུག་ལག་ནས་ཀོ་ཆ་ཉ་དཀར་ར་ཆེ་ར་ཆ་ངང་ཁ་ ༣ རྒྱ་མཆོ་ རཔའི་ སྒྲུ་ཁ་དང་བ་རྣབས་ར་ཀེ་ཤེ་པ། ༣175

④ 参见 ཤ་ངང་ཆེ་ཆེན་པ་ཤཔ་ལའི་ཆེ་ལ་ངང་ཁ་ བཀའ་འགྱུར་ལྷ་ཁང་དང་ང་བསན་དེ་ནེ་ཤར་འདེ་ར་པའི་དཔལ་དང་ནམ་ཋོ་ང་ཁ་ ཐྲུ་ས། ༣5

定至少在 17 世纪中叶，齐乌岗巴画派作品传世。可惜的是，布达拉宫甘珠尔殿因为改造而导致无法确定其具体位置。按照次巴拉康殿窗沿处壁画题记[①]来看，大概在 19 世纪中期，甘珠尔殿建筑结构未曾大动，之后随着建筑部位的进一步改建，位置也再次发生变化，被其他建筑结构所取代，成为一种从文献上才能看到的一处"殿堂"。综合布达拉宫西大殿二回廊和次巴拉康殿壁画内容，加上《布达拉宫法王洞及甘珠尔殿志》（ སོ་བྲང་ཆེན་པོ་པོ་ཏ་ལའི་ཆོས་རྒྱལ་ལྷ་ཁང་དང་བཀའ་འགྱུར་ལྷ་ཁང་དང་བཅས་པའི་དེབ་ཐེར་འདོད་དགུའི་དཔག་བསམ་སྨྲོན་ཞིང་བཞུགས། ）等内容来看，甘珠尔殿大概就在红宫南面萨松殿下方位置，但是精确位置至今依然难以确定。

八世达赖喇嘛江白嘉措时期对布达拉宫建筑改建也算频繁。1783 年，时任摄政第一世策墨林·阿旺崔成主持把原来八世达赖喇嘛江白嘉措寝宫"堆古白吉"殿改建成了供奉九尊长寿佛像的"次巴拉康"殿，即长寿佛殿。据记载："上年，给诺门罕下法旨，为了佛法永驻，为其本命年举办之经忏，修造九尊鎏金等身像，大规模修缮布达拉宫，新绘长寿殿四周精美壁画，新造长寿殿宝座、天蓬等供养品，达赖喇嘛为主，摄政诺门罕以及南杰扎仓所有僧众在西大殿举行吉祥大威德金刚坛城的开光仪轨。"[②] 殿内绘制了壁画，"在堆古白吉殿内新建九尊长寿佛像，绘制壁画以及修缮驻固殿上、下绘制壁画等任务被交予仲译·格桑丹达（ དྲུང་ཡིག་བསྐལ་བཟང་བསྟན་དར་ ）与孜聂尔夏仲·俊巴（ རྩེ་གཉེར་ཞབས་དྲུང་འཇུན་པ་ ）二人"。[③] 有文献又称，"水马年（1782 年）新修建了长寿圆满殿"[④]。这是有关长寿佛殿修缮的情况，该殿如今依然保存于布达拉宫红宫正南处。这也能佐证八世达赖喇嘛时期，对布达拉宫进行的修缮之详情。

此外，八世达赖喇嘛江白嘉措于 1791 年主持修建布达拉宫"潘德拉康"（ པན་བདེ་ལྷ་ཁང་ ），即利安殿，并亲自主持开光仪轨，据记载："新建潘德拉康，塑马头明王和作明佛母（ རིག་བྱེད་མ་ ）等殊胜本尊像，并献上精佛衣，举行盛大的开光仪轨。"① 潘德拉康位于布达拉宫红宫顶北面，紧邻罗汉殿（ གནས་བཅུ་ལྷ་ཁང་ ），门朝西。殿内有八世达赖喇嘛主持修造的主供药泥质姊妹护法神像及六臂护法神等本尊神像。1815 年，在修造九世达赖喇嘛灵塔殿时，由于修建灵塔殿朝拜阁楼的需求，原先"潘德拉康"殿局部发生了改动，但整体并未做大的调整。

"甘丹平措其"（ དགའ་ལྡན་ཕུན་ཚོགས་འཁྱིལ་ ）又称强康殿，最早由第司·桑结嘉措修建红宫时所建，由"德丹其"与"平措德勒"两间寝宫组成。1744 年，第七世达赖喇嘛格桑嘉措之父公·索南达杰去世后，为了举行悼念法会和安置其灵塔，桑日宗敬献六百两白银及其他珍贵物品，（七世）达赖喇嘛也拿出许多物资修造宗喀巴大师像、银质塔（ དངུལ་གདུང་ ）以及《大藏经》等，② 为了供奉此塔以及为七世达赖喇嘛之母洛桑曲措、姑姑格桑卓玛和达赖喇嘛之弟公·衮噶旦增等人去世后举行悼念法会，并把各自灵塔均存放于布达拉宫平措德勒殿内，③ 取名为银塔殿（ དངུལ་གདུང་ཁང་ ）。德丹其寝宫则因八世达赖喇嘛江白嘉措于 1801 年主持修造铜鎏金弥勒巨像及用八宝汁书写的《丹珠尔经》，供奉于此，取名为甘丹平措其，④ 从此，该殿除有时称作"丹珠尔"殿外，多统称"强康"殿。

后来，强康殿与银塔殿由于承重之危，1815 年藏历三月二十六日，殿内各银塔分别被搬迁至红宫底层持明殿和菩提道次第殿内，⑤ 强康殿和银塔殿之间的隔墙被拆除后形成一间有八根柱子面积的殿堂，并封掉德丹其之朝西、朝东窗户和平措德勒殿之朝东窗户，在弥勒像顶上改建成

---

① དེ་མོ་བློ་བཟང་ཐུབ་བསྟན་འཇིགས་མེད་རྒྱ་མཚོ། རྒྱལ་དབང་སྐུ་ཕྲེང་བཅུད་པའི་རྣམ་ཐར་འཇམ་མགོན་བ་མ་ག་ཡང་པའི་རྒྱན་ཞེས་བྱ་བ་བཞུགས་སོ། པེ་ཅིང་ གུང་གོ་བོད་རིག་པ་དཔེ་སྐྲུན་ཁང་ ༢༠༡༣ ༢༦༠

② 布达拉宫管理处编《布达拉宫藏品保护与研究》，四川大学出版社，2018，第 10 页。

③ བོ་ཏ་ལ་མཆོད་སྤྲུལ་ཚོགས་འདུ་ལེགས་ཀྱི་ཉེ་མཆོད་རྣམ་སྒྲོ་དེ་རབ་གནས་ཨ་ཕོ་ངལ་བཞུགས་མ། ༢

④ 布达拉宫管理处编《布达拉宫藏品保护与研究》，第 11 页。

⑤ བོ་ཏ་ལ་མཆོད་སྤྲུལ་ཚོགས་འདུ་ལེགས་ཀྱི་ཉེ་མཆོད་རྣམ་སྒྲོ་དེ་རབ་གནས་ཨ་ཕོ་ངལ་བཞུགས་མ། ༢

隔窗等建筑布局。弥勒像对面供奉光明天母像之后整体墙往西移动，墙上绘有"卡提纹"（ཀ་ཐིའི་ར་ཚ）之壁画，在弥勒像顶上隔窗左右绘有宗喀巴与阿底峡之壁画，从此该殿布局上应该没有过大的改动。

1984 年 6 月 17 日 23 时左右，由于电线短路的原因，强康殿突起火灾，导致主供弥勒像左手到北侧柱梁之间的木质结构被火烧毁，天棚坍塌，对殿内佛像、经书、壁画以及屋顶屋脊宝等造成一定损坏。当时西藏自治区党委和政府以及区文化厅等有关部门组织相关单位和人员，并投入大量人力、物力对强康殿及殿内文物进行抢救性修缮。在拉萨市古建队的具体施工下，殿内破损的木质建筑和壁画等文物得到了很快的修缮和重新描绘。修缮工作圆满完成，并于当年 8 月 1 日，得以重新开放参观。[①]

此外，布达拉宫坛城殿、本尊殿、上师殿、黎玛拉康殿和圣观音殿等在漫长的历史长河中均有过较大的改动，在此不再一一赘述。

从 1757 年开始的一百年时间里，在布达拉宫内共修造了六座灵塔，其中前四座专门修建了单独的灵塔殿，成为独立的建筑格局，而后面的两座则安置在其他殿堂里，反映了布达拉宫建筑演变的特殊历程。它为布达拉宫建筑布局带来了许多改变，对建筑结构本身的挑战也是前所未有的，是布达拉宫历史研究中的重要视角和反思点。

1757 年藏历二月三日，七世达赖喇嘛格桑嘉措于布达拉宫圆寂后，红宫内为其修建了供奉灵塔的灵塔殿。17 世纪末，第司·桑结嘉措主持修建五世达赖喇嘛灵塔殿之后，由于六世达赖喇嘛仓央嘉措和拉藏汗所立阿旺益西嘉措两人均未能在布达拉宫内修造灵塔，因此，按照传统仪轨在布达拉宫内修建七世达赖喇嘛格桑嘉措灵塔及其灵塔殿成为最重要的工作。众人商议后，确定在布达拉宫红宫内修建独立灵塔殿，并开始选择建筑地址："众人商议后大概选择五世灵塔殿左侧和顶上扎西其巴寝殿（吉祥盘旋殿）二地后，迎请殊胜无比之宗喀巴扎西多卡玛像（རྗེ་བཀྲ་ཤིས་དོ་ཁ），阿底侠大师本尊供奉授记度母像（ལུང་བསྟན་སྒྲོལ་མ），自言吉

祥天母唐卡后，诸噶伦（ཁབས་པད་）和生前近侍（སྐུ་བཅར་དྲུང་ལ་）等众人摆上所需供品，进行'食团'卜卦（བདག་སྒྲིལ་）后，显示'扎西其巴'寝宫为好之卦相。"① 在确定地处红宫顶层七世达赖喇嘛格桑嘉措生前寝宫扎西其巴改建为灵塔殿后，于 1757 年藏历二月十五日正式动工，"保留其旁圣观音殿和法王洞等建筑布局，仅对西侧建筑格局改动少许"②，用六个月的时间完成了"塞东扎西伟巴康"殿的修建。该灵塔共用一万五千九百五十两黄金通体包裹，通高 9.36 米，呈菩提塔状。据记载："藏历七月一日，从西大殿搬运灵塔装藏所需木材于灵塔殿内，色拉寺僧众亦前来按照正统装藏仪轨完成灵塔的装藏。"③ 可以说，这是正式修建布达拉宫红宫以来规模最大的一次改、扩建，形成了独立的灵塔殿。它不仅从建筑布局上成为红宫的重要组成部分，而且对延续五世达赖喇嘛阿旺洛桑嘉措圆寂后，在布达拉宫内修造灵塔殿来体现布达拉宫殊胜性方面也有重要意义。

按照历史发展的脉络，这里提到的七世达赖喇嘛格桑嘉措灵塔殿的相关情况，应该在上一节中就要讲述，但是为了使本书结构更加紧凑，在此与其他灵塔的修建一起阐述。

1804 年藏历十月八日，八世达赖喇嘛江白嘉措在布达拉宫圆寂，1805 年藏历十二月十日，相关人员开始着手修建八世达赖喇嘛灵塔殿。在具体选址时，"圣观音殿左侧整体稳固且较为宽敞，是为理想之地，为此询问了首席木匠希瓦达杰（ཞི་བ་དར་རྒྱས་）后，也合其意"④。接着，按照预选地以宗教仪轨进行再次确认："历代达赖喇嘛的灵塔修建等事宜

---

① པ་ཆེན་དཔལ་ལྡན་ཡེ་ཤེས། རིགས་དང་དཀྱིལ་འཁོར་ཀུན་གྱི་བདག་པོ་རྗེ་བཙུན་ཆེན་ནས་གསུམ་འགྲོ་བའི་བླ་མ་མཆོག་གི་སྐུ་གདུང་ཡིད་བཞིན་གྱི་ནོར་བུ་སྒྲིང་པོ་བཞུགས་པའི་སྐུར་བཅས་སྐུ་དབུའི་མཆོད་སྡོང་ཆེ་པོ་གཟིག་གཟབ་བར་གསལ་གྱི་ཆེ་བའི་ཡོན་ཏན་བརྗོད་པར་བྱེད་པའི་གཏམ་རྒྱ་འཕྲུལ་ཕོར་ཟེར་ཕྱོགས་བཀུར་འབྲི་བའི་སྒྲ་བྱེད་ཅེས་བྱ་བ་བཞུགས་སོ། །ཤིང་པར། ༧ 10

② པ་ཆེན་དཔལ་ལྡན་ཡེ་ཤེས། རིགས་དང་དཀྱིལ་འཁོར་ཀུན་གྱི་བདག་པོ་རྗེ་བཙུན་ཆེན་ནས་གསུམ་འགྲོ་བའི་བླ་མ་མཆོག་གི་སྐུ་གདུང་ཡིད་བཞིན་གྱི་ནོར་བུ་སྒྲིང་པོ་བཞུགས་པའི་སྐུར་བཅས་སྐུ་དབུའི་མཆོད་སྡོང་ཆེ་པོ་གཟིག་གཟབ་བར་གསལ་གྱི་ཆེ་བའི་ཡོན་ཏན་བརྗོད་པར་བྱེད་པའི་གཏམ་རྒྱ་འཕྲུལ་ཕོར་ཟེར་ཕྱོགས་བཀུར་འབྲི་བའི་སྒྲ་བྱེད་ཅེས་བྱ་བ་བཞུགས་སོ། །ཤིང་པར། ༧ 11

③ པ་ཆེན་དཔལ་ལྡན་ཡེ་ཤེས། རིགས་དང་དཀྱིལ་འཁོར་ཀུན་གྱི་བདག་པོ་རྗེ་བཙུན་ཆེན་ནས་གསུམ་འགྲོ་བའི་བླ་མ་མཆོག་གི་སྐུ་གདུང་ཡིད་བཞིན་གྱི་ནོར་བུ་སྒྲིང་པོ་བཞུགས་པའི་སྐུར་བཅས་སྐུ་དབུའི་མཆོད་སྡོང་ཆེ་པོ་གཟིག་གཟབ་བར་གསལ་གྱི་ཆེ་བའི་ཡོན་ཏན་བརྗོད་པར་བྱེད་པའི་གཏམ་རྒྱ་འཕྲུལ་ཕོར་ཟེར་ཕྱོགས་བཀུར་འབྲི་བའི་སྒྲ་བྱེད་ཅེས་བྱ་བ་བཞུགས་སོ། །ཤིང་པར། ༧ 11

④ དེ་མོ་བློ་བཟང་ཐུབ་བསྟན་འཇིགས་མེད་རྒྱ་མཚོ། ཕུན་ཚོགས་འོད་ཀྱི་གཏེར་མཛོད་རབ་ཏུ་རྒྱས་པའི་རེ་སྐོང་དཔོ་ཏ་ལའི་གནས་བཤད་འབར་གྱི་དཀར་ཆག་ཙམ་ནོར་བུའི་ཕྲེང་བ་དང་ལྷན་འདུག་གསལ་ཞེས་བྱ་བ་བཞུགས་སོ། །ཤིང་པར། ༧ 15

均由神卦得出结果。为此，在历代达赖喇嘛所敬诸三宝前摆供善品，并虔心向观音及众护法祷念，最后以'食团'进行卜卦，最终得出观音殿左侧为好之卦相后立即破土动工。"[1] 这既符合了现实需要，也得到了宗教仪轨允许。之后启动工事："十八日，到达布达拉宫，为供前世达赖喇嘛（是指八世达赖喇嘛江白嘉措）法体之金质灵塔修建工事，任命总负责人噶伦夏扎哇巴（བཀའ་བློན་བཤད་སྒྲ་འོག་པ་）、灵塔修造负责人仲译·玉卡瓦（དུང་ཡིག་གཡུལ་ཁབ་）、雪堆白负责人堪布·嘉桑巴（མཁན་པོ་སྐལ་བཟང་པ་）和希瓦次仁、灵塔殿工事负责人准·擦戎哇（མགྲོན་ཚ་རོང་པ་）、装藏员由吾（指杰旺曲吉）、色拉堆堪布（སེར་སྒོང་མཁན་ཞིང་）、却本·洛桑顿珠以及上、下密院堪布等人员。当日正值吉日，众人在布达拉宫寝宫德丹其内摆放茶点等喜宴，由吾（指珠·杰旺曲吉）和却本·洛桑顿珠（མཆོད་དཔོན་བློ་བཟང་དོན་གྲུབ་）两人正式在布面上绘制灵塔蓝图。"[2] 与上述记载相关的还有《八世达赖喇嘛灵塔志》中的记载："藏历木牛年（1805年）元月十日各工种开始分工，十九日，基巧堪布、各负责人以及吾（指第穆·洛桑土登晋美嘉措）等齐聚布达拉宫东大殿，绘制灵塔样式，确定通高。"[3] 经过9个月的时间，八世达赖喇嘛灵塔殿很快修建完成，取名为"塞东格列赛巴康"（གསེར་གདུང་དགེ་ལེགས་གཟི་འབར་）灵塔殿，高9.4米，该座灵塔殿成为19世纪前叶布达拉宫建筑改、扩建的典型。

1815年藏历三月，九世达赖喇嘛隆多嘉措圆寂于布达拉宫，年仅11岁。众人在八世达赖喇嘛灵塔殿东侧进行改建后为其修建了灵塔殿："任命噶伦夏扎·顿珠多吉（བཤད་སྒྲ་པ་དོན་གྲུབ་རྡོ་རྗེ）与大管家玉卡瓦·降白德乐为总负责人，任命雪堆白负责人嘉桑巴·丹增克钻（ལྷུགས་བཟམ་པ་བསྟན་འཛིན་མཁས་བཙུན་）和技艺精湛之人希瓦次仁为具体负责人。"[4] 众人确定为

① དེ་མོ་བློ་བཟང་ཐུབ་བསྟན་འཇིགས་མེད་རྒྱ་མཚོ། ཕུན་ཚོགས་འདོད་དགུའི་གཏེར་མཛོད་ཅེས་བྱ་བའི་དེབ་ཐེར་ཉི་ལོ་གྲོ་ཆ་དགེ་ལེགས་གཞི་འབར་གྱི་དགའ་ཆགས་རོ་མཆོར་ནོར་བུའི་ཕྲེང་སྐྲ་དང་ལྡན་འཕྲོས་ཞེས་བྱ་བ་བཞུགས་སོ། ཤིང་པར་ཤ་15
② རྒྱལ་དབང་ཚེ་རྗེ་བློ་བཟང་འཕྲིན་ལས། འཇིགས་མགོན་བསྐྱར་པའི་སྒྲོལ་ལོ་རྒྱལ་པའི་རྒྱལ་ཚལ་དཔལ་སྟུན་ནི་སིད་ཏུན་བློ་བཟང་ཐུབ་བསྟན་འཇིགས་མེད་རྒྱ་མཚལ་བཟང་པོ་རྒྱ་ཐར་དགམ་བསམ་ལོགས་བཞུ་མ་ཞེས་བ་བཞུགས་སོ། ཤིང་པར་ཤ་439
③ དེ་མོ་བློ་བཟང་ཐུབ་བསྟན་འཇིགས་མེད་རྒྱ་མཚོ། ཕུན་ཚོགས་འདོད་དགུའི་གཏེར་མཛོར་ཅེས་བྱ་བའི་དེབ་ཐེར་ཉི་ལོ་གྲོ་ཆ་དགེ་ལེགས་གཞི་འབར་གྱི་དགའ་ཆགས་རོ་མཆོར་ནོར་བུའི་ཕྲེང་སྐྲ་དང་ལྡན་འཕྲོས་ཞེས་བྱ་བ་བཞུགས་སོ། ཤིང་པར་ཤ་15
④ རྒྱལ་དབང་ཚེ་རྗེ་བློ་བཟང་འཕྲིན་ལས། ཤིང་ཞིང་གི་དགེ་ལེགས་མ་བསྐྱར་པའི་གཏེར་མཛོད་ཆེན་པོ་ གཏུང་གསང་དང་ར་སོང་ཆེ་པོ་གནམ་ནོ་མགོར་དབང་ར་རྗེ་སྐར་བསྐྱར་ཆེགས་ཀྱི་དགར་ཆགས་ལེགས་བའ་དོར་གྲུ་རྗེ་ར་དབལ་བསམ་ལོགས་བཞུ་བའི་དབང་པོ་སྟེ་མ་ཞེས་བ་བཞུགས་སོ། ཤིང་པར་ཤ་12

其修建菩提塔形灵塔，于 1815 年藏历三月吉日正式绘制灵塔蓝图。"在布达拉宫北侧，八世达赖喇嘛灵塔左侧寝殿衮堆其巴（齐聚盘旋殿）周围及地基尤为牢固，神卦及众人一致通过。为此，下面房屋需要改建，上面灵塔殿也需要重新修建。"[①]人们为其取名"塞东萨松汶嘎康"（གསེར་གདུང་ས་གསུམ་མཛེན་དགའ་）。灵塔高 8 米，造型精巧且镶嵌以松石为主的许多珍宝。

1837 年藏历九月一日，十世达赖喇嘛崔成嘉措在布达拉宫平措堆其寝宫内圆寂，藏历十月开始为其修建灵塔殿，总负责人为吞巴噶伦（བཀའ་བློན་ཕོན་པ་）。选址"由神卦及众人商讨后一致认为在红宫顶层七世灵塔殿南侧为佳，于 1838 年藏历元月十三日开始修建灵塔及灵塔殿，灵塔形状也是按照第司·桑结嘉措确定的度量衡以尊胜塔状而定"，[②]于 1838 年藏历五月完成，灵塔殿通高 9.25 米，位于五世与七世达赖喇嘛灵塔殿之间红宫第七层之上，主体建筑由五世达赖喇嘛灵塔殿内四大巨柱承托。后来，考虑到红宫西面建筑承重之危，1882 年，达擦·阿旺白丹任摄政时期，十世达赖喇嘛崔成嘉措灵塔拆解后搬迁至红宫底层五世达赖喇嘛灵塔殿北侧，取名为"塞东萨松坚巧康"（གསེར་གདུང་ས་གསུམ་རྒྱན་མཆོག་）灵塔殿，并把原先十世灵塔殿改成上师殿，把顶上灵塔殿朝拜阁楼也改变成了今天的本尊殿，据记载："水马年（1882 年），十世达赖喇嘛灵塔搬迁及布达拉宫西侧上下及周围修缮工程，由卸任强曲林上师为主的五位僧人以持金刚法门来行七天的修宝瓶、敬龙族等法门。"[③]从中我们可以知晓这一事实之具体情况。

十一世达赖喇嘛克珠嘉措灵塔"塞东潘德伟巴"（གསེར་གདུང་ཕན་

---

① རྒྱལ་དབང་ཚེ་རྗེ་བློ་བཟང་འཇིགས་ལ་མ། ཕྱིད་ཞིའི་དགེ་ལེགས་མ་ལུས་པའི་འབྱུང་གནས་མཆོག་སྤྲུལ་ཆེ་པོ་གསུམ་ན་མཛད་པར་དགའ་བ་ཏེ་ སྐྱར་བསྐྱལ་ཚོན་གྱི་དཀར་ཆག་ལེགས་བགད་འདོད་འབྱོ་ར་དཔལ་བསམ་ལོངས་འབྱོ་ར་དང་འབྱོ་ར་འདི་མ་ཞེས་ བུ་བ་བཞུགས་སོ། ཤེང་པར། ན་12

② རྒྱལ་དབང་ཚེ་རྗེ་བློ་བཟང་འཇིགས་ལ་མ། སྐུ་བཅམ་སྐྱེད་ཞིའི་གཟུགས་རྒྱན་རྗེ་བཙུན་དཀོན་དང་བློ་བཟང་རྒྱ་མཛོ་དཔལ་བཟང་འཇིགས་ ཚོན་ཁྲིམས་རྒྱ་མཆོ་དཔལ་བཟང་པོ་སྐུ་གདུང་སྦྱོ་ར་བཞུགས་པའི་མཛོད་སྤྲོ་ད་ཕྱིག་རྒྱ་མཆོག་གི་ར་ཆབ་ཡང་འཇུག་གསུ། ཤེང་པར། ན་16དང་20

③ 原文如下：རྒྱ་ཏུ་ཚེ་བཟང་ཆོན་པོ་ཡོར་མ་ཀྱུ་སྐྱང་ཏུ་བཞི་པའི་གསེར་གདུང་ལས་ལུགས་རྒྱུ་མཆོག་རེ་རེ་སྐྲོ་ཤྲུལ་དང་འཇིགས་ ལ་ཡོ་བཟང་ཐུན་ཁྲུལ་སྐྱེ་སྒ་ལ་དང་བཅས་པར་ཅས་གསོ་འབྲུག་རྒྱའི་ལ་རྒྱ་སྐ་རྣམ་བཞིའ་བ་བཞ་ལ་སྐུ་ཉབ་ཏུ་བཞུ། ལོང་བ་བཅས་ཀྱི་ཆེ་ཏུ་ཕྲི་ལ་བ་ཀྱུ་ཏུ་སྒྲོ་ཏུ་དུན་མཆོག་ལ་ནས་བཅུ་ད་སྐྱུ་རང་སྐུ་རེ་ད་ལ་ལོ་ཆོ་ང་འཇུག་གསོ། ཅས་གཅིབ་ཀྱི་ཆོ་བསྐྱལ་ཀྱུ་གསེར་རྒྱ་དཀོ་ནས་རང་འཇིགས་གདོ་བསྐལ་བི་གསོ་བརྒྱ་བཞུ་ལ་སྐྱོ། 参见 བཀོན་སྐོ།

བདེའི་འོད་འབར་）与十二世达赖喇嘛赤列嘉措灵塔"塞东慈金伟巴"（གསེར་
གདུང་ཚེ་སྦྱིན་འོད་འབར་）两座均没有修建单独殿堂，而是分别供奉在布达拉
宫红宫底层观音本生传承殿和五世达赖喇嘛灵塔殿内。如此处理的原因
很简单，因为十一、十二世达赖喇嘛都是很年轻就圆寂，两人前后不过
三十年。从 1815 年九世达赖喇嘛隆多嘉措圆寂到 1875 年十二世达赖
喇嘛赤列嘉措圆寂，短短六十年里，四位达赖喇嘛相继圆寂，修建灵塔
对布达拉宫建筑的挑战是巨大的，前面勉强可以改、扩建形成专门的灵
塔殿，但是越往后布达拉宫建筑的现实根本不允许再有大规模的改、扩
建，因此只能供奉在其他已有的殿堂内，从而达到统筹空间的目的，且
效果良好。因此，到了 19 世纪晚期，众人借鉴这种做法，试着把十世
达赖喇嘛崔成嘉措的灵塔也从原址迁到更安全的地方，保障了建筑本身
的安全。

布达拉宫建筑修缮是布达拉宫历史沿革的重要内容，从 17 世纪开
始，布达拉宫经历了无数次修缮后才形成今日之规模。从最初修缮的目
的到具体过程以及所要遵循的原则都作为研究对象所要探讨的内容，这
些为布达拉宫建筑演变和藏族宫堡建筑的独特性研究提供了理论依据。

布达拉宫建筑在修缮过程中，以改变房屋布局来达到更加合理的现
实需求，属于主动修缮。比如在本书第三章中提到的，在 18 世纪中叶
把"德丹其"殿和"平措德乐"殿改动成"强康"殿；把"扎西贵巴"
殿和"平措贵巴"殿改成"轮廓康"坛城殿；18 世纪末又把"堆古白
吉"殿改成"次巴拉康"殿；把"诺杰班觉"殿改为"土旺拉康"释迦
能仁殿（ཐུབ་དབང་ལྷ་ཁང་）等。为了特殊目的主动改变建筑布局进行修缮
或改建，使得布达拉宫建筑功能更加优化，布局更加合理。上述几间原
来均为达赖喇嘛修建的寝殿，虽然几间连成一片，且空间较小、功能也
较为单一，更适合个人起居所用，但是经过几次主动改建或修缮之后，
结构上小型寝殿变成了大型佛殿，空间变得宽敞的同时建筑采光功能也
得到提升。功能单一的起居寝殿变成了一定范围内公众活动区域，殿
内陈设更加多样化和专门化。在文化内涵上，从原来的个人生活起居场
所，慢慢转变成为地方政权中心，随着房屋建筑结构的变化，文化内涵

得到了不断充实和升华。

在古代具体修缮过程中，布达拉宫地处藏传佛教信仰氛围浓郁的核心区域，更是几百年来政教合一的集权中心，几乎所有行为准则与宗教有着密切的关联或者受到"严重影响"。而布达拉宫建筑一切修缮活动虽然都在隆重的宗教仪式、仪轨下进行，但是也符合一定的常识或者科学原则。以现代文化人类学的说法，宗教功能是"可以接受的行为提供指南"[①]，这点在布达拉宫建筑修缮过程中体现得非常明显。每一次重要修缮事宜，先要勘查现场，选出一定的合适方案，再去进行宗教"占卦"，并且每次得出的结果与现实可行性基本一致，使具体操作得到了宗教理论上的保障，变得名正言顺。另外，不进行盲目的改建是现实遵循的主要原则，从实际出发，在改、扩建中尽量避免改变承重墙和外墙结构。在十几层的建筑空间内去改变承重结构会带来无法预估的后果，因此不管布达拉宫建筑进行多少次修缮，主体外墙和承重墙结构没有发生大的突变即是遵循这一原则的现实回报。此外，每次在拉萨及其周围发生地震等自然灾害后，相关人员也要第一时间对布达拉宫建筑例行巡查，这一做法在当时特定环境下是极其冷静的处理方式，并没有把布达拉宫这一政教神圣之地当作绝对被"神明护佑"之地，而是按照事物发生变化的客观规律来对待。每次大的天灾人祸之后布达拉宫建筑可以得到行之有效的修缮也是难能可贵的。

布达拉宫建筑的修缮上有许多值得深思的地方，到了19世纪，布达拉宫原有建筑结构达到了一种饱和，本身就已经非常狭窄的空间内需要连续修建三座达赖喇嘛灵塔殿，确实要承受较大建筑压力。对此，从相关史料可以看出，布达拉宫建筑虽然在极力地、最大化地分散着建筑本身受重压力，然而红宫南侧已经无法承受修建灵塔殿及其承重之压力，因此只能选择在红宫北侧和西侧，使得在较短时间内连续在红宫北侧改动建筑原状，相继建造了两座灵塔殿即八、九世达赖喇嘛灵塔殿，到了十世达赖喇嘛圆寂时，选址已经是非常紧迫的问题了，此时红

---

① 〔美〕威廉·A.哈维兰：《文化人类学》，翟铁鹏、张钰译，上海社会科学院出版社，2006，第384页。

宫北侧已无可用空间，只能在红宫西侧进行较大范围的改、扩建，才满足了此需求。但是，短短五十年内在布达拉宫主体建筑红宫最顶层连续修造三座灵塔殿，虽然暂时解决了建筑需求问题，但在整体建筑和谐程度上，比如红宫南北侧协调性，尤其在承重等方面存在较多不足。到了19世纪下半叶，随着十一世、十二世达赖喇嘛先后圆寂，这时已经没有可利用空间了，只能把两位达赖喇嘛的灵塔殿安置在红宫底层其他殿堂内，紧接着十世达赖喇嘛灵塔殿也不得不迁到红宫底层，这才完成了一个世纪里布达拉宫频繁的修缮工程。只有在科学研究中探索这一现实问题，才能了解这一举世瞩目的建筑物形成背后到底经历了什么样的困境，匠人们在何种环境之下，一次次挑战建筑学的极限来保障布达拉宫建筑在时间上的延续性和空间上的完整性之伟大壮举。

三　终成规模

从通常意义上讲，西藏近代史始于19世纪末20世纪初，这一时期随着十三世达赖喇嘛推行"新政"，许多现代意义上的建筑物相继在布达拉宫内落成，成为布达拉宫建筑结构的又一组成部分。

十三世达赖喇嘛土登嘉措时期，对布达拉宫主体建筑进行较大规模的修缮，有丰富的修缮档案和相关史料记载，比如在十三世达赖喇嘛灵塔殿最上层壁画中有大量描绘修缮布达拉宫之情景。[①] 特别是对布达拉宫白宫东侧进行过较为彻底的重修，据记载："虽然，历代达赖喇嘛都对布达拉宫进行不同程度的维修，但由于种种原因，布达拉宫外部建筑及内供等都有趋于荒废之状，上师（指十三世达赖喇嘛土登嘉措）于水牛年从顶部金顶、各廊庭、屋脊宝、胜利幢以及装藏等进行大规模维修。为了各役用于正途、众生即刻圆满二资断除业障、消除一切天灾，使得情器变得吉祥也为了政教之利好永驻之。"[②] 除上述记载外，也从十三世灵

---

① 参见布达拉宫管理处编《布达拉宫藏品保护与研究》，第73~75页。

② ཕུར་ལྕོག་ཐུབ་བསྟན་བྱམས་པ་ཚུལ་ཁྲིམས་བསྟན་འཛིན། སྐུ་བཅས་སྙིང་ཞིའི་གཙུག་ལག་རྒྱལ་པོ་ས་རྒྱལ་བའི་དཔལ་པོ་བཀའ་དྲིན་མཚུངས་མེད་ཀྱི་སྲིད་དགའ་གསུམ་ཆེན་པོའི་རྣམ་པར་ཐར་པ་རྒྱ་མཚོ་ལྟ་ལས་མགོ་ཚལ་བཏུས་པ་རྡོ་འཆར་རིན་པོ་ཆེའི་ཕྲེང་བ་ཞེས་བྱ་བ་བྱེས་གལས་སྐྲ་ཆ་བཞུགས་སོ།། ཕེ་ཅིག། གུང་གོའི་བོད་རིག་པའི་དཔྲེལ་ཁང་། ཤྲི་ལོ2013 ན346

塔殿三层壁画题记中得到确认①，加上相关人员的口传也可确定，"十三世达赖喇嘛时期，对白宫进行维修，从白宫顶层一直拆除到了三排梯，重新修建白宫门庭，五世达赖喇嘛颁发的告示和手印等都在那时做过翻修"②。在如今的东大殿内，许多建筑结构和壁画等遗存可以证明这一历史事件。③ 与此同时，1923 年初，布达拉宫德央厦东侧的"孜洛扎"即布达拉宫僧官学校"突失大火，为此严惩相关人员后立即成立维修工事部，并主持僧官学校及布达拉宫上下维修事宜"④。直到今天，孜洛扎某些建筑部位依然可以看出烟熏的痕迹。可见，十三世达赖喇嘛时期，布达拉宫建筑修缮较为频繁，并且从那时起就有人专门负责对布达拉宫所有建筑进行定期巡查，并有呈报巡查汇报内容的专门文字依据，这一类藏文称作"郭托"（བསྐོར་ཐོ），至今保存在西藏档案馆内。除了白宫和僧官学校，十三世达赖喇嘛时期还修缮过部分红宫内殿堂，据记载，"（1929 年）修缮了年久失修的布达拉宫时轮殿，并施大宴"⑤。

按照现存史料来看，十三世达赖喇嘛时期对布达拉宫的修缮和改、扩建是自 17 世纪布达拉宫重建以来规模最大的一次，除了许多修缮档案保存下来之外，相关人物传记里面也不乏记载，这对布达拉宫沿革史研究、建筑风格和工艺研究等领域有着重要参考价值。

20 世纪初期，随着彻底修缮白宫东面建筑，从 17 世纪中叶开始形成的达赖喇嘛起居及办公区域发生了较大改变，从建筑结构布局上形成了更加完备的"孜嘎"系统。"孜嘎"或"孜森琼嘎"（རྩེ་གཟིམ་ཆུང་འགག）是达赖喇嘛在布达拉宫内的活动区域。其中，"嘎"（འགག）直译为挡住或禁止，是指在特定地界范围内，他人不可以随意通行或者逾越，通常在达赖喇嘛和摄政活动之地，有禁止其他人踏足或逾越的具体地界。它

---

① 布达拉宫管理处编《布达拉宫藏品保护与研究》，第 74 页。

② 原布达拉宫南杰扎仓僧人强巴格桑访谈录，访谈时间：2012 年 9 月 5 日下午。

③ བོད་ljongs་པོ་ཏ་ལའི་རྫོང་ཁག་ཁྲུལ། བོད་ljongs་ཏ་ལ། ནང་འབྲེལ་ཡིག་རིགས། སྐྱིད་ཀྱི་དེབ་གཟུགས་4་ཤ86

④ ཕུར་སྐྱོག་ཐུབ་བསྟན་ཕྲིན་ལས་རྒྱ་མཚོ་ཁྲིམས་བདགས་འཇིགས། ཤུར་བཙན་ཤྲིང་ཞིང་གཟུགས་རྒྱུན་པོ་ཁྲ་རྒྱ་བའི་དཀར་པོ་བཀག་ཏིག་མཚམས་མེད་རྒྱ་ཕྱེ་དཀ་གཟུགས་པ་ཆེན་རྣམ་པར་ ཙ་བཞག་ལས་མདོ་ཚན་མཚོར་ཅིན་འཚོར་ཆེ་ར་ཕྱ་ཆེ་ཐིང་ཕ་བཞིན་ང་ཐ་གུང་ན་བཞ་སྐྱར་ ཆ་བ་ལུགས་སོ། །ཉེ་ཅིག གྱི་གཏོ་པོ་རེ་ཤ་བ་ད་ཤྱ་ཕྱལ་འཀ་ཟ། ཁྲི་ ལོ2013་ཤ་342

⑤ ཕུར་སྐྱོག་ཐུབ་བསྟན་ཕྲིན་ལས་རྒྱ་མཚོ་ཁྲིམས་བདགས་འཇིགས། ཤུར་བཙན་ཤྲིང་ཞིང་གཟུགས་རྒྱུན་པོ་ཁྲ་རྒྱ་བའི་དཀར་པོ་བཀག་ཏིག་མཚམས་མེད་རྒྱ་ཕྱེ་དཀ་གཟུགས་པ་ཆེན་རྣམ་པར་ ཙ་བཞག་ལས་མདོ་ཚན་མཚོར་ཅིན་འཚོར་ཆེ་ར་ཕྱ་ཆེ་ཐིང་ཕ་བཞིན་ང་ཐ་གུང་ན་བཞ་སྐྱར་ ཆ་བ་ལུགས་སོ། །ལེ་ཅིག གྱི་གཏོ་པོ་རེ་ཤ་བ་ད་ཤྱ་ཕྱལ་འཀ་ཟ། ཁྲི་ ལོ2013་ཤ་380ནས381

后来成为正式的机构，"传达达赖喇嘛的各项政教指令和对各级僧俗官员的任免令"[1]。其位于布达拉宫白宫"索朗列吉"大殿（ཚོམས་ཆེན་བསོད་ནམས་ལེགས་འཁྱིལ་）有四大柱子的长廊门厅内，僧众在此举行日常"仲甲"（དུང་ང་）即早会，在主持重大仪式时，"列参巴"（ལས་ཚན་པ་）、扎萨克、台吉和一般僧官（རྩེ་དྲུང་）均会出席。布达拉宫白宫"索朗列吉"大殿是历代达赖喇嘛法供之地，在此举行每年藏历年小型活动，四品以上僧俗官员聚集于此，完成各项法令和规章制度的起草，也是历代达赖喇嘛接见各地要员之处。

"孜嘎"负责人是卓尼钦莫，为四品堪琼。卓尼钦莫之下"有五品僧官十六名"[2]，称作"孜准"（རྩེ་མགྲོན་），除了完成规定任务外，在处理重要事务时，代表布达拉宫或者达赖喇嘛参与其中，并行使相应权力。与"嘎"这一具体地界相配套的是"嘎巴"（འགག་པ་），即专卫，称作"森嘎"（གཟིམ་འགག་）。"孜森嘎"（རྩེ་གཟིམ་འགག）平常守卫达赖喇嘛安全，在日常早会和新年庆祝活动时负责会场秩序，有行权棒之权。除了布达拉宫之外，罗布林卡内也设立"森琼嘎"。一般布达拉宫白宫顶层都属于"孜嘎"，外人不得随意出入。

图 21　十三世达赖喇嘛画像（布达拉宫管理处提供）

---

① 西藏自治区政协文史资料编辑部编《西藏文史资料选辑》Ⅱ，第284页。
② 西藏自治区政协文史资料编辑部编《西藏文史资料选辑》Ⅱ，第284页。

除了孜嘎之外，专门负责达赖喇嘛寝、膳和佛法仪式的三名僧官品阶均为三品，其中，"司寝堪布"（གཟིམ་དཔོན་མཁན་པོ་）负责一切起居事务和管理外出时轿夫等事务；"司膳堪布"负责"孜索托"（རྫ་གསོལ་ཐབ་），即膳食房及其所有人员管理；"司祭堪布"则负责达赖喇嘛每日学习、法事仪轨和相关法事活动有关事项，通常由布达拉宫"南杰扎仓"堪布出任，也会指导南杰扎仓相关法事活动。①其中，"司祭堪布"除负责达赖喇嘛日常学习和佛事活动各项事宜外，还负责组织专门人员制作布达拉宫和罗布林卡各殿堂内所需日用食供（གཏོར་མ་）和年用食供（ལོ་གཏོར་）等，而上述提到的布达拉宫白宫六层朝西"堪布仓"紧挨着的几间房屋就是"司祭堪布"平常住所和办事之地。布达拉宫白宫顶层东北处朝南房屋是旧时布达拉宫"孜索托"，即布达拉宫司膳房，负责达赖喇嘛日常茶饮膳食和在布达拉宫举行重要节日时提供茶点等食物，分别设有"本波谷秀"（དཔོན་པོ་སྐུ་ཞབས་）的堪琼即司膳堪布（གསོལ་དཔོན་མཁན་པོ་）、副司膳堪布、大厨（མ་བྱན་ཆེ་མོ་）、正副"涅尔巴"、正副取水员（ཆབ་བསྐུ་）、一名"稀左巴"（ཞིབ་ཙོག་པ་）、一名"稀巴"（ཞིབ་པ་）、正副"左母热"（犏牛圈）、一名俗"稀巴"（ཞིབ་པ་སྐྱ་བོ་）、一名茶官（ཇ་དཔོན་）、一名酥油管理员、正副运水骡马负责人和一名中餐师（རྒྱ་ཟས་མ་བྱན་），共十三类工种。它还有不在正式编制内的两名奶牛放牧员（ཉེ་མ་）、一名取水助手和四名面点糕点师（བཞེས་སྒོ་）。

达赖喇嘛作为原西藏地方政教首领，其起居流程细致而烦琐，布达拉宫除了作为地方政教中心外，还作为达赖喇嘛个人常年生活的场所，考虑并满足其所有生活细节所需，使其迅速高效地运转，这种功能或者运转模式早已超出简单的世俗房屋或宗教场所的单一功能。它结构复杂、功能齐全、等级森严，是承载了近三百年各种历史记忆的特殊之地。

到了20世纪，在布达拉宫主体结构之外，山脚下雪城及周围也不断扩建新的建筑物，且多数都承载着历史的特殊功能。

---

① 邓锐龄、冯智主编《西藏通史》（清代卷下），中国藏学出版社，2015，第646页。

布达拉宫山脚下雪城内有众多原地方政府和布达拉宫附属机构相关房屋建筑，雪城东西长 317 米，南北宽 170 米，占地面积 5 万余平方米，建筑面积 33470 平方米，现存古建筑遗址共二十二处。

"玛基康"（དམག་སྤྱི་ཁང་）通常称作"藏军司令部"，位于布达拉宫雪城无字碑东面五层楼，占地面积 3061.8 平方米，为原地方政府军队指挥机构，始建于 1912 年末或者 1913 年初。[①] 它也就是平常所说的雪城"军械宝库金刚洲"（གོ་མཛོད་རྡོ་རྗེ་གླིང་）。最初编制为六个代本，后扩充为十六个代本，到了 1919 年，"再设一军饷机构，由四品僧俗官员各一名负责，有一般工作人员十余人"[②]。"玛基康"下属十六个代本，以藏文字母顺序进行排列，第一代本为达赖喇嘛的警卫团（སྐུ་སྲུང་རུ་དཔོན་），装备最为精良。

"玛基康"的设立是十三世达赖喇嘛推行新政的重要举措，表现出他当时推行新政的决心和勇气，尽管新型军队制度一出现就遭到传统势力的极力反对和疯狂压制而惨遭失败，但是作为新政的主力军，对传统社会模式提出了挑战，带来了新的社会气象。[③] 玛基康建筑作为这一历史见证一直保留到今天，成为布达拉宫建筑的又一大亮点。

除此之外，布达拉宫雪城东西两处分别有两座印经院，其中东印经院建于 17 世纪，二层楼，称作"甘丹平措林印经院"；西印经院称作"雪域利安珍宝洲"（གངས་ཅན་ཕན་བདེའི་གཏེར་མཛོད་གླིང་），建筑面积达 687.9 平方米，1921 年由直孔派郭觉活佛·旦增曲吉旺布（སྟོད་འབྲིག་སྒྲུབ་སྐུ་ངེས་དོན་བསྟན་འཛིན་ཆོས་ཀྱི་དབང་པོ་）出资修建，后来十三世达赖喇嘛让地方政府出资修建，主要供奉《大藏经》经板，因此也称为"雪甘珠尔印经院"（ཞོལ་བཀའ་འགྱུར་དཔར་ཁང་），其内有甘丹赤巴直霍·强巴曲扎（རྗེ་དགོར་བྱམས་པ་ཆོས་གྲགས་）主持修建的弥勒佛巨像。其后三层高楼则是 20 世纪 50 年代修建的大威德金刚殿（འཇིགས་བྱེད་ལྷ་ཁང་），内塑通高三层大威德、胜

---

① 参见西藏自治区政协文史资料编辑部编《西藏文史资料选辑》Ⅱ，第 289 页。
② 参见西藏自治区政协文史资料编辑部编《西藏文史资料选辑》Ⅱ，第 289 页。
③ 参见罗布著《难迈的步伐——20 世纪上半叶西藏社会变革史论》，社会科学文献出版社，2016，第 247 页。

乐和密集金刚像，东南西三壁绘制了上述三位本尊上师传承图等精美壁画。西印经院成为当时西藏规模最大、印刷质量最好的印经院之一，据记载：

> 为了安置新刻经板，此前因无专门之地而请奏之时，原先准备定在布达拉宫后山门，但此地向来狭小，且在高处未能得到（十三世达赖喇嘛）准允。最终定在布达拉宫南面角，雪哲布顶（འབྲས་བུ་ཞིང་）之地。开始挖地，筑地基，此时因从地下发现源源不断的上乘石材而被众人视为吉兆。正式修建后，具有门厅、八十多根柱子之地，二楼印经院具有八根大柱子、七十多根小柱子之大小，四大柱之弥勒殿，在此之上具有十五扇窗户之阁楼、香灯僧及相关人员住房、伙房、四柱、八梁，具有采光窗之寝宫，顶上被柽柳墙等装饰，门厅左右绘有四大天王及其随从、长寿佛三尊、三怙主像，在弥勒殿天窗阁处绘有二胜六庄严、宗喀巴五种显像、十六罗汉及随从以及兜率宫之景等壁画，以及还有两千多尊小型长寿佛像，顶上还有铜鎏金屋脊宝、胜利幢、牦纛等，对如此庄严的印经院取名为"雪域利安珍宝洲"。①

按照现代相关学科理论，"用手稿传递的知识是稀少而神秘的学问，但印刷出来的知识却依存在可复制性以及传播之上"②，这点与西藏印经体系也有着很大关系，可以作为重要研究对象来进行深入探讨。

20世纪60年代，虽然印经院设施遭到破坏，但是整体建筑由于被西藏档案馆作为办公地而得以幸免，从此一直由西藏档案馆管理，2019年，西藏档案馆把西印经院整座楼归还布达拉宫管理处，布达拉宫管理处在此成立了布达拉宫古籍文献（贝叶经）保护研究中心。

---

① ཕུར་ལྕོག་ཐུབ་བསྟན་བྱམས་པ་ཚུལ་ཁྲིམས་བསྟན་འཛིན། སྤྱུར་བཞུགས་སྲིད་ཞིའི་གཙུག་རྒྱན་གོང་ས་རྒྱལ་བའི་དབང་པོ་བཀའ་དྲིན་མཚུངས་མེད་སྐུ་ཕྲེང་བཅུ་གསུམ་པ་ཆེན་པོ་རྣམས་ཀྱི་རྩ་འཛིན་སྐུ་ལུས་འམ་མཛད་རྣམ་བཏོ་ར་རོ་འཆར་རིན་པོ་ཆེའི་ཕྲེང་བ་ཞེས་བྱ་བ་བཞུགས་སོ་ཞིང་། གུང་གོ་པོའི་རིག་གནའི་དཔེ་སྐྲུན་ཁང་། ཕྱི་ལོ2013 ༧ 380ནས 381

② 〔美〕本尼迪克特·安德森：《想象的共同体：民族主义的起源与散布》，吴叡人译，上海人民出版社，2003，第38页。

此外，十三世达赖喇嘛推行新政时期，陆续在拉萨添设许多新的机构来保障"新政"顺利进行，①其中许多机构就在布达拉宫周围及雪城之内。除了新建现代化的机构之外，在原有机构的功能转变方面也采取了适合新政的相应举措，其中布达拉宫内"南赛甘佐"放贷模式是西藏地方政府在新政背景下实行的财物管理和利用的特殊表现形式。"南赛甘佐"又称"天子库"，位于布达拉宫白宫五层西面，是用来收放铸币局所铸造和从各地所征收的黄金和白银。"分别储存白银、茶叶、酥油、丝绸、黄金等"②，是历代达赖喇嘛所得贵重物品收放之地。当收入和开支"南赛甘佐"内财物时，由基巧堪布和全体噶伦共同主持，"货物储存或提取事关紧要，噶厦的四个噶伦必须全体参与"③，每年十二月固定收入所得财物放于库内。此外，大约到了十三世达赖喇嘛时期，"南赛甘佐"管理利用模式有了进一步的转变，即进行放贷活动，据记载，"此库亦大方贷款，通常利率较低，约为百分之十，因为贷款数额巨大，需要第一流的保证人"④。这一模式在藏语当中有固定称谓，叫作"南甘杰都东列空"（ རྣམ་གནས་སྐྱེད་བསྲུ་གཏོང་ལས་ཁུངས། ）。

"南赛甘佐"不仅作为历代达赖喇嘛私人财物库房，近三百年以来收入了大量珍贵物品，到了近代也实行放贷等新型经济运作模式，对平衡地方政府经济运行等起到了帮助作用，也是近代布达拉宫建筑功能进一步转型的代表之一。

从 17 世纪修建布达拉宫起，布达拉宫逐步成为西藏地方宗教神圣化的代表，更是作为西藏地方政治权力的象征。为了进一步巩固西藏地方政教合一制度，历代统治者对布达拉宫建筑日常管理维护，以及在布达拉宫范围内相关人员的行为准则制定专门法规，进行严格管理。到了十三世达赖喇嘛土登嘉措时期，不仅对地方政府官僚体制进行了大刀阔

---

① 参见罗布著《难迈的步伐——20 世纪上半叶西藏社会变革史论》，第 233 页。
② 〔英〕查尔斯·贝尔著，西藏社会科学院西藏学汉文文献编辑室编印《十三世达赖喇嘛传》，冯其友、何盛秋、刘仁杰、尹建新、段稚荃、莫兆鹏译，第 153 页。
③ 〔英〕查尔斯·贝尔著，西藏社会科学院西藏学汉文文献编辑室编印《十三世达赖喇嘛传》，冯其友、何盛秋、刘仁杰、尹建新、段稚荃、莫兆鹏译，第 153 页。
④ 〔英〕查尔斯·贝尔著，西藏社会科学院西藏学汉文文献编辑室编印《十三世达赖喇嘛传》，冯其友、何盛秋、刘仁杰、尹建新、段稚荃、莫兆鹏译，第 153 页。

斧的改进，对各个寺院发出专门训诫书（བསླབ་བྱའི་ཆ་ཆིག），加强了寺院管理，其中分别两次发出专门文告对各级僧俗官员在布达拉宫内的行为和日常如何保护、管理布达拉宫做出详细规定，因此可以看出其对布达拉宫管理的重视程度。两次文告分别称为《颁发给雪域大众之政教教诲准则·天鼓妙音》（参见附录）和《达赖喇嘛向雪域大众、甘丹颇章众官员尤其是布达拉宫内大小僧俗官员、隶属仆人、护院以及"差德"各掌事所说之话》（参见附录），分别于1899年和1913年颁布，二者内容上没有太多不同，原文先后命人抄写于布达拉宫"达仓郭母"和"无字碑"附近，做到家喻户晓。

我们通过阅读文告原文，提炼主要内容后发现，这两种文告重点是让有关布达拉宫大小官员及其下属仆役等所有人员都遵守规定。虽然以往有类似行为准则和保护管理条例颁布于布达拉宫内，但到了19世纪末期已经趋于颓废不堪，此时是为了重整原有之规而颁布文告。文告重点强调各级官吏应当时刻感念甘丹颇章地方政权恩泽，如果我行我素，众人也会失去遵循准则，定会出现如大昭寺等地礼崩乐坏之势。文告从几个方面对相关人员在布达拉宫内的行为准则做了进一步规范，甚至对各级僧俗官员进入布达拉宫时穿着打扮提出非常严格的要求，因为外在着装或穿戴习俗可以代表一个地方政治集团的精神面貌。因此，文告中对各级僧俗官员在布达拉宫范围内活动时的穿着打扮，包括因公事需要外出时各级官吏的穿着打扮，都作了严格明确要求，尤其是对官员把藏装与蒙古样式服装即"索且"（སོག་ཆས）进行混搭行为提出批评。

从文告可以看出，以十三世达赖喇嘛为首的地方政权统治者，想要从多角度塑造独特的精神面貌，对着装也是作为重点进行规定，更是通过着装的规范，体现布达拉宫作为神圣空间的殊胜性，对普通信徒和专门管理布达拉宫殿堂僧官的穿着打扮开始有了极为严格的要求；另外，文告对布达拉宫的日常管理也有明确规定，特别是对布达拉宫核心区域内防火事宜，做了重点安排。毕竟是宗教场所，布达拉宫各个角落少不了点灯焚香等活动，而作为达赖喇嘛、摄政以及"朗杰扎仓"僧院众僧等人常年生活之地，更免不了生火做饭等大量用火，因此防火成了重要事项；此外，为了保护建筑本身，规定在宫殿内走动时要控制脚步，不能在墙壁上涂鸦乱画，僧舍内不得种花养草、圈养宠物，尤其是绝对禁止鸦片等麻醉品流入布达拉宫，由于清末十三世达赖喇嘛时期举国上下处于受鸦片毒害的最艰苦时期，因此两个文告中也多次提到了僧俗官员绝对禁止吸食鸦片；除此之外，不允许在布达拉宫嬉戏玩耍、莺歌燕舞和进行赌博等行为；对垃圾和污水的处理也做出了明确规定，禁止在地垄和其他采光较弱的建筑空间内泼洒污水等行为，这也是出于对以阿嘎土为主的传统建筑保护和保养的目的，对今天我们日常保护和维修布达拉宫建筑物依然有着重要的借鉴意义。虽然布达拉宫高墙重叠，但是污水处理系统极为发达，通过专门的下水管道直达山脚下安全之地，对建筑几乎没有形成隐患，同时也对建筑结构的日常检查和维护提出了具体要求，这也是直到今天布达拉宫拥有一支常年专门从事日常维修和预防工作的施工队伍的原因。必须通过不断维修保养才能起到保护布达拉宫建筑群的作用。每晚到点按时关闭宫门后任何人不得随意进出，各门钥匙由"差德"专门保管和交接，实现了完全封闭式管理。此外，以噶伦为首的僧俗官员从布达拉宫前面骑马到达山脚下，一律下马徒步前行，后山也是到了停马场（ང་ལས་སློ་ར་བོ་）就要徒步进宫，布达拉宫工作人员和一般朝佛信徒进宫路线有了明确区分，由此可以看出布达拉宫作为神圣之地的特殊性。

虽然有关布达拉宫的保护管理准则早已有之，但是到了 19 世纪末期已经是趋于崩溃边缘，为重整地方政府威望，也为了进一步加强对布达拉宫掌事（སྐུ་ཁབ་དོ་དག་འགོ་འཆིང་）、历代孜恰官员（ རེ་ཕྱག་ལས་འཛིན་ རིམ་འབྱོར་）、灯香师、房屋管理员、护院（སློ་ར་བ་）以及保洁员等人员的管理，要求他们需时刻感念恩惠，依法遵循，以身作则，对布达拉宫进行日常保洁、保养和维修，监督非法之举，尤其防火防盗等，如有闪失，将会严惩不贷。

把布达拉宫日常管理与全民道德准则相互关联，从道德和信仰角度约束，为高效、便捷和流畅地管理布达拉宫奠定了基础。

20 世纪前叶，十三世达赖喇嘛土登嘉措圆寂，人们认为，再也不能以以前的方式即在已有殿堂内供奉十三世达赖喇嘛灵塔而草草了事，因此经过多次商讨后，众人决定单独修建一座建筑来完成这一重要历史使命。

1933年藏历十月三十日，十三世达赖喇嘛土登嘉措在罗布林卡齐美确吉寝宫（གཟིམ་ཆུང་འཆི་མེད་མཆོག་འཁྱིལ་）内圆寂，众人为其在布达拉宫西南角单独修建了四层高的灵塔殿，这是自布达拉宫重建以来对主体建筑进行的规模最大的一次改、扩建。据记载："藏历木狗年（1934年）三月二日开始修建，由热振呼图克图·益西丹白坚赞白桑布、司伦衮噶边觉（应该为朗堆·衮嘎旺久）、噶伦喇嘛等相关负责人勘察选址，红宫内各灵塔殿及其他殿堂由于地势狭窄，无法承担大范围改扩建之需，红宫西侧地母堡附近，不仅地势开阔且地基牢固，众人意见达成一致。"[1] 到了"三月九日，经师普觉（ཡོངས་འཛིན་ཕུར་ལྕོག་）、色拉寺杰扎仓格西吾仓活佛（སྐྱེད་ཚང་སྤྲུལ་སྐུ）、南杰扎仓上师、领颂师、众塑面团僧伽（མཆོད་བཞིངས་ཆོག་གྲུ）等人以大威德金刚仪轨进行相关法事"[2]。之后，于"藏历三月二十八日晌午，由首席木匠列参·嘎玛索朗完成最后全面勘查工作后，开始筑建地基。四月，灵塔殿外部建筑及内部局部逐渐修建完成"[3]。再到"藏历五月一日，立内部四根大柱，二层朝南联排窗户等与底层一样修建完成。工事总负责人噶伦喇嘛逝世后，由赤门·罗布旺杰（ཁྲི་སྨོན་ནོར་བུ་དབང་རྒྱལ་）担任此职，并向众人告诫，'要积极修建灵塔殿，不可偷工减料、慵懒度日'。相继完成了灵塔殿顶层联排窗户及左右窗户，并立顶层之柱。藏历九月二十二日，架起二根巨大长梁后，灵

---

[1] ར་སྟེང་འཇམ་དཔལ་ཡེ་ཤེས་བསྟན་པའི་རྒྱལ་མཆན། ཕྱད་ཞིའི་མགོན་གཅིག་རྒྱལ་མཆོག་བཅུ་གསུམ་པ་ཆེན་པོ་སྐུ་གདུང་སྟིང་པོར་བཤུགས་པའི་མཆོད་སྡོང་དང་ལྗགས་འདོད་འཇིག་དཀར་ཆག་གདངས་ཞན་བདེའི་སྒྲོ་ནོར་བསམ་འཕེལ་དབང་གི་རྒྱལ་པོའི་བང་མཛོད་ཅེས་བྱ་བ་བཤུགས་སོ། ཤིང་ཤང་ན་21

[2] ར་སྟེང་འཇམ་དཔལ་ཡེ་ཤེས་བསྟན་པའི་རྒྱལ་མཆན། ཕྱད་ཞིའི་མགོན་གཅིག་རྒྱལ་མཆོག་བཅུ་གསུམ་པ་ཆེན་པོ་སྐུ་གདུང་སྟིང་པོར་བཤུགས་པའི་མཆོད་སྡོང་དང་ལྗགས་འདོད་འཇིགའི་དཀར་ཆག་གདངས་ཞན་བདེའི་སྒྲོ་ནོར་བསམ་འཕེལ་དབང་གི་རྒྱལ་པོའི་བང་མཛོད་ཅེས་བྱ་བ་བཤུགས་སོ། ཤིང་པ་ན་21

[3] ར་སྟེང་འཇམ་དཔལ་ཡེ་ཤེས་བསྟན་པའི་རྒྱལ་མཆན། ཕྱད་ཞིའི་མགོན་གཅིག་རྒྱལ་མཆོག་བཅུ་གསུམ་པ་ཆེན་པོ་སྐུ་གདུང་སྟིང་པོར་བཤུགས་པའི་མཆོད་སྡོང་དང་ལྗགས་འདོད་འཇིགའི་དཀར་ཆག་གདངས་ཞན་བདེའི་སྒྲོ་ནོར་བསམ་འཕེལ་དབང་གི་རྒྱལ་པོའི་བང་མཛོད་ཅེས་བྱ་བ་བཤུགས་སོ། །ཤིང་པ་ན་22

塔殿正式封顶"[①]。灵塔殿共三层，高约 14 米，灵塔高度为 12.97 米，镶嵌宝石珍宝无数，通体黄金包裹，共耗用一万八千一百七十两黄金，取名"塞东格列堆觉康"（གསེར་གདུང་དགེ་ལེགས་འདོད་འཇོ་）灵塔殿。

灵塔殿建筑独立于布达拉宫红、白宫主体之外，结构精巧、布局合理，与整体建筑形成和谐统一的效果，由于重新修造且形体巨大，从局部到整体都做到了精致和独一无二。灵塔殿的大门、窗户、挑梁、柱头、弓母、长梁、莲花叠经、伸缩椽子、长条木和青石板等雕刻着不同的花纹；长梁上贴、雕凸显的兰札体陀罗尼咒。外边的柽柳墙镶嵌巨幅铜鎏金十自在像和祥麟法轮；两边各有雌（雄）鹿、八足狮子、螺尾鳌、獭皮鱼等三种珍贵瑞兽铜鎏金像，铜鎏金虎、狮、大鹏、龙和吉祥结像。屋顶东西两处插上巨大的铃状屋脊宝、挂有三层 3 米高的横帘、半璎珞及尖顶为珠宝结之胜利幢，南面中央也有两顶胜利幢；屋顶梁上牛鼻斗拱等装饰上盖起号称玄武之长方形金顶，四角处挂饰着鳌头，金顶南北高约 5 米、东西高约 4 米、南北宽约 13 米、东西宽约 9 米，金顶中央屋脊宝高约 7 米，左右共命鸟（ཤང་ཤང་）握着铁链状等精美装饰之物。灵塔殿大门、窗户为主的上中下三层都设计有铁、铜之栏，灵塔殿上中下层各有朝南窗户及殿门。藏历九月开始绘制上、中、底层木件彩绘，底层灵塔后面涂刷冷金之朱砂底四臂观音像、郭扎派（གོར་པའི་ལུགས་）两幅回文诗图，二层绘有密集金刚、胜乐、大威德金刚，怙主、阎罗、吉祥天母、多闻天王以及五种天王像等，带有本地或汉地风格，且贴着金箔或涂刷冷金等精美壁画。灵塔左右佛龛内，中央供奉着铜鎏金八善逝佛塔为主的各类造像，在雪城新建印经院所刻，夹经板、捆经绳、函条等齐全的全套《甘珠尔》，大小不一的十三世达赖喇嘛像，其中灵塔右侧供奉着十三世达赖喇嘛像及座前相关摆件等。"藏历火牛年（1937 年）开始，由具有高超技艺之画师们，在灵塔殿顶层回廊四周墙上绘制了十三世达赖喇嘛略传，为壁画题记抄写者拉恰（ལྷ་ཕྱག）夏李·次仁多吉（ཤ་ལི་ཚེ་རིང་རྡོ་རྗེ་）、壁画题记起草者艾仲·平

措顿珠（ᠨ་སྦྱུར་ཚོགས་དོན་གྲུབ་）及下属杂役予赏。"①

这是对布达拉宫建筑进行的最后一次扩建活动，我们今天能够看到的布达拉宫建筑规模到此全部完成。

到了 20 世纪 40 年代，相关人员对布达拉宫建筑巡查和修缮事宜依旧进行。1956 年，噶厦专门派人巡查布达拉宫建筑残损情况，随后派遣布达拉宫代表孜准巴希·阿旺丹迥（ རྩེ་མགྲོན་བར་བཞི་ངེ་དྲུང་དག་དབང་བསྟན་སྐྱོང་）与相关人员一道认真巡查，并做了巡查档案。② 这在《布达拉宫修缮工程报告》中也有记述。③ 到了 1959 年，随着西藏民主改革的进行，党和国家在财政极为困难的条件下，对布达拉宫进行维修，且规模巨大。④

可以说，布达拉宫修缮是长年不断的巨大工程，这里承载了无数

---

① ར་སྦྱང་འརྣམ་དཔལ་ཡེ་ཤེས་བསྟན་པའི་རྒྱལ་མཚན། ཕྱེད་ཞིད་མགོན་ཁྱེ་རྒྱལ་མཆོག་བློ་བཟང་བསམ་པ་ཆེན་པོའི་སྐྱང་སྟེང་པོར་བཟུགས་པའི་མཆོད་སྟོང་ལེགས་འཆར་འརྣམ་དཔར་ཆགས་གདང་ཅན་ཕན་བདེའི་སྒྱི་དོར་བསམ་འཕེལ་དབང་གི་རྒྱལ་པོའི་བང་མཛོད་ཆེན་བུ་ཞུ་བཤུགས་སོ། ། ཤིང་བལ། ༤ 68
② 原文如下： སོ་བྲང་དཀར་པོ། མེ་སྲེ། གོང་མ་སྐུ་བསལ་མགོན་ཆེན་པོ་མཆོག་ནས། ཅེ་ལགས་མགྲོན་ཆེ་བ་རྒྱད་བཀའ་བརྒྱུ་ཕྱེ་བ། ཅེ་ཚོ་ཐུང་དེན་ཆེན་པོའི་རྫིག་པར་ར་སྐྱོན་ཡོད་ཁེང་དི་དགུལ་ཐུང་། ནད་གི་ཞིང་ཆམས་ལ་སྐྱོན་དང་། འཕུལ་བཟོར་སོགས་གི་སྐྱོ་སྒྱུར་ཡོད་མེད་མ་ཞིང་ལ་མ་ཕལ་གཕོ་སལ་དེ་ཊེ་རྒྱལ་པར་ངེ་སྒྱོ་ངེ་ཡོད་མེད་སོགས་བཀའ་དགོ་ཁྱི་བཟོར་སྒྱི་ཆ་ར་སྐྱ་གྱི་བཟོར་པོ་ཌ་ར་ཞིག་ཆགས་ཞུ་དགོས་གྱི་བཟོར་བཞིན་དན་ལས་ཤིན་དཀར། ཅེ་ཟླ་མཚོ། ཞིང་ཝེ་བཟོར་ཆེན་པོར་ལེགས་རི་ཆོང་དཀར་དཅེན་དོན་གྲུབ་དང་། འཕྲུལ་རྒྱལ་ལས་གཐ་ཆ་ལ་ཆི་ཆི་ལྟ་ཝེ་བཟོར་བཞིན་དང་། ཆི་ཚང་། སྟོང་ལ་ཡེ་རེ་ཞིན་ར་བསྒྱོ་ཞིག་བཞེ་རི་གི་ངེ་སྒྱོ་ཆེ་གོ་འཆ་མེ་ད་ནངས་པ་ལ་བཟོར་འཕོར་འཅེན་ལ་ཞུ་དང་། སོ་བྲང་དཀར་པོ་ལེ་རེ་ཞིན་ར་བསྒྱོ་ཞིག་བཞེ་རི་གི་དགོ་ངེ་ཆ་ཅ་གནས་མེད་ན་ཡང་མ་ལ་བཟོར་འཕོར་འཆན་ལ་ཞུ་དང་། སོ་བྲང་དཀར་དཀར་ཆ་ཞི་ར་ས་ཆ་སྟོང་དགོ་དཀར་ལ་བཞེ་མ་པོ་ཊ་ར་སོ་དཀར་བཞེ་བཞེ་འདུལ་ལ་ཞུ་དང་། ས་སྦྱང་ 参见 བསྒྲ་དོ།
③ 参见姜怀英、噶苏·平措朗杰、王明星著《西藏布达拉宫修缮工程报告》，文物出版社，1994，第 92 页。
④ "据报道：布达拉宫修整工程完工。【本报讯】布达拉宫二十五年来的最大一次修整工程，已于二十日完工。这次修整工程从九月一日开始。把布达拉宫前后侧的十五处将要倒塌的地方都进行了修补。五世达赖喇嘛灵塔房顶也进行了重新修缮。布达拉宫上下有一百三十六个水管，经过修整，避免了烂泥污水对房屋的浸蚀。布达拉宫的全部围墙也粉刷一新。修缮后，布达拉宫各窗户上都换上了新的窗帘，柱子上也围了新的毡氇围幔，大殿屋顶安上了玻璃天窗，布达拉宫的最上两层，也重新上了色和油漆。党和人民政府一贯重视保护古代文物。每逢藏历年，都对布达拉宫进行修整。今年在国务院发出保护古代文物的指示后，马上在人力和物力上做了充分准备。雄伟壮观的布达拉宫，是藏族劳动人民一千三百多年前开始修建的，高十三层，房万余间，是全国重点保护的古代建筑之一，内有无数经书、古籍和金银浮屠佛像，充分反映了有悠久文化传统的藏族劳动人民的智慧与才能。"（载于《西藏日报》1964 年 5 月 17 日第 1 版）"布达拉宫修缮一新。古老的布达拉宫已经修缮一新。这座雄伟宫殿的崇金厦（指东大殿）、崇金龙（指西大殿）、噶登吉贡（指强康殿）三大殿和却吉扎布（指法王洞）、帕布拉康等殿堂都进行了维修。宫内全部安装了电灯，一些光线阴暗的殿堂，还将木板壁或毡帘改装成了玻璃窗。壁画、浮雕和各种精致的图案，也按原样修饰得焕然一新。这次维修工程从一九六二年开始。人民政府为维修这座宫殿共拨款十一万元，并且请来了西藏各地的能工巧匠。"（载于《西藏日报》1964 年 10 月 29 日第 1 版）

人的辛劳和巨大物资投入，我们今日才得以享受其带来的文化魅力。到了 20 世纪 80 年代，党中央把大规模维修布达拉宫的事宜提上了议事日程，拉开了新时期布达拉宫第一期维修工程的序幕。

小　结

本章讨论了布达拉宫历史沿革主线即 18 世纪到 20 世纪中叶布达拉宫建筑改、扩建史和其他相关事件，以各殿堂作为个案研究对象，分析和阐述了布达拉宫建筑功能进一步转变的历史事实。18 世纪之后，布达拉宫建筑功能开始变得综合起来，尤其是"译仓"等地方政府中枢机构设立于布达拉宫红宫，使得这一功能更加凸显。之后，随着摄政制度的出现，布达拉宫内产生了"旭嘎"组织，在建筑结构和功能上，"旭嘎"与"孜嘎"以及"基巧堪布"办事区域之间形成严格的分类和等级观念，既体现布达拉宫历史发展的特点，也反映历史赋予布达拉宫建筑的特殊使命。在历任摄政等人的主持下，开始了布达拉宫建筑的频繁改、扩建，尤其是修造了多座灵塔殿，这对布达拉宫建筑布局结构产生了较大影响，其中，七世达赖喇嘛格桑嘉措的灵塔殿以一种极其隆重的形式，以改变建筑原样的方式修建在布达拉宫红宫西侧，这是布达拉宫建筑形成之后首次大规模的改、扩建。之后，八世、九世和十世达赖喇嘛的灵塔殿也都以隆重的形式分别在圣观音殿两侧和红宫西侧修建，形成了布达拉宫红宫顶层建筑的基本格局。但是接踵而至的是十一世、十二世达赖喇嘛在短时间内圆寂，布达拉宫尤其是红宫建筑受到地理空间的严重制约，只能将其安排在其他殿堂里，不仅如此，原先已经独立修建完成的十世达赖喇嘛崔成嘉措的灵塔殿也由于其承重之危，不得不拆除后搬迁到其他地方，把原灵塔殿变成了其他用途的普通殿堂。从这里可以看出，布达拉宫建筑已经达到了一种饱和状态，已经很难再进行改建，也可以看出布达拉宫建筑漫长而艰辛的形成历程。到了 20 世纪初期，十三世达赖喇嘛主持大修布达拉宫建筑，在其推行的新政影响下，在布达拉宫范围内修造和新建了许多具有特定功能的建筑物，到了 20 世纪 30 年代，随着独立修造十三世达赖喇嘛灵塔殿，布达拉宫建筑形成了现在的规模。

　　本章在西藏地方历史发展的大背景下探讨了布达拉宫建筑改、扩建的历史事实，以多学科视角对建筑修缮过程中所体现的藏族建筑工匠高超的现实主义艺术和理性思维等进行研究。以往研究探讨的是布达拉宫建筑何其雄伟壮观、藏族建筑何其伟大等形式方面的问题，并未能触及其深层的文化内涵。比如，在修缮中如何正确处理神秘、威严、繁杂的宗教仪轨与现实需要之间的关联，由于布达拉宫建筑每次改建都要考虑现实的问题，因此在现场勘查需要理性占据主导地位，之后才与宗教仪式形成呼应，顺利地解决这一问题。因此，本章提出了布达拉宫建筑修缮是藏族匠人理性思维的具体表现，是藏族建筑尤其是布达拉宫建筑形成史上一帆风顺、一气呵成的传统观念的反思之处。

结　论

　　拉萨河谷是青藏高原人类聚集地之一，1000 多年前吐蕃王朝在此流域崛起，从此位于拉萨河谷核心区域的拉萨城成为特定群体的文明中心。吐蕃王朝成为藏族历史上第一个有确切记载的统一政权体而被人们广泛铭记。拉萨河谷特殊的自然环境催生出农牧结合的高原生产模式和极具规律性的小范围移动的王朝政治体制。王朝统治阶层以拉萨河谷核心区域为移动范围，按照季节的变化、边境战事的需要和其他因素进行灵活的移动，移动点分布范围也是相对多样的。但是，随着吐蕃王朝的崩溃，属于王朝的历史记忆也受到了前所未有的破坏，到了 11 世纪，人们忙于建构这一逝去仅两个世纪的王朝记忆。其中，作为王朝记忆重要组成部分的王朝宫殿"布达拉"更是人们争相重塑的对象，开始了藏族佛教史书中布达拉宫的历史记忆的想象。直至 17 世纪布达拉宫的正式修建，才完成了漫长的文化记忆重构历程。而布达拉宫作为藏族建筑的典型，拉萨红山形成了"山是一座宫，宫是一座山"的雄伟气魄和巍峨壮观的气势。布达拉宫历史研究从建筑物形成与变迁角度来阐释藏族社会历史发展的全貌，布达拉宫不仅仅是一座单一的建筑物，"布达拉"这一概念从第一次在藏族社会出现起就被赋予了丰富的文化内涵，它跟藏民族特殊情感意识相互结合，形成特殊文化现象，影响了藏族的社会结构、民族情感和思维模式。本书从历史沿革史研究视角梳理布达拉宫形成和发展的内容，在一定程度上更直观地发掘这一特殊文化现象的深层意义。

一 概念的传播

一些特定的佛教概念与藏族历史形成难以分割的现象是后期藏族历史叙述的一大特点，藏族祖先的由来、第一代赞普的诞生和佛教传入藏族社会等具有重要意义的历史事件往往都附着难以分辨的特定文化概念于其上。

"布达拉"作为重要的佛教术语，传播到了藏地，与藏族特殊的历史背景相互结合后形成独具藏族特色的文化概念。佛教最早传入藏族社会时，观音文化内容就占有很大比重，随着吐蕃王朝的崩溃，藏族社会进入动荡、分散和各自为战的复杂局面，整个社会急需重塑民族共同信仰体系和情感意识，而大慈大悲的观音文化恰好被民众广为接纳，为处于动荡中的心灵找到了依托。到了 11 世纪，许多史家在佛教背景下开始构建藏族早期王朝史，由于可用史料有限，加上观音文化深入人心，因此，在历史叙述之时，把碎片化的吐蕃历史纳入佛教传播的大背景中，把具体历史人物、事件与佛教文化中的相关细节进行相互融合。比如，把松赞干布这一极具代表性的历史人物与观音文化现象相互糅合，达到了人神合一的效果，在这一历史叙述框架下，把建立观音道场故事细节衔接在吐蕃历史内容中，形成了完备的吐蕃历史，为重塑共同信仰体系和民族情感的藏族社会带来了积极影响。此后的时间里，在这一历史叙述框架之下，不断渲染松赞干布作为人神合一的共同体，传佛法、立庙宇、修城堡，成为固定化的吐蕃历史的原貌，当然，布达拉宫也在这样的背景之下，成为吐蕃历史的重要组成部分，形成"具有 1300 多年历史"的范式。但是，以历史学视角，目前掌握的史料尚且不能推断吐蕃时期松赞干布主持修建布达拉宫的历史事实，这一说法更多的是观音文化观念传入藏地社会后，后期重构吐蕃历史的最终结局。我们梳理现存零散史料发现，11 世纪时期的拉萨红山就是一座无人问津的僻静山岗，当然这点也符合佛教史家所强调的吐蕃王宫遭受天灾人祸的破坏，逐渐颓废的逻辑；后弘期初期的一些佛教僧徒在此辩经授典，始为人们活动之场所的记载。这种"边缘"化的记载与后期文献中的权威性或者典范性之间的差距很明显，从而也能看出纯粹概念性的东西融入现实历史记忆中所呈现的不同结果。观音文化作为能够引起高度共鸣的文化现象，在植入具体环境时也具备天生的衔接度。比如，生存环境的恶劣和社会变迁带来的动荡等都为观音文化植入某一具体地域当中起到很强的安抚作用做了铺垫。而这一观念的生根乃至变成茂盛之林，最重要的载体就是结合到群体记忆当中，形成难舍难分的"集体历史记忆"。

这一特殊的文化现象与藏族独特的思维模式以及固定的社会结构影响深入人心，直至今日。以上我们可以看出，所谓吐蕃时期的布达拉就是特殊文化概念植入后期历史叙述的典型，具有文化概念与历史叙述部分的二重性。

二　空间的意义

拉萨河谷的地理空间决定着人们的生存方式，高原腹地的狭长地带，面积不大的河流冲积平原提供了高原作物生长的天地，保障一定数量的人口从事较为固定的农业生产；同样，高海拔导致了高原作物种类、产量和营养等极其有限，因此，人们不得不从事范围极为有限的牧业活动。受高山深壑的牵制，这种牧业活动有别于纯粹游牧世界的移动性，不具备规模。这导致上层文化的运行也有别于农业社会的固定性：以在城邦中央修建大规模的统治中心而号令四方的传统农业政权。其又与逐水草而居，以战事的需要、环境优劣以及畜牧之命脉经济的需要大范围移动的草原帝国不同，西藏人民在拉萨河谷进行简单的迁移活动，形成独特的政治活动的空间概念。

特殊的空间概念随着吐蕃这一权力实体的解散而烟消云散，随后建构各种固定模式的人物文化概念的活动此起彼伏，以"布达拉"为主的相关佛教文化概念与具体地点相互影响，形成了藏地布达拉的神圣空间。11世纪以来，藏族各教派和各个地方势力皆试图推进观音文化中道场"布达拉"在藏地的合理化。从拥有悠久历史的墨竹甲玛沟到噶当祖庭热振寺，从后藏谢欧曲寺到盛极一时的仁蚌强钦寺，再到拉萨河南岸的直布山谷都有曾被誉为藏地"布达拉"的神奇历史。而作为主角的拉萨红山，也早就以布达拉的形象屡屡出现在史书中，但是似乎没能修建具有一定规模的建筑物来体现其神圣性。从 12 世纪开始，蔡巴噶举在拉萨河谷流域把大、小昭寺等重要的历史遗存的修缮和管理作为宣示自己势力的标志。到了 14 世纪，从宗教团体逐渐成为世俗权力中心的蔡巴万户长开始以大昭寺为据点，扩展自己的影响范围，把拉萨红山作为重要的目的地，在红山顶上修建庙殿、立像绘画，留下了到今天都让人叹为观止的法王洞及其珍贵文物遗迹，为建立"神圣空间"提供了基础。在此过程中，借助单纯的宗教观念来阐释吐蕃赞普显现于此的现象，强化这一理论架构，符合社会发展变迁中的现实需要。其借助穿越时空的概念来达到建立"神圣空间"的现实目的的效果也较为明显。

16 世纪末到 17 世纪初期，随着西藏地方政权的需要，各势力不断争夺拉萨河谷腹地红山作为战略要地，人们开始感觉到红山地理位置上的优势以及长时间以来所灌输的"神圣空间"的概念，修建宗教场所或者军事要塞，拉萨红山的重要性逐渐显现。紧接着甘丹颇章地方政府直接在此修建代表着政权中心的建筑物，正式形成了这座举世闻名的宫堡建筑，从此布达拉宫特有的文化内涵即它所代表的"神圣空间"或者空间的圣化概念正式产生，形成了其他建筑所没有的特殊内涵。这种神圣性并非简单的"神"与"神灵"等一般概念，而是地方政权中心的现实需求，再到观音本生传承者生前驻锡与逝后灵塔安置及精神永存的"神圣"场所。从最初修建目的，到具体修建过程中塑造具有特殊寓意的建筑形制，到修建完成之后，专门编纂相关理论进行宣传，为形成整合社会财富的新模式，塑造地方政权的高度集权中心，完成观音道场"布达拉"的最终确立等赋予了前所未有的文化内涵。从此，布达拉宫成为以藏族为主体的群体记忆的重要表现方式和社会发展中集体情感的重要依托之所。具体的建筑物或者一处专门的空间从此被赋予了民族观念中极其神圣的含义，并以代表最神圣的一面出现在世人面前，成为各个利益阶层和不同身份人的共识，这是修建布达拉宫最主要的影响。

三　样制的寓意

一座建筑物能够持续被人们视为神圣之地，除了拥有悠久的历史、出色的建筑外观、丰富的文化内涵之外，更重要的是它在每一个历史发展时期，都能够充分发挥自身优势，能够主动应对社会发展变迁的大潮流而立于不败之地，其中建筑样式逐渐发生改变，建筑功能得到不断的转化，文化功能同样也变得多样。布达拉宫建筑在 17 世纪之后，随着西藏地方历史的变化，也发生诸多改变：在郡王和摄政等特定历史产物之下，布达拉宫建筑也发生变化，政权机构和具有多种功能的附属建筑出现在布达拉宫，进一步完善和丰富了布达拉宫建筑结构、功能和文化内涵。宗教神圣空间更多地作为一种思维观念上的表现形式，赋予其神秘的色彩。但是，建筑具体的形制和样式在实用性方面有着无法比拟的现实意义。地方政权体制日趋成熟，各种机构设立在布达拉宫内，地方政权本身的威严性给建筑赋予了宗教神秘性之外的一层等级观念。相反，世俗权力的等级观念又在建筑空间上体现得更加具体。以高高的台阶和层层的上下结构来具体区分达赖喇嘛、摄政和基巧堪布各自主要活动区域，以循序而上的层层之阶梯来表现严格的等级制度，这点在形式上借助了宗教文化的特殊概念，体现重重楼阁中间犹如须弥世界的核心位置，这与佛教宇宙多维空间有着直接关系。尤其是为了安置历代达赖喇嘛灵塔，以便更好地传承从 17 世纪开始形成的观音驻锡地的重要内容，需要利用布达拉宫建筑的空间，但是作为本身就狭小、陡峭的山岗建筑，它能够利用的空间极其有限，而将狭小和拥挤展示出了严密与层次感，把自然环境的局限性转化成视觉效果上的优势，层层的重叠感和故意削弱黄金分割线的布局正是最适合特定红山空间的建筑表达方式。因此，在特殊的历史背景之下，布达拉宫建筑在短时间内经历多次改建，为其带来了巨大挑战。修缮的反思是人们化解小小空间就是普通场域的概念，把神圣性继续发挥到了极致，完成了每一次被动修缮的局面。而随着西藏历史进入现代化进程，在"新政"背景之下，布达拉宫形成了许多附属建筑结构，这为布达拉宫建筑功能上带来新的内容，也是布达拉宫建筑在不断地接受或者主动改变适合新形势下的功能，这是布达拉宫文化的特殊性模式，是其他建筑物无可比拟的。直到十三世达赖喇嘛圆寂，为了表示对他历史生平的回顾，在布达拉宫主体建筑之外，修建了其灵塔殿，形成独立的建筑格局，这是最后一次主动为布达拉宫建筑增加内容，到此也完成了布达拉宫建筑形成的漫长历程。建筑功能的转变能够直接体现布达拉宫所能表达的文化内涵，它不仅仅是一座宫殿，更是融汇了太多的文化、精神和其他内容的存在。

我们对布达拉宫的历史沿革进行研究，能够得出三个不同的结论：第一，"布达拉"概念植入藏族历史叙述框架，重构吐蕃时期修建布达拉宫的说法，这是几个文化概念的表达方式和藏族社会发展的具体环境所形成的特殊叙述模式，细究之下有其形成的各种原因，只要将其作为历史学的研究范畴，加上历史人类学的视角就不难发现相关问题。第二，随着正式建立布达拉宫，在各个历史时间段内极力塑造的"布达拉宫"这一神圣空间终于建构完成，随着明确其修建目的、特殊的建筑形制与寓意以及它所蕴含的特殊内涵终于得到固定，成为建构群体记忆和集体历史记忆等特殊现象，是隐藏在布达拉宫文化背后的特殊意义。第三，随着西藏地方历史的特殊发展轨迹，布达拉宫在建筑结构和功能上表现出积极主动性，这是布达拉宫建筑的又一大特点，能够接受和改变结构与功能，为更好地迎合历史发展的脉络，西藏地方历史与布达拉宫建筑演变形成有效呼应。总之，在大历史的背景下，布达拉宫完美地演绎了其发展历程，为将来布达拉宫文化功能的记忆转变提供更多的视角与可能。

十三世达赖喇嘛颁发的噶厦
公务人员的行动章程

藏文原文

ཉེ༎ བོད་སྟོངས་སུ་འབོད་པའི་སྐུ་འགྲོ་རྣམས་ལ་ལུགས་གཉིས་ཀྱི་བྱུང་དོར་བསྲུབ་བྱའི་ཚ་ཚིག་རྩ་ལའི་རིམ་པ་ཕྱོགས་བཀོད་ལྔ་ཡི་ཧ་དཔུངས་ཞེས་བྱ་བ་བཞུགས་སོ༎

ཉེ༎ ཀོན་མཆེན་པོའི་བཀའ་ལུང་གིས་ཐུབ་ཕྱོགས་མཆོག་ཏུ་དགེ་ཞིང་གི་རྒྱལ་དབང་ས་སྟེང་གི་རྒྱལ་བསྟན་ཡོངས་ཀྱི་བདག་པོ་ཐམས་ཅད་མཁྱེན་པ་བཛྲ་ལྡ་ར་དུ་ལའི་བླ་མར་འབོད་པའི་གདུལ་འཛམ་བུའི་སྐྱ་རྒྱས་ཀྱིས་གཉིས་པའི་སྐྱིང་མཆེན་པོའི་ནང་ཚན་བཤལ་ལྷུན་ར་བ་དཀར་པོས་འོར་ལུག་ཏུ་མཛེས་པའི་ཞིང་འདིར་གནས་ཤིང་རྒྱའི་སྐྱེ་རྒུ་མེར་རྐྱ་མཆོག་དཔན་བར་པ་སྐྱེ་དང་། ཆེ་བྲག་དཀར་ལྷན་པོ་བྱང་བའི་ཆལ་སྲིད་ལམ་བཞིའི་སྟེ་འཇིན། ལྷག་པར་ཆེ་པོ་བྱང་བའི་ཞིང་དུ་འདུ་འགྲོའི་ཀྱི་སྐྱི་བྱབ་འགྲོ་འཆིངས་ནང་ས་མཁན་སྟེ་ཆེ་ཆུང་། ཕོགས་མདའང་རྩིས་སྲ། ཆེ་གོང་ཀྱི་ལས་ཚན་པ། ཏུང་དྲང་འབྲིང་དཀྱུས་གསུམ། ཏུང་གཏོགས། ནང་ཟབ། སློ་ར་ལྷན་གཉིར་སོགས་དང་། སྱར་སྱོ་ལ་དམེ་གས་བསལ་བྱེར་འབྲིའི་བྱབ་འདོམས་ཀྱི་བྱེད་པོ་ཆེ་འཕལ་བའི་བའི་ལས་འཇེན་རིམ་འབྱོར་བཅས་ (ག་)མཐབ་དག་ལ་བསྩོ་བ། འཕགས་མཆོག་རེགས་གསུམ་མགོན་པོའི་ཡེ་ཤེས་སྒྱུ་མ་རོལ་པའི་སློས་གར་ལྷ་བཙན་མེས་དབོན་རྣམ་གསུམ་ཀྱི་བཀས་བོད་ཆོལ་ལ་གསུམ་དུ་ལུགས་པའི་ཁྲིག་འཇེན་ཀྱི་སྟེ་བ་རྒྱ་འཛིན་གཉིས་པའི་སོ་བྱང་ཆེན་པོའི་སྟེང་གོར་བར་གསུམ་དུ་ཤྱི་ལྷའི་འཇེན་སྲས་དང་། ཞབས་འབྱེ་སེ་ར་དགས་ཞན་ཆངས་མཆེའི་འགྲོ་འདུག་སྱོད་ལས་སོགས་གང་ཆེའི་སྐོ་སྱོན་ནས་བྲང་དོར་བྱེད་སྐོ་རིམ་པར་ཡོང་འདུག་དོན་ཆངས་མས་དེ་དག་གི་དོན་བཞིན་སྐོ་གསུམ་ཀྱི་སྱོད་རྒྱལ་བྱིན་ཆེ་ཨ་ལོག་པ་ཞིག་དགོས་གནས་ཡང་། ཕྱིས་བྱབ་འདོམས་བྱེད་པོར་ཤེས་ས་སུ་བཅུག་པ་རྣམས་ནས་བསྱུར་འདོག་གིས་བྱབ་འདོམས་སྱོང་ཡང་དང་། སྱི་བྱིངས་ནས་ཀྱང་གཉས་དུ་ཚོད་ཆེས་ཀྱི་སྟང་རྒྱུང་བདག་ཡང་མིག་ལྟོག་རིམ་ལ་ད་ཀྱི་སྱོ་

གནང་ཚ་ཚིག་གི་འབྲུ་དོན་རྣམ་པོར་གྱིས་སྐྱེག་ཁྲིམས་འཆལ་སྐྱོད་སོགས་ཚ་རིགས་ཤིག་འདུག་ན། དང་ཚ་
བྱེད་སྐྱོའི། (དག)དོན་སྙིང་རྗེ་པོ་བྲང་འདི་བཞིན་དོན་དམ་འཕགས་པ་འཇིག་རྟེན་དབང་ཕྱུག་གི་གཞལ་
མེད་ཁང་འགྱུར་ལྷ་མེད་པའི་སྐུ་རྒྱུའི་ལེགས་བྱས་བསོད་ནམས་ཀྱི་ཞིང་མཆོག་ཏུ་གྱུར་པ་ཧྲིས་ཚ་བའི་
དགེ་མཚན་གྱི་བྱུང་པར་དང་། ལྷག་པར་འཇམ་སྙིང་བསྐལ་པའི་མཐའ་བདག་གནས་བསྒོས་ས་ཡི་ཚངས་
པ་དང་མཆོད་ཡོན་ནི་ལྷ་བྲུང་དུ་འབྲེལ་ཞིང་། གསེར་གྱི་འཛར་ས་དང་། ནོར་བུའི་ཐབ་ཁ་སོགས་ལྷ་
བགུར་བའི་སྐྱི་ཞིའི་ལུང་ལས་དང་བཙས་ས་སྟེང་རྒྱལ་བསྟན་ཡོངས་ཀྱི་བདག་པོ་སྙིང་ཞིའི་གཙུག་རྒྱན་
དུ་དབང་བསྐུར་བ་ས་ཟེན། དེ་དུས་ངོས་ནས་བསི་སྟོངས་ཚོས་སྙིག་གཉིས་ལྷུན་གྱི་འབྱུང་སྐྱོང་ཐོག་ལྷ་
ཚོས་དགེ་བ་བཅུ་དང་། མི་ཚོས་གཙང་མ་བཅུ་དྲུག་གི་ཁྲིམས་གཉིས་ཀྱི་འདུག་སྒོག་དང་བཙས་སྤྱར་སྒོལ་
ཞམས་པ་སོར་རྒྱུ། མི་ཞམས་གོང་འཕེལ་གྱི་ཐབས་ཚལ་ལྱར་ལེན་པའི་སྐབས་འདིར་ས་ཆེན་པོར་དབང་
བའི་སྲོན་གྱི་ཚོས་ལྱུན་རྒྱལ་པོ་རྣམས་ཀྱིས་ཀྱང་ཡུལ་སྱིད་ཀྱི་ཁྲིམས་ལ་བརྗེན་ནས་བསྱུན་འགྲོ་ཐན་
བདེའི་དགེ་མཚན་བཞད་པ་ལྱར་ལུགས་གཉིས་ཀྱི་མདུན་སར་ལྷག་པའི་སྐྱེ་འགྲོ་སྒྱི་དང་། གནད་ཆེན་རྣམ་
ཀུན་གལུང་ས་ཆེན་པོའི་བཀའ་དྲིན་གྱིས་འཚོ་བའི་ཞབས་འབྲིང་བ་མཆོག་དམན་བར་པའི་སྒྱེད་ལས་
གང་ཚ་དགའ་ལྱན་པོ་བྲང་ཕྱིགས་ཐམས་ཅད་ལས་རྒྱལ་པར་རྒྱལ་བའི་ཚོས་ལྱན་ཆེན་པོའི་མཚན་ལྱང་
དགུང་འདེགས་གཉས་གཏན་དོན་གཉིས་དགེའི་བཀའ་ཡོང་གྱིས་འདུད་ལྱར་ལེན་ཞིག་ལ་བྱུང་ཆེ་ལྱ་ལྱན་གཙུག
ལག་ཁང་གིས་གཙོས་བྱེང་གཞིའི་འཛིན་སྱས་ལ་འང་ལས་དན། (དག)སུ་འབྲས་ཤུགས་ཀྱིས་ཞམས་
ཆག་དང་།

མཐའ་བྱའི་སྐྱེ་པོ་ཀུན་གྱི་བྱ་སྤྱོད་བཟང་པོའི་སྒོལ་རྒྱུན་སོགས་སྐྱེགས་མའི་རྒྱུད་མ་དངས་ཀྱིས་རིམ་
ཞམས་སུ་འགྲོ་བ་ཀུན་ཤེས་བཙས་ད་སྒོས་གུང་བཀའ་བློན། སྒྱི་ཁྱབ་མཁན་པོ་སོགས་མི་དྲག་ལག་དང་
། གཞམ་བཅར་མཁན་སྟེ་ཆེ་རྒྱུང་། སོགས་མདའ་ཆེ་ས་སྲས། ལས་ཚན་ཆེ་རྒྱུང་། དྲང་དག་འབྲིང་དགྱུང་
གཞམ་བཙས་པར་གཞུང་ས་ཆེན་པོ་ཚོས་ཀྱི་གཉིས་ལྱན་གྱི་བཀའ་རྗེན་མཛོ་པར་སྱི་བས་འཕལ་
ཡུན་དུ་ཇི་ལྱར་འཚོ་བ་ས་སོའི་སྒོ་མངགས་བཞིན་སྱི་རྒྱུའི་བདེ་སྱིད་ཀྱི་གཞི་ཚ་ལྱགས་བྱང་བྱང་དོར་གྱི་
རྣམ་གཞག་དེ་བཞིན་བཀའ་ཡོང་ཚལ་གནས་ཐོག །སྱི་དང་བྱེ་བྲག་གི་འཆར་འཐར་ཁྱར་འབྲིའི་གཞུང
དོན་སྱི་ཞུ་གང་ཚར་སོགས་སྱོད་གཡོ་རོང་དང་བའི་གཟར་གནས་དང་འབྲི་འབྱུར་བསམ་རྣམ་དགའ་
སོགས་པོད་རྗེ་རངས་རྒྱལ་རྒྱུ་མཚོའི་དུང་ཞེལ་མེ་ལོང་དང་། སྱིར་བཏང་དཔེ་གས་བསལ་ཀྱི་ཚ་ཚིག །སྱི
སྱིག་གན་རྒྱུ་བཙས་པའི་འབྲུ་དོན་འཁལ་མེད་སྱར་སྱོལ་དགོས་རྒྱུ། གཞི་མ་འདག་ཏུ་སེར་སྐུ་ཆང་ཞམས་
ཀྱན་ཆས་རས་རོལ་མཐའ་ཐུལ་མིན་པར་ཆེ་དུང་ནས་དང་སྱོད་དང་། སྐུ་པོ་རྣམས་སོ་སོའི་ལས་གོས་དུང་
མཐན་ཐོག་ལྱམ་འཛར་ཆེན། དཔལ་ཁ། རྗ་རྗོ་བཙས་ལས་གང་དུ་གྱོན་མི་ཚོག་པ་ལ་ཟེན། སྱི་ན་གི་
འགྲོ་འདུག་སྱོད་ལས་ཀྱི་རིམ་དེ་བཞིན་འབྲེ་བའི་ཚང་ཞམས་སྱོ་གཞམ་སྱོང་ཚལ་ཚེ་ཕྲ་བཀའ་ཡང་རང་
ཞམས་སུ་མི་སྱོད་པར་ཚོས་དང་སྱིད་ཀྱི་ཚེ་བཀུར་ཀུན་འདུད་ལྱར་ལེན་སོགས་གཞན་པོའི་སྱོལ་བཟང

(༣༦)ཉམས་མེད་དགོས་རྒྱུ་བཀའ་ཤག་གིས་མཚོན་ལས་ཁུངས་གར་ཡང་ཇེ་དུང་ནས་དུང་སྲོག་མ་ཀྱོན་
པ། ལྷམ་རས་རྫོམ་སག་མཐིལ་མ། གཏང་རྫོམ་དང་། དུག་ལྷག། སྐྲ་སྲོད་རས་སྲོད་བཅས་ཀྱོན་པ། སྐྲ་པོ་
རྣམས་ནས་ཀྱང་ཆས་གོས་ལྷམ་སོགས་གང་དག་ཀྱོན་པ། ཐ་མི་ཁ་འཐེན་པ་བཅས་ནས་ཡང་མི་ཚོག །སྐྲག་
པར་བདེ་ཡངས་ཁྲི་ཀྱིས་མཚོན་མི་ མང་མཐོང་སར་ཨོར་སྲོག་ཐོག་ལྷམ་སྲོད་ཀྱིན་པ་སོགས་དང་སྲོད་
རིགས་མི་ཀྱེད། ཞིབ་སོགས་གཞུང་སྐྱེར་ཀྱི་ལས་དོན་ལ་རྒྱ་སྐྲབས་ཀྱང་སྲོད་ལས་ལུགས་མཐུན་ལས། གྲོང་
ཁྲོད་ཁྲིམ་བར་དང་། ཧ་ཁང་སོགས་ལ་ཚལ་མིན་འཁྱམས་ཤུལ་རིགས་མི་འདག་བ། ཇེ་དུང་རྣམས་བཀར་
ཡོང་། མང་བསྐྲལ་སོགས་ཕྱོགས་ཐོན་ལ་ཆ་ལུགས་ཅུང་མཐུན་ལས་རྒྱལ་ཁབ་ནས་ཐོན་སྐྲབས་སོག་ཆས་
སྲབས་བདེའི་རིགས་མི་ཚོག །སྐྲ་པོ་རྣམས་ཀྱང་ཕྱོགས་ཐོན་སྐྲབས་རྒྱ་སོག་གི་ཆས་གོས་ཚལ་མིན་སྲབས་
བདེའི་རིགས་ཀྱིན་ཏེ་ཇོ་རི་ནན་མ་དང་། ཉ་སོ་ཡན་ལ་འགྲོ་འདུག་མི་ཚོག །ཁདན་གཉེར་དུང་གཏོགས་
བཅས་ཆེ་ཤོད་ལས་ཁྱངས་སུ་འགྲོ་འདུག་སྐྲབས་ལུས་ཆས་ཅུང་མཐུན་ལས། རྒྱ་ལྷམ། དུག་ལྷག། གཏང་
རྫོམ་ཀྱིན་པ། རྒྱ་ཀྱི་ཕོར་ཕྱགས་དང་ན་འགོག་མེད་པར་རྒྱ་འགྱལ་མི་ཚོག །སྲོ་ཁང་གདད་པ་བཅས་ནས་
རང་དོན་སྐྲབ་ཕྱགས་གཏོ་འདོད་ཀྱི་ཡལ་ཡོལ་བོར་ཏེ། ཁབ་འཆེ་མ་མངགས། སྲུད་པ་དཔགས་མངགས་
ལྷར་མིང་དོན་མཆོངས་པའི་རང་རང་འཁྱེར་འཁྲིའི་ས་གནས་སུ་གཏུན་སྲོད་ཐོག །སོ་བྲང་སྲིད་གོད་ལེ་
ལག་བཅས་པར་ཞིན་སྐྱེར་གད་ཕྱི་གཏང་ལྷུན་ནས་དུས་དང་བསྟུན་པའི་ཞིག་གསོ་འཛིན་སྐྱས་དང་། ཨར་
བཅགས་ཞིན་འདུག་ཐོག་མཚོག་དཔན་སུ་ཕད་ནས་ཁྲིམས་འགལ་ལོག་སྤྱོད་དང་། མི་རྒྱ་སོགས་མི་འབྱང་
པའི་སྐྲ་རྫོགས་ནོན་མེད་སྲོད་ཡངས་སུ། (༣༧)མ་སོང་བ་འཕྱས་ཚང་གིས་ཀྱི་ཞུར་ཆེ་བའི་འཛིན་སྐྲས་
རྣམས་ཆགས་སུ་ཆུད་པ་ཀུན་ཀྱི་ཡིད་མཐུན་དང་བསྲོད་ཀུན་བྲང་བྱེད་ཅིང་། གཉིམ་འགག་དང་མཛལ་
དུས་བཅས་པར་རྒྱང་སྐྲད་བབ་ཚལ་རིགས་མི་ཚོག་པ་ཁྱངས་སོ་སོས་ཞིབ་འདུག་བྱེད།

འཕགས་པ་ལྷ་ཁང་དང་། གསེར་སྲོང་ལག་གི་སྐྲ་གཉེར་རྣམས་མཚོད་ཁང་སྲོ་འབྲེད་ཀྱི་ཉིན་
མཆམས་བར་བསྲད་ཕོག་སྲོ་རྒྱུག་སྐྲབས་གསེར་གོང་མཚན་ཐུབ་རེ་མི་ཞེན་མེད་སར་སྲར་འབུལ་ཀྱིས་
དེ་ཕྱིངས་སྲོས་བསབངས། ཨར་མི་སོགས་ལུས་མེད་ཞིབ་འདུག་ནན་ཏན་དང་། མཚོད་ཁང་སྲོ་རྒྱུག་འབྱེད་
བཅས་པར་གཞུང་དོ་གལ་ཆེ་དུ་མི་གས་བསལ་སྲོགས་མིན་རིགས་ཡོད་ན་མ་གཏོགས་ཆེ་དུང་རོ་མ་རང་
ཚོངས་པ་ལས་གཡོག་རིགས་བྱེད་མ་དང་། ཧྲེ་མེད་སྲང་ཆུང་ཁ་མ་བྲད་སྲོ་གཏེང་མི་ཞིལ་བའི་རིགས་ལ་
ཕྱག་ལྷེ་བསྐྱར་གཏོང་མི་ཚོག །དེ་ཕྱིངས་མཚོད་འབུལ་བ་རྣམས་ཀྱང་སྲོད་རྡུག་ཅིང་། མཚོད་ཁང་སོ་སོའི་
སྲི་ཞུའི་འཛིན་སྲས་མེད་གཤོར་མི་འབྱུང་བའི་ཕོག་ཌོས་རི་ང་འཚོ་དང་། གངས་སྲོངས་བསྟུན་འགྲོའི་བདེ་
ཐབས་ཆེད་ལས་ཁྱངས་ལག་གི་མཚོད་ཕོབ་ལ་བཅགས་འཁྲི་མེད་པར་འཕལ་བཤམས་ཀྱི་རྒྱལ་གསོལ་མ་
གྲུབ་པར་མཚོད་ཁང་སྲོ་འབྱེད་ཕོག་ཕྱགས་འགྱལ་ཏེ་ན་མཛལ་བ་སོགས་ནས་སྲོ་ལྷག་རྒྱུན་གོར། མི་སྐྱོན་
སོགས་མི་འབྱུང་བ་ཞིབ་འདུག་གིས་གཏོང་ཞིང་ཚོག་གྲུ་བ་སྲོད་རྡུག་མིན། མཚོད་པ་དེ་བཞིན་ཐུལ་མིན།
རྒྱུན་སྲེའི་ཚོག་ཚལ་བཞིན་གཏོང་མིན་སོགས་སྲར་རྒྱུན་འཕྱལ་བའི་བ་ནས་སྲོར་གཡང་ཞིབ་འདུག་ཆག

མེད་པ་བགྱིས་པས་འཕུལ་སྐྱོ་ཆེང་མིན་རིགས་ལ་འཕུལ་འཕུལ། (༢༠)པབ་བཀོད་དུང་འབྲེལ་ནར་མར་
བགྱིས་ཐོག །ས་གནས་ཞབས་སྤྱ་ཁང་གཉེར་ནས་ཀྱང་མཚོད་འཕུལ་གད་ཕྱེངས་བཙས་པར་མགོ་འོག་
ལུས་རྒྱུ་ཀྱི་བཀོད་འདོམས་དང་འབྲེལ་བར་མཐུན་དང་མཐུན་མིན་འདུག་སྒོག་ཆུལ་བཞིན་བྱེད་ཅིང་
། ཅེ་ཐུང་རྐམས་དང་། མཚོད་འཕུལ་སོགས་ནས་གཟན་ཁྲས་མ་གྱིན་པར་འགྲོ་བ། གཟན་ཁྲས་གྱིན་ཀྱང་
རས་སྟོད་སྲས་སྟོད་སོགས་གྱིན་ནས་འགྲོ་བ། ཆས་གོས་རུང་མཐུན་མ་ཡིན་པར་ཐོར་ཆས་ཡ་མ་གཟུགས་
གྱིན་པ། མེར་སྐྱུ་སུ་ཐབ་ནས་འཇགས་ཤུ་ཤེ་ལེབས། ནད་ཤ། རྒྱ་སོག་གི་ཤུ་མོ། པགས་པའི་མགོ་ཤུབས། ཤ་
ཆད་མ་ལོངས་པའི་འགོག་ཐོ་དང་། སོག་ཤ། བདེ་ཆས་དང་། སྐྱམ་ལྤགས་གཟེར་ཡོང་པ། ཧུད་དང་། འཇུ་
ད་གྱིན་པ། ཉི་གདུགས་ཕུབ་འཇིར། ནུ་གོས་ཡ་མ་གཟུགས་གྱིན་པ་དང་། སྟོང་ཅེང་དུ་སྟོང་པ། དཀར་
གསལ་བདེགས་སྟོང་མེད་པར་ཆྱེར་བ་སོགས་མི་ཆོག །ཆེན་པོའི་གནས་ཀྱི་ཆེ་བ་དང་བཅས་ཐོ་བྲང་སྲེང་
ཤོད་དུ་འཇིག་སྐྲ་དང་། ཐོ་བྲང་ཤེ་སྒོར་ཞལ་བཅས་པར་ཀུ་ཚོ་སྒྱོག་པ། བྱ་ཁྱུ་ཚུན་སྒོག་ཆགས་རིགས་ལ་
གནོད་འཆེ་དང་། དོན་མེད་མི་མཉའ་རྒྱལ་པ་སོགས་མདོར་ན་གོ་བབ་དང་། མཇེས་ལ་ལ། རྟགས་དང་ཉེན་
འབྲེལ་བཅས་ལ་མི་གཏུབ་པའི་བྱ་སྤྱོད་རིགས་མི་ཆོག་པའི་སྲུང་འདོམས་རྩ་ཆེག་གཞིར་བཞག་ཐོག་གསལ་
ཏེ་བཀོད་ལྱུང་འགྲོ་མི་ན་རིགས། ས་ཁུངས་སོ་སོས་རང་མཆམས་བསྐྱར་འཇོག་མི་ན་པར་ལས་ཁུངས་སུ་
བཏུ་སྟོར་བྱེད།

ཅེ་ནས་ཞོལ་སོགས་པོ་བྲང་རྒྱབ་མདུན་གང་སར་སྐད་རྒྱུང་འབོད་པ། ལོག་སྐད་རྒྱག་པ། རོ་དང་
། ཐན་གོང་བསྐྱར་བ། སྐས་ཁར་བཀབ་ཕོག་དོ་དག་གི་འབབ་འཇོགས་དང་། ཁ་དཀ་སྟོད་དཀ་གྱིས་ཀུ་
ཚོ་སྒྲོགས་པ། ལག་དཀ་གྱི་སྐུ་སྲེབས་སུ་ཡིག་རིས་འབྲི་བ། (༢༢)ཁ་ཚོད་འཁྱགས་འཇིངས་བྱེད་པ། ཤག་
ནང་དུ་ནུས་རོར་རྟོག་པ། སྤྱུ་དང་སྤྱུ་བཞེན་པ། སྐྱམ་གཚུག་མི་ཐོག་དང་། བྱུ་སོགས་ཤར་བ།
གཡན་ཐིན་སོགས་ཐབ་མི་ཁ་འཐེན་པ། གང་ཆག་འཕྲེད་གཟེར། གྱི་རིང་དང་ཅ་ལྷགས་སྐྲེད་གཟེར། སྐྱིན་
བ་དང་། སྐྲ་སྐུད། པི་ལྦང་སོགས་གཏོང་བ། འགྱིགས་སོ་སྐྲ། མིག་ཨངས། ཨར་ལྦུ། ཁབ་ཆེད། རེ་འུ།
ཅེད་སོགས་ནས་ཡང་མི་ཆོག །པོ་བྲང་ནང་འཁོར་འདིར་ལ་སྤུ་རོའི་ཆར་ཅེན་མདངས་ཐུག་མཆོད་བྱེད་མི།
ཕྱོགས་འདུས་མེར་སྐུ་མཆོད་དཔན་བར་གསུམ་ནས་ཆས་གོས། འགྲོ་སྟོང་ཆུལ་མིན་རིགས་མི་འབྱུང་བ་
སྲོ་ར་བ་དང་། ཁ་དཀ་སོགས་ནས་ཆོགས་ཞིབ་ཀྱིས་དགེ་སྤྱོན་བསྲབ་བུའི་ཐོག་བཀགལ་བྱ་ཕྱོགས་ལྱང་
མེད་པ་ཆུལ་ལྱན་ཀྱིས་བདང་ངོ་། ཉེ་གཞིས་ནས་ཉེན་མཛལ་སོགས་ལ་བསྟན་སྐྱ་སྐྲག་རིགས་མི་ཐྱེད་
པའི་ཉེས་པ་ཨ་མཆེས་གཞིན་སྐྱོ་ཁང་ནས་ཞིབ་འཇག་གིས་སྱར་མེད་དོགས་ཅན་མི་ཡིན་སོགས་རང་།
གྱེར་བདང་མི་ཆོག །རྒྱལ་གསོལ་བདང་མཆམས་ནས་ཕྱི་དོ་བྱུད་མེད་རིགས་ཀྱི་རྒྱ་འགྱལ་བཀགལ་ཆ་དང་།
དགང་ལྦན་ལྱ་མཆོད་སོགས་སྐྱ་མཆོད་ཁལ་གི་གོང་འཇིན་འུལ་དུ་ལྦ་ཐྱི་ཏོ་དམིགས་བསལ་རིགས་ཀྱང་
འཕུལ་གཏོང་འཕུལ་འབྱུད་བྱེད། ཕྱོས་འགྱུར་བདང་བ་སྐོག་ཀྱུར་དུ་ལོངས་མི་སྟོང་པའི་ཉེ་བ་ཨ་མཆེས་
ན་ད་ནས་བབྱུང་གཉིས་རྒྱུང་འགོན་ཁང་། གྱ་ཁང་སྐུ་རིས་སོགས་ཀྱི་ནན་མཆོད་གསེར་སྐྱམས། གཟུང་

དོན་རྒྱུ་ཁུར་དང་། བུར་ཆང་བཅས་ནས་དགོས་དངོས་གནས་གང་ཡིན་དཔྱེགས་བསལ་དང་། དེ་ཕྱིར་ལ་ཁྲོས་འགྱུར་འབྱུང་བ་ཉེས་པ་ཀུན་གྱི་དངོས་རྒྱུ་ཙ་བར་བརྟེན་(དབ)སྐྱོ་ར་ལྷང་གད། ཕྱག་ནད། སྙེར་གཡོག་ཁྲམ་རྒྱལ་བྱུ་ཚང་གི་བྱ་གཡོག །ཆུ་ལེ་པ་སོགས་སུ་ཐབད་ནས་རྒྱལ་སྐྱེའི་ནང་ཁོངས་ཁྲོས་འགྱུར་ལེན་སྐྱོད་རིགས་ཀྱི་མཚོས་ཐོས་དགོས་གསུམ་སྐྱེང་ཚམ་མི་ཆོག་ཅིང་། དེ་རིགས་ཁར་ཆེ་ཁུས་ལོངས་སྐྱོད་ཐོག ཉེས་པ་འདོམས་གཅོད་ངེས་བཅས་དེ་དོན་རྒྱལ་སྐྱོ་པན་ཆུན་གྱི་ནང་དུ་ཆང་འབྱེར་བ་ལྟ་ཞོག །རྒྱལ་སྐྱོ་ཁྲི་མ། རོ་རིང་ནང་ས། ཤར་སྐྱོག་དང་། ཆུ་ལས་སྐྱོར་ཨོའི་ཏུ་རོ་ཐབ་ཆུན། གུ་ཁུག་སྐུག་སྐྱོའི་རི་འདན་ཡན་ལ་ལེན་བདུང་མི་ཆོག །ཁོ་བྱང་ལེ་ལག་གི་ཕོག་སྟེ་དུ་ཀྱིན་ཆས་དང་། རྟ་ཆས་སྐམ་འགྲེས་བྱེད་པ། སྐྱེང་གོད་གང་སར་གོ་ཐབ་དང་། རྒྱ་ཤིག་གསོ་བ་སོགས་གཏན་ནས་མི་བྱེད།

དེ་རིགས་བྱུ་ན་ས་ཁྱངས་ཁང་གད་ནས་གནན་སྐྱོར་རོ་བསྲུང་སྲུང་སྟེ་གཞུང་ས་ཆེན་པོའི་བཀའང་དྲིན་རྗེས་སུ་དྲན་པའི་མཚན་དོན་སྐྱིང་བཅང་གིས་འཕལ་འཕལ་ཕྱག་མཛོད་དུ་བཏ་སྐྱོར་གྱིས་བྱེད་པོར་ཙ་འཛིན་བབ་བཀོད་ཁྱིས་འདོམས་བྱེད་པ་ལས་དོ་ང་འཛིན་ཙོལ་འཛོག་རིགས་མི་ཆོག །སྐྱེར་གཡོག་ལྷ་བུ་ཆེ་གོད་གཞིམ་འགག་དང་། ལས་ཁུངས་ཡག་མས་བཅས་སུ་འགྲོ་དགོས་ཙེས་རིགས་ནུ་གོས་ལྷམ་གསུམ་བཅས་ལུག་མཐུན་གྱིས་དེ་འགྲོ་བ་ལས་སྐྱིགས་ཁས་མི་ཆོག །ཆས་གོས་རང་སྲང་གང་དག་སོགས་སྐྱིག་ཁྱིམ་གསོད་རིགས་འདུག་ཆེ་སྐྱབས་སྤུར་སོ་སོར་ཆུད་གཅོད་བབས་བཀོད་བྱེད། སོ་བྱང་སྟེང་གོད་ལེ་ལག་དང་བཅས་པར་མི་ཉེན་ཕིན་ཏུ་ཆེ་གཞིས་རྣམ་བྱུ་བྱང་ཁང་དང་། བཞིས་སྐྱོ་བ། བུ་སྐར་བ། གཞུང་སྐྱེར་གྱི་མི་ཐབ་གཏན་འདགས་ཁ །འཆར་འཕར་རིམ་སྐྱབ་པ་བཅས་ནས་མི་ཐབ་བཅའ་བ་དང་། མི་ཤོང་གསོག་འཛོག་བྱེད་ཡུལ་བཅས་(ཅན)པར་རང་ཁུངས་སོ་སོ་དང་། སྐུ་གནེར་ལོག །གད་ཁང་ཆང་མས་ཉེན་མཚན་ཀུན་དུ་མི་སྐྱེན་མི་འབྱུང་བའི་ཉེན་སྲུང་ཟབ་བཅགས་རྒྱན་འཁྱོངས་ཤེ་ངོར་མེད་པ་དགོས་རྒྱུ། མི་བསྟལ་དགོས་ངས་ལའང་དུ་ང་ཏུན་ཏིག་མ་བྱས་པར་འབྱང་གིང་དང་མཐུན་འཛོག་རིགས་མི་ཆོག །ཙེ་སྐྱོར་གྱི་གད་སྐྱིགས་ཆང་མ་སྤར་ལས་རོ་རེང་གི་མའི་ས་སྐྱོག་སྐང་དུ་འདོར་བ་ལས། སྐུ་བཅོས་ཐལ་འཛོམས་གྱི་སོ་བྱང་ཉེ་འདབ་པན་ཆུན་དུ་གསོ་བའི་རིགས་ཁྱངས་སོ་སོ་ནས་བླ་ཆོག ། ཀྱིས་བབས་བཀོད་འབྱེལ་བར་དེ་རིགས་མི་ཆོག །སོ་བྱང་རྒྱལ་རེའི་གཡས་གཡོན་རྣམས་ནས་གསང་ལམ་ལྷ་བུའི་འདོགས་འབབ་བྱེད་པ་ཁྱིས་མང་ནས་སྐྱག་རྒྱལ་ཁང་གད་ནས་ཞིབ་དཔྱད་ཀྱིས་བསྒྱུར་བཀགག་དང་། བོང་ཕྱུགས་འཚོ་བ། སྐད་ཁུར་རྒྱལ་པ་གསོགས་ནས་ཡངས་མི་ཆོག་པ་སྲུང་ཆ་བ་ཆེའི་སྐྱོ་ཁང་སོ་སོར་ལྷ་ཆོགས་ཉན་རྒྱུ་བྱ་བའི་དེ་རིགས་ཁར་ཆེ་འཕལ་བདེ་བར་བུ་སྐྱོར་གྱིས་འཕལ་འཕལ་ཙ་འཛིན་བྱེད། གཞན་ཡང་བོ་བྱང་ཉེ་འདབ་པན་ཆུན་དུ་ཕུག་པ་དང་། ཚོན་རིགས་བཏུང་རྫོགས་བྱེད་པ། ཡང་དགང་ཞན་ཆང་མས་རོ་རིང་དང་ན་དང་། རྟ་སོ་ཐབ་ཆུན་ཡན་རྒྱལ་མཐུན་ལ་དཱི་རྒྱ་སོགས་རང་གིར་གང་བྱུང་དུ་བདང་མི་ཆོག །སྐྱག་སྐྱོ་རྒྱལ་དང་། བདེ་ཤར་གྱི་སྐྱི་སྐྱོད་འདེ་བཞིན་སྲ་བསྐན་མི་ཡོང་བ་ཡང་རྒྱ་ཆེག་གསོ་བ་དང་། ཏི་རྒྱ་སོགས་རང་སྲང་གང་དན་གྱིས་བདང་རྒྱལ་ལ་ཕུག་པ་བཅས་དུ་ནས་བཟུང་ཕོ་བྱང

ནང་འགོར་གྱི་གསལ་ཁང་རྣམས་ལ་ཆུ་ཏིག་དང་། གད་སྙིགས་གཏོ་བ་དང་། ཊེ་ཆུ་སོགས་གང་བྱུང་དུ་
གཏོང་བ་བཅས་གཏན་ནས་མི་ཆོག །ལྕ་མཆོད་དང་། སྐུ་མཆོད་ (༧༤)ལྷག །རྒྱུད་སྟོད་སྨད་ཅེར་ཚོས་ཐོག
།འཁར་འཕར་བརྒྱ་ལ་བཅས་ཚོགས་སྐབས་དགོང་ཕྱར་དཀར་གསལ་སྟོང་ཞུ་ཁག་མེད་བྱར་དགོས། རྒྱབ་
མདུན་གྱི་ཏྭ་ཚོ་ལག་དང་། ཏོ་གཅལ་སོགས་གོག་སློན་རིགས་ལ་ཁྱེས་གད་ཁང་སོ་སོ་ཉམས་གསོ་
དགོས་རིགས་སྟོན་ཆུང་སུ་བཏན་བྱེད་པ་ལས། རལ་རྒྱལ་འཆལ་རྒྱལ་དུ་བཞག་མི་ཆོག །ཏེ་མཚུངས་མེ་
ཏོག་ལཔ་ཞུང་སོགས་ཚོང་མིའི་རིགས་ཀྱིན་གྲུ་ཤག་སྤུག་མདུན་དང་། ཕར་ཚྭོག་རྒྱལ་སྲོ་བཅས་ཀྱི་འགག་
ཏུ་འཇོག་པ་ལས། ནང་ཁོངས་སུ་བཏང་མི་ཚོག་ཕ་ཟ་ཏ།

གཞུང་སྲོ་ཕན་ཚུན་དང་། སྤྲག་རྒྱབ་བཅས་ཀྱི་འགག་ཏུ་བཞག་མི་ཚོག་པ་བགག་བསྲེན་བྱེད།
གཞུང་སྐོར་གྱི་དགོས་དོས་འབྲི་ཁལ་རྣམས་མདུན་ཏོས་ཏོ་རིང་ནས་ཀ་དང་། ཕར་ཚྭོག་བར་སྐྲོའི་ཏ་
སོའི་འགྲུལ། སྤྲག་རྒྱལ་ཏ་ལག་གོན་མའི་བར་ཐབ་བྱེ་འགག་ཐལ། ནྭ་ཁག་སྤྲག་སྲོའི་ཡོང་འབགས་སྟོ་
པོའི་སྲོ་ཐྱི་མ་བར་མ་གཏོགས་ཏེ་ཡན་འབྱེད་འདེད་མི་ཚོག །རྒྱལ་སྲོ་རྒྱབ་མཆམས་སུ་ཕྱུག་མཛོད་ནང་
གཟན་ལས་བྱ་བ་གཞིས་ནས་ཏ་བོ་ཆེ་དུག་བསྒུལ་གྱུབ་བསྩན་སྔེ་བས་རྒྱག་གི་ལྷེ་མིག་རྣམས་བསྩག་ཕོག
འཕུལ་བདེ་བའི་ཤུག་ཏུ་གྱངས་བཞེར་གྱི་ཚེ་སྲོད་བྱེད་པ་མ་གཏོགས་འགྲིམས་འགྱུལ་བ་སྐྲག་སྲོད་བྱེད
པ་སོགས་ཏུ་འགྱངས་རིགས་མི་ཚོག །རྒྱལ་སྲོ་རྣམས་བསྩམས་གཏོད་གྱུན་རྟེས་གཞུང་དོན་ལྷ་དབུའི་འགྲོ
འདུག་དགིས་བསལ་བྱ་དགོས་རིགས་འཕལ་བའི་བར་བདུ་སྟོར་གྱིས་ཕར་ཆེན་ཚྭོག་དང་། བདེ་ཕུན་
གང་རིགས་ནས་བདང་བས་འཕལ་འཕལ་བསྩམས་གཏོད་བྱེད་པ་ལས། རྒྱལ་སྲོ་གཞན་དག་འཕེད་གཏོང་
མི་བྱེད། ཕུན་ཚྭོགས་འདུ་ལས་འདི་བཞིན་གསོལ་ལོ་འབྱུམ་མི་མཛོར་ (༧༥)ཉི་མ་དང་། སྤྲག་རྒྱབ་ནས་
ཆབ་ཏེ་ལ་འབྱོར་ཚོད་ཏུས་མཆུངས་སུ་ལྷེ་མིག་དང་གཟན་ཏོ་མས་སྐྲང་སྟེ་འབྱེད་པ་ལས་སྤྱི་ཏུ་ཏུས་མིན
ཏུ་རྒྱལ་སྲོ་དབྱེ་བ་ལྭ་ཅི། ལྷེ་མིག་ཀྱང་བྲང་ཆོག །རྒྱ་མིན། གཞུང་སྲོ་ཕན་ཚུན་ཏུ་དགོས་ཚས་སྤོ་ཕུག་དང་
། ལྷེ་ནི་། གོ་ཐལ། གད་སྙིགས་སོགས་དོས་པོ་མི་ནོས་པའི་རིགས་ཕར་ཕྱིར་འཁྱེར་མི་ཚོག །སྲེར་ལཁག
གི་ཆུ་ཉིའུ་རིགས་ཀྱང་སྤྲག་རྒྱལ་ཏ་ལས་གོན་མའི་ཐབ་བར་ལས། ཏེ་ཡན་ཉིའུ་འདེད་མི་ཚོག་པ་མ་ཟ་ཏ།
ཆབ་ཏེ་ལ་དང་། གཟིམ་ཏེ་ལ་མ་གཏོགས་ཏེ་ཕྱིངས་དྭན་ཞྭས་ཀྱང་གཡེར་ཁ་གཡོག་མི་ཚོག །ཕོ་བྲང་
མདུན་ཏོས་ཆེ་བས་བསྒྱུར་སྐྲབས་ཆེ་བས་སྟེགས་ཏེ་འགྱིམ་ཏུ་མཆོག་ཏམན་སུ་ཐབ་ནས་ཏ་ཞེན་འབབ་མི་
ཚོག་ཅིང་། གུང་བཀའ་བློན། ནང་ས་ལཁག །ཕོགས་མདའ་སོགས་ནས་ཀྱང་རྡོ་གཅལ་སྟེ་མཆམས་ནས
ཞེན་འབབ་ཀྱིས་མཚོན་དུག་ཞེན་ཀོ་རིམ་འཕལ་བ་དང་། ཕོ་བྲང་རྒྱབ་ཏོས་ཆེ་བས་བསྒྱུར་སྐྲབས་སེར་སྐྲ
བྱིང་རྣམས་རྟ་ལས་སྐྱོར་མོ་དང་། ཆེ་བས་དང་བ། གར་རོལ་བ། ལས་ཚན་ཆེ་ཁ་ཡན་ཕོ་བྲང་གི་ཉིར
བྱར་ནང་ཕུག་བར་དང་། གུང་བཀའ་བློན། ནང་ས་སོགས་ནས་ཆེ་བས་བསྒྱུར་སྐྲབས་དང་རྒྱུན་བར་བཅས
པར་ཆེ་བས་སྙེགས་ཆོག་འིའི་ནེ་འགྱིམ་ཡན་ལས་བརྒྱལ་བར་ཏ་ཞེན་འབབ་མི་ཚོག་པ་མ་ཟ་ཏ། མི་དྭག
།ལཁ་དང་། ནང་ས། ཆེ་ཆོད་ཀྱི་ལས་ཚན་པ། སེ་འབྲས་དཀན་གསུམ་གྱི་བླ་མ་ལས་སྲེ་བཅས་ལྷག་སྲོ་ནས

རྒྱ་འགུལ་ཚོག་པ་སྤྱར་སྤྱོལ་དང་། དེ་མིན་མཐའ་དམངས་དང་། སྲེར་གྱི་དོན་གཅོད་པའི་རིགས་སོགས་
གཞུང་སྤྱོ་ཕྱུན་ཚོགས་འདུ་ལམ་དང་། བསྟོ་ཉེན་འཕུལ་མི་དང་། མཆོད་འཕུལ་བའི་རིགས་བཙན་བྱང་
ཆེན་ཐར་ལམ་བརྒྱུད་པ་ལས་སྤྱག(ཡབ)སྤྱོ་ནས་རྒྱ་འགུལ་མི་ཚོག་འོ་བྱང་ཞལ་དཀར་འོག་རོ་རིང་ནན་
 མ་དང་། རྟ་ལམ་སྤྱོར་མོ་སོགས་མིག་ལམ་ཕྱལ་ཡུལ་དུ་དོར་བདེགས་དང་། ཀྱང་ཀྱུང་ལག་ཀྱུང་གིས་ཉལ་
འདུག །ཐ་མི་ཁ་འཟིན་པ། གོ་སྤྱག་ཆེད་འདོ། སྤྱད་ཕྱར་སོགས་མཛེས་ལམ་མི་ཆགས་པའི་ཁྱིམས་འགལ་
རིགས་མི་འབྱུང་བ་སྤྱར་གཡོག་གིས་མཆོན་པར་འགྲོ་འདུག་སྤྱོད་གསུམ་གོ་བབ་འཛོལ་མེད་སྤྱིག་ཁྱིམས་
ཁྱུར་ཉེས་དགོས་པ་སོ་སོས་ལྷག་དམར་སྐྲལ་འཆུན་བྱེད་ཅིང་། སྤྱོ་ཁང་གང་པ་སོགས་ཀྱང་ཆོངས་ཞིན་
འཆུག་མེད་དགོས་རྒྱ་བཅས་འདི་སྤྱོར་སྤྱར་སྤྱོལ་ནས་ཕོ་བྱང་ཆེན་པོའི་སྤྱི་ལུ་འཛིན་སྐྲས། སྤྱིག་ལས་
གནོན་ཁྱུར་སོགས་ཀྱི་སྲུང་སྲུང་བྱེད་སྤྱོ་ཕུ་ཞིབ་འགོད་པའི་ཙ་ཆིག་སྤྱག་ཆང་སྤྱོར་མོའི་རྒྱུ་ལྷེབས་སུ་ཁྱིས་
འགོད་མ་ཟད།

འདི་ནས་ཀྱང་སྤྱར་སྤྱོལ་སྐྱིག་ཁྱིམས་འཁྱུར་ཉེས་བཀག་ཡོང་ཆུལ་མཐུན་དགོས་རྒྱ་ཆེ་འཕུལ་བའི་
བས་མཆོན་པར་བཀོང་འདོངས་རིམ་པར་སོང་རུང་། དེ་དག་ལ་ཆོགས་ཞིན་མདུག་གནོན་ཆུང་སྐྱོན་གྱིས་
ལུགས་གཞིན་ཁྱིམས་སྤྱོ་ལ་བཟང་པོར་ཇེ་མི་སྐྲམ་པ་འགའང་ཞིན་ནས་བ་སྤྲང་རྒྱལ་མཐུག་ལྷ་བུའི་ཆུལ་
མིན་དུ་སྤྱོང་སྤྲ་ཚོགས་ལ་བརྟེན་འདི་འོར་དེ་སྤུའི་ཙ་ཆིག་གཞིར་བཞག་ཐོག་འབྲུ་བསྲོན་ཀྱིས་འོས་དང་
བཅས་ཀལ་ཆེ་ནན་དཔེའི་དྲན་གསོའི་ཙ་ཆིག་འདི་བཞིན་བཏང་བ་དྲ་ནས་བཟུང་སྤྱི་ཁྱབ་དོ་དམ་འགོ་
འཆིང་དང་། ཆེ་ཕྱག་ལས་འཛིན་རིམ་འབྱོར། སྤུ་གཉིར། ཁང་གཉིར། སྤོར་ར་བ། གང་པ་སོགས་མཆགས་
བཀོད་ཉེས་སུ་བཏུག་པའི་སྤེ་སྤེབས་ཆང་མས་སྤི་ཉུ་འཛིན་སྐྲས་དང་། ཉེས་གསོ་གང་བཀར། གཙང་
སྤི། ཁྱིམས་འཀྲལ་ལོག་སྤྱོད་ཀྱི་རིགས་ལ་ཞིབ་འདུག །མི་རྒྱུན་གྱི་སྤེང་དན་མི་འབྱུང་བའི་དོ་དམ་བྱེད་
རྒྱས་མཆོན་སེར་སྤུ་དག་ཞན་འབྱིང་གསུམ་སྤུ། (༡༦)ཐད་ནས་སྤོ་གསུམ་བཀ་ཡང་ཉམས་འཆལ་དང་
སྤོད་སོགས་གོན་དོན་ལས་འགལ་གཡོའི་རིགས་ནམ་ཡང་མི་འབྱུང་བ་རང་གཅེས་ཟེག་པ་ཁྱུང་ལེན་དམ་
ཕོས་དམ་བཅིངས་ཁྱིམས་མཐུན་བྱུང་ན་དང་། མ་ཟེས་པའི་སྤུང་ཆུང་བཀ་ཡངས་ཀྱི་ལེ་འཕོན་རིགས་དཔག་
ཞན་སུ་ཐད་ནས་ཐར་ན་བྱེད་འཛོལ་ལ་གཞིག་པའི་ཉེས་པ་བབ་སྤྱི་ཀྱུན་གྱི་མིག་ལར་འདོམས་པ་གཆོན་
ངས་ལས་སྤོད་ཡངས་རྒྱ་ཡན་དུ་འཛོལ་རྒྱ་མིན་པ་བཅས་འདི་ནས་ཀྱང་ཕྱི་ནང་གང་ཆེར་སྤོར་གཡེངས་
ཞིབ་འདུག་ནར་མར་བཀྲིས་རྒྱ་བཅས་དེ་ཉིས་རང་རང་གི་ལེ་ཉེན་དང་། གཞུང་སའི་མཆན་ལར་བཀའ་
ཏེན་བསམ་ཉེས་རྟེས་ཡོད་སྤོན་དན་གྱི་སྤྲང་དོར་འཛོལ་སྤོ་བཀ་ཡོད་ཆུལ་སྤུན་རྒྱན་འཁྱོངས་སུ་སྤོད་
པ་གྱིས། ཞེས་གོ་བར་བྱ་བའི་ཡི་གེ་རབ་བྱུང་བཙ་སྤུ་འཕགས་པའི་ཡུལ་དུ་པེ་ཀུ་རེ། སྤོད་འཟེ་ལ་གྱི་
བདག་ལས་སྤུང་བྱེད་དུ་གྲགས་པ། མང་བཀུར་ཅི་འི་ཁབ་ཏུ་གྱི་ཏུའི། གངས་ཆན་པ་རྣམས་ཀྱིས་ས་ཁམས་
འབོར་ལོའི་སྤྲ་ཆན་དུ་འབོར་པའི་རྒྱལ་སྤྲའི་དཀར་ཆྱོགས་ཀྱི་རྒྱལ་ན་དང་པོའི་ཆེས་ལ་པད་དཀར་འཆང་
པའི་སྤེ་སྤྲེང་བཅུ་གསུམ་ལས་ལུགས་གཉིས་ཀྱི་སྲང་བ་ཉིན་མོར་སྤོད་པའི་མཐུན་ས་བུ་འཛོན་གཉིས་པའི་

གཞལ་མེད་ཁང་ཆེན་པོ་པོ་བྲང་པོ་ཏ་ལ་ནས་ཕྱེས་སོ།། ||

ༀ འཕགས་པའི་ཡུལ་ནས་སངས་རྒྱས་ཀྱི་བཀའ་ལུང་རྒྱལ་དབང་འཇིག་རྟེན་གསུམ་མགོན་དུས་ཀུན་ས་སྟེང་གི་ཀུན་བྱ་རྒྱལ་བསྟན་ཡོངས་ལ་མངའ་དབང་བསྒྱུར་བ་ཐམས་ཅད་མཁྱེན་པ་འགྱུར་མེད་རྡོ་རྗེ་འཆང་རྒྱ་མཚོའི་བླ་མར་འབོད་པའི་གཉགས། འཛམ་བུའི་སླ་དབྱངས་ཀྱིས་ཤེས་པའི་སྐྱིང་ཆེན་ (༡༢) པོའི་ནང་ཚན་བསེ་ལ་ལྷུན་ར་བ་དཀར་པོ་གོར་ཡུག་ཏུ་མཛེས་པའི་ཞིང་འདིར་གནས་ཤིང་རྒྱ་བའི་སྐྱེ་རྒུ་རེར་སྐུ་མཆོག་དགན་བར་པ་སྒྲི་དང་། ཏྲེ་བྲག་དཀའ་ལྷུན་པོ་བྲང་བའི་ཆབ་སྲིད་ལས་བཞིའི་སྟེ་འཇིན། ལྷག་པར་ཚེ་པོ་བྲང་འདིའི་ཞིད་དུ་འདུ་འོད་ཀྱི་སྐྱི་ཁྱབ་འགྲོ་འཆངས་ནན་མ་མཁན་སྟེ་ཆེ་ཆུང་ | པོགས་མདའ་ཚིས་སྲུན། ཚེ་གོན་ཀྱི་ལས་ཚན་པ། རུང་དག་འབྱིང་དགྱུར་གསུམ། རུང་གཏོགས་ནན་གཟན། སྟོ་ར་ཁང་གཞིར་སོགས་དང་། སྱར་སྱོལ་དམིགས་བསལ་འཁྱུར་འབྲིའི་ཁྱབ་འདོམས་ཀྱི་བྱེད་པོ་ཆེ་འཕྱལ་བདེ་པའི་ལས་འཇིན་རིམ་འབྱོར་བཅས་མཐའ་དག་ལ་བསྐོ་བ།

འཕགས་མཆོག་རིགས་གསུམ་མགོན་པོའི་ཡེ་ཤེས་སྒྱུ་མ་རོལ་པའི་སློས་གར་སྣ་བཙན་མེས་དཔོན་རྣམ་གསུམ་གྱི་བཀའ་པོད་ཚོལ་ཁ་གསུམ་དུ་གྲགས་པའི་དྲིག་འཇིན་གྱི་རྗེ་བ་རྒྱུ་འཇིན་གཉིས་པའི་པོ་བྲང་ཆེན་པོའི་སྟེང་གོན་བར་གསུམ་དུ་སྲི་ཞིའི་འཇིན་རྣས་དང་། ཞབས་འབྲིང་སེར་སྐུ་དག་ཞན་ཚང་མའི་འགྲོ་འདུག་སྐྱོད་ལས་སོགས་གང་ཅིའི་སྐོར་སྟོན་ནས་བྲང་དོར་བྱེད་སྐྱོ་རི་ས་པར་ཡོད་འདུག་དོན་ཆང་མས་ཏེ་དག་གི་དོན་བཞིན་སློ་གསུམ་གྱི་སྤྱོད་རྒྱལ་ཕྱིན་ཅི་མ་ལོག་པ་ཞིག་དགོས་གནས་ཡང་། ཕྱིས་ཁྱབ་འདོམས་བྱེད་པོར་ཤེས་སུ་བཅུག་པ་རྣམས་ནས་བསྐུར་འཇིག་གིས་ཁྱབ་འདོམས་སྟོད་ཡངས་དང་། སྐྱི་བྱེད་ནས་ཀུན་གཟེན་དུ་ཚོད་ཚིས་ཀྱི་སྲུང་ཆུང་བག་ཡངས་མི་སློག་རེ་ལད་ཀྱི་སྤོན་གནང་ཅ་ཚིག་གི་འབྲུ་དོན་རར་ར་གྱི་སྐྱིག་ཕྱིས་འཁལ་སྐྱོད་སོགས་ཚེ་རིགས་ཤིག་འདུག་ན། ད་ཆ་ཉིད་སྤོའི་དོན་སྟེང་ཆེ་པོ་བྲང་འདི་བཞིན་དོན་དམ་འཕགས་པ་འཇིག་རྟེན་དབང་ཕྱུག་གི་གཞལ་མེད་ཁང་འགྱུར་བླ་མེད་པའི་སྐྱེ་རྒྱུའི་ལེགས་བྱས་བསོད་ནམས་ཀྱི་ཞིང་མཆོག་ཏུ་གྱུར་ (༡༣) གཉིས་ཆེ་བའི་དགེ་མཆན་གྱི་ཁྱད་པར་དང་། ལྷག་པར་དོས་སྐྱི་ཐེང་བ་གསུམ་པ་ནས་བསི་ལ་སྟོང་ཚོས་སྲིད་ཀ་གཉིས་ལྷན་གྱི་འཁྱུར་སྐྱོང་པོག་ལྷ་ཚོས་དགེ་བ་བཅུ་དང་། མི་ཚོས་གཙང་མ་བཅུ་དྲུག་གི་ཁྲིམས་གཉིས་ཀྱི་འདུག་སྐྱོ་དང་བཅས་སྲུ་སྱོལ་ཉམས་པ་སོར་ཆུད་དང་། མི་ཉམས་གོན་འཕེལ་གྱི་ཐབས་ཚུལ་ལྱུར་ལེན་པའི་སྐྱབས་འདིར་ས་ཆེན་པོར་དབང་བའི་སྱོད་ཀྱི་ཚོས་ལྱན་རྒྱལ་པོ་རྣམས་ཀྱིས་ཀྱང་ཡུལ་སྱིད་ཀྱི་ཁྲིམས་ལ་བརྗེན་ནས་བསྟན་འཕེལ་ཐན་བདེའི་དགེ་མཆན་བཞད་པ་ལྱར་ཡུགས་གཉིས་ཀྱི་མདུན་སར་ལྱག་པའི་སྐྱེ་འགྲོ་སྱི་དང་། ནན་ཚན་རྣམ་ཀུན་གཞུངས་ཆེན་པོའི་བཀའ་རྗེ་ཀྱིས་འཚོ་བའི་ཞབས་འབྲིང་བ་མཆོག་དམན་བར་པའི་སྱོད་ལས་གང་ཅི་དགའ་ལྱན་པོ་བྲང་ཕྱོགས་ཐམས་ཅད་ལས་རྣམ་པར་རྒྱལ་བའི་ཚོས་ལྱན་རྒྱལ་ཁབ་ཆེན་པོའི་མཆན་ལྱུང་དགྱུང་འདེགས་གཏམ་དོན་གཉིས་དགེ་དི་བཀག་ཡོད་གུས་འདུད་ལྱུར་ལེན་ཞིག་མ་བྱུང་ཚེ་སླ་ལྱན་གཙུག་ལག་ཁག་ཁང་གིས་གཙོ་ཕྱིང་གཞིའི་འཇིན་སྲས་ལའང་ལ་ཏན་སྲ་འབྱམས

ཤུགས་ཀྱི་ཉམས་ཆག་དང་། མཐར་གྱུའི་སྐྱེ་བོ་ཀུན་གྱི་བྱ་སྤྱོད་བཟང་པོའི་སྲོལ་རྒྱུན་སོགས་སྙིགས་མའི་རྒུད་པ་དང་བཅས་ཀྱིས་རིམས་ཉམས་སུ་འགྲོ་བ་ཀུན་ཤེས་བཅས།

ད་གསོས་ཀུང་བཀང་བློན། སྦྱི་ཁྱབ་མཁན་པོ་སོགས་མི་དུག་ཁག་དང་། གས་བཅར་མཁན་སྟེ་ཆེ་ཆུང་། སོགས་མདའ་ཚིག་སྙས། ལས་ཚན་ཆེ་ཆུང་། དུང་དག་འབྲིང་དགུགས་གསུམ་བཅས་པར་གཞུང་ས་ཆེན་པོས་ཚོས་སྲིད་གཉིས་སྨན་བཀའ་ཌིན་མཛིན་པར་སྐྱེ་བས་འཕེལ་ཡུན་དུ་རེ་སྐྱར་འཚོ་བ་སོ་སོའི་བློ་མདགས་བཞིན་སྐྱེ་རྒྱུའི་བདེ་སྐྱིད་ཀྱི་གཞི་ཙ་ལུགས་བྱུང་བྷར་དོར་གྱི་རྒྱལ་བཞག་དེ་བཞིན་ (༡༣) བག་ཡོད་ཚུལ་གནས་པོག །སྦྱི་དང་བྱེ་བྲག་གི་འཆར་འཕར་འཁྱུར་འཁྱིའི་གཞུང་དོན་སྲི་ཞུ་གང་ཅེར་ལོག་སྟོད་གཡོ་ཚོལ་སྤྱང་བའི་གཟུ་གནས་དང་འབྲེལ་འཁྱུར་བས་ཅམ་དག་སོགས་པོད་རྗེ་སངས་རྒྱལ་རྒྱ་མཚོའི་དུངས་གྲོས་མེ་ལོང་དང་། སྐྱར་བཏང་དམིགས་བསལ་གྱི་ཙ་ཚིག །སྦྱི་སྐྱིག་གན་རྒྱ་བཅས་པའི་འབྲུ་དོན་འགལ་མེད་སྤྱར་སྲོལ་དགོས་རྒྱུ། གཟིམ་འགག་ཏུ་ཤེར་སྐུ་ཚང་མས་གྱིན་ཆམས་ལ་རོལ་མཐའ་ཐུལ་མིན་པ་ཏེ་དུང་ནས་དུང་སྤྱོད་དང་། སྐུ་པོ་རྣམས་ནས་སོ་སོའི་ལས་གོས་ཉུང་མཐུན་ཐོག་ལྷམ་འཛར་ཆེན། ཏུབ་ཁྲ་ཊ་ཚོམ་བཅས་ལས་གང་དུན་གྱིན་མི་ཚོག་པ་མ་ཟད། ཤེ་ནང་གི་འགྲོ་འདུག་སྤྱོད་ལས་གྱི་རིམ་པ་དེ་བཞིན་དུ་ཊེ་བའི་ཆང་མས་སྒོ་གསུམ་སྤྱོད་ཚུལ་ཆེ་ཕྲ་བག་ཡངས་རང་ཉམས་སུ་མི་སྤྱོད་པར་ཚོས་དང་སྲིད་ཀྱི་ཆེ་བགྱར་གྱིས་འདུད་སྤྱར་ལེན་སོགས་གཞན་པོའི་སྲོལ་བཟང་ཉམས་མེད་དགོས་རྒྱུ། བགང་ཕག་གིས་མཚོན་ལས་ཁུས་གར་ཡང་ཅེ་དུང་ནས་དུང་སྤྱོད་མ་གྱིན་པ། སྤྱ་རས་ཟོལ་སགག་མཐིལ་མ། གཙང་ཚོལ་དང་། དུག་སྔམ། སྐྲ་སྤྱོད་རས་སྤྱོད་བཅས་གྱིན་པ། སྐུ་པོ་རྣམས་ནས་ཀུང་ཆས་གོས་སྔམ་སོགས་གང་དུན་གྱིན་པ། སྐྲ་ཐ་ལ་དང་། ཐ་མི་ཁ་འཛིན་པ་བཅས་ནས་ཡང་མི་ཚོག །སྤྱག་པར་བདེ་ཡངས་ཀྱིས་མཚོན་མི་མང་མཐོང་སར་ཨོར་པོག་ཐོག་སྨ་སྤྱོད་གྱིན་པ་སོགས་དང་སྤྱོད་རིགས་མི་བྱེད། ཞིལ་སོགས་གཞུང་སྐྱར་གྱི་ལས་དོན་ལ་རྒྱ་སྐབས་ཀུང་སྤྱོད་ལས་ཕྱགས་མཐུན་ལས། ཕྱིང་ཕྱོང་ཁྲིམ་བར་དང་། ཪ་ཁང་སོགས་ལ་ཚུལ་མིན་འཁྱམས་ཉུལ་རིགས་མི་འགག །ཅེ་དུང་རྣམས་བགར་ཡོང་མང་བསྐོལ་སོགས་ཕྱགས་པོན་ལ་ཆ་ལུགས་དུང་མཐུན་ལས་རྒྱལ་ཁབ་ནས་ཉེན་སྐབས་སོག་ཆམས་སྤབས་བདེའི་རིགས་མི་ཆོག །སྐུ་པོ་རྣམས་ཀུང་ཆས་གོས་ཚུལ་མིན་སྐབས་བདེའི་རིགས་གྱིན་ཏེ་ཌ་རིང་ནན་མ་དང་། ཊ་སོ་ཡན་ལ་འགྲོ་འདུག་མི་ཚོག །གཉས་ (༡༠ན)གཞེར་དུང་གཏོགས་བཅས་ཅེ་ཕོན་ལས་ཁྱམས་སུ་འགྲོ་འདུག་སྐབས་ལུས་ཚས་དུང་མཐུན་ལས། རྒྱ་སྔམ། དུག་སྔམ། གཙང་ཚོལ་གྱིན་པ། རྒྱ་གྱི་སོ་ཕུགས་དང་། ཞུ་འབག་མེད་པར་རྒྱ་འགྱུལ་མི་ཚོག །སྐོ་ཁང་གན་པ་བཅས་ནས་རང་དོན་སྐྱར་སྤྱོགས་གཙོ་འདོན་གྱི་ཡལ་ཡོལ་པོར་ཏེ། ཁབ་ཆེམས་མདགས། སྤྱད་པ་དཔུགས་མདགས་སྤྱར་མི་དོན་མཆུངས་པའི་རང་རང་འཁྱུར་ཁྲིའི་ས་གནས་སུ་གཏན་སྤྱོད་ཐོག་པོ་བྱང་སྟེ་ཤོན་ལེ་ལག་བཅས་པར་ཉིན་སྐྱར་གང་ཀྱིས་གཙང་སྔན་ནས་དུས་དང་བསྟུན་པའི་ཞིག་གསོ་འཇིན་སྐྱམ་དང་། ཨར་བཅག་ཞིབ་འདུག་ཐོག་མཆོག་དམན་སུ་ཐབ་ནས་ཁྲིམས་འགལ་ལོག་སྤྱོད་དང་མི་རྒྱན་སོགས་མི་འབྱུང་བའི་བསྲ་ཆོགས་ཆོན་ཤེང་སྤྱོད

ཡངས་སུ་མ་སོང་བ་འཆུས་ཚང་གི་སྒྱི་ཞུ་ཆེ་བའི་འཇིན་སྣང་རྣམས་ཆགས་སུ་ཆུད་པ་ཀུན་གྱི་ཡིད་མཐུན་
དང་བསྒྲོ་ཀུན་བླང་བྱེད་ཅིང་། གཉིས་འགག་དང་། མཛལ་དུས་བཙལ་པར་རྒྱུད་སྐད་བབས་ཚོ་ར་རིགས་
མི་ཆོག་པ་ཁྱབ་སོ་སོས་ཞིབ་འཇུག་བྱེད། འཕགས་པ་ལྷ་ཁང་དང་། གསེར་སྟོང་འཁག་གི་སྐུ་གསེར་རྣམས་
མཆོད་ཁང་སྐོ་འབྱེད་ཀྱི་ཉིན་མཆམས་བར་བསྐྱད་ཐོག་སྐོ་རྒྱག་སྐབས་གསེར་ཀོན་མཆན་ཐུབ་རེ་མི་ཉེན་
མིད་བར་སྣར་འཕུལ་ཀྱི་དེ་བྱིང་སྐོས་བསངས་སར་མི་སོགས་ལུས་མིད་ཞིན་འདུག་ནན་ཏན་དང་
། མཆོད་ཁང་སྐོ་རྒྱུད་འབྱེད་བཙལ་པར་གཞུང་དོན་གལ་ཆེ་དགི་གས་བསལ་སྨྲོ་མི་ན་རིགས་ཡོད་ན་
མ་གཏོགས་ཆེ་ཆུང་རེ་རང་ཡོང་བ་ལས་གཡོག་རིགས་བྱེད་མང་དང་། ཐྲེ་མིད་སྲུང་རྒྱུན་ལ་མི་བྱུད་བྲོ་
གདེངས་མ་འཆིལ་བའི་རིགས་ལ་ཕྱུག་སྟེ་བསྒྱུར་གཏོང་མི་ཆོག །

དེ་བྱིངས་མཆོད་འབུལ་རྣམས་ཀྱང་སྤྱོད་རྒྱག་ཅིང་། མཆོད་ཁང་སོ་སོའི་སྒྱི་ཟུའི་འཇིན་སྣང་སེང་
ཤོར་མི་འབྱུང་བའི་ཐོག་དོ་རེང་འཆོ་དང་། གངས་སྟོངས་བསྟན་འགྲོའི་བདེ་ཐབས་ཆེད་ལས་ཞུངས་
ཁག་གི་མཆོད་ཐོབ་ལ་ (༡༠༦)བཅགས་འབྲི་མིད་པར་འབུལ་གཤོམས་ཀྱི་རྒྱལ་གསོལ་མ་ཀྱུལ་བར་མཆོད་
ཁང་སྐོ་འབྱེད་ཐོག་ཕྲུགས་འབུལ་རྗེན་མཛལ་བ་སོགས་ནས་བློ་ལྷུན་རྒྱུན་གོར་མེ་སློན་སོགས་མི་འབྱུང་
བ་ཞིབ་འཇུག་གིས་གཏོང་ཞིང་ཆོག་གྲུ་བ་སྟོང་རྒྱག་མིན། མཆོད་པ་དེ་བཞིན་ཕུལ་མིན་རྒྱུད་སྟེའི་ཚོ་ག་
ཆུལ་བཞིན་གཏོང་མི་ན་སོགས་སྤྲར་རྒྱུན་འཕུལ་བདེ་བ་ནས་སྐོར་གཡེང་ཞིབ་འཇུག་ཆག་མིད་བགྲིས་
པའི་འཕུས་སྒྲོ་ཆང་མི་ན་རིགས་ལ་འཕྱལ་འཕྱལ་བབས་བཀོད་དང་འབྲེ་ནར་མ་བགྱིས་ཐོག་མ
གསས་ཞབས་ལྷ་ཁང་གཞིར་ནས་ཀྱང་མཆོད་འབུལ་གད་བྱིངས་བཙལ་བར་མགོ་བོག་ལུས་རྒྱུན་ཀྱི་བཀོད་
འདོམས་དང་འབྲེལ་བར་མཐུན་དང་མཐུན་མིན་འདུག་སོག་ཆུལ་བཞིན་བྱེད་ཅིང་། ཆེ་ཐུང་རྣམས་དང་
། མཆོད་འབུལ་བ་སོགས་ནས་གཟན་ཁས་མ་གྲོན་པར་འགྲོ་བ། གཟན་ཁས་གྱོན་ཀྱུང་རས་སྟོད་སྨ་སྟོང་
སོགས་གྱོན་ནས་འགྲོ་བ། དྲག་པོའི་དཔོན་དཔག་གི་གྱོན་ཆས་དང་། ལུགས་སོལ་ལ་དཔག་སྟོང་སོགས་ཕྱི
ལུགས་སྤྲ་བསྒྱུར་ཐིན་ཕུད། དེ་བྱིངས་སེར་སྐྱ་ཆང་མས་ཆས་གོས་ཆུང་མཐུན་མ་ཡིན་པར་དོར་ཆས་ཡ
མ་གཟུགས་གྱོན་པ། སེར་སྐྱུ་ཕད་ནས་འདགས་ནུ་ཉི་ཞིབས། ནད་ནུ་རྒྱ་སོག་གི་ཞུ་མོ། པགས་པའི་མགོ
ཤུབས། ནུ་ཆད་མ་ལོངས་པའི་འབོག་པོ་དང་། སོག་ལུ། བདེ་ཆས་དང་ལུམ་ལྷགས་གཟེར་ཡོད་པ། ཏུད
དང་། འདུ་ཏུ་གྱོན་པ། ཉི་གཀགས་ཕུབ་འཆེར། ཞུ་གོས་ཡ་མ་གཟུགས་གྱོན་པ་དང་། སྟོད་ཆེད་ཏུ་སྟོད་པ།
དཀར་གསལ་བདེགས་སྟོད་མིད་པར་འབྱེར་བ་སོགས་མི་ཆོག ཆེན་པོའི་གནས་ཀྱི་ཆེ་བ་དང་བཅས་སོ
བྱང་སེ་ཤོར་ཏུ་རིག་སྐ་དང་། སོ་བྲང་ཉེ་སྐོར་ཞལ་བཅས་པར་ཀུ་ཚོ་སྐྱགས་པ། ཇ་བྱིའུ་ཆུན་སོག་ཆགས
རིགས་ལ་གནོན་འཆོ་དང་། དོན་མིད་མི་མདའ་རྒྱག་པ་སོགས་མངོ་ན་གོ་བབས་དང་། མཇེས་ལ་སོ
ཐག་དང་ཉེ་འབྱེལ་བཙལ་ལ་མི་བཏུབ་པའི་བྱ་སྤྱོད་རིགས་མི་ཆོག་པའི་བསྒྲུང་ (༡༡༦)འདོམས་རྩ་ཆིག
གཞིར་བཞག་ཐོག་གལ་ཏེ་བཀོད་ཡུང་འགྲོ་མི་ན་རིགས་མི་ཞུངས་སོ་སོས་རང་མཆམས་བསྒྱུར་འཛོ
མི་ན་པར་ལས་ཁུངས་སུ་བད་སྤྲོར་བྱེད། ཆེ་ནས་ཞལ་སོགས་སོ་བྲང་རྒྱབ་མཐུན་གང་སར་སྐད་རྒྱུ

འབོད་པ། ལོག་སྐད་ཀྲུག་པ། རྡོ་དང་། ཟན་གོང་བསྒྱུར་བ། སྣས་ལཿར་བཞབས་ཤོག་དོས་དྭག་གི་བབས་
འཛིགས་དང་། ཁ་དཿ་སྟྀད་དཿ་ཀྱི་ཀུ་ཚ་སྐྲོགས་པ། ལག་དཿ་ཀྱི་སྐུ་སྟྀང་ཏུ་ཡིག་རིས་འབྱི་བ། ཁ་ཚེད་
འཁྱགས་འཛིངས་ཀྱེད་པ། ཤག་ནཿ་དུ་དུས་རྡོར་ཚོགས་པ། སྟྀུ་དང་ཀྱི་ཁྱི་བསྟེན་བ། སྣེས་བཙུགས་མེ་
ཏོག་དང་། ཀྲིཡུ་སོགས་ནིན་བ། གཡཿ་ཡིང་སོགས་ཐ་མི་ཁ་འཐིན་བ། ཀྱི་རིང་དང་རྟ་སྲུགས་སྟྀད་གཉེར།
སྟྀང་བ་དང་། སྣུ་སྣན། པི་སྲྀང་སོགས་གཏོང་བ། འགྱིགས། ཤོ་སྲུག །ཨིག་ཨཿས། ཨར་སྲུག །ཁབ་ཚེད།
རྡེ་ཨུ་ཚེད་སོགས་ནཿ་ཡང་མི་ཚོག །

ཤོ་བྲང་ནཿ་འབོར་འདིར་སྲུ་རྡོའི་ཚར་རྗེན་མཛལ་ཁྱག་མཆོད་ཀྱེད་མི་ཕྱོགས་འདུས་སེར་སྐུ་
མཆོག་དམན་བར་གསུམ་ནཿ་ཚམ་གོས། འགྲོ་སྟྀད་ཚལ་མི་ན་རིགས་མི་འབྱེད་པ་སྣོར་བ་དང་། ཁཿ་གཿ་
སོགས་ནཿ་རྟོགས་ཞིན་ཀྱིས་དགི་སྟྀན་སྣོབ་བྱའི་ཕོག་བགག་དུ་ཕྱོགས་སྲུངས་མེད་པ་ཚལ་སྲུན་ཀྱི་བདུང་
ངོས། རེ་གཉིས་ནཿ་རྗེན་མཛལ་སོགས་ལ་བསྟུད་སྟོ་སྲུག་རིགས་མི་ཚེད་པའི་ངས་པ་ཨ་མཆིས་གཉིས་
སྟོ་ཁང་ནཿ་ཞིག་འདུག་གི་སྟུར་མེད་དོགས་ཅན་མི་ཡིན་སོགས་རང་གིར་བདུང་མི་ཚོག །རྒྱལ་གསོར
བདུང་མཚམས་ནཿ་ཀྱི་རྡོ་བྱུད་མེད་རིགས་ཀྱི་རྒྱ་འགྱལ་བགག་ཚ་དང་། དགཿ་ལྷུན་ལྷ་མཆོད་སོགས་སྒྲ་
མཆོད་ཁག་གི་ཀོང་འཛིན་ཨུལ་མི་ལྷ་བུ་ཀྲི་རྡོ་དཀིགས་བསལ་རིགས་ཀྱིང་འཕལ་གཏོང་འཕལ་འབྱུད་
ཀྱེད། སྟྀས་འགྱུར (११४)བདུང་བ་ཤོག་ཀྱུར་དུ་ལོངས་མི་སྟོང་པའི་ངས་པ་ཨ་མཆིས་ནཿ་དཿ་ནཿ་བབྱང་
གཟིན་རྒྱང་མགོན་ཁང་། གྱུ་ཁང་སྣུ་རིས་སོགས་ཀྱི་ནང་མཆོད་གསེར་སྣེམས། གཟུང་དོན་རྒྱ་འབྱར་དང་
། བྱར་ཚང་བཙམ་ནཿ་དགོས་དོས་གནས་གང་ཡིན་དཿ་གཿ་བསལ་དང་། དེ་ཕྱིངས་ལ་ཁྲོས་འགྱུར་
འབྱང་བ་ཞེས་པ་ཀུན་ཀྱི་དོས་རྒྱ་ཚ་བར་བཞེན་སྣོར་ཁང་གཿ་དང་། ཕྱག་ནཿ། སྣེར་གཡོག །རྣ་རྒྱལ་
གྱུ་ཚང་གི་གྱུ་གཡོག །རྒྱ་ཞིན་པ་སོགས་སུ་བབ་ནཿ་རྒྱལ་སྟྀའི་ནང་ཁོངས་ཁྱོ་འགྱུར་ཞིན་སྟོང་རི་གས་
ཀྱི་མཐོང་ཕོས་དོགས་གསུམ་སྟྀང་ཚམ་མི་ཚོག་པ་ལྷ་ཞིག །རྒྱལ་སྲོ་ཕྱི་མ། རྡོ་རིང་ནཿ་ན། ཤར་སྲོག་དང་
། ཏྭ་ལམ་སྲོར་མོའི་དུ་སོ་ཕན་ཚུན། གྱུ་མཁག་ལྷག་སྲོའི་རེ་འདབ་ཡཿ་གཿ་སར་ལེན་བདུང་མི་ཚོག །ཤོ་
བྲང་ལེ་ལཿག་གི་ཕོག་སྟེ་དུ་ཀྱུན་ཚས་དང་། ཏྭ་ཚས་སོགས་སྣམ་འགྱེམས་ཀྱེད་པ། སྟེ་ཤོད་གང་སར་གོ་
ཕལ་དང་། རྒྱ་ཉོག་གཿོ་བ་སོགས་གཏན་ནཿ་མི་ཀྱེད། དེ་རིགས་བྱང་ན་ས་ཁྱངས་ཁ་གཿ་ནཿ་གཉན་
སྟོར་རོ་སྲུང་སྲུང་སྟེ་གཟུང་ས་ཚེན་པོའི་བགཿར་ཏུ་རྟེ་སྲུ་དྲན་པའི་མཚན་དོན་སྟེར་བཙང་གི་འཕལ་
འཕལ་ཕྱུག་མཛོད་དུ་བཔ་སྟོར་ཀྱི་ཀྱེད་པོར་ཚ་འཛིན་བབས་བགོད་ཕྱིས་འདོམས་ཀྱེད་པ་ལཿ། རོ་འཛིན་
རོལ་འཛིག་རིགས་མི་ཚོག །སྣེར་གཡོག་ལྷ་བུ་ཚེ་ཤོད་གཞིམ་འདག་དང་། ལཿ་ཁྱང་ཡཿ་མས་བཙམ་
སུ་འགྲོ་དགོས་ངས་རིགས་ནཿ་གོས་ལྷམ་གསུམ་བཙས་ལྱགས་མཐུན་ཀྱོན་ཏེ་འགྲོ་ལཿས་སྟྀགས་ཤྲ་མི་
ཚོག །ཚས་གོས་རང་སྲང་གང་དྲན་སོགས་སྟྀགས་ཁྱམས་ཁྲྀད་གསོད་རིགས་འདུག་ཚེ་སྣབས་སྲར་སོ་སོར་
ཚད་གཚོད་བབས་བགོད་ཀྱེད། ཤོ་བྲང་སྟེང་གོར་ལེ་ལཿག་དང་བཙས་པར་མི་ཞིན་ཚེ་གཉིས་རྣམ་གྲུ་ཅུང་
ཁང་དང་། བཞེས་སྲོ་བ། བྱ་སྣར་བ། གཟུང་སྟེར་ཀྱི་མེ་ཐབ་གཏན་འདགས་ལཿག །འཁར་འཕར་རེ་སྲུབ་

པ་བཅས་ནས་མི་ཐབ་བཅའ་བ་དང་། མི་ཤིང་བ་སོགས་འརོག་བྱེད་ཕྱལ་བཅས་པར་རང་ལྷུངས་སོ་སོ་དང་།
| (༢༢)སྐུ་གཞིར་ལཀ། ཁད་ཁང་ཚང་མས་ཞིན་མཚན་ཀུན་ཏུ་མི་སློ་སྐྱིན་མི་འབྱུང་བའི་ཉིན་བསྲུང་ཟབ་
བཅག་རྒྱུན་འཁྱོངས་ནེད་ཁོན་མེད་པ་དགོས་རྒྱུ། མི་བསློ་དགོས་ངེས་ལཅན་དུ་ང་གཏུན་ཏིག་ག་ཆ་ཐྲ་
པར་བྱེད་ཤིང་དང་མཉམ་འརོག་རིགས་མི་ཚོག །ཚེ་སྐྱིར་གྱི་གག་སྟིག་ཚང་ལ་སྲར་ལམ་རྐྱེ་རིང་གྱི་མདེ་
སོགས་སྐྲ་དུ་འདེར་བ་ལམ་སྐྲ་བཅོལ་འལ་འརེ་མས་ཀྱི་སོ་བྱང་ནེ་འདབས་ཕན་ཚན་དུ་གཀྲོ་བའི་རིགས་
ས་ཁྱུངས་སོ་སོ་ནས་བསྐྲ་ཚོགས་ཀྱི་བབས་བཀོད་དང་འཛིལ་བར་དེ་རིགས་མི་ཚོག །

སོ་བྱང་རྒྱབ་རི་འི་གཡས་གཡོན་རྣམས་ནས་གསང་ལམ་སྣ་བུའི་འཛིགས་འཛབ་བྱེད་པ་ཕྱིས་མང་
བས་སྐག་རྒྱབ་ཁང་གད་ནས་ཞིད་དཔྱད་ཀྱི་བསྲུང་བཀག་དང་། བོང་ཕུགས་འཚོ་བ། སྐད་ཁུར་རྒྱག་ག་
སོགས་ནས་ཡང་མི་ཚོག་པ་སྲུང་ཚན་ཆེ་སྐོ་ཁང་སོ་སོས་བསྐ་ཚོགས་ཉན་ནུ་བྱ་པའི་དེ་རིགས་ཤར་ཚེ་
འཕལ་བདེར་བདུ་སྐོར་གྱི་འཕལ་འཕལ་ཚུ་འཛིན་བྱེད། གཞན་ཡང་སོ་བྱང་ནེ་འདབ་ཕན་ཚན་དུ་སྒུག་
པ་དང་ཚོན་རིགས་བཤངས་ཚོག་ས་བྱེད་པ། ཡང་དག་ཞན་ཚང་མས་ཚོ་རིང་ནན་ར་དང་། ཋ་སོ་ཕན་ཚན་
ཡན་རྒྱབ་མདུན་ལ་རེ་ཆུ་སོག་ས་རང་གིར་གང་བྱུང་དུ་བདང་མི་ཚོག །སྐག་རྒྱབ་དང་། བདེ་ཤར་གྱི་སྐྱེ་
གཚོད་འདེ་བཞིན་བས་བཀུན་མི་ཡོང་བ་ཡང་ཆུ་ཤོག་གཀོ་བ་དང་། ཋ་ཆུ་སོག་ས་རང་སྲང་གང་དན་གྱིས་
བདང་རྒྱུན་ལ་ཕུག་ཁ་བཅས་ད་ནས་བཟུང་སོ་བྱང་ནན་འཉོར་གྱི་གསིལ་ལཁན་རྣམས་ལ་ཆུ་ཉོག་དང་། གཀ་
སྐྱེག་གཀོ་བ་ཋ་ཆུ་སོག་ས་གང་བྱུང་དུ་གཀོང་བ་བཅས་གཀན་ནས་མི་ཚོག །ལྷ་མཆོད་དང་། སྐུ་མཆོད་ལཁ།
།རྒྱན་སྟོད་སྨད་ཆེར་ཚས་ཐོག །འཁར་འཕར་བརྒྱུ་ལག་བཅས་ཚགས་སྣབས་དགོང་སྦྱར་དཀར་གསལ་སྟོད་
ཞུ་ཚག་མེད་སྲར་དགོས། རྒྱབ་མདུན་གྱི་ཊ་སོ་ལཀ་དང་། ཋ་བཅལ་སོག་ས་གོག་སྐྱོན་རིགས་ལས་ཁུངས་
གད་ཁད་སོ་སོས་ཉམས་གསོ་དགོས་རིགས་སྟོན་ཚད་བས་བཅུན་བྱེད་པ་ལས། ར་བ་རྒྱལ་འཚལ་རྒྱལ་དུ་
བཞག་མི་ཚོག །ཋ་མཆངས་མེ་ཏོག་ལབ་ཁུལ་སོགས་ཚོང་མིའི་རིགས་ཀྱིན་ཀྲ་ཕག་ཤྱག་མདུན་དང་། ཤར་
སྟོག་རྒྱལ་སྐོ་བཅས་ཀྱི་འགག་ས་དུ་འཛོག་པ་ལས། ནང་ཁོས་སུ་བདང་མི་ཚོག་པ་མ་ཟད་གཞུང་སྐོ་ཕད
ཚན་དང་། སྟོག་རྒྱབ་བཅས་ཀྱི་འགག་ས་དུ་བཞག་མི་ཚོག་པ་བགག་བསྐོ་བྱེད། གཞུང་སྐྱེར་གྱི་དགོས་དོས་
འཛིན་ཁལ་རྣམས་སོ་བྱང་མདུན་ཊ་རེ་ང་ན་མ་དང་། ཤར་སྟོག་བར་སྐོའི་ཊ་སོའི་འགྱམ། སྣག་རྒྱབ་
ཊ་ལམ་གོང་མའི་བར་ཐབ་སྐོ་ད་གག་ཐབ། གུ་ཤག་སྐག་སྐོའི་ཡོང་འགོག་ས་སྟོང་པོའི་སྐོ་ཕྱི་མ་བར་མ་
གཏོག་ས་དེ་ཡན་འཐིང་འདེད་མི་ཚོག །རྒྱལ་སྐོ་རྒྱག་མཚམས་སུ་ཕྱག་འརོ་དང་གཟན་ལས་བ་བ་གཉིས་
ནས་ཇ་བོ་ཆེ་དཔྱག་བསྐལ་ཀུན་བསྐུན་སྟེ་བས་རྒྱག་གི་ཝི་མི་ག་རྣམས་བསྐུས་ཐོག་འཕལ་བའི་བའི་ཕག་
དུ་གྱངས་ཤིར་ཀྱི་ཚིས་སྐོ་བྱེད་པ་མ་གཏོག་ས་འགྱིམས་འགྲུལ་བ་སྐག་སྟོང་བྱེད་པ་སོགས་དུས་འགྱངས་
རིགས་མི་ཚོག །རྒྱལ་སྐོ་རྣམས་བསྐམ་གཚོད་ཀྱིས་གཚོང་རྗེ་གཞུང་དོས་བུའི་འགྲོ་འདུག་དམིགས་བསལ་
བྱ་དགོས་རིགས་འཕལ་བདེ་བར་བདུ་སྐོར་གྱིས་ཤར་ཚེ་སྐྱོག་དང་། བདེ་ཅུལ་གང་རིགས་ནས་བདང་
བས་འཕལ་འཕལ་བསྐམས་གཚོད་བྱེད་པ་ལས། རྒྱལ་སྐོ་གཞན་དག་འཐེད་གཏོད་མི་ཚོག །

ཕུན་ཚོགས་འདུ་ལམ་འདི་བཞིན་གསོལ་ལོ་འཐུམ་མི་མཛོ་ར་ཤེ་མ་དང་། ཤྭག་རྒྱབ་ནས་ཆབ་རྗེ་ལ་
འཁྱེར་ཚོད་དུས་མཆངས་སུ་ལྟེ་ཤིག་ནང་གཏན་ཏོ་མས་བྲང་སྟེ་འཐྱེད་པ་ལས། (༡༢༩)སྤྱི་ཁྱི་དུས་མིན་དུ་
རྒྱལ་སྐྱེ་འཐྲི་བ་ལྷ་ཚེ། ལྟེ་ཤིག་ཀྱང་ཁྲངས་ཚོག་རྒྱ་མིག གཞུང་སྐྱོ་ཕན་ཚུན་དུ་དངོས་ཆབ་སྐྱོ་ཤུགས་དང་
། ལྟེ་ཤིང་། གོ་ཐབ་ག གད་སྐྱེགས་སོགས་དངོས་པོ་མི་ཉོས་པའི་རེ་གས་པར་ཕྱིར་འཐྲེར་མི་ཚོག ཁྲེར་ལ་ཁ་
གི་རྒྱ་རེ་ཉུའི་རེ་གས་ཀྱང་ཤྭག་རྒྱབ་ཏ་ལམ་གོང་མའི་ཐན་བར་ལས། དེ་ཡན་རྗེ་ཉུ་དེ་ད་མི་ཚོག་པ་མ་ཟད།
ཆབ་རྗེ་ལ་དང་། གཞིམ་རྗེ་ལ་མ་གཏོགས་དེ་ཅྱིངས་དག་ཞན་སྱས་ཀྱང་གཡེལ་ལ་གཡོག་མི་ཚོག ཁོ་བྲང་
མཉུན་ངོ་ཚེ་བས་བསྒྱུར་སྐྱབས་ཚེ་བས་སྟེ་གས་ཉེ་འགྱུམ་དུ་མཆོག་དཉན་སྱུ་ཐབ་ནས་རྟ་བཞིན་འབབ་
མི་ཚོག་ཅིང་། ཀྱང་བཀའ་བློན། ཉན་མ་ལཁག ཁོག་མདའ་སོགས་ནས་ཀྱང་རོ་གཏལ་སྟེ་མཆམས་ནས་
བཞིན་འབབ་ཀྱིས་མཆོ་ན་དག་ཞན་གོ་རེ་མ་འཛོ་ལ་བ་དང་། ཕོ་བྲང་རྒྱབ་རོ་ཚེ་བས་ལ་བསྒྱུར་སྐྱབས་
ཤེར་སྐྱུ་ཁྱིངས་རྣམས་ཏ་ལམ་སྐྱོར་མོ་དང་། ཚེ་བས་དང་བ། གར་རོལ་བ། ལས་ཚན་ཚེ་ཁ་ཡན་ཕོ་བྲང་
གི་ཚིག་ཟུར་ངན་ཁུག་བར་དང་། ཀྱང་བཀའ་བློན། ཉན་མ་སོགས་ནས་ཚེ་བས་བསྒྱུར་སྐྱབས་དང་། རྒྱན་
པར་བཙས་པར་ཚེ་བས་སྟེ་གས་ཧོག་མའི་ཉེ་འགྱུམ་ཡན་ལས་བཀུལ་བར་ཏ་བཞིན་འབབ་མི་ཚོག་པ་མ་
ཟད། མི་དག་ཁག་དང་། ངང་མ། ཚེ་གོད་ཀྱི་ལས་ཚན་པ། ཤེ་འབྲས་དགའ་གསུམ་ཀྱི་བླ་མ་ལས་སྟེ་བཅས་
ཤྭག་སྐྱོ་ནས་རྒྱ་འགྱུལ་ཚོག་ཅིང་། དེ་མིན་མཛོ་ལ་དཔངས་སྟེ་ར་ཀྱི་དོན་གཆོད་པའི་རེ་གས་སོགས་གཞུང་
སྐྱོ་ཕུན་ཚོགས་འདུ་ལམ་ནས་རྒྱ་འགྱུལ་ཐྱེད་དགོས། བསྟོ་ཧེན་འཐལ་མི་དང་། མཆོ་འགྱུབ་པའི་རེ་གས་
བཅས་ཀྱང་ཚེན་ཐབ་ལ་ལས་བཀུལ་པ་ལས་ཤྭག་སྐྱོ་ནས་རྒྱ་འགྱུལ་མི་ཚོག ཕོ་བྲང་ཞལ་ (༡༢༠)དཀར་འོག
རོ་རེ་ནན་མ་དང་། ཏ་ལམ་སྐྱོར་མོ་སོགས་མི་ག་ལམ་འཞིལ་ཡུལ་དུ་ཧོར་བཏེ་གས་དང་ཁང་རྒྱང་ལག
རྒྱང་གི་ཞལ་འདུག ཁ་མི་ལ་འཐེན་པ། ཧོ་སྐྱག་ཚེ་འཛི། སྐྱ་ཐུར་སོགས་མཛོ་ས་ལ་མི་ཚགས་པའི་
ཁྱིམས་འགལ་རེ་གས་མི་འབྱུང་བ་སྟེར་གཡོག་གི་མཆོ་ན་པར་འགྲོ་འདུག་སྱོད་གསུམ་གོ་བབས་འཛོ་ལ་
མེད་སྐྱིག་ཁྱིམས་འབྱུང་ཤེས་དགོས་པ་སོ་སོས་སྣགས་དཔར་ཆམ་འཆུན་ཐྱེད་ཅིང་། སྱོ་ཁང་གད་པ་སོགས་
ནས་ཀྱང་ཏོ་གས་ཞིན་འཕྱུགས་མེད་དགོས་རྒྱ་བཅས་འདི་སྐྱོར་སྲུ་སོར་ནས་ཚེ་ཕོ་བྲང་ཚེ་བའི་སྱི་ཞུ
འཛིན་སྲས། སྱིག་ལམ་གཞན་འཁྱུར་སོགས་ཀྱི་སྲང་བྲང་ཐྱེད་སྱོ་ཕ་ཞིན་འཁོད་པའི་ཚ་ཚིག་སྐྱག་ཚང་
སྱོར་མོའི་སྐྱུ་ལྟེ་ངས་སུ་སྦྱར་འཁོད་མ་ཟད། འདི་ནས་ཀྱང་སྱར་སྱོལ་སྱིག་ཁྱིམས་འཁྱུར་ཤེས་བཀག་ཡོད
ཚལ་མཐུན་དགོས་རྒྱ་ཚེ་འཕྱལ་བའི་བས་མཆོ་ན་པར་བཀོད་འགོམས་རེམ་པར་སོང་ངུ། དེ་དག་མ་
ཏོ་གས་ཞིན་མཐུག་གཞོན་རྒྱང་སྐྱོ་ཀྱིས་ཡུག་གཉི་ཁྱིམས་སྱོལ་བཟང་པོ་རེ་ཏི་མི་སྐྱར་པ་འགའ་ཞིག
ནས་བ་བྲང་སྐྱལ་འཐུག་ལྷ་བུའི་ཚལ་མི་ཏ་ཇ་སྱོད་སྲ་ཚོག་ཆེ་རེ་གས་ལ་བརྗེན་འདི་ལོ་དེ་སྱེ་ཚ་ཚིག་
གཞི་བཞག་ཐོག་འཐུ་བསྱོ་ཀྱིས་ཞོས་དང་བཅས་གལ་ཆེ་ཉན་དའི་དན་གསོའི་ཚ་ཚིག་འདི་བཞིན་
བདང་བ་ད་ནས་བཟུང་ཤྱི་ཁྱུག་ཏོ་དམ་འགོ་འཆིང་དང་། ཚེ་ཕྱག་ལས་འཛིན་རེམ་འཁྱོར། སྐྱ་གཉེར། ཁང་
གཉེར། སྱོ་ར་བ། གད་པ་སོགས་མངགས་བཀོད་ཤེ་སུ་བཅུག་པའི་སྟེ་སྱེ་བས་ཚང་མས་སྱི་ཞ་འཛིན་སྲས

དང་། ཉམས་གསོ་གད་བདར། གཙང་སྦྲ། ཁྱིམས་འགལ་ལོག་སྐྱོད་ཀྱི་རིགས་ལ་ཞིབ་འཇུག །མི་རྒྱུན་གྱི་སྦྱིང་ནས་མི་འབྱུང་བའི་དོ་དམ་བྱེད་རྒྱས་ (༡༨༩)མཚོན་ཤེར་སྐུ་དྲག་ཞན་འབྲིང་གསུམ་སུ་ཐད་ནས་སྲ་གཟུམ་བཀའ་ཡངས་ཉམས་འཆལ་འན་སྐྱོད་སོགས་གོང་དོན་ལས་འགལ་འཡོའི་རིགས་ནས་ཡང་མི་འབྱུང་བ་རང་གཅིགས་ཐེག་པ་འབྱིན་ལེན་དང་པོས་དམ་བཅངས་ཁྱིམས་མཐུན་བྱུང་ནང་། མ་ཟིགས་པའི་སྐྱ་ཆལ་བཀའ་ཡངས་ཀྱི་ལེ་འཕོན་རིགས་དག་ཞན་སྦྱ་ཐད་ནས་སྐར་ཏེ་བྱེད་འཛོ་ལ་གཞིགས་པའི་ཉེ་བ་བསས་སྐྱི་ཀུན་གྱི་མིག་ལམ་འདོམས་པ་གཙོད་ཆེས་ལས་སྐྱོད་ཡངས་རྒྱ་ཡན་དུ་འཛོག་རྒྱུ་མིན་པ་བཅས་འདི་ནས་ཀྱང་ཀྱི་ནང་གངས་ཉེའི་སྐོར་གཡེང་ཞིབ་འཇུག་ནར་མར་བགྱིས་རྒྱ་བཅས་དེ་ཆེས་རང་རང་གི་ཞི་ཉེན་དང་། གཞུང་སའི་མཚན་ལར་བཀའ་བ་ཏེན་བསམ་ཤེས་ཡོངས་སྟོན་དན་གྱི་བྱང་དོར་འཇུག་སྟོག་བཀའ་ལོག་ཆལ་ལྕན་རྒྱན་འབྲོངས་སུ་སྐྱོན་པར་གྱི། ཞེས་གོ་བར་བྱ་བའི་ཡི་གེ་རབ་བྱུང་བཅོ་ལྔ་པ་འཕགས་པའི་ཡུལ་དུ་ཕུ་མ་དེ། སྐྱོད་འཉིལ་གྱི་བདེ་ལས་བཀག་མེད་དུ་གྲགས་པ། གངས་ཅན་ལ་རྣམས་ཀྱི་འབབ་ལྣན་སྐྱང་ནོར་འབོར་པའི་རྒྱལ་ཁྱབའི་དགར་ཕྱོགས་ཀྱི་རྒྱལ་བ་དང་པོའི་ཆེས་ལ་པད་དཀར་འཆང་བའི་སྐྱེ་ཕྲེང་བསད་གསུམ་པས་ཡུལ་གཉིས་ཀྱི་སྲུང་ན་ཞིན་མོ་སྐྱོད་པའི་མདུན་ས་གྱུ་འཛིན་གཉིས་པའི་གཞལ་མེད་ཁང་ཆེ་པོ་པོ་བྲང་དུ་ལ་ནས་བྲིས།། ||

汉文翻译

十三世达赖喇嘛颁发的噶厦公务人员的行动章程（藏历土猪年，光绪二十五年，一八九九年）

奉大皇帝圣旨

西天大善自在佛所领天下释教普通瓦赤喇怛喇达赖喇嘛奉法旨

生活在南部洲清凉白雪环绕的美丽大地——西藏的众生、全体尊卑僧俗，特别是甘丹颇章的政治四业主持、布达拉官的都果勒空的总管、内部领衔的大小堪布、颇本、代本、孜本、贵族子弟、孜雪政府机关的办事人员、上中下科、仲多、俗官大管家、门卫、房管员等，以及按例特设总管布达拉官先后在职管家等一体晓示：

遵循大圣密宗事部三怙主、智慧化身、国王祖孙三代的遗训，要在西藏三区大地中心有名的第二普陀——布达拉官上中下精心供养维护。一切侍从僧俗官员，举止作风等各个方面，早已陆续有明文规定，大家在行动、语言、思想三方面本不应违背，但是后来，由于负责约束纪律的总管，明知有人违犯规章，也都听之任之，放松管束，致使大多数人有机可乘，辗转效尤，置原有的规章于不顾，出现了破坏规章的行为。

此次制订章程的重要意义在于，布达拉宫乃观世音菩萨的无量宫，是无比众生积德造福之最上净土，具有吉兆之特点。尤其是世间贤劫之主，天授地上大梵（对皇帝的敬称）日月交辉，赐予本人金册、宝印等，授予本人统领天下释教的最高权力。本人现今负有保护西藏政教之重任，正当根据出家十善法和在家道德规范十六条等两法的行止取舍，积极采取措施，恢复和发扬优良传统之际，主宰大地的诸法王，也曾依据习惯法开创利济佛法众生之善举。置身在政教两法之首府拉萨的全体众生，特别是长期沐浴政府厚恩的上中下僧俗内侍官员，其一切行为都要提高甘丹颇章政府的声望，即可名利双收。众所周知，倘尔等不能谦虚谨慎，自觉遵守，就会给维护以大昭寺为首的全部所依处开创极坏的先例，而全区民众的传统优良作风，也将逐渐呈现出浊世的衰败景象。

现在要向公、噶伦、总管堪布等各贵族绅士、高级侍从、大小堪布、颇本、代本、孜本、贵族子弟、上中下仲科尔等人指出：尔等身受政教合一政府的隆恩，应当明白今后怎样生活，怎样循规蹈矩，遵守众生幸福之根本、政教两制的取舍规矩。在执行一般的和特殊的、临时的或经常的政府职务时要公道正直，忠于职守，扬弃悖逆狡诈行为，要照例实行第巴桑结嘉措的《法典明镜》和其他一些专门布告、纲领以及共同文约等，不得违背。

侍卫办公处的全体僧俗官员，衣着不得破烂。孜仲要穿孜仲官服，俗官要穿合乎自己身份的官服，穿"甲钦"、"吼布查"和"达松"等式样的靴子等，不许随意乱穿。

在宫内外的举止作风，要按照等级区分，要符合身、语、意规范，一切行为不得有伤风化，不能疏忽大意，衰败颓废。力行政教的谦恭礼仪，对自古以来的优良传统，切勿败坏。

在以噶厦为首的各机关内，不许孜仲不穿孜仲服而穿氆氇或布上衣，不许穿粒皮底布靴、后藏靴、破底靴等。俗官们衣服、靴子也不许随意乱穿。任何时候都不许吸烟。更不允许在"德央厦"等大庭广众场所，穿耸肩无袖坎肩、粗继上衣等不文明表现。在布达拉山下"雪"一带地方，办理公、私事务时，也要符合行为准则，不宜在村庄、市场和饭店乱逛。

孜仲外出催收粮食和僧茶时，衣着要符合规定，从拉萨出发时不准穿蒙古服和便装。俗官外出时也不能穿汉装或蒙古服及便装，在石碑和"达索"内行走和停留。坐垫管理员和仲多等到孜雪勒空办事时，身上衣着要符合规定，不准穿汉靴、破底靴或后藏靴。没有佩带汉刀、碗套，未戴黄碗帽，不得来往行动。

门卫、房管员、清洁工等，不得以私事为重，而对公事不经心、浪费时间。正如谚语所说："做针是为了缝纫，做风箱是为了吹火"，各个都要名副其实，各尽其责，坚守岗位。上下官殿和各厢房，要每天打扫，经常保持清洁，按时进行修缮和维护。三合土地面也要进行检查。尊卑任何人不得有违法悖逆行为，注意防火、防盗，随时探听和观察，不可掉以轻心，对重要供养维护妥当，使众人满意。

在寝宫和拜谒达赖时，不得高声喧哗，各部门要检查。观音殿和各金塔的香灯师，要从早晨开门起坐守到天黑。关门时要使长明灯足够过夜，并杜绝火险。另外，还要认真检查供香和酥油灯等。启闭殿门时，除因重大公事或特殊情况外，孜仲必须亲自前来，不能将钥匙交给多事的佣人及缺乏警惕性的人或者是不可靠的人保管。其他供施的人员也要固定不变，坚守岗位，虔诚维护好各殿堂，不能疏忽大意。为了本人的长寿和雪域佛法众生的安乐，各个部的供物数量不能减少。在佛面前摆设供品和向护法神祈祷念经时殿门打开之后来自远方的朝佛香客，不能放松警惕，为防止失火、失盗，要派人检查。各处负责念经的人是否坚守岗位，是否按照《续部》仪轨念经，是否按时供养祭祀。平时布达拉宫管理处，要不时巡回检查，对于不完美的方面，要秉公处理，不得拖延。各处的夏卜庙祝对供施、清扫要上下有序，自成章法，按理取舍，孜仲和供施人员未穿袈裟和禅裙，不得来往走动，也不得在袈裟、禅裙上再穿布上装或氆氇上装，或者不穿正规僧服而穿蒙式奇装异服。无论僧俗都不准戴遮阳草帽、风雪帽、汉式帽、蒙式帽和不合尺寸的黄碗帽，不准穿皮筒长坎肩、便服，不许穿掌钉的靴子、汉式圆口鞋、皮鞋、穿奇装异服或赤裸上身，不准打阳伞，不准提无罩的灯盏等。在大殿和布达拉宫上走路时脚步要轻，不能发出沉重的脚步声。在布达拉宫周围和"雪"一带地方，不许大声吼叫，不许伤害麻雀一类的生命，不许无故放枪。总之，不许发生与地位不符、有碍观瞻、有不祥之兆等行为。依照防范规定，倘若有不听从指挥、不守纪律者，各地区不能放任不管，要及时通知所在机关。

不许在布达拉宫上下前后到处高声喊叫，讲黑话，不许甩糌粑团子和石头，在楼梯处不许发出嘈杂声和剧烈的撞击声，不许慢慢悠悠，或者大声骚闹，在墙壁上乱涂乱画，或者吵嘴打架。不许在僧舍内砸骨头，养猴子和猎狗，栽花，喂鸟，吸鸦片和香烟。不许在腰间插长杆烟袋、长刀或马鞭。不准吹笛子，拉弦子，弹琵琶。无论何时不准玩"阵"、掷骰子、下棋、玩羊踝骨、玩针和石子等。

守门人和清洁工等对早晨来殿里朝佛的香客、僧俗上中下人等的穿着、行为，是否符合规定，要进行检查，讲明利害，秉公放行。对个别寻衅的坏人，不许放行。经门卫检查，发现形迹可疑者，不许放行。

下午对护法神的祈祷结束之后，即禁止妇女通行。燃灯节和各个逝世祭期间，对于擦洗灯盏的差役，当天下午可例外随时放入，随时放出。

禁止背地饮酒，鉴于饮酒是一切罪恶的直接原因，今后在寝宫、护法神殿和朗杰扎仓等处，除念经用的内供神饮、公家厨房的红糖酒等因特殊需要外，其余房管员、门卫、清洁工内侍官、家（作者注：管家与奴仆）、朗杰扎仓的僧奴、运水工等，任何人一律不许在大门内饮酒，也不许对酒有所闻、见、疑等。倘若发生，一定给予处罚，以惩前毖后。因此，在大门内自不必说，大门外石碑以内、夏角、布达拉后山腰、官员下马处、马齿形围墙附近、僧舍后门山根处，也不许携带和饮用酒。

不许在宫殿各处的屋顶上晒衣服和陶器，及随意倒垃圾和脏水。如果出现此类情况，各处的房管、清洁工不得照顾情面，要念及政府恩典，把名誉和事业放在心上，及时通知大管家，根据情况予以指责和揭露，不可姑息放纵。

如家仆一类人中，在布达拉宫上下行走，穿戴也要符合规定，如有违反，及时追究。

宫殿上下房屋，随时有发生火灾的危险，各处的香灯师房管员、清洁工等对朗杰扎仓的净厨、炸点心的厨房、熬糖房、公家和私人的炉灶，以及经常和临时做法事搭的灶房和堆放柴火的地方，日夜都要警惕防范，不可掉以轻心。确实需要留火种时，也要认真仔细查看，不可把火种和柴薪堆放在一处。

布达拉宫的垃圾，必须按规定倒在山下石碑外堆放垃圾的地方，不许偷懒省事，倒在宫殿附近，各处要加强监督管理。

在布达拉后山上以及偏僻路上进行攀登行走之事，多数人忘在脑后。今后，房管员、清洁工要检查防范，禁止在这些地方放牧毛驴、奶牛，大声吆喝。布达拉宫的门卫、清洁工如若发现此类事情，要随即报告布达拉宫管理处，及时予以处理。另外，不许在宫殿周围捶打、研磨"苏巴"和植物染料。

尊卑任何人不得在布达拉宫山下石碑和马齿墙附近随地小便。为了不使后门和"德央厦"的厕所倒塌，禁止在这些地方倒脏水和垃圾。今后，也不许在宫内的厕所里倒脏水和垃圾，以及随意小便。

今后，在燃灯节、逝世祭、上下密院和布达拉诵经会，以及经常的和临时的百僧诵经会，必须点长明灯，不许间断。

前后的马齿形围墙和石板地面损坏之处，各处的房管和清洁工要及时修复和加固，不得任其损坏倒塌，置之不理。同时，只准在僧舍前后和布达拉宫东便门等地卖花、萝卜、圆根等，不许到宫内叫卖和在正门及后门处摆摊。

公家和私人的驮畜，只准在布达拉宫正面的石碑以内和"夏角"中门的马齿形围墙边，以及后山马道的灶房、僧舍后门和榆树门等可经过外，不准超越此限。关闭宫殿大门时，管家及其二位助手，要随鼓声落锁，收回门锁钥匙，点交给布达拉宫管理处，不得因等候过往人员延误关门时间，关门后禁止通行。如因公特别需要进宫时，可告知布达拉宫管理处，开东便门或西便门，并随时将门锁好，不准开其他正门。饲养奶牛的人到官内送牛奶时，可走"彭措杜朗"小道。运水骡夫可走后官门。并要按时前来，由朗生亲自拿钥匙开门。早晚要按时开门，自不必说，也不准骡夫要钥匙开锁。不准在正门之间来回搬运器物和牛粪、柴火、灶灰、垃圾等不当之物。私人的运水骡子等，只许从后官门和山腰附近大道通过，不许将骡子牵到上面。除为寝官运水、运日用品的骡子外，其余任何不准给驮畜挂铃铛。

在宫殿前面尊卑任何人都不得在（达赖的）下马礅附近上下马。公、噶伦、官内侍、颇本、代本等，只能在石板地面边沿下马，勿使尊卑等级错乱。僧俗官员乘马来到布达拉宫后山时，只能在"达朗归莫"下马。仪仗、乐队、五品以上的官员，在宫墙以内下马。公、噶伦、官内侍从等人员均不得逾下马礅下马。

官内尊卑侍从、孜雪的办事员，色拉、哲蚌、甘丹三大寺的活佛、执事等，遵照以前惯例可以从后官门出入。而其他的朝拜百姓和贵族世家的办事人员等，走布达拉宫正门的彭措杜朗，送回向礼的人和进香祈祷的人，走北门的"羌钦坦朗"大道，而不能走后官门。

在布达拉正面山下石碑内的山脚小道等视野所及之处，不准有胡人坐姿，或伸开四肢躺在地上抽烟、赌博、高声呼叫等违法表现，以免有碍观瞻。贵族侍从的举止，要循规蹈矩，不得与各自的地位身份相违背，其主人要像"钳子夹烧红铁"那样，严格管教。房管员、门卫、清洁工等也要严格检查。

昔日布达拉宫管理方面的取舍章程，原先已有详细的条文规定，记载在"打仓果姆"墙壁上并曾向布达拉宫管理处多次下达过指令，让其沿袭旧制，循规蹈矩，但在此方面，由于坚持检查不够，有些人无视政府两制的善规，如同牧人驱牛涉水，发生各种非理行为。因此，今年根据原先的章程，在此予以公布。从今以后，由总管管束孜恰在任的各级管事、香灯师、房管员、门卫、清洁工等，所委派的所有工作人员，要严格负责，各自爱护管束，对于供养、维打扫卫生、防火、防盗，都要认真检查，严禁违法乱纪的行为发生。上中下僧俗任何人，都不许在身、语、意三方面放肆，出现败坏风纪的恶行。对上述各项任务，不可疏忽大意欺哄诈骗。无论尊卑何人，倘出现违章行为，都要根据罪行予以处罚，对罪大恶极者，严惩不贷。

本处也要在宫内外进行巡察。此事关系到各自的利害，念及政府的声望和恩惠，要预先考虑，应行应止，取舍得当，务必循规蹈矩，认真坚持执行。

特此通告。

第十五饶迥土猪年十二月初三，持白莲十三世写于两法普照的第二佛陀布达拉宫。(《十三世达赖喇嘛全集》十一——十四页)

摘自扎西旺都编《西藏历史档案公文选·水晶明鉴》，王玉平译，中国藏学出版社，2006，第80~87页。

布达拉宫白宫建筑险情巡查报告

藏文原文

ཉེ་བོ་བྲང་དཀར་པོའི་བསྐོར་ཐོ་སྙན་ཞུ།

སྤྱི་ལོ། །༡༩༤༧ གོང་ས་སྐུ་ཕྲེང་མགོན་ཆེན་པོ་མཆོག་ནས་ཉེ་མཁན་མགོན་ཆེན་པ་བརྒྱུད་བགང་། སྒྱི་ཞིབས་སུ། ཉེ་བོ་བྲང་ཆེན་པོའི་ཕྱིའི་ཉིག་པར་སྦྱོར་པ་ཆེར་ཡོད་ཆོ་མི་འདུག་རུང་། རང་གི་ཤིང་ཆ་རྣམས་རུལ་སྐྱོ་དང་། འབུས་བཟོས་སོགས་ཀྱི་སྐྱོན་གནས་ཡོང་མི་མ་ཉེ་པར། བར་ལས་གཡོས་སྒ་རྟེས་རྒྱུད་རྒྱི་སྐྱོན་བྱུང་ཡོད་མེད་སོགས་བགའ་ཤག་ཏོ་བསྒྱུར་ཀྱིས་བསྒྱུར་ཐོ་དུ་ང་ཞིང་ཚགས་ཞུས་དགོས་ཤྒྱི་ཞིབས་བཞི་ད་ལས་བགའ་གག་དང་། ཉེ་ཕྱག་མཛོད། གིན་བཟོ་དཔུ་ཆེན་ལྷུ་ཡིགས། ཏོ་བཟོ་དཔུ་ཆེན་དོན་གྲུབ་དང་། འདུག་རྒྱལ། ཁང་གཞེས་ཁག་བཅས་ཚང་འཛོམས་ཐོག་ཉིའི་སྐུ་ཆབ་ཉེ་མགོན་སྒོ་བཟང་ཆོས་གྲགས་དང་། ཉེ་མགོན་པར་ཞི་རྗེ་བྱུང་དག་དཔང་བསྟན་སྐྱོང་བཅས་ནས་སྟེང་གོང་ཁང་ཁྱིམས་ལི་ལག་ཆང་པར་རི་ད་བཞིན་ཏོ་བསྒྱུར་བསྒྲག་བསྒྱུར་ཞིང་ཁོངས་ནས་རྒྱ་ཆེའི་སྐྱོན་གྱུར་མེད་རིགས་རྣམས་ཡིག་འཛིན་བྱེད་བཅེན་འདི་ང་ང་བགོར་ཏར་ད་ཕྱིངས་པོ་བྲང་དཀར་པོའི་ཁོངས་གཏོགས་ཤྱམས་བཟོ་ཕྱུག་བཞིན་མ་གནང་མཐུ་བྱེད་རྣམས་ཀྱི་བསྒྱུར་ཐོ་འགོད་འཕུལ་ཞུས་པར།

ཉེ་བོ་བྲང་ཆེན་པོའི་གཡུང་སྐོ་ཕུན་ཚོགས་འདུ་ལམ་གྱི་སྒོ་འཕྱོར་ཀ་ སྒུངས་ཀ་བ་བཞིའི་སར་ཀ་གཏུང་། གཡུ་འབྲེ། ཉེ་བཟང་། ལྷ་མ། ཉིག་པ། ཉེ་བས་ཁྲིག་སོགས་ད་ཡནས་གོག་མི་འདུག ཐྲོ་ར་བའི་ལས་ཁག་ད་བརྒྱུད་རྟ་བཟོའི་སྒུག་གནང་ཁག་ཉེ་སྐྱོན་གྱིས་སྣམ་ཤིང་སོགས་ལ་སྐྱོན་གྱུར་ཡོད་ཡུལག ཞི་ཡང་། བར་ལས་ནས་བག་གྱུར་འགྲོ་ལམ་བགག་པས་ལམ་ལས་སེ་ཞིག་ཡུལ་མི་འདུག ཁྱུང་སྡོའི་སྒོག ཤྲ་དྲང་པོར་ལུམ་ཀྲག་ར་དང་། གཏུལ་གཏུང་༥ དེའི་ཤར་བའི་ཤར་ཁང་གཞེར་ཁོངས་ཁང་རྒྱུང་སྒོ་བྲ་བས། དེའི་སྒུག་ཐྲག་ཤྱུར་ཉོ་བསྒ་ལ་ལྷུ་གྲངས་༢༢། གཏུལ་གཏུང་༡༡། དེའི་ཉུ་ཁང་པ་སྒོ་ཤྱར་ལྲ་བས་ ནང་ཐྲག་ཤྱུར་རྒྱ་མགོ་གཟིགས་སྟེང་གཟམ། དེའི་སྲག་ཐྲག་ཤྱུར་ཞུན་ཐྲག་ཤྱར་ཉུབ་བསྒ་གཏུལ་གཏུང་

༡༡། ལུམ་གདངས་༡༡། ག་ཐུང་༡། གདུང་གྲུ་གཤིག་འབཅས་ཀྱི་ཤིང་ཆ་རྣམས་འབུ་སྐྱོན་མིན་ཏུ་ཆེ་བས་ཤིང་
ཆ་ཡོངས་རྫོགས་གསར་འརྗེ་གནང་དགོས། ལྤག་ཆང་སྐོར་མོ་ཟེར་ཡིག་ཆང་གདན་ལྷང་སྐྲོ་བྱང་བལྲ
བག་ཕྱུར་གྱི་སྐྱག ༑དེའི་བྱང་མདན་བརྒྱ་མཚོད་འཕུལ་བའི་ཐབ་ཆང་སྐྲོ་ཁུབ་བལྲ་དང་ལུམ་གང་མ་བཅས
ཆབ་ཅིག་༉རྣམས་བཟིའི་ཁོནས་སུ་འགྲོ་རྒྱུ། ལྤག་ཆང་སྐོར་མོ་ཟེར་བ་ཆེ་གསོལ་ཐབ་མ་ཆེའི་ལས་ཤག་རབ
གསལ་ཞུབ་བལྲའི་ཀ་གདུང་། ཤིང་བཟང་བཅའས་ལ་རྒྱ་ཆར་གྱིས་དུས་བྱུམ་བལྲས་ཤོད་མིན་ཏུ་ཆེ་བ་དང་
༑དེའི་ལྤག་དོ་ལྤག་ཀ་ག་གཉིས་ལ་ལུམ་གདངས་༦༧། ལྤག་གི་ཤར་དུ་ཆྱགས་ཀ་ཁ་ལག་མང་། གདུང་ཨ། གཞ
འབའི་ཚལ་ལས། དེ་ཕྱིངས་འབུ་སྐྱོན་ཆེ་བ། དེའི་ཤར་ཁང་པ་ལུམ་ནང་སྐྲོ་བལྲ་ནང་རྣམས་༡༧། གདུང་མ
༡ཆབས་འབུ་སྐྱོན། དེའི་ལྤག་བདེ་ཤར་དུ་ཁང་ཁོག་བག་ཕྱུར་སྐྲོ་བྱང་རྣམས་ཤིང་ཆ་འབུ་སྐྱོན་ཡོད་མིན
ཆོགས་ཞིབ་དགའ་བས་ཞིབ་འདུག་མ་ཐུག དེའི་ཤར་ཐབ་ཆང་ནང་ཀ་བ༢ས་རྣམས་༢༠། གདུང་མ་༢། ཀ
བ༡། དེའི་བྱང་ཁང་པ་སྐྲོ་བྱང་བལྲ་ནང་བག་ཕྱུར་ནང་རྣམས་༡༠། དེའི་མདོ་གྲུ་ཀྱིག་གཉིས་ལ་ལུམ
རང་བྱང་ནྲ་ཚོགས་གདང་༡༢དང་། གདུང་མ་༢༠བཅས་ཀྱི་ཤིང་ཆ་རྣམས་གསར་འརྗེ་གནན་དགོས། དེའི
སྐྲང་རབ་གསལ་གཉིས་པ་ཤོད་བཟིམ་འདགས་ཡེ་ལུན་ཀྱི་ལས་ཕག་མདོ་ལྤག་ཀ་བ་གཉིས་ཀྱི་ཤར་རྣམ་༦༧།
གདུང་མ་༢། ཀ་བ་འབཅས་འདུབ་སྐྱོན། དེའི་མདོ་བག་ཕྱུར་མདོ་ལྤག་ཀ་རྣམ་གདངས་༡༦། དེའི་སྐོར
ཁང་པ་སྐྲོ་བྱང་བལྲ་ནང་ཀ་བ་ཐྱེད་གཉིས་ཤར་རྣམ་གདངས་༡༠། གདུང་མ་༢། ཚགས་ཀ་༡། དེའི་བྱང་ཁང
པ་སྐྲོ་སྐྲོ་བལྲ་ནང་རྣམ་གདང་ཤར་རྣམ་༡༠། དེའི་མདོ་རྗེ་སྤྱིའི་འཛིན་ཆམ་འདུག་ཡལ་སྐྲོ་ཤར་བལྲ་ནང
བག་ཕྱུར་བཞིའི་དལ་རྣམ་གདངས་༡༠། དེའི་མདོ་བག་ཕྱུར་གཉིས་ལ་ལུམ་༢་གཉིན་ཀྱི་གདངས་༡༡༠སྐོར
བཅས་ཤིང་ཆ་རྣམས་ཀུང་གསར་འརྗེ་གནན་དགོས། དེའི་མདོ་སྐྲོ་བཆུད་ཆིག་ཆེ་ནི་སྟེང་ནས་ཤོད་བར
གས་སྐྱོན། རབ་གསལ་གསུམ་པ་དབང་ཕུག་སྟེང་གི་བདི་སྟན་རབ་གསལ་ཀ་བ་གཉིས་ཀྱི་ཀ་གདུང་། ཤིང
བཟང་། ལུམ་ཤིང་བཅས་ཤིང་ཆ་རྣམས་ལ་འབུ་སྐྱོན་ཆེ་བ་དང་། དེའི་ལྤག་ནང་ཀ་གཉིས་མའི་ཀ་གདུང
ལུམ་ཤིང་ཆང་མ་འབུས་བརྫོས་དང་། བབས་ཞོད་ཆྱགས་ཀ་ལ་མང་བཅས་ཀྱི་དེ་ཞིན་ཆེ་བ། དེའི་ཤར
ཀ་གཉིས་ནང་རྣམ་༦༠དང་། ཀ་བ་༢། གདུང་མ་༢། ཐ་སྲིང་རབཅས་འདུབ་སྐྱོན། མདོར་བག་ཕྱུར་གྱི་ཀྱིག
ལ་ལུམ་ཤིང་༢འབུ་སྐྱོན། དེའི་ཤར་ཐབ་ཆང་སྐྲོ་བྱང་བལྲ་མདོ་ལྤག་གཉིས་ལ་ཀ་བ་༢། ལུམ་༡༠། གདུང
མ་༢བཅས་པར་འབུ་སྐྱོན་མིན་ཏུ་ཆེ་བ་དང་། ཤར་དང་། སྐྲོའི་སྟེན་ཆེན་ལོ་མང་སོ་ལས། ཤོད་ཀྱི་ཤིང
ཆ་རྣམས་འབུ་བརྫོས་ལུམ་ཚར་སྐྱོན་དང་། སྟེན་ཆེན་མཐོ་བ་བཅས་བབས་ཞོད་ཀྱི་ནང་ཆིག་ལ་ཤེ་གས
སྐྱོན་སྲྱར་མིན་ཏུ་ཆེ་བས་ནང་དུ་མི་སྲོད་ཐབས་མེད་པ་དང་། དེའི་མདོར་ཁང་པ་སྐྲོ་སྐྲོ་བལྲ་ནང་རྣམ་གང
ལ་སྐྱོན་གོན་མཆོངས། ཡང་སྟེང་ཁང་ཁང་པ་སྐྲོ་སྐྲོ་བལྲ་ནང་ཀ་བ་དང་། སྐོར་ཕ་སྲྱིང་༢ལ་ཤིང་ཁ། བར
དཔྱད་ཆིག་པར་སྐྱོན་ཆེ།

དབང་ཕྱུག་སྟེང་གི་ཁང་པ་སྐྲོ་ཞུབ་བལྲ་ནང་ལུམ་གང་མའི་ཤར་གྱི་ཆིག་པར་སྐྱོན་ཆེ་དང་། དགོན
གཉིར་ཤཕག་ཁང་པ་མདོ་ལྤག་༢དང་། བག་ཕྱུར་བཅས་ཀྱི་ལྲོ་བཆུད་ཆིག་པར་སྐྱོན་ཡོད། ལྤག་ཆང་སྐོར

ཚོའི་ཚེ་སློབ་གྲྭ་ཁང་གི་རབ་གསལ་གསུམ་ཀྱི་ཚོག་སློ་འཕྱོར་སློ་བརླ་ཀ་སྤུངས་ཀ་གཞིས་མའི་ཤར་ཀྱི་ཀ་
སྤུངས་ཚེ་འཕྱོགས་དང་། སློ་ཐེར་ལྷམ་གྲངས་༡༥འབུས་སྐྱོན་ཚེ་བས་ཀ་གཏུང་ལྷམ་བཙས་གསར་བརྗེ།
དེའི་གཟིམ་སློ་སློ་བརླ་ཞེས་ཐབ་ཀྱི་ཡིནས་ལམ་ཐག་ཤུར་ཀྱི་ལྷམ་ཤིང་། གཏལ་གཏུང་རྣམས་ལ་འབུ་སྐྱོན་
མེད་ཅིང་། བདེ་ཤར་ནས་ཤར་སྟོག་ཡིནས་ལམ་སྲུག་གསང་ལ་ཐེད་གཏུང་༡༤དང་། ལྷམ་གྲངས་པ་ཡབཙས་
ནས་ཕལ་ཆེར་ལ་འབུས་སྐྱོན། ཧ་བོ་ཆེའི་སློ་འཕྱོར་ཀ་སྤུངས་གཞིས་ཀྱི་ཤིན་ཆར་འབུ་སྐྱོན་མེད་ཚན་དང་
། སྟེང་འགྲོའི་རྣས་ཁྲིངས་ཡོད་པའི་བྲག་ཤུར་ལྷམ་གང་མར་སྐྱོན་ཡོད། དེའི་སྟེང་རྒྱལ་པོ་རབ་གསལ་ནང་
ཀ་ར་དགར་ཤིང་ཚ་ཐྲིངས་ལ་འབུས་སྐྱོན་མེད་ཀྱང་། ཕ་གཏུང་རྣམས་ཡོ་འཕྱོགས་འཁྱུག་སྐྱོན། དེའི་
ཐུང་ཁང་པ་སློ་སློ་བརླ་གང་མདོ་སྲུག་ཀ་བ་༥། ལྷམ་༡ཆགས་སྐྱོན། དེའི་ཤར་ཚེ་སློབ་ཁང་གི་རྡུང་ཁང་སློ་སློ་
བརླ་ནང་ཀ་བ་༡༣། དེའི་ཤར་ཁང་པ་ལྷམ་གང་མ་སློ་སློ་བརླ་ནང་ལྷམ་གང་མ་དང་། དེའི་ཤར་ཚེ་གསལ་
ཐབ་ད་འཛིན་གཞོན་པའི་སྟོད་ཤག་མདོ་སྲུག་༧། ཀ་བ་དྲུག་གི་ལྷམ་༢ཨེས་འཆིགས། དེའི་ཤར་བདེ་ཤར་
གསང་སྐྱོད་དང་འཛིས་ལ་མཆམས་ཤར་ཀྱི་ཆིག་བྱུར་ལ་སེལ་གས་བཔས་ཚོད་དང་། བདེ་ཡབང་ཤར་ཐུང་གི་
གཡབ་འགྲོར་ཀ་བ་༡༢ར་ལྷམ་གྲངས་༢ནས་ལྷམ་༡ཆག་སྐྱོན། བྱུང་གི་གནམ་སློའི་འོག་ཧ་ཁང་བྲག་
ཤུར་ཁག་ནས་ལྷམ་ཆག་སྐྱོན་དང་། འབུས་སྐྱོན་ཡོད་པ། བདེ་ཡབས་ཤར་ཀྱི་སློ་བརྒྱུད་གཡབ་འགྲོར་ཀ་
བ་༡༤དང་། དེའི་ཤར་ཐུབ་གཞིས་སྐྱིར་ཀ་བ་༦། སྐྱིར་ལྷམ་གྲངས་༡༡། མཆན་ཞནས་རྒྱ་མཚོ་སྐྱིད་གི་ལམ་
ཤག་མདོ་སྲུག་༤ལ་ལྷམ་སྐྱིང་། དེའི་རུབ་སློ་སྐྱིང་མཆན་ཞནས་ལས་ཤག་མདོ་སྲུག་༢ཀྱི་ཐབ་ཚང་གི་
ལྷམ་༤གསར་བརྗེ། དགོན་གཞིར་ཤུབ་ཀྱི་ཁང་མིག་༢ནས་བྱུང་འདི་རབ་གསལ་ཀྱི་ཆིག་པར་སེལ་གས་
དང་། དེའི་ཡང་སྟེང་འགྲོར་ཡུག་གི་སྟེན་བད་ལ་ཁ་ཆགས་དང་། བད་ཕུར། ཁ་སྐིང་། གཡམ་པ་བཙས་
ལ་འཉམས་གས། མདོའི་གཡབ་འགྲོར་ཀ་བ་༡༢འཁྲིངས་ནས་བབས་ཚོད། སྐྱེད་ཀྱིག་ཡོད་པ་རྣམས་ལ་འཉམས་
གསོ་སྐྱོན་བསྒྲད་དང་། ཡང་སྟེང་མཐིལ་ཞལ། ཉ་རྒྱབ་ཕོག །

    བདེ་ཡངས་མཐིལ་དུ་གསེར་གཏུང་དགེ་ལེགས་འདོད་འཇོའི་ཨར་པོའི་སྐབས་ཤིང་བཟོའི་ལས་
གྲུ་ཆུགས་པས་ཤོད་ཀྱི་ལྷམ་ཤིང་ལ་སྐྱོན་གྱུར་ཡོད་ཞུ་བ་དང་། ལོ་མང་སོ་ནས་སྟེང་ཤོད་ཆར་མའི་ཨར་
བཐགས་གནང་དགོས། པོ་བྲང་དཀར་པོའི་གསུམ་སྐས་ཀྱི་སློ་ཚེ་ཤུག་ཁོངས་ཐྲོག་ཁང་ཟེར་བ་སློ་ཤར་
བརླ་ཐགས་ཤུར་བཞིའི་ཤར་ཀྱི་ཆིག་ལྷེ་བས་ནས་རྒྱ་ཐྱིན་ཕུལ་འདུག་པ་ད་ལམ་བསྒྲོར་ཞིག་སྐབས་སུམ་སྐས་
མགོའི་བད་གཡམ་ནས་རྒྱ་འཁྲིད་ཆིག་འབྱུང་ཀྱིས་སྐྱོན་ཡིན་པ་ཐོ་བཟོ་གཞིས་ལ་ཉམས་བཟོ་ཞུ་འཕྱོགས་
སློ་མངགས་ཡོད་ཅིང་། ཁྲོག་ཁང་བྱུང་སློ་ཤར་བརླ་ནང་བྲག་ཤུར་ཁག་༣ལ་ལྡུ་ལོ་ཨེས་རྒྱལ་ཆེ་བས་བསྐྱར་
སྐྱབས་བཀང་དགས་ནས་བསྒྲོར་ཞིག་ཞུས་ཏེ། སློ་ཕོད་གཏུང་མས་ཡང་སྟེང་ཆིག་ལ་པ་ཡེག་པར་གཏུང་སྐྱོན་
དང་། ཀ་གཏུང་གསར་འདྲུགས་དང་། སུམ་སྐས་སློ་བྱང་ལྟེབས་ཞལ་སློ་ལྷག་འདིས་ལྟེབས་ཐྲིས། ཙ་ཆིག་
སོགས་ལ་སྐྱོན་ཆེ་དང་། དེའི་བྱང་ཚེ་ཤུག་ཤིང་འབུས་ཁང་མདོ་སྲུག་གསུམ་ཀ་བ་༡༥པར་ཤར་བརྒྱུད་
གཟིམ་སྐྱོད་ཆིག་པ་བཙས་ཉམས་བཟོ་ཆབས་ཚིག་ཞུས་ཏེ། སྐྱོན་མེད། དེའི་སློ་ཚེ་གཞིར་ལས་བྱུངས་ཀྱི་

སྦག་ནང་ནར་སྐྱོ་ཐུབ་བསྐ་ནང་ཀ་བ་ཉེབག་པར་བབས་ཤིང་གིས་རྒྱན་པས་ཞལ་བར་བབས་ཞོན་དང་། ཚེ་
གཞན་ལས་ཞིངས་ཀ་བ་གསུམ་ལ་སྐྱོན་མེད། དེའི་སྦག་ཚམ་ཁང་བག་ཤུར་དུག་ཀི་ཕོངས་ནས་ལྔམ་ཤིང་
དངུལ་སྐྱོན། ལྔམ་ཤིང་དོ་གྲངས་༢༠སྐྱོར་དང་། གཙལ་གཅུང་ཪབཚམ་འབྲམ་སྐྱོན། གཙལ་གཅུང་རྒགས་
ཆག་ཆེ་ཚམ། མཐེའི་སྐྱོ་འཐིན་ནས་ཡང་སྟེང་ཚོམས་ཆེན་གྱི་རྒྱ་འགྲོའི་ཟངས་དཔོར་སྐྱིག་མཚམས་ནས་
ཆུ་སྐྱོན་སྐྱོན་བསྲང་གནང་དགོས། བྱང་ཞིག་ཤེ་གས་རྗེང་ཆེ་ཚམ།

ཀ་སྲུངས་སྟེང་སྐྱོ་ཐུབ་བསྐ་ནང་ཀ་བཞིའི་བར་བྱང་ཀི་ཐུབ་བརྒྱུད་ཚིག་མཚམས་ཤེ་གས་ཐན་
བུ་དང་། ཤར་དུ་བབས་ཞོན་ཐུན་བུས་ཡར་ཀར་སྐྱོན་དང་། ཪབ་གསལ་གྱི་ཐུན་བརྒྱུད་ཚིག་ཆེན་འདོ་གས་
ཐན་ཚམ། ཪབ་གསལ་སོགས་སྐྱལ་ཞེས་གསོལ་སྐྱབས་གསར་བཞིང་གས་ལ་བཞིན་ས་བཏུན་འདུག
།བཚོ་བརྒྱུད་སྐྱས་ལའི་ཤར་མགྱོན་ཆས་ཁང་ཀི་གཟིམ་སྐྱོའི་སྐྱོ་བརྒྱུད་ཚིག་པར་ཤེལ་གས་ཐན་བུ་དང་།
དེའི་བྱང་མཚོད་པ་ཁང་ཀི་སྐྱོའི་སྐྱོ་ཚིག་ལ་གས་ཐན་བ། ཀ་བརྒྱུད་པའི་གཟིམ་སྐྱོའི་གཡས་གཡོན་ཚིག་
ཆེན་ལ་གས་ཀྱི་ཉང་ལྔག་འཐོད། ཀ་བརྒྱུད་མཐེའི་རྒྱ་འགྲོའི་དཔོར་ཁ་ནས་རྗེ་གཞེར་རྒམ་ཁང་ལ་རྒྱ་སྐྱོ་
ཡོང་སྐྱས་རྒྱ་འགྲོ་ས་བཏུན་ཕུགས་འཕེར་ཞིག་གནང་དགོས། ཀ་བརྒྱུད་ཀྱི་ཞུབ་བརྒྱུད་སྐྱོའི་ཚིག་ཆེན་ལ་
ཤེལ་གས་ལྔག་འཕོད་ཐན་བ། སྐྱོའི་ཪབ་གསལ་སྟེང་སྐྱེའི་ཁ་དུ། ཡས་མས་ཀྱི་ཕ་གཅུང་བཚས་ལོ་མང་
བསྐུལ་ཟད་ཀྱིས་སྐྱོན་ཆེ་དང་། མཐིལ་ཞལ་ཡར་ཀའི་ཕོག་ཀྱི་བས་འགྲོལ་ཏེ་སྐྱོན་གྱུར་ཆེ་བས་མཐིལ་
ཞལ་ཡོངས་རྫོགས་ཡར་བཚགས་གནང་དགོས། ཆེ་མཚོད་པ་ཁང་ཀི་ཉང་ཁང་ཀི་ཐུང་ཀི་ཚིག་ཆེན་ལ་
སོ་བྱང་ཡང་སྟེང་ཀི་རྒྱ་འགྲོའི་ཟངས་དཔོར་འཞིལ་བས་ལོ་མང་སྐྱོན་གོར་ཀྱིས་ཁང་པའི་ནང་རྒྱ་སྐྱོན་ཆེ་
བ། མཚོད་པ་ཁང་ཀི་ཚམ་ཁང་གུ་ཀྱིག་ཤར་ཀྱི་ཚིག་ཆེན་ལ་སྦོ་ལྔག་ཤེལ་གས་ཆེ་བ་དང་། དེའི་སྐྱོའི་ཚིག་
ཆེན་ལ་ཤེལ་གས། ཚོམས་ཆེན་སྲིད་ཞི་ཕུན་ཚོགས་ཀ་རེང་དང་། ཀ་ཐུང་འདྲྱི་ཉང་འདོར་སྲེབས་བྱིས་
རྣམས་དེ་སྲུ་གསར་བཞིངས་ཀྱི་སྐྱོན་མེད་ལ། བྱང་སྦག་དམ་བཚད་ལྔགས་ཁྲེལ་ནང་ཀ་བ་ཀྱོ་འཐྲུགས་ལ་
ལྔམ་བརྐས་དང་། ཀ་སྐྱོར་འདྲུགས་དགོས། སྟར་གྱི་བབས་ཞོད་ཀྱིས་མཐིལ་ཞལ་ཡར་ཀར་སེར་གས། དེའི་
སྦག་ཐག་ཤུར་སྟེང་ངོག་ཀི་ཚིག་པར་སྐྱོན་མི་འདུག་ཀྱང་། ཤེང་ཐོག་སོགས་གང་སྟེགས་ཐན་མི་ཐོགས་
ཀྱི་ཤུར་ཞིངས་ལ་སྲང་ཨེགས་བཟོའི་རྣམས་ཕུགས་ཞེ་གནང་དགོས། ཚོམས་ཆེན་ཆེན་མོའི་ངོག་ཐག
ཤུར་གཞིས་ཀྱི་ཞུབ་བརྒྱུད་གཙལ་གཅུང་ཆ་སྐྱོན་ལ་གཅུང་མ་བརྗེ་ཐུན་ན་ར་ད། དེ་མིན་གཅུང་སྐྱོར་དང་
།ཞེན་ཀ། དེའི་སྦག་སྦག་བསྲང་ཀི་ཚིག་པར་གས་སྐྱོན་ཆེ་བ་གཞིས་འདུགག་པ་སྦོན་ཡོད། དེའི་མདོར་རྒྱུ
ཚིག་ལ་སྲང་ཀྱི་ཉེར་གས་མཐོ་གང་ཡོད་པ། བྱང་ཀི་ཞག་ཕ་རྩ་མེད། དེའི་སྦོའི་ཀ་བ་འཐོང་གསོ། དེའི་
སྦོའི་ཉར་ཀྱི་ཚིག་པར་གས་སྐྱོན་གསར་རྒུག །བག་ཤུར་གསུམ་པའི་ཉར་ཞུབ་བྱང་བཚས་ཀྱི་ཚིག་པར་སྐྱོན་
ཆེ་ཚམ། བག་ཤུར་ལྔ་པའི་གཙལ་གཅུང་བཚིག་ཀི་ཉར་ཞུབ་གཅུང་ཐ། སྐྱོའི་ལྔགས་གདོང་གཡས་གཡོན་
ཤིང་བཟང་ཀི་ཚིག་པ་སྦོ་ལྔག་སྐྱོན། བག་ཤུར་དུག་པའི་ཞུབ་ཀྱི་ཚིག་ཆེན་དང་ཚིག་ཤེར་གས་སྐྱོན་ཆེ་
དང་།

གོང་གསལ་ཕྱག་ཕྱིར་རྣམས་ཀྱི་ནང་དུ་འང་ད་གོ་རྙིང་པ་དང་། འཛིང་ཕྱག་སོགས་སྐུ་ཚོགས་བྱུར་ཞིངས་ལ་སྐུར་པོ་བྱུང་ལེ་གས་བཟོའི་སྐབས་སྟེན་བསྒྱམས། གོ་ཁྲིན་སོགས་བཟོ་ལགས་ཀྱི་རྒྱུ་འགྱོར་ཕྱུགས་ཕན་གསོས་ངེ་ལ་ཕྱུགས་ཞིབ་ལུ་རྒྱུ། ཚེ་ཕྱུག་ལོངས་ཁ་བ་སྐང་སྟེང་གི་སྒུག་ཐུབ་ཚིག་ལ་སེལ་གས་དང་། དེའི་ནར་ཚིག་ལ་འང་སེལ་གས་ཕན་ད། ཁ་བ་སྐང་གི་འགྲོ་ལམས་ཀྱི་ཕྱག་ཕྱིར་ནར་ཀྱི་གདུང་བཞེན་ཚོགས་གར་སྐྱོ་ཕྱོགས་དོན་པ། ཕྱག་རྒྱན་སྒ་གསང་གི་གཡབ་སྐྱ་བསྐ་ནང་ཀ་བ་རལ་ཤིང་ཆར་འབུམ་སྐྱོན། དེའི་སྒྱ་དབང་ཁང་གོང་དུ་ཕྱུག་སྒ་བསེལ་སྐན་འདུག་ཡུལ་ལོག་ལྷ་གཅིག་ཆགས་སྐྱོན་ཞེན་ཀ་བཙུགས་པ། རྣམ་གང་བྱད་ཀྱི་ལོངས་འཛིན་སྐ་གསེན་ཀྱི་གསོ་ཐབ་ཀྱི་གཞུ་འབེའི་ཡོ་འཕྲོགས། བར་ཐབ་དོན་ནར་བསྐུད་ཁང་གཞེར་ལས་ཤུག་གི་ནར་ཀྱི་ཚིག་ཆེན་ལ་གས་སྐྱོན། སྒ་བཟང་སྒི་མཁན་ཕྱུག་ཁང་ཀ་བ་གཞུམ་པའི་གདུང་འམ་སྐྱོགས་འགོ་ནས་བབས་ཞིད་ཚེ་བ།

ཕྱི་མཁན་གཟིམ་ཕྱུག་མདོའི་བར་སྐུ་ཐུབ་བཅུད་ལ་སེལ་གས་ཕན་ད། ཕྱི་མཁན་གཟིམ་ཆུད་ཀྱི་བཞུགས་འཁྲི་འོག་ཁང་ཡམ་ནག་ཚེ་སྟེང་ཁོད་ཆང་མ་ཞམས་བཟོ། གསོལ་བ་ཁང་རབ་གསལ་ཀ་བའི་མའི་ཀ་བ་རྣམས་བབས་སྐྱོན་ཚེ་བས་ཀལུ་གདུང་ཐབ་ལ་སྐྱོན། ཚེ་ཕྱུག་སྒག་བ་ཏག་ཟེར་བའི་ནར་ཀྱི་ཚིག་ཆེན་ལ་སེལ་གས་གསུམ། བྱང་གི་ཚིག་ཆེན་ལ་སེལ་གས་གཅིག །ཀ་བ་བབས་ཞིད་ཚེ་བ། སྡོའི་སྟེའུ་ཁྱེང་སྲུགས་གདོ་ཐུན་ལ་སེལ་གས། རྒྱག་མཛོད་སྒག་ཁང་སོར་ཀྱི་སྲོའི་སྟེན་བད་དང་། རྒྱལ་ཚིག་བབས་ཞིད་ཀྱི་ལྔམ་དང་། ཐོག་ཙ་ཐབལ་ཉེའི་སྐྱོན་དང་། ལྔམ་ཐག་རིང་ནས་ཕྱིང་ཞིད་དང་། བྱང་བརྒྱུད་དཔོར་ཙ་ནས་ཆུ་སྐྱོན། ཚེ་ཕྱུག་ལས་ཁྱངས་ཆགས་ཡུལ་ཀྱི་ཞུབ་བརྒྱུད་ཚིག་ཆེན་གདུང་ཆར་སྐྱོན་དང་། གཡབ་འལོར་ཀ་བ་ལ་ཁས་ཚེ་ཀྱིག་དང་། གཞུ་འབེའི་འཁྲུལ་སྐྱོན་སོགས་ལ་ཞམས་གསོ། མཛོན་དགའ་ནར་ཀ་བ་བཞིའི་བར་གདུང་ཙ་བབས་ཞིད་ཀྱི་རྒྱེན་ལས་གཞུ་སྟེད་སྐྱོན་དང་། བྱང་གི་ཀ་བ་ཁག་སྐྱོན་ཙེ་ཆེ། ཡོངས་འཛིན་སྒ་བགྱིས་བཞུགས་ཡུལ་ཕོད་གཟིམ་ཆུང་རིག་གནས་ཀུན་གསལ་ཀ་བ་རྣམ་བརྒྱའི་ལོངས་ནས་ཕུན་ཀྱི་ཀ་བ་དང་། གཞུ་འབེར་འཁྲུམ་གདུང་མ་ཕྱིར་ཕོན་བབས་ཞིད་ཚེ་བ། ནར་ཀྱི་རྔུར་སྟེན་ལ་ཕྲག་གིས་སྐྱོན་ཚེ། གཟིམ་རྒྱུང་ཀྱུ་བཟང་བདེ་ཆེན་ཀ་གཞིས་མའི་ཀ་བ་གཅིག་ལ་སེལ་གས་དང་། ཞུབ་བརྒྱུད་ཚིག་པར་སེལ་གས། གོད་གཟིམ་འགག་གི་ཀ་བར་བབས་སྐྱོན། གདན་ཁང་ཆེན་མོ་ཀ་བ་ཚ་ལག་བར་བབས་ཞིད་ཀྱི་རྒྱེན་པས་གཞུ་གདུང་ཕན་ཏུ་བབ་སྐྱོན། བསམ་གསུམ་ཀ་བ་བཅུ་གཉིས་ཀྱི་སའི་ཕོངས་ཐུང་བརྒྱུད་ཚིག་པ་སེལ་གས་ཁག་གཞིས་དང་། རབ་གསལ་ཁ་ད། ཤིང་བཟང་སོགས་ལོ་མང་རྙང་ཆར་ཀྱིས་རེད་སྐྱོན་ཚེ་བ། གཟིམ་ཆུང་བདེ་བ་ཅན་གྱི་སྒོའི་ཁ་དུ་ཤིང་བཟང་རྣམས་ལོ་མང་ཆར་ལྷགས་ཀྱི་སྐྱོན་དང་། འཕུལ་སྟེང་མགོན་ཁང་སྒ་ཕྱི་སྒོའི་ཚིག་པར་སེལ་གས་དང་། ཀ་གདུང་རྣམས་ཕ་སྐྱོན་ཀྱིས་དེ་སྟ་ནས་ཀ་སྐྱོན་དང་། གདུང་སྐྱོར་ཁག་མང་བཙུགས་འདུག་ཀྱང་།

ཡང་སྟེང་གཟིམ་ཆུང་ཞེ་འོད་འཕེལ་བས་མཛད་སྐྱོའི་སྐབས་ཞེན་ལ་ཚེ་བ་ཡོད་དེས་ཞུ་འདུག་པ་དངོས་འབྱོལ་ཉམས་གསོ་གནང་ངེས་དང་། སྒུག་ཚོས་ཁང་ལའང་ཞེན་ལ་ཚེ་བ་འདུག །དེའི་སྒུག་བར་

ཁང་ཀ་བ་གཞིས་ཀྱིས་གཡས་ཕྱོགས་ཀ་གཏུང་ཡོ་འཁྱོག་གིས་གཏུང་སྐྱོར་ཞེན་ཀ་མ་ང་བཏུགས་ལ་བརྟེན་ ཉམས་གསོ་གཏན་དགོས། ཚེ་བ་ར་ལྟ་ཁང་ཀ་བ་བཞི་ཡི་ར་ཀ་ར་གལུ་ཚེ་འཁྱོག་གིས་ཉེན་འཇགས་ཚེ་བས་ གཏུང་སྐྱོར་དང་། ཚུགས་ཀ་ཁ་ཁང་བཏུགས་པས་སྐྱོར་ཚེ། ཡོངས་འཇིན་སྐུ་གཟོན་གྱི་གཟིམ་སྦུག་གི་ སྙེའི་ཚིག་པར་སེལ་གས་ཕྱན་ད། གཟིམ་ཆུང་ཤར་ཟུ་འི་ཀ་བ་བཞི་འི་ཁོང་ནས་སྤུག་གི་ཀ་གཉིས་ཀྱི་ གལུ་འཕྱི་སྟོར་ལ་འཁྲུལ་ཚེ་བ་དང་། མདོར་ཕྱུག་མཛོད་ཁང་ཀ་བ་བཅུག་གི་ཀ་བའི་འགྲོ་དང་། གལུ་ཁྱོག་ འདུག་པ་དང་། འཕྱུལ་བདེ་སྟེང་ར་བ་གསལ་ཀ་ཐུག་མཉེ་ཀ་གལུ་ཚུམས་བབས་ཞེན་ཚེ་ཀྱི་ཚེ་བ་དང་ ར་བ་གསལ་ཤིང་བཟུང་ཞེ་སྤུག་གིས་གོག་སྐྱོན། གསོ་ལ་དཔོན་སྐུ་གཟོན་གྱི་ལས་ཤུག་ཙམ་གང་འི་གལུ་ ཐུང་ལ་ཁ་ཐུག་གིས་འཆྱོགས་པ།

汉文翻译

布达拉宫白宫建筑险情巡查报告

火猴 1956 年，通过布达拉宫堪准所颁布之命令，布达拉宫外部分墙体似乎并无大隐患，然内部木结构有无腐化与虫害等无法得知。加上，近期连续发生地震，是否对布达拉宫墙体有无影响等需要噶厦前去细查。据此，噶厦、孜强佐、首席木匠昂列、首席石匠顿珠、朱杰以及各房屋管理员，加上布达拉宫代表孜准·洛桑曲扎、孜准·巴黢·阿旺旦炯对上下所有房屋进行巡查。巡查后除无须维修之房屋外，其余白宫各房屋需维修报告如下：

布达拉宫大门平措堆廊门厅四柱之地，柱梁、长短梁、交叉木头、墙体和壁画无损。听闻护院人员住地内部到至马牙墙内部管道，由于受水影响木构件有变，但最近堵住了地垄口无法探知具体情况。大门第一号地垄有 37 根木头、5 根直梁。此东侧德央厦房屋管理员朝北小屋，其内地垄朝南屋共 28 根木，12 根直梁，其西朝东屋内拐角形三排地垄，其内朝西地垄，11 根直梁，39 根木梁，1 根短柱，2 根方形梁等木件虫害严重，需要立即更换。圆形虎堡上方朝北译仓卡垫库拐角地垄。其北百业供养厨房朝西，内四方形屋等需要一同维修。圆形虎堡朝西联排窗户，为布达拉宫膳房正厨师办公室内柱梁、椽子木等受水影响，多有严重腐化与变形。其内两间一柱房屋共有 64 根木梁，里屋东侧多临时柱子，长梁、弓母外，其余木件虫害严重。其东一柱朝南里屋有 16 根木梁和 1 根长梁皆受虫害。其内德央厦茶库下方南北地垄木件虫害情况无法查明。其东伙房 1 根柱子，40 根椽子，3 根长梁，其北朝北房内地垄共有 20 根椽子，其外拐角形地垄共有 94 根长、短不一的椽子和 10 根长梁需替换。其上第二联排窗为护卫益伦办公室里外共 64 根椽子、3 根长梁和 2 根柱子有虫害。其外，还有里外两间地垄，共有 36 根椽子。其南，朝北房屋面积为一柱半，有 40 根椽子，1 根临时柱子，其北朝南长方形屋内有 20 根椽子。

其外装入布达拉宫公共物品朝东四个地垄有 40 根宽距椽子，其外二地垄有 120 根窄距椽子都需要更换。其外南部外墙从上到下有裂痕。第三个联排窗旺久顶德丹饶色 2 柱之柱、梁、交叉木、椽子木皆虫害严重，其中里面 2 柱屋所有木件有虫害和变形，加上有许多临时柱子极有坍塌之险。其东边 2 柱有 60 根椽子，2 根柱子，5 根长梁和三排窗木件受虫害。外面拐角地垄 29 根椽木有虫害。其东边伙房里外房 2 根柱子，80 根椽子，4 根长梁皆有严重虫害。东、南两侧柽柳墙年久失修，加上下方木件受虫害、椽子根部受损严重、高柽柳墙有严重变形，内墙裂痕严重而无法居住。其外朝南房屋墙体变形情况如上。顶上朝南 2 柱房，南三联排窗木件及中间隔墙皆受损严重。旺久顶朝西房屋长方形房屋墙体受损严重。香灯师住处里外 3 间及地垄南边墙体有损。圆形虎堡僧官学校三个联排窗下门庭朝南二聚柱之东柱顶、柱身变形，24 根柱子虫害严重，需要更换。其朝南二排门之地垄过道椽子、短梁无虫害。德央厦至夏钦角的暗道有 16 根隔梁和 51 根椽子大多受虫害。大鼓门庭二聚柱屋虫害，上梯处长方形地垄有损，其上方杰布饶色 4 柱其余木件无大碍，细梁变形受潮。其北朝南内外 4 根柱子，1 根椽子有断裂，其东朝南僧官学校伙房有 29 根柱子，其东长方形朝南房屋，其东布达拉宫膳房副上茶员住处里外房，6 根柱子被火烧毁。其东与德央厦厕所相连处东侧墙角有裂痕，墙体塌陷变形。德央厦北边朗庭 14 根柱子，72 根椽子木中有 2 根断裂。北边天门下鼓库地垄椽子有断裂和虫害。德央厦南边朗庭 23 根柱，其东西有 6 根柱子，有 181 根椽子。陪读僧嘉措林办公室里外 2 房，2 面椽子。其西罗色林陪读僧办公室里外 3 房的伙房内

3 根椽子需要更换。

香灯师室西三间屋中北连排窗大墙有裂痕，上方柽柳墙有残损，窗户木结构与青石板需要维修。

外廊 13 根柱子中有变形的需要维修。上方地板与鱼背屋脊也需维修。德央厦由于设十三世灵塔木工作坊对下方椽子木受影响，加上年久失修需要重新打阿嘎。白宫三排梯南部孜恰叫作"绰康"房朝东四间地垄东墙有漏水之痕，此次巡查时发现水从三排梯窗檐石板所漏，已让两位石匠进行修补，"绰康"朝东四间地垄，上年噶厦已巡查，门上方长梁直连墙体，设立临时撑梁木、新设柱与长梁，三排梯门庭南北墙面鼓包，导致壁画与法诏等受损。其北孜恰瓜果房里外三间 14 根柱子及东日光殿厕所等皆已修缮完毕。其南侧孜聂列空里屋朝西门内 3 根柱子处墙体有变形，孜聂而列空 3 根柱子完好，其里糌粑房六间地垄内 32 根柱子受腐。40 根椽子木及 7 根短梁有虫害，3 根短梁有断裂痕。外屋门至上方东大殿排水铜管衔接处需要修改。北墙有较大裂痕。集柱朝西里屋 4 根柱子西北墙有少许裂痕，东墙变形导致阿嘎受损。联排梯北面墙体有起包。联排窗等土蛇年已有过维修而完好。

十八阶梯处东面服装库门东墙体有裂痕，其北面供养房南墙有裂痕。八根柱房门两侧墙体里外有对称的裂痕。八根柱房门口排水沟至糌粑库有漏水，排水沟需要墙固。八根住西侧南墙里外都有裂痕。南部五联排窗及上下短梁等由于常年使用而磨损严重。屋面阿嘎土受鼠，需要重新夯打。布达拉宫面塑房伙房北墙正好被上方排水铜管穿过，房内漏水严重。面塑房拐角形糌粑库墙体起包严重，南墙有裂痕，东大殿 2 根长梁，3 根短梁之壁画已有新绘而完好。北面隔断内 3 根柱子有变形，需要设柱础及临时柱，受墙体变形影响，地面阿嘎土有断裂。其里部上下地垄墙体完好，但堆积各种废旧木材，需要进一步检查。大殿下方两间地垄西侧短梁有断裂，能换则要更好为宜。此外，辅梁、临时柱及内墙留旧痕。其外墙体有一度宽旧裂痕。南侧柱孜也有变形，东南墙体有新裂痕。第三间地垄东西北三面墙有大的裂痕。第五间地垄有短梁之东西梁头，门侧大墙木结构有起包，第六间地垄大墙有新裂痕。上述地垒堆积了废旧裹茶皮和皮绳等，下次维修时可用于捆绑柽柳墙和制作皮胶等之用。孜恰"喀瓦岗"上方里面墙体有裂痕，其东面墙体有少许裂痕。"喀瓦岗"过道地垒东面托梁临时柱南边突起。背后暗道朝南朗庭2 根柱子有虫害。

　　其里部下"旺康"锐钹库 1 个椽子断裂设有临时柱子。北"南康"副经师膳房窗门木结构有变形，中伙房东面房屋管理员办公室东墙体有大裂痕。基巧堪布恰康 3 根柱子内长梁头变形严重，基巧堪布寝殿里外廊道西侧有裂痕。基巧堪布寝殿法座下方房屋需要修缮。膳房四柱联排窗柱子有塌陷变形，弓母与长梁断开。孜恰"布巴夏"之方东大墙有三道裂痕，北边大墙有一道裂痕，柱子严重塌陷变形，南窗两侧大墙有裂痕，强佐里黄房南侧柽柳墙与背面墙变形，椽子断开于屋顶。椽子距离大而中间被压变形。北面排水沟处漏水，孜恰列空房西大墙长梁头受损，廊道部分柱头变形，弓母等木结构需要修缮。"恩噶厦"四柱长梁头墙体塌陷而弓母木变形，北柱断裂，正经师寝殿三百柱之西柱、弓母木与长梁等出头且塌陷变形严重。东拐角柽柳墙受损，寝殿衮桑德庆二柱其中一根有裂痕，西边墙体有裂痕。下方护卫房柱子塌陷变形。大卡殿库 6 根柱子变形而弓母木与长梁稍有断开。康松殿 12 根柱子北面墙体有二道裂痕。联排窗木结构由于常年受雨水而受损严重。寝殿德哇坚南窗亦是如此。差德列空内殿南墙有裂痕，柱子与长梁受损而虽设临时柱与临时托梁木。然而其上方寝殿内举行仪式而需要及时维修。其内中间柱房柱梁变形而设有临时托木现需要维修。马鞍库四柱内柱头变形而设有临时柱与托木隐患较大。副经师内寝殿南墙有少许裂痕。寝殿香巴拉四柱中里面二柱木结构变形严重。外强佐房一根柱头与弓母木变形。差德列空联排窗六柱柱与弓母木塌陷变形，联排窗檐木结构受风雨侵蚀，副索本长方形之办公室弓母木北侧变形。

附录三

布达拉宫各房屋名称对照表

序号	བོད་ཡིག་མིང་།	汉译	直译
1	རྩེ་སློབ་གྲྭ་ཁང་།	孜僧官学校	孜洛扎
2	བདེ་ཡངས་ཤར།	东庭院	德央厦
3	གཟིམས་སྒས་སྒོ།	白宫门庭	松格果觉
4	རྩེ་གཉེར་ཚང་ལས་ཁུངས།	后勤部	聂仓列空
5	ཚོམས་ཆེན་ཤར་སྒྱིད་ཞི་ཕུན་ཚོགས།	东大殿	措钦夏司西平措
6	མཁན་པོ་ཚང་།	住持殿	堪布仓
7	རྒྱལ་པོ་ཚང་།	摄政殿	杰布仓
8	གདན་ཁང་།	卡垫库	丹康
9	མཆོད་པ་ཁང་།	食供仪轨室	确巴康
10	མཆོད་དཔོན་ཁང་།	食供仪轨师房	确本康
11	སྨན་ཁང་།	医馆	门康
12	ཡོངས་འཛིན་གཟིམ་ཤག	经师房	永增森夏
13	གད་པ་ཁང་།	保洁屋	噶巴康
14	རྩེ་འཕྲལ་བདེ་ལས་ཁུངས།	立付局	差德列空
15	རྩེ་རྣམ་སྲས་གན་མཛོད།	天子库或多闻宝库	南塞甘佐
16	གཟོད་གཟིམ་ཆུང་དང་དེའི་འགག	摄政寝宫及其警卫室	旭森琼噶
17	རྩེ་རྣམ་གན་དངལ་སྐྱིད་བསྟོ་གཏོང་ལས་ཁུངས།	天子库信贷部	东吉列空
18	རྩེ་བགའ་ཤག	孜噶厦	孜噶厦

序号	བོད་ཡིག་མིང་།	汉译	直译
19	སོ་སྦྲང་དཀར་པོ་གར་བཀྱག་དབུ་ཅེའི་གཟིམ་ཆུང་།	东日光殿	颇章噶布乌孜森琼
20	གཟིམ་ཆུང་གི་ཤོད་དགའ་ལྡན་སྲང་གསལ།	东日光殿议政厅	森琼甘丹朗赛
21	གཟིམ་ཆུང་གི་ཤོད་རྟག་བརྟན་དཔལ་བརྩེགས།	东日光殿会客厅	森琼达旦白孜
22	ཅེ་གསོལ་ཁང་།	膳食房	膳食房
23	གཟིམ་ཆུང་ཆོས་སྐྱིད་ཕུན་ཚོགས་ཀུན་གཟིགས།	护法殿	森琼平措贡司
24	གཟིམ་ཆུང་འཆི་མེད་རྣམ་རྒྱལ།	东日光殿寝宫	森琼其美朗杰
25	ཉི་ཤོད་བསོད་ནམས་ལེགས་འབྱེལ།	西日光殿大厅	措钦索朗烈吉
26	གཟིམ་ཆུང་ཕུན་ཚོགས་འདོད་འབྱེལ།	如意回旋寝宫	森琼平措堆吉
27	གཟིམ་ཆུང་དགའ་ལྡན་ཡང་ཅེ།	兜率顶寝宫	森琼甘丹扬孜
28	བྱམས་ཁང་།	弥勒殿	强康
29	ཡི་དམ་ལྷ་ཁང་།	本尊殿	益当康
30	ཕན་བདེ་ལྷ་ཁང་།	利安殿	片德殿与奈居殿
31	གནས་བཅུ་ལྷ་ཁང་།	罗汉殿	乃居拉康
32	དཀྱིལ་བསྐངས་ཁང་།	坛城殿	轮朗康
33	ས་གསུམ་རྣམ་རྒྱལ།	胜三界殿	萨松朗杰
34	བཀའ་གདམས་འཁྱིལ་པ།	长寿乐集殿	噶当基
35	བླ་མ་ལྷ་ཁང་།	上师殿	喇嘛拉康
36	གཉིས་སྟོང་བཀྲ་ཤིས་ཤོད་འབར།	七世达赖喇嘛灵塔殿	扎西伟巴灵塔殿
37	འཕགས་པ་ལྷ་ཁང་།	圣观音殿	帕巴拉康
38	མཆོད་སྟོང་དགེ་ལེགས་གཟི་འབར།	八世达赖喇嘛灵塔殿	格勒森巴灵塔殿
39	མཆོད་སྟོང་ས་གསུམ་མངོན་དགའ།	九世达赖喇嘛灵塔殿	萨松翁噶殿
40	དུས་འཁོར་ལྷ་ཁང་།	时轮殿	堆廓拉康
41	ཐུབ་དབང་ལྷ་ཁང་།	能仁殿	土旺殿
42	ཚེ་དཔག་ལྷ་ཁང་དང་འདོད་རྒུ་འབྱེལ།	无量寿佛殿	次巴拉康
43	ཅེ་ཡིག་ཆང་ལས་ཁུངས།	宗教事务管理部	孜译仓

续表

序号	བོད་ཡིག་མིང་།	汉译	直译
44	མཛད་བརྒྱ་ལྷ་ཁང་།	释迦百行殿	则杰拉康
45	ཆོས་རྒྱལ་སྒྲུབ་ཕུག	法王洞	曲杰竹普
46	ཀུན་བཟང་རྗེས་འགྲོ་ལྷ་ཁང་།	普贤追随殿	衮桑杰珠康
47	ལི་མ་ལྷ་ཁང་།	合金殿	黎玛拉康
48	ཀུན་བཟང་མཆོད་སྒྲིན་ལྷ་ཁང་།	普贤供灯殿	衮桑确诊康
49	སྨན་བླ་ལྷ་ཁང་།	药师殿	曼拉拉康
50	གསེར་སྡོང་འཛིན་སྐྲིང་རྒྱལ་གཅིག	五世达赖喇嘛灵塔殿	藏林坚吉
51	གསེར་སྡོང་ཁམས་གསུམ་རྒྱན་མཆོག	十二世达赖喇嘛灵塔殿	康松坚确
52	གསེར་སྡོང་ཚེ་སྒྲིན་ནོད་འབར།	十世达赖喇嘛灵塔殿	次金伟巴
53	འཁྲུངས་རབས་ལྷ་ཁང་།	观世音本生殿	冲绕拉康
54	གསེར་སྡོང་ཕན་བདེ་ནོད་འབར།	十一世达赖喇嘛灵塔殿	潘德伟巴
55	ལམ་རིམ་ལྷ་ཁང་།	菩提道次第殿	朗仁拉康
56	རིག་འཛིན་ལྷ་ཁང་།	持明殿	仁增拉康
57	ཕེབས་ཁྱམས་ཁང་།	轿屋	撒强康
58	བྱོ་བྲང་དཀར་པོའི་གཞིམ་སྒོ་ཆུང་ཆེན་ཐར་ལམ།	大菩提门	强钦塔朗
59	རྣམ་རྒྱལ་གྲྭ་ཚང་།	尊胜僧院	南杰扎仓
60	གསེར་སྡོང་དགེ་ལེགས་འདོད་འཇོ།	十三世达赖喇嘛灵塔殿	格来堆觉
61	བསྟན་མ་ལྷོག	地母堡	丹玛觉
62	ཤར་ཆེན་ལྷོག	东大堡	夏庆窖
63	རྒྱལ་པོ་ལྷོག་གསས་ཁང་ཚོགས་ལྷོག	地祇堡	杰布觉
64	ཚེ་ལྷག་སྒོ་རྒྱབ།	后山门	达果
65	གཡུལ་རྒྱལ་ལྷོག	战胜堡	玉杰觉
66	རྫོང་རྒྱབ་ཀླུ་ཁང་།	龙王潭	宗角鲁康
67	གྲྭ་ཤག	僧舍	扎夏
68	ཡབ་གཞིས།	亚谿	亚谿

序号	བོད་ཡིག་མིང་།	汉译	直译
69	དཔར་ཁང་ཤར།	东印经院	巴康夏
70	དཔར་ཁང་ནུབ།	西印经院	巴康努
71	ཞོལ་པ་ལས་ཁུངས།	雪机关	雪巴列康
72	མ་ཎི་ལྷ་ཁང་།	经筒屋	玛尼拉康
73	དམག་སྤྱི་ཁང་།	原藏军司令部	玛基康
74	གོ་མཛོད་རྡོ་རྗེ་གླིང་།	军械库	郭佐多吉林
75	ཤར་སྒོའི་ཕོག	东大门城楼	夏果陀
76	གཞུང་སྒོའི་སྟེང་།	前门城楼	雄果顶
77	དཀྱིལ་འཁོར་རྙིང་པ།	旧坛城屋	吉廓宁巴
78	མཁན་བྱུར་ཚང་།	总管府	堪苏仓
79	མཁན་བྱུར་རྟ་ར།	总管马厩	堪苏达热
80	ནམ་མཁའ་གཉིས་ཁ།	南卡宅	南卡黥卡
81	སྤོས་དུང་ཁང་།	藏香坊	博东康
82	བཞེས་སྒྲོ་ཁང་།	点心房	谢卓康
83	ཤིང་ར།	柴火院	兴热
84	མེ་སྒྱོགས་ཁང་།	礼炮院	米觉康
85	དངུལ་པར་ཁང་།	宝藏坊	玉巴康
86	བཀས་ཁང་།	斋康大楼	斋康
87	གདན་གཉེར་ཚང་།	卡垫管理部	丹尼仓
88	གཞུང་སྒོ་རྙིང་པ།	大门通道	雄果宁巴
89	དགའ་བྱུང་།	嘎江府	嘎江
90	བཙན་ཁང་།	赞神殿	赞康
91	སྤེལ་བཞི་གཟིམ་ཤག	比喜府	比喜
92	དོམ་པོ་གཟིམ་ཤག	洞波府	洞波
93	ཚིས་ཁ་ཁང་།	文书房	孜查康

序号	བོད་ཡིག་མིང་།	汉译	直译
94	སུ་ཁ།	穆嘉府	穆嘉
95	ཆང་ཚང་།	酒窖	羌仓
96	གོས་སྐུ་ཁང་།	巨幅唐卡库	贵古康
97	མཚམས་ཁང་།	上密院修行房	仓木康
98	དམ་ཅན་ཁང་།	阎魔殿	丹坚康
99	ཞོལ་བཙོན་ཁང་།	雪监狱	雪钻康
100	མཛོ་ཨོ་ར།	犏牛圈	左穆热
101	ཆིབས་ར་སྦུག	内马厩	奇热布
102	ཆིབས་ར་མདོ།	外马厩	奇热朵
103	ཅོག་སྒེང་།	西南城楼	觉顶
104	ནུབ་སྒོའི་ཕོག	西城楼	努果陀
105	འཇིགས་བྱེད་ལྷ་ཁང་།	大威德金刚殿	吉杰拉康
106	ཞོལ་གཉེར་ལས་ཁུངས།	雪城管理局	雪聂列空
107	བདེ་སྐྱིད་དར།	龙霞府	德吉夏或龙霞
108	ཞོལ་འདོད་དཔལ་ལས་ཁུངས།	雪如意造办局	雪堆白
109	ཁང་སེར་ཁག	黄房子	康色
110	གླང་ཁང་།	象院	朗康
111	ཞོལ་ཆིབས་ར།	雪马厩	雪奇惹
112	དབུ་རྩེ་རྒྱ་ཕིབས།	乌孜嘉毗	金顶群

对话原布达拉宫南杰扎仓僧人夏珠老人

——访谈布达拉宫金刚羌姆舞

　　尽管时时袭来的寒风仍在提醒我现在还是冬的季节，但阳光的明媚、温暖，已为冬季的墨竹工卡带来了春的气息。为了采访夏珠老人，我来到了老人居住的墨竹工卡县塔巴村。老人曾是原布达拉宫南杰扎仓僧人，参与过布达拉宫羌姆法舞的表演。采访的话题是布达拉宫的金刚羌姆舞。

　　多吉平措：尊敬的夏珠老师，您好！我是《布达拉宫馆刊》的责任编辑多吉平措。冒然打扰您，是为了了解当年布达拉宫金刚羌姆舞的有关情况。布达拉宫现今还保存有羌姆法舞的乐谱、服饰、道具，最近还发现了舞谱，但是已经很少有人能说清楚布达拉宫羌姆法舞的源起和这些相关文物的使用情况了，所以很希望您能帮助我们。

　　夏珠：您好！很愿意为布达拉宫的文化事业做点贡献，这也是我这一生最想做的。我会将自己所了解的毫无保留地告诉你，希望能够对你们有帮助。

　　多吉平措：非常感谢！首先我想了解布达拉宫南杰扎仓的有关情况，如南杰扎仓的词意、由来和在布达拉宫建立南杰扎仓等相关问题。

　　夏珠：据相关藏文史料记载，藏历第十饶炯木狗年（1574 年），蒙古部落首领俺答汗迎请三世达赖喇嘛索南嘉措前往蒙古地区，三世达赖喇嘛临走时从当时的曲水密宗利安院带了二十余位僧人一道前往。随行的僧人每天都要祷诵尊胜天女（ལྷ་མོ་རྣམ་རྒྱལ་མ།）的寿量仪轨经。这支僧人队伍最后演变为一个有完备制度的扎仓，并按平常祷诵的仪轨经的经名取名为南杰扎仓，即尊胜僧院。这就是布达拉宫南杰扎仓的前身。最初该扎仓举行藏传佛教萨迦派、宁玛派和格鲁派等各种不同教派的宗教仪轨，准噶尔军队入侵西藏后，布达拉宫的南杰扎仓遭到严重破坏。后来，康济鼐重新从拉萨上、下密院招录新的僧徒，在布达拉宫建立了纯正的格鲁派南杰扎仓，隶属西藏地方政府，由译仓直接管理。

多吉平措：布达拉宫南杰扎仓是什么时候开始表演金刚羌姆舞的呢？

夏珠：1670 年五世达赖喇嘛亲自创立了布达拉宫羌姆法舞，1680 年五世达赖喇嘛下令编写了演跳羌姆法舞的仪轨经——《羌央诏令》（འཆམ་ཡིག）。据说 1710 年，五世达赖喇嘛创立的这套羌姆舞传到了青海的塔尔寺，并在当地盛行不衰。

多吉平措：请问布达拉宫南杰扎仓的金刚羌姆舞较其他教派和本教派其他寺院的羌姆法舞有何区别？

夏珠：藏族金刚羌姆舞日益为国内外相关研究人员关注，但是由于缺乏第一手资料，加上对藏传佛教及其密宗仪轨了解不多，在研究上存有不少误区。我本人在 1959 年前参加过当时布达拉宫南杰扎仓金刚羌姆舞的表演，如今虽然已经过去了半个多世纪，但还是记忆犹新。记得当年的格鲁派高僧巴日多吉羌活佛（བྲག་རི་རྡོ་རྗེ་འཆང་）和其他高僧在布达拉宫德央厦广场观看了金刚羌姆舞后交口赞赏，认为是正宗的格鲁派金刚羌姆舞，未受其他宗派的影响。由于当时自己年轻，才疏学浅，对金刚羌姆舞无任何研究，因此对众高僧的这一番话没有什么认识。现在看来，当年众高僧的评价已经点明了布达拉宫金刚羌姆舞的特点。今天我特意提起此事，希望对你们有用。

多吉平措：确实，老师提供的这个信息对于我们认识布达拉宫金刚羌姆舞的特点很有帮助。老师您曾经是布达拉宫南杰扎仓僧人，又参加过几届布达拉宫金刚羌姆舞的表演，一定还记得金刚羌姆舞的演出过程和表演的节目。

夏珠：这得从我的名字开始说起。我的本名叫丹达松热，但人们都习惯叫我"夏珠"（ཤ་ཕྲུག），即小鹿，这是因为当年在布达拉宫金刚羌姆舞中我扮演的是小鹿的角色。大家知道，每一个藏传佛教寺院表演的金刚羌姆舞中，都有小鹿这一重要的角色出演。

多吉平措：没想到老师的"夏珠"这个名字还与布达拉宫金刚羌姆舞有渊源。

夏珠：布达拉宫金刚羌姆舞于每年藏历十二月二十九日在德央厦广场举行，由南杰扎仓僧人担任舞者。正式演出前要做准备工作。前期准备活动大致于藏历十二月二十一、二号开始，有七天的时间布达拉宫南杰扎仓的僧众要在布达拉宫东大殿内举行阎罗王（ཆོས་རྒྱལ）禳解仪轨。到了二十九号这天的清晨，布达拉宫寝宫侍卫用"白"（ཧད）（一种古代藏族叫阵形式，后来沿用在宗教祭祀仪轨中）的方式进行第一次报时，过了一个小时后，又用"白"来进行第二次报时，第三次报时方式则改为藏式火枪空膛对着东方连续开枪，这个时候，早晨的阳光刚好照到德央厦（བདེ་ཡངས་ཤར）（意为东宽敞地）的积莲梯（པད་སྤུངས）（德央厦广场通往白宫的石梯的形状呈莲花堆积状，故取名为积莲梯）上。观看金刚羌姆舞演出的有西藏地方政府的要员。届时，德央厦广场四周搭有为贵宾遮光挡风的色彩艳丽的帐篷。达赖喇嘛在白宫最顶层的观戏台上观看表演，旭郭（ཤོད་སྒོར）的众高官坐在白宫第四层堪布仓（མཁན་པོ་ཚང）的采光窗前，白宫第三层内就座扎萨克（ཟ་སག）、台吉（ཐའི་ཇི）、孜本（རྩིས་དཔོན）、赛囊巴（སྲས་རྣམ་པ）以及达颇本（མདའ་དཔོན）等各级官员。这天布达拉宫伙房要为贵宾提供一天的茶水与饭菜。金刚羌姆舞正式演出前，第巴赤巴掌堂僧（དགེ་སྐོས）、右手握鞭，左手持虎皮权力棒的掌戒僧（ཁྲིམས་པ）、十六位持锣鼓者、大领诵师以及四位法螺号吹奏者等步伐缓慢地从布达拉宫三排梯缓步走到德央厦广场，有次序地从左到右，朝着白宫顶层脱帽、作揖，时间持续大概一分钟左右，这时白宫顶层的人向德央厦广场抛撒青稞等五谷，祈祷吉祥。之后，所有人慢退三步，走向各自的座位。法螺号吹奏者坐在德央厦广场东边，第巴赤巴坐在德央厦广场上为他设置的法座上，大领诵师的法座也在德央厦广场显眼的地方，铺有三层高卡垫。先由大领诵师（布达拉宫朗杰扎仓的大殿领讼师），然后由吹奏法螺号者再一次吹响降福乐器（ སྣ་གསན་རྒྱབ་），表演开始。第一位出场的是主角，一位和尚扮相（ ཧྭ་ཤང་）的舞者。他从三排梯的中间一排木梯缓缓走下，左右两边有他的随从阿杂热相伴。阿杂热的左右两边是骷髅扮演者，所有角色均到场后，表演开始。特别要说到的是，和尚扮相的舞者表演时，没有特定的音乐伴奏，而是跟着大领讼师的迎神降福（ སྤྱན་འབེབས་ ）声舞蹈。这一场的演出顺序是：和尚扮相的舞者步伐缓慢地走到德央厦广场上的积莲梯，四位桑江巴（ གཟེངས་རྒྱག་ ）手持香炉随后；和尚扮演者将手中的五彩青稞谷物撒向白宫，白宫顶上的观者抛撒下同样的谷物回敬；接着和尚扮演者在左右两边阿杂热的扶持下，缓缓走下积莲梯，来到德央厦广场中央，从左到右边舞蹈边向白宫行叩拜礼，期间伴以滑稽动作；最后所有舞者慢慢退到靠东边的观众席位上坐下，观看后面的表演。和尚这个角色是年过九旬的老人，所以和尚扮演者在整场演出中都是模仿老人，动作迟缓。

多吉平措：老师，藏语当中的（ ཧྭ་ཤང་ ）一词，汉语译为"和尚"。藏传佛教特有的密宗金刚羌姆舞表演中为什么会频频出现汉地和尚这个角色？

夏珠：其实早在7、8世纪的前弘期，反映汉地和尚历史事迹的节目在藏区就屡屡出现。松赞干布当年派迎婚使团到长安，迎娶文成公主为赞普之妃，文成公主一行带来了当地汉传佛教的大量佛教典籍和珍贵的释迦牟尼十二岁等身佛像，并且带来了专门供奉和敬仰释迦牟尼十二岁等身佛像的汉地灯香师，即汉地和尚，这是汉地和尚第一次在藏传佛教史上出现。8世纪，赤松德赞赞普时期，佛教在雪域高原之上得到了前所未有的发展，雪域高原上出现了多个佛教流派，各派间的辩论从未间断，其中最负盛名的是"顿渐之争"，即印度佛教的代表——渐门派和汉地汉传佛教的代表——顿门派在赞普赤松德赞的主持下，进行大规模的辩论，这是汉地和尚又一次出现在藏传佛教历史上。但是，今天我们谈论的布达拉宫南杰扎仓金刚羌姆舞中的和尚跟上述的历史事件并无直接关系，而是源于佛教历史上十六罗汉的传说。据说十六罗汉曾齐聚长安郊区的阿香山（ རྒྱ་ལ་ཤང་གི་རི་ ）进行坐夏仪式（律经中制定比丘、沙弥僧众，立誓承认于前夏或后夏三个月中，不越出界外至黎明犹不还寺，不兴僧伽内讧、勤求闻修、维修寺庙倾圮），当地的汉地和尚是这次坐夏仪式的施主，而达玛多罗则承担了护院之职，自此原有的十六罗汉成了汉地佛教史上的"十八罗汉"。藏传佛教金刚羌姆舞中加入和尚这个角色就是为了纪念当年资助过十六罗汉的汉地和尚；同时也是在借此对金刚舞的施主表示感谢。

多吉平措：原来有这样的历史渊源。

夏珠：第一场结束后接着出场的是代表阎罗侍从和阎罗女的十六个舞者，总称"八大阎罗八大阎罗女"（གཤིན་རྗེ་ཇེག་པ་བོ་བརྒྱད་མོ་བརྒྱད་），及其他十位猛像表演者，如带有牦牛、麋鹿等面具的表演者，该表演示有加持大地之意。第三场出场的是七位带着骷髅面具的尸林主（དུར་བདག）扮演者。他们围着代表着人皮道具及人皮道具上摆放的林 ༼ཤིང་ཀ） （纸质的代表男性生殖器的祭祀用品）进行演跳，表演充满激情、动作幅度大，表现出了藏族传统舞蹈的艺术张力。尸林主扮演者的舞蹈踩着法螺和法钹声的节奏，尸林主扮相表演断断续续地表演期间，工作人员期间发放尸林主茶供（དུང་ཇ་），借茶供之事，尸林主扮相者从原先准备好的地方手取糌粑，并按照法器吹奏声把糌粑撒向观众席，以表吉祥。

多吉平措：平时在一些宗教活动中也看到过撒糌粑，这项活动有什么特殊含义吗？

夏珠：我听老人们说，糌粑在藏传佛教金刚羌姆舞中喻指空行者的花瓣，抛撒糌粑是在向空行等诸神表示敬意，其源起应该与本教的一些仪轨有关，以后你们可以做个调查。

多吉平措：看来舞蹈中的很多动作不仅有很深的寓意，也有很长的历史渊源。

夏珠：是的。第四场出场的是衮布次仁（མགོན་པོ་ཚེ་རིང་）老人的扮演者。金刚羌姆舞的表演这 时也达到了高潮。扮演衮布次仁老人的须是南杰扎仓德高望重的高僧，衮布次仁老人的扮演者身着僧装，上套二层风衣，腰间挂漱罐（ཆབ་བླུག）（比丘盛漱口水的小瓶），项戴佛珠，右手握尾毛拂尘（ཇ་ཕྱགས་）（畜尾所造用以掸去灰尘的掸子），左手持拐杖，在法器的吹奏声中，由阿杂热搀扶着，从三排梯慢慢走向积莲梯，向白宫及观众抛撒五谷，然后走向德央厦广场，开始表演。舞蹈情节非常有趣，衮布次仁老人扮演者先跳一段，然后走到专门为他设置的高高的卡垫上坐下，打盹，似乎进了梦乡，一会儿又似乎从梦中渐渐苏醒过来，迷迷糊糊中突见地上的虎皮道具，老人似乎被虎皮吓着，跌倒在地，待慢慢起来后试探性地用拐杖敲打虎皮，象征性地杀死老虎后，老人似乎瞬间恢复了年轻人的力气，舞蹈动作开始变快，充满活力，最后用哈达套着虎头，背着虎皮直奔三排梯，冲到白宫顶层，表演到此结束。整场表演情节有趣，动作滑稽，深受观众喜欢，是所有观众最喜欢看的节目。最后一场是黑帽金刚羌姆舞表演。在大领讼师的迎神降福（ཁྲིན་འབེབས་）声中，黑帽金刚羌姆舞官（ནག་ཞྭ་འཆམ་དཔོན་）出场，此时，南杰扎仓的金刚师、扎仓堪布等高僧来到德央厦广场，坐在专门为他们设置的座位上。黑帽金刚羌姆舞官居中，二十二位黑帽金刚羌姆舞表演者从三排梯缓缓走下，进入德央厦广场。黑帽金刚羌姆舞官走到德央厦积莲梯，向白宫抛撒五谷，以表吉祥。另有一位黑帽金刚羌姆舞者等待着向即将出场的阎罗王扮演者敬献（ཡར་）供物及人头盖骨装的象征功德水的茶水。十六位带有不同面具的舞者、第巴赤巴、持香炉者、桑江（གཟན་ཆུང་）以及唢呐手等开始表演，唢呐声伴奏。在阎罗王扮演者之前出场的是密宗女神赞吱嘎——阎罗王密妃的扮演者，她舞到德央厦广场中央时，阎罗王扮演者才手持羂索（ཞགས་པ་）从三排梯慢慢走下，跳起威严的神舞，接受等在那里的黑帽舞者的供献，然后在持香炉者和法螺号手的引领下，与众舞者尽情舞蹈。舞蹈告一段落后由南杰扎仓高僧主持举行年末食供仪轨。黑帽金刚羌姆舞官担任念词年末食供仪轨（ལོ་མཇུག་གཏོར་སྒྲུབ་）（为解除一年的污秽而举行的仪轨）的祷诵之职。仪式现场的布置和程序是：广场中央放两张大桌子，桌上铺象征人皮的道具，道具上摆满断破仪轨（བརྒྱལ་ཆོག་）法器；广场东南角处立铁质三脚架，上架油锅，油锅里是滚烫的油。大领讼师念金刚舞谱，当念到"རྭ་པ་མི་ཆོག་"一词时，扮演小鹿的舞者出场（当年我扮演的就是这个角色）。断破仪轨（བརྒྱལ་ཆོག་）结束后，小鹿的扮演者回到白宫内。这时，黑帽金刚羌姆舞官把"哄"（ཧུྃ་）（指白酒）倒入滚烫的油锅内，随着一声巨大的声响，高高的火焰窜到德央厦广场的上空，紧接着黑帽金刚羌姆舞官把纸质的林嘎道具烧毁于熊熊燃烧的油锅上，这就是"烧林嘎"仪式，意在消除过去一年的邪恶精灵。倒白酒和"烧林嘎"的表演者须动作娴熟，否则容易出现事故，据说历史上曾出现过因动作不当，烧伤表演者的事故，也因此，在正式演出前，"烧林嘎"这个动作会在当时的拉萨江赛夏（ལྕང་གཤིན་ཤར་）林中反复排练。"烧林嘎"仪式结束后，舞者顺序退场。

多吉平措：黑帽金刚羌姆舞舞者退场是不是就意味着二十九日的金刚羌姆舞表演结束了？

夏珠：白天的演出是到此就基本结束了，时间大概是在下午四点左右。晚上还要在布达拉宫脚下的无字碑附近举行火供仪式（常见的一种宗教仪轨，通常指火祭）。在法螺号者、唢呐手、大领讼师以及其他法器吹奏者的法号声中火供仪轨开始，与此同时，德央厦广场上要祷诵火供仪轨的经文。火供仪轨结束，一年一度的布达拉宫藏历二十九日的金刚羌姆舞才算圆满结束。

夏珠：关于布达拉宫的金刚羌姆舞我能回忆起的也就这些了。由于自己的相关知识非常欠缺，加上已过去了半个世纪，不少细节已经记不起来了，所以我能为你们做的就是提供一些线索。当年参加过布达拉宫金刚羌姆舞表演的当事人还有一两位，我建议你去找找，或许会对你们有帮助。

（2012 年冬）

参考文献

藏文文献

གཉན་ཆེ་དབང་ཀུན་ཁྱབ། བསྐལ་བ་བརྒྱུད་ཀཉ་ཀཾ་ཚང་གི་བརྒྱུད་པ་རིན་པོ་ཆེའི་རྣམ་པར་ཐར་པ་རབ་འབྱམས་ནོར་བུ་ཟླ་བ་ཆུ་ཤེལ་གྱི་ཕྲེང་བ་ཞེས་བྱ་བ་བཞུགས་སོ། །སྐྱོད་ཁ། ཡུན་ནན་མི་རིགས་དཔེ་སྐྲུན་ཁང་། སྤྱི་ལོ་1998

བཀའ་དྲུང་ནོར་རྒྱས་ནང་པ། གཞུང་ཞབས་ལ་ཉེར་བར་མཁོ་བ་བླ་དཔོན་རིམ་བྱོན་གྱི་ལོ་རྒྱུས། ཐབ་དེབ། གོང་མའི་ཁྲི་ལོ། ཡིག་བསྐྱར་རྣམ་བཤག་སོགས་ཀྱི་དེབ་ཐེར་ལོང་བའི་དམིགས་བུ་ཞེས་བྱ་བ་བཞུགས་སོ། །བྲིས་མ།

བཀའ་བཞི་འཛིན་པ་བློ་ལྡན་བཟང་པོ། གཞན་དབོན་བསོད་ནམས་བཟང་པོའི་རྣམ་ཐར། མེར་གཅུག་ནང་བསྟན་དཔེ་རྙིང་འཚོལ་བསྡུ་ཕྱོགས་སྒྲིག་ཁང་། 2016

ཀུན་དགའ་ཆེ་དབང་དོན་གྲུབ། འདད་པ་དཔལ་ལྡན་ཆེ་རིན་གིས་སྒྲིག །བཞད་ཀྱི་ལུང་བཀོད་རྣམ་དཔོད་བླ་བའི་བློ་འཁྲིད་མཁས་པའི་དགའ་སྟོན་བཞུགས་སོ། །བོད་ལྗོངས་མི་དམངས་དཔེ་སྐྲུན་ཁང་། སྤྱི་ལོ་2016

བསྐོར་པོ། བྲིས་མ།

མཁས་པ་ལྡེའུ། མཁས་པ་ལྡེའུས་མཛད་པའི་རྒྱ་བོད་ཆོས་འབྱུང་རྒྱས་པ། བོད་ལྗོངས་བོད་ཡིག་དཔེ་རྙིང་དཔེ་སྐྲུན་ཁང་། སྤྱི་ལོ་1987

བྱུང་པོ་བློ་གྲོས་རྒྱལ་མཚན། རྒྱལ་རབས་བོན་གྱི་འབྱུང་གནས། བོད་ལྗོངས་བོད་ཡིག་དཔེ་རྙིང་དཔེ་སྐྲུན་ཁང་། སྤྱི་ལོ་2018

བྲི་ཆེན་མཚོ་དགའ། རྒྱ་བུ་རྒྱུབ་བྱག་ཕྱག་གི་གནས་ཡིག །བོད་ལྗོངས་ནང་བསྟན། སྤྱི་ལོ་1999

ཀུ་ཙུ་ལྭ་རྒྱུན་སྤྲིང་བས་བཏོད། རྡོ་རྗེ་རྒྱལ་པོས་བསྒྲིགས། བཀའ་ཐང་སྡེ་ལྔ། མི་རིགས་དཔེ་སྐྲུན་ཁང་། སྤྱི་ལོ་1990

དགེ་འདུན་འཕེལ་རྒྱལ། བོད་ཀྱི་རྟོལ་མོའི་བསྐུན་བཙོས་གསར་རྙིང་དང་རོལ་དབྱངས་ཡིག་ཆགས་
ཕྱོགས་བསྐྲིགས། བོད་ལྗོངས་མི་དམངས་དཔེ་སྐྲུན་ཁང་། ཤྱི་ལོ་2012

དགེ་སྦྱོང་རྒྱན་པོ་སངས་རྒྱས་རྡོ་རྗེ་སོགས། གཙང་སྦྱོང་རྒྱལ་པོའི་རྣམ་ཐར་དང་རྒྱལ་རབས་བཞུགས་
སོ། ཁྲོ་ལྗོངས་བོད་ཡིག་དཔེ་རྙིང་དཔེ་སྐྲུན་ཁང་། ཤྱི་ལོ་2011

རྒྱལ་མཚོག་ལྷ་པ་དགའ་དབང་བློ་བཟང་རྒྱ་མཚོའི་གསུང་ཐུམ་བཞོད་པ། བྲིས་མ།

རྒྱལ་པོ་སྲོང་བཙན་སྒམ་པོ། བཀའ་ཆེམས་ཀ་ཁོལ་མ། གན་སུའུ་མི་རིགས་དཔེ་སྐྲུན་ཁང་། ཤྱི་ལོ་
1989

རྒྱལ་བ་སྐལ་བཟང་རྒྱ་མཚོའི་གསུང་འབུམ། བོད་བརྒྱ། གུང་གོའི་བོད་རིག་པ་དཔེ་སྐྲུན་ཁང་། ཤྱི་ལོ་
2013

རྒྱལ་དབང་ཚོས་རྗེ་བློ་བཟང་འཕྲིན་ལས། རྒྱལ་དབང་ཆུལ་ཁྲིམས་རྒྱ་མཚོའི་རྣམ་ཐར་རོ་མཚར་ནོར་བུའི་
འཕྲེང་བ། གུང་གོའི་བོད་རིག་པ་དཔེའི་སྐྲུན་ཁང་། ༢༠༡༣

རྒྱལ་དབང་ཚོས་རྗེ་བློ་བཟང་འཕྲིན་ལས། འཇམ་མགོན་བསྟན་པའི་སྒྲོལ་མེ་རྒྱལ་བའི་རྒྱལ་ཚབ་དཔལ་
ལྕན་ནོ་མིན་ཏུན་བློ་བཟང་ཐུབ་བསྟན་འཇིགས་མེད་རྒྱ་མཚོ་དཔལ་བཟང་པོའི་རྣམ་ཐར་དཔལ་
བསམ་ཡོངས་བསྡུའི་སྙེ་མ་ཞེས་བྱ་བ་བཞུགས་སོ། ཤིང་པར།

རྒྱལ་དབང་ཚོས་རྗེ་བློ་བཟང་འཕྲིན་ལས་རྣམ་རྒྱལ། རྗེ་བཙུན་བླ་མ་རྒྱལ་སྲས་རོ་རྗེ་འཆང་ཆེན་པོའི་
སྐྱེས་པ་རབས་ཀྱི་རྟོགས་པ་བརྗོད་པ་རོ་མཚར་རྐང་དུ་བྱུང་བའི་གཏམ་དད་པའི་ཆུ་རྒྱུན་ཞེས་བྱ་བ་
བཞུགས་སོ། ཤིང་པར།

རྒྱལ་དབང་ཚོས་རྗེ་བློ་བཟང་འཕྲིན་ལས། དཔལ་ལྡན་བླ་མ་རྒྱལ་པའི་རྒྱལ་ཚབ་ཏུ་ཆག་ནོ་མིན་ཆེན་
པོ་བསྟན་པའི་མགོན་པོའི་རྣམ་ཐར་རོ་མཚར་དང་པའི་པད་མོ་འཛུམ་བྱེད་ལེགས་བཤད་ཉིན་བྱེད་
དབང་པོའི་ཕྲེང་བ། ཤིང་པར།

རྒྱལ་དབང་ཚོས་རྗེ་བློ་བཟང་འཕྲིན་ལས། ཤྲིད་ཞིའི་དགེ་ལེགས་མ་ལུས་པའི་འབྱུང་གནས་མཚོད་སྦྱོང་
ཆེན་པོ་ས་གསུམ་ན་མངོན་པར་དཔའ་བ་རྗེ་སྦྱར་བསྐུན་ཆུལ་ཀྱི་དཀར་ཆག་ལེགས་བཤད་འདོད་རྒྱུ་
འཇོ་བ་དཔག་བསམ་ཡོངས་འདུའི་དབང་པོའི་སྙེ་མ་ཞེས་བྱ་བ་བཞུགས་སོ། ཤིང་པར།

རྒྱལ་དབང་ཚོས་རྗེ་བློ་བཟང་འཕྲིན་ལས། སྤྲ་བཙས་ཤྲིད་ཞིའི་གཙུག་རྒྱན་རྗེ་བཙུན་དགའ་དབང་བློ་
བཟང་རྒྱ་མཚོ་འཇམ་དཔལ་བསྐུན་འཛིན་ཆུལ་ཁྲིམས་རྒྱ་མཚོ་དཔལ་བཟང་པོའི་སྐུ་གདུང་སྒྲིང་
པོར་བཞུགས་པའི་མཚོད་སྦྱོང་ཁམས་གསུམ་རྒྱན་མཚོག་གི་དཀར་ཆག་བྱུང་འདུག་གཞལ་མེད་ཁང་
དུ་འདུག་པའི་ཐེམ་སྐས་བཞུགས་སོ། ཤིང་པར།

རྒྱལ་དབང་ཐུབ་བསྟན་རྒྱ་མཚོ། ལྷ་ལྡན་སྤྲལ་པའི་གཙུག་ལག་ཆེན་པོར་ནུམས་གསོ་བགྱིས་པའི་དཀར་ཆག་
སློན་ཆིག་དང་འབྲེལ་བ་ཐན་བདེའི་བགོད་པ་ཆར་དུ་དངར་བ་དད་སྲང་འབུམ་ཕྲག་འཆར་བའི

ཇིང་བུ་ཞེས་བྱ་བ་བཞུགས་སོ། །ཤིང་པར།

རྒྱལ་དབང་ཚངས་དབྱངས་རྒྱ་མཚོ། ཨོ་རྒྱན་གླིང་གི་དཀར་ཆག་འཁོར་བའི་རྒྱ་མཚོ་སྒྲོལ་བའི་གྲུ་ཆེན་
ཞེས་བྱ་བ་བཞུགས་སོ། །ཤིང་པར།

རྒྱལ་སྲས་སྤྲུལ་སྐུ། རྟ་དབང་དགོན་པའི་ལོ་རྒྱུས་མོན་ཡུལ་གསལ་བའི་མེ་ལོང་། ཨ་ཁུས་རྒ་ཆེན་བོད་ཀྱི་
རིག་གཞུང་ཞིབ་འཇུག་ཁང་། སྤྱི་ལོ་2009

དགེ་དབང་བློ་བཟང་རྒྱ་མཚོ། སྐུ་གཟུང་ཕྱགས་ཏེན་གསར་བཞེངས་དང་རིན་པོ་ཆེའི་མཆོད་རྫས་ཁང་
བཟང་གི་དཀར་ཆག་དང་ཐམ་ཕུད་དེབ་ཁྲིམས་ཡིག་འགོ་རྒྱུས་སྟེ་བཞིའི་སྒྲོ་འཕར་ཁྱེ་བའི་སྐལ་
བཟང་གི་སྐྱགས་བས་དང་པོ། གཉིས་པ། གསུམ་པ། ཤིང་པར།

དགེ་དབང་བློ་བཟང་རྒྱ་མཚོ། རྒྱལ་དབང་ལྔ་པ་དགེ་དབང་བློ་བཟང་རྒྱ་མཚོའི་རྣམ་ཐར་དུ་ཀུ་ལའི་གོས་
བཟང་། པོད་གསུམ། ཤིང་པར།

དགེ་དབང་བློ་བཟང་རྒྱ་མཚོ། དེབ་ཐེར་ཕན་བདེའི་དཔག་བསམ་འདོད་འཇོ། བྲིས་མ། ཤིང་པར།

དགེ་དབང་བློ་བཟང་རྒྱ་མཚོ། པོ་བྲང་ཆེན་པོ་པོ་ཏ་ལའི་ཚོམས་ཆེན་ལོགས་བྲིས་ཀྱི་ཁ་བྱང་དེབ་ཐེར་དུ་
བཀོད་པ་ཀུན་ལ་རབ་གསལ་ཉི་མ། དགེ་དབང་བློ་བཟང་རྒྱ་མཚོའི་གསུང་འབུམ། ཊ། ཤིང་པར།

དགེ་དབང་བློ་བཟང་རྒྱ་མཚོ། གསང་བའི་རྣམ་ཐར་རྒྱ་ཅན་མ། བྲིས་མ།

དགེ་དབང་བློ་བཟང་རྒྱ་མཚོ། ལྷ་ལྡན་སྤྲུལ་པའི་གཙུག་ལག་ཁང་གི་དཀར་ཆག་ཤེལ་དཀར་མེ་ལོང་
བཞུགས། ཤིང་པར།

དགེ་དབང་ཆུལ་ཁྲིམས། ཁྲི་ཆེན་ཚོས་ཀྱི་རྒྱལ་པོ་རྡོ་རྗེ་འཆང་དགེ་དབང་ཆུལ་ཁྲིམས་དཔལ་བཟང་པོའི་
སྐྱེ་རབས་རྣམ་ཐར་དང་པའི་སྒོ་འབྱེད་ལས་ཚེས་སྒྱིད་ཡོངས་ཀྱི་བདག་པོར་བཞེངས་པ་སོགས་ཀྱི་
ཆོགས་བཙོད་སྟོད་སྐད། ཤིང་པར།

བཅན་ཡིག་ཕྱོགས་བསྒྲིགས། བོད་སྟོངས་མི་དམངས་དཔེ་སྐྲུན་ཁང་། སྤྱི་ལོ2013

ལྷུང་སྐུ་རོལ་པའི་རྡོ་རྗེ། རྒྱལ་དབང་སྐུ་ཕྲེང་བདུན་པ་བློ་བཟང་བསྐལ་བཟང་རྒྱ་མཚོའི་རྣམ་ཐར་དཔག་
བསམ་རིན་པོ་ཆེའི་སྙེ་མ་ཞེས་བྱ་བ་བཞུགས་སོ།། སྟོད་སྐད། གུང་གོའི་བོད་རིག་པ་དཔེ་སྐྲུན་ཁང་།
སྤྱི་ལོ2010

ཆབ་སྤེལ་ཆེ་བརྟན་ཕུན་ཚོགས་དང་ནོར་བྲང་ཨོ་རྒྱན། བོད་ཀྱི་ལོ་རྒྱུས་རབས་རིམ་གཡུ་ཡི་ཕྲེང་བ། བོད་
སྟོངས་དཔེ་རྙིང་དཔེ་སྐྲུན་ཁང་། སྤྱི་ལོ2006

ཚོས་རྒྱལ་སྐུ་འབུམ་ཆེན་པོའི་དཀར་ཆག་ཞལ་ཤུས་དགེའོ། བྲིས་མ།

འཇམ་དབྱངས་ཕུན་ཚོགས། བོ་གར་ནས་སྣུ་རྒྱལ་དུ་ནང་ཚེས་ཕོག་མར་དར་བའི་སྐོར་ལ་དཔྱད་པ། སྤྱི་ལོ
2007

རྟོ་ནང་དྷ་ར་ནཱ་ཐ། རྒྱལ་ཁམས་པ་ཏཱ་ར་ནཱ་ཐ་བདག་ཉིད་ཀྱི་རྣམ་ཐར་ངེས་པར་བརྗོད་པའི་ཉོགས་བརྗོད

ཆོས་རྒྱ་བ་བཞུགས། གུང་གོའི་བོད་རིག་པ་དཔེ་སྐྲུན་ཁང་། སྦྱི་ལོ་2008

རྡོ་ནོར་དྲུ་རྦུ་ཐ། ཀླུང་ཚོས་འབྱུང་། བོད་སློངས་མི་དམངས་དཔེ་སྐྲུན་ཁང་། སྦྱི་ལོ་1983

རྡོ་པོ་རྗེ་དཔལ་ལྡན་ཨ་ཏི་ཤ། འབྲོམ་སྟོན་རྒྱལ་བའི་འབྱུང་གནས་ཀྱི་སྐྱེས་རབས་བཀའ་གདམས་བུ་ཆོས་
བཞུགས་སོ། །མཚོ་སྔོན་མི་རིགས་དཔེ་སྐྲུན་ཁང་། སྦྱི་ལོ་1993

འཇིག་རི་ངག་དབང་བསྟན་འཇིན། གུང་ཐང་དཔལ་གྱི་གཙུག་ལག་ལས་ཁང་བྱུང་རབས་དང་བཅས་པའི་
དཀར་ཆག་བཞུགས་སོ། །ཞེར་གཙུག་ནང་བསྟན་དཔེའི་རྙིང་འཚོལ་བསྡུ་ཕྱོགས་སྒྲིག་ཁང་ནས་
བསྐྲིགས། སྦྱི་ལོ་2016

རྗེ་བཙུན་རྡོ་རྗེ་འཆང་དགོས་མི་ཕམ་ངག་དབང་སྐུན་ཀྲགས་དཔལ་བཟང་པོའི་རྣམ་པར་ཐར་པ་རྡོ་མཚར་
རྒྱ་མཚོའི་རྦོས་གར་ཞེས་བྱ་བ་བཞུགས་སོ། །ཁྲིས་མ།

ཉང་ཉི་མ་འོད་ཟེར། ཆོས་འབྱུང་མེ་ཏོག་སྙིང་པོ་སྦྲང་ཆིའི་བཅུད། བོད་སློངས་བོད་ཡིག་དཔེ་རྙིང་དཔེ་
སྐྲུན་ཁང་། སྦྱི་ལོ་2010

ཏུའི་སི་ཏུ་བྱང་ཆུབ་རྒྱལ་མཚན་སོགས། ལ་རག་གཉིས་ཀྱི་གདུང་རབས་དང་ལྷ་རིགས་ལྷངས་ཀྱི་རྣམ་ཐར།
བོད་སློངས་མི་དམངས་དཔེ་སྐྲུན་ཁང་། སྦྱི་ལོ་2020

ཏུ་ཚག་ཚེ་དབང་རྒྱལ། སྟོ་རོང་ཚོས་འབྱུང་། བོད་སློངས་བོད་ཡིག་དཔེ་རྙིང་དཔེ་སྐྲུན་ཁང་། སྦྱི་ལོ་1994

ལྷག་ལུང་ཞབས་དྲུང་ངག་དབང་རྣམ་རྒྱལ། དགེ་སློང་ངག་དབང་རྣམ་རྒྱལ་རང་ཉིད་ཀྱི་ལོ་རྒྱུས་ལྷག་པར་
བརྗོད་པ་སྐལ་བཟང་ཡིད་ཀྱི་ཤིང་རྟ། ཤིང་པར།

ཕྱག་མཛོད་རྗེ་ཚེན་པོ་ཞ་ལུ་བཅུ་གཅིག་པའི་བླ་མ་བརྒྱུད་པའི་རྣམ་ཐར་ནོར་བུའི་ཕྲེང་བ་ཞེས་བྱ་བ་བཞུགས་
སོ། །པར་མ།

ལྷག་ཆང་དཔལ་འབྱོར་བཟང་པོ། རྒྱལ་རབས་མང་པོའི་ལེགས་བཤད་རྣམ་གྲངས་ཡིད་འཛིན་ནོར་བུའི་
ཕྲེང་བ་བཞུགས། གུང་གོའི་བོད་རིག་པ་དཔེའི་སྐྲུན་ཁང་། སྦྱི་ལོ་2007

དེ་ཨོ་བློ་བཟང་ཕྱུབ་བསྟན་འཛིགས་མེད་རྒྱ་མཚོ། རྒྱལ་དབང་ལྔང་ཏོག་ས་རྒྱ་མཚོའི་རྣམ་ཐར་དུ་པའི་
ཡིད་འཕྱུག་ཆེས་བྱ་བ་བཞུགས་སོ། །གུང་གོའི་བོད་རིག་པ་དཔེའི་སྐྲུན་ཁང་། 2013

དེ་ཨོ་བློ་བཟང་ཕྱུབ་བསྟན་འཛིགས་མེད་རྒྱ་མཚོ། རྒྱལ་དབང་སྐུ་ཕྲེང་བཅུད་པའི་རྣམ་ཐར་འཛམ་སྣིང་ཐ
གྲུ་ཡངས་པའི་རྒྱན། གུང་གོའི་བོད་རིག་པ་དཔེའི་སྐྲུན་ཁང་། 2010

དེ་ཨོ་བློ་བཟང་བཟང་ཕྱུབ་བསྟན་འཛིགས་མེད་རྒྱ་མཚོ། ཕུན་ཚོགས་འདོད་རྒྱིའི་ཀ་ཏེར་མཛོད་གསེར་གཏུང་
རིན་པོ་ཆེ་དགེ་ལེགས་གཞི་འབར་ཀྱི་དཀར་ཆག་དོ་མཚར་ནོར་བུའི་ཐེམས་སྐས་དང་ལྡན་འཇུག
ངོགས་ཞེས་བྱ་བ་བཞུགས་སོ། །ཤིང་པར།

བདེ་ལེགས་ག་པ་དཔོན་པོ་རྣམ་མཁའ་སོགས། གནས་རྙིང་ཀྱིན་པོ། བོད་སློངས་བོད་ཡིག་དཔེ་རྙིང་དཔེ
སྐྲུན་ཁང་། སྦྱི་ལོ་2011

མདོ་མཁར་ཞབས་དྲུང་ཚེ་རིང་དབང་རྒྱལ། མི་དབང་རྟོགས་བརྗོད། སི་ཁྲོན་མི་རིགས་དཔེ་སྐྲུན་ཁང་། ཀྲི་ལོ་2002

འདར་ཚ་ཆྱུང་བདག སྤ་ཧྲ་མ་ཡེ་ཤེས་བོད་ཀྱི་རྣམ་ཐར་རྒྱས་པའི་མཚན་འགྲེལ་ཏེ་སིའི་མགུལ་རྒྱན། གྲུང་གོའི་བོད་རིག་པའི་དཔེ་སྐྲུན་ཁང་། ཀྲི་ལོ་2015

རྡོ་རྗེ་ཕུན་ཚོགས་ཀྱིས་སྒྲིག དགའ་ལྡན་ཕུན་ཚོགས་སྒྲིང་གི་འབྱུང་བ་ཞེས་བྱ་བ་བཞུགས་སོ། །བོད་ལྗོངས་མི་དམངས་དཔེ་སྐྲུན་ཁང་། ཀྲི་ལོ་2016

རྡོ་རྗེ་ཕུན་ཚོགས། ཡར་སྟོན་སྐུ་སྟོད་ཚལ་ཞེས་པའི་ས་སྨིང་དང་འབྲེལ་བའི་ལོ་རྒྱུས་དོན་འགག་སྒྲིང་བ། ཀྲི་ལོ་2015

སྡེ་སྲིད་སངས་རྒྱས་རྒྱ་མཚོ། འགྲོ་ཀུན་དཔའི་ཞིང་སར་བདེན་དོན་ཚོས་ཚར་འབེབས་པའི་སྟོན་འགྲོའི་གཏམ་སྙེའི་ཇ་ཆེན། ཤིང་པར།

སྡེ་སྲིད་སངས་རྒྱས་རྒྱ་མཚོ། མཚོད་སྟོང་འཛམ་སྒྲིང་རྒྱན་གཅིག་གི་དཀར་ཆག ཤིང་པར།

སྡེ་སྲིད་སངས་རྒྱས་རྒྱ་མཚོ། མཚོད་སྟོང་འཛམ་སྒྲིང་རྒྱན་གཅིག་གཙོ་བོར་གྱུར་པའི་ལྷ་ས་ནས་ར་མོ་ཆེ་རིགས་གསུམ་སྣ་རེ་དང་བཅས་པའི་སྐོར་རྩ་བྱུང་བགྲོད་ཡུར་ལའ། ཤིང་པར།

སྡེ་སྲིད་སངས་རྒྱས་རྒྱ་མཚོ། ཐམས་ཅད་མཁྱེན་པ་དྲུག་པ་རིན་ཆེན་ཚངས་དབྱངས་རྒྱ་མཚོའི་རྣམ་པར་ཐར་པ་རབ་གསལ་གསེར་གྱི་སྙེ་མ། བོད་ལྗོངས་མི་དམངས་དཔེ་སྐྲུན་ཁང་། ཀྲི་ལོ་1989

སྡེ་སྲིད་སངས་རྒྱས་རྒྱ་མཚོ། ངེན་ཅན་རྫ་པའི་སྔ་མ་འདག་དབང་བློ་བཟང་རྒྱ་མཚོའི་ཕུན་མོང་ཕྱིའི་རྣམ་ཐར་དུ་ཀུ་ལའི་གོས་བཟང་སྐྱགས་བམ་གསུམ་པའི་འཕྲོས་བཞི་པ། ལྷ་པ། དྲུག་པ། གྲུང་གོའི་བོད་རིག་པ་དཔའི་སྐྲུན་ཁང་། ཀྲི་ལོ་2013

སྡེ་སྲིད་སངས་རྒྱས་རྒྱ་མཚོ། པད་དཀར་འཛིན་པ་དུར་སྒྲིག་གར་རོལ་ལྷ་པ་སྦོམ་བརྩོན་རྒྱལ་པོའི་ཆུལ་འཆང་བ་དུག་པར་འཕོས་པའི་གཏམ། ཤིང་པར།

ནེལ་པ་སྲོན་ལམ་བློ་གྲོས། སྟོན་གྱི་གཏམ་མེ་ཏོག་ཕྲིང་བ། བོད་ལྗོངས་བོད་ཡིག་དཔེ་རྙིང་དཔེ་སྐྲུན་ཁང་། ཀྲི་ལོ་1990

པ་ཚབ་པ་སངས་དབང་འདུས། བོད་ཀྱི་གནའ་བོའི་རྒྱལ་ཕུན་དང་། རྒྱལ་ཕུན་ཤིལ་མ། སྟོང་སྟེ། ཡུལ་དཔོན་ཚན་བཅས་ཀྱི་ཞིབ་འཇུག ། ཾ་ས། བོད་ལྗོངས་མི་དམངས་དཔའི་སྐྲུན་ཁང་། ཀྲི་ལོ་2021

པོ་ཏ་ལ་དང་འབྲས་སྤུངས་སུ་བཞུགས་པའི་པར་ཤིང་གི་དཀར་ཆག །བྲིས་མ།

པོ་ཏ་ལའི་ཞལ་བཀག་འགྱུར་པར་ལྷང་སྟེང་གོད་དུ་གསུངས་པར་དཔི་རིགས་ཏེ་ཡོད་ཀྱི་དཀར་ཆག །བྲིས་མ།

པོ་ཏ་ལ་རྗེ་མཚོད་ཁང་ཕུན་ཚོགས་བདེ་ལེགས་ཀྱི་རྟེན་མཆོད་རྣམ་བཅས་པའི་སྟོད་དེབ་རབ་གསལ་མེ་ལོང་བཞུགས། བྲིས་མ།

པད་ཚ་ཆེན་བློ་བཟང་ཚོས་རྒྱུན་དང་པད་ཚ་ཆེན་བློ་བཟང་ཡེ་ཤེས། པད་ཚ་ཆེན་བློ་བཟང་ཚོས་རྒྱུན་གྱི་རྣམ་ཐར། བོད་སྟོངས་མི་དམངས་དཔེ་སྐྲུན་ཁང་། ཕྱི་ལོ་2011

དཔའ་པོ་གཙུག་ལག་ཕྲེང་བ། ཚོས་འབྱུང་མཁས་པའི་དགའ་སྟོན། མི་རིགས་དཔེ་སྐྲུན་ཁང་། ཕྱི་ལོ་2012

དཔལ་ལྡན་ཚལ་པ་བཀའ་བརྒྱུད་ཀྱི་བསྟན་པའི་མངའ་བདག་ཞང་གཡུ་བྲག་པ་བཙོན་འགྲུས་གྲགས་པའི་གསུང་འབུམ་རིན་པོ་ཆེ་སྐྱེགས་བམ་དྲུག་པ་བཞུགས་སོ།། ཞང་རིན་པོ་ཆེའི་རྣམ་ཐར་རྒྱལ་བློན་མ། བཞུགས་སོ། །ཁྲིད་པར།

དཔལ་ལྡན་ཚལ་པ་བཀའ་བརྒྱུད་ཀྱི་བསྟན་པའི་མངའ་བདག་ཞང་གཡུ་བྲག་པ་བཙོན་འགྲུས་གྲགས་པའི་གསུང་འགྲུམ་རིན་པོ་ཆེ་སྐྱེགས་བམ་དྲུག་པ་བཞུགས་སོ། །འགྲོ་མགོན་རིན་པོ་ཆེའི་རྣམ་ཐར་བསྟམས་པ་དགོས་འདོད་རེ་སྟོང་མའི་འགྲེལ་པ་བཞུགས་སོ། །ཁྲིད་པར།

དཔལ་ལྡན་ཚལ་པ་བཀའ་བརྒྱུད་ཀྱི་བསྟན་པའི་མངའ་བདག་ཞང་གཡུ་བྲག་པ་བཙོན་འགྲུས་གྲགས་པའི་གསུང་འགྲུམ་རིན་པོ་ཆེ་སྐྱེགས་བམ་དྲུག་པ་བཞུགས་སོ། །ལྷས་མའི་བཀའ་རང་བབ་རྣམ་ཐར་སྐལ་པ་མིག་ཕྱེད་བཞུགས་སོ། །ཁྲིད་པར།

སྐྱུན་སྤྲ་བློ་གྲོས་རྒྱལ་མཚན་གྱི་གསུང་འབུམ། སྟོད་ཆ། སེར་གཙུག་ཞང་བསྟན་དཔེའི་ཉིང་འཚོལ་བསྡུ་ཕྱོགས་སྐྲིག་ཁང་ནས་བསྐྲིགས། ཕྱི་ལོ་2010

ཕག་གྲུའི་སྐུན་སྤྲ་བསོད་ནམས་རྒྱལ་མཚན། བཀའ་བརྒྱུད་རིན་པོ་ཆེའི་ཚོས་འབྱུང་མིག་འབྱེད་འོད་སྟོང་། ཡུན་ནན་རིག་གནས་སྣ་ཚལ་པའི་སྐྲུན་ཁང་། ཕྱི་ལོ་2019

ཕུར་སྟོག་ཁྲབ་བསྟན་བྱམས་པ་ཚུལ་ཁྲིམས་བསྟན་འཛིན། སྣར་བཅས་སྲིད་ཞིའི་གཙུག་རྒྱན་གོངས་རྒྱལ་བའི་དབང་པོ་བཀའ་དྲིན་མཚུངས་མེད་སྐུ་སྐྱ་ཕྲེང་བཅུ་གསུམ་པ་ཆེན་པོའི་རྣམ་པར་ཐར་པ་རྒྱ་མཚོ་ལྟ་བུ་ལས་མདོ་ཙམ་བརྗོད་པ་དྭ་མཚར་རིན་པོ་ཆེའི་ཕྲེང་བ་ཞེས་བྱ་བ་བཞུགས་སོ། སྟོད་སྨད། གུང་གོའི་བོད་རིག་པ་དཔེ་སྐྲུན་ཁང་། ཕྱི་ལོ་2010

ཕུར་སྟོག་བློ་བཟང་ཚུལ་ཁྲིམས་བྱམས་པ་རྒྱ་མཚོ། སྣར་བཅས་སྲིད་ཞིའི་གཙུག་རྒྱན་རྒྱལ་མཚོག་དུར་སྐྲིག་འཆང་བ་བཅུ་གཉིས་པ་ཆེན་པོའི་རྣམ་པར་ཐར་པ་རྒྱ་མཚོ་ལྟ་བུ་ལས་མདོ་ཙམ་བརྗོད་པ་དྭངས་ཤེལ་མེ་ལོང་ཞེ་བྱ་བ་བཞུགས་སོ། །གུང་གོའི་བོད་རིག་པ་དཔའི་སྐྲུན་ཁང་། ཕྱི་ལོ་2012

བོ་བྲང་ཆེན་པོ་པོ་ཏ་ལའི་ཚོས་རྒྱལ་ལྷ་ཁང་བཀའ་འགྱུར་ལྷ་ཁང་དང་བཅས་པའི་དེབ་ཐེར་འདོད་དགུའི་དཔག་བསམ་སྟོན་ཤིང་བཞུགས། ཐྲིས་མ།

བོ་བྲང་ཆེན་པོ་པོ་ཏ་ལའི་འཕགས་པ་ལོ་ཀེ་ཤྭ་རའི་མཆོད་ཁང་གི་དེབ་ཐེར་རིན་ཆེན་བང་མཛོད། ཐྲིས་མ།

བོ་བྲང་པོ་ཏ་ལའི་ཉམས་གསོའི་སྐོར་པོ། ཐྲིས་མ།

བོ་བྲང་པོ་ཏ་ལའི་ཆེ་དཔག་ལྷ་ཁང་གི་ལྟེ་བས་བྲིས་མཚན་བྱུང་།

བོ་བྲང་པོ་ཏ་ལའི་ལི་ཨ་ལྷ་ཁང་གི་རྟེན་མཆོད་རྫས་དང་བཅས་པའི་དེབ། བྲིས་མ།

བོད་ཀྱི་ལོ་རྒྱུས་དེབ་ཐེར་ཁག་ལྔ། བོད་སྲོངས་བོད་ཡིག་དཔེ་རྙིང་དཔེ་སྐྲུན་ཁང་། ཕྱི་ལོ 2005

བོད་རང་སྐྱོང་ལྗོངས་རིག་དངོས་དོ་དམ་ཁྱོན་ལྷན་ཁང་གིས་བསྒྲིགས། བོ་བྲང་པོ་ཏ་ལའི་ལོ་རྒྱུས་
ཕྱོགས་བསྒྲིགས། བོད་ལྗོངས་མི་དམངས་དཔེ་སྐྲུན་ཁང་། 1987

བྱ་བྲལ་བ་དཔལ་ལྡན་བློ་གྲོས་བཟང་པོ། བཟོ་རིག་པའི་བསྟན་བཅོས་མདོ་རྒྱུད་གསལ་བའི་མེ་ལོང་།
ལྷགས་པར།

འགྲོམ་སྟོན་རྒྱལ་བའི་འབྱུང་གནས། རྡོ་རྗེ་རྗེ་དཔལ་ལྡན་ཨ་ཏི་ཤའི་རྣམ་ཐར་ཕྱོགས་བསྒྲིགས། བོད་སྲོངས་
མི་དམངས་དཔེ་སྐྲུན་ཁང་། ཕྱི་ལོ 2014

སློན་འགྲོ་འཛིན་དབྱུགས་དབང་རྒྱལ་རོ་རྗེ། རྒྱལ་དབང་ཐམས་ཅད་མཁྱེན་པ་དགེ་དབང་བློ་བཟང་རྒྱ་
མཚོའི་མཚན་ཐོས་པའི་ཡིད་ལ་བདུད་རྩི་ཕྲེད་པའི་རྣམ་ཐར་མཐོང་བ་དོན་ལྡན་མཆོག་ཏུ་དགའ་
བའི་སྒྲ་དབྱངས་སར་གསུམ་པ་བཞུགས་སོ། །ཤིང་པར།

སློན་ལམ་མིང་ཅན། གཡལ་བཟང་ཆོས་འབྱུང་། བོད་སྲོངས་བོད་ཡིག་དཔེ་རྙིང་དཔེ་སྐྲུན་ཁང་། ཕྱི་ལོ
2021

ཚལ་པ་ཀུན་དགའ་རྡོ་རྗེ། དཔལ་ལྡན་བླ་མ་དགི་སྲོང་ཆེན་པོ་ཞེས་པ་ཚལ་པ་དུང་ཆེན་སློན་ལམ་པའི་
རྣམ་ཐར་བཞུགས་སོ། །བྲིས་མ།

ཆེ་རིང་མགོན་པོ་སོགས། དགའ་ལྡན་ཁྲི་ཆེན་རིམ་བྱོན་གྱི་རྣམ་ཐར། སྒོད་ཁ། ལྷས། བོད་སྲོངས་མི་
དམངས་དཔེ་སྐྲུན་ཁང་། ཕྱི་ལོ 2020

གཞིས་བསམ་གྲུབ་རྩེའི་ལི་ཨ་ལྷ་ཁང་གི་མཆོད་རྫས་ཐོ། བྲིས་མ།

གཟིམ་ཆུང་དགའ་ལྡན་ཡང་རྩེའི་སྐྱེད་དེབ། བྲིས་མ།

ཡར་ལུང་ཨ་འབུམ། དཔལ་ལྡན་རིན་ཆེན་སྟངས་པ་སྟེར་གྱི་གདུང་རབས་ཆེ་ལོང་ཙམ་ཞིག །བྲིས་མ།

ཡོན་ཏན་རྒྱ་མཚོ། སྐྱིད་བོད་སྒྲེ་པའི་སྲོར་ལྷགས་པར་མ། ཕྱི་ལོ 2001

ར་སྟོང་འཛམ་དཔལ་ཡེ་ཤེས་བསྟན་པའི་རྒྱལ་མཚན། སྐྱིད་ཞིའི་མགོན་གཅིག་རྒྱལ་མཚོག་བཅུ་གསུམ་པ་
ཆེན་པོའི་སྐུ་གདུང་སྐྱིད་པོར་བཞུགས་པའི་མཆོད་སྟོང་དགེ་ལེགས་འདོད་འཇོའི་དགའ་ཆག་གངས་
ཅན་ཐར་བའི་སྒྱི་རོར་བསམ་འཕེལ་དབང་གི་རྒྱལ་པོའི་བང་མཛོད་ཅེས་བྱ་བ་བཞུགས་སོ། །ཤིང་
པར།

རག་ར་དག་དབང་བསྟན་པའི་རྒྱལ་མཚན། རྒྱལ་རབས་ཆོས་འབྱུང་ཤེལ་དཀར་མེ་ལོང་། བོད་སྲོངས་བོད་
ཡིག་དཔེ་རྙིང་དཔེ་སྐྲུན་ཁང་། ཕྱི་ལོ 1990

ལོ་ཆེན་རྣམ་གྲོ། གཏེར་ཆེན་ཆོས་ཀྱི་རྒྱལ་པོའི་རྣམ་ཐར། བྲིས་མ།

ཁ་བོ་མཁའ་འབུམས། བོད་ཀྱི་རྫི་རིང་སྐོར་གྱི་གནའ་དཔྱད་རིག་པའི་དཔྱད་ཞིབ། སི་ཁྲོན་མི་རིགས་དཔེ་སྐྲུན་ཁང་། སྤྱི་ལོ་2020

ཁར་སྐལ་ལྡན་རྒྱ་མཚོ། རྗེ་བཙུན་ཐམས་ཅད་མཁྱེན་པ་བསྐལ་འཛིན་བློ་བཟང་རྒྱ་མཚོ་དཔལ་བཟང་པོའི་ཞལ་སྔ་ནས་ཀྱི་རྣམ་པ་ཐར་པ་དད་པའི་སྐྱ་འཕྲེང་ཞེས་བྱ་བ་བཞུགས་སོ། །ཤིང་པར།

ཁར་ཡུལ་ཕུན་ཚོ་གས་ཆེ་རིང་གིས་བསྒྲུ་སྐྱིག་བྱས། པོ་རྟང་ཡུམ་བུ་བླ་སྒང་མཁར་གྱི་དཀར་ཆག་འབྲིང་བ་བཞུགས་སོ། །བོད་ལྗོངས་མི་དམངས་དཔེ་སྐྲུན་ཁང་། 2010

བཀད་མཛོད་ཡིད་བཞིན་ནོར་བུ། བོད་ལྗོངས་བོད་ཡིག་དཔེ་རྙིང་དཔེ་སྐྲུན་ཁང་། སྤྱི་ལོ་2016

སྐྱུ་རིན་ཆེན་སྲེ། ཡར་ཀླུང་རྡོ་པོའི་ཚོས་འབྱུང་བཞུགས་སོ། །བོད་ལྗོངས་མི་དམངས་དཔེ་སྐྲུན་ཁང་། སྤྱི་ལོ་2012

སི་ཏུ་ཚོས་ཀྱི་འབྱུང་གནས། གངས་ཀས་ཚང་བརྒྱུད་པ་རིན་པོ་ཆེའི་རྣམ་པ་ཐར་པ་རབ་འབྱམས་ནོར་བུ་ཟླ་བ་ཆུ་ཤེལ་གྱི་ཕྲེང་བ་བོད་ཁྲི་མ་ལ། ཤིང་པར།

སུམ་པ་ཡེ་ཤེས་དཔལ་འབྱོར། ཚོས་འབྱུང་དཔག་བསམ་ལྟོན་བཟང་། གན་སུའུ་མི་རིགས་དཔེ་སྐྲུན་ཁང་། སྤྱི་ལོ་1992

སེར་སྐྱད་གྲགས་པ་མཁས་གྲུབ། དགའ་ལྡན་ཁྲི་ཆེན་རིམ་བྱོན་གྱི་རྣམ་ཐར། སེར་གཙུག་ནང་བསྟན་དཔེ་རྙིང་འཚོལ་བསྡུ་ཕྱོགས་བསྒྲིགས་ཁང་ནས་སྤྲིག

བསོད་ནམས་རྡོ་རྗེ་མཆན་འགྲེལ་བཀོད། བཀའ་ཤག་མགྲོན་དེབ་མཆན་འགྲེལ་ལ། ལྷུགས་མོ་ཡོས་ལོ། སྤྱི་ལོ་༡༦༣༢ ཀྱང་པོའི་བོད་རིག་པ་དཔེ་སྐྲུན་ཁང་། སྤྱི་ལོ་2019

བསོད་ནམས་དབང་རྒྱལ། ག་དོལ་གཞུང་གསུམ་དུ་གདོད་མའི་དད་ཚོས་དང་བོད་བརྒྱུད་ནང་བསྟན་གྱི་ལྟ་གྲུབ་རྗེ་སྣར་དར་ཚུལ་སྐོར་གྱི་ཞིབ་འཇུག །སྤྱི་ལོ་2018

སྣེ་ལུང་བཞད་པའི་རྡོ་རྗེ། སྣར་ཐང་བཀའ་འགྱུར་དཀར་ཆག་བཞུགས་སོ། །བོད་ལྗོངས་མི་དམངས་དཔེ་སྐྲུན་ཁང་། སྤྱི་ལོ་2019

ལྔ་རྗེ་དགེ་བ་འབུམ་གྱི་རྣམ་ཐར་བཞུགས་སོ། ཁྲིས་མ།

汉文文献（书籍）

〔英〕柏尔：《西藏之过去与现在》，官廷璋译，商务印书馆，1930。

王忠：《新唐书吐蕃传笺证》，科学出版社，1958。

王忠：《松赞干布传》，上海人民出版社，1961。

王毅：《西藏文物见闻记》，神州图书公司，1975。

苏晋仁、萧链子校正《〈册府元龟〉吐蕃史料校正》，四川民族出版社，1981。

（唐）刘元鼎：《使吐蕃经见纪略》，载中央民族学院图书馆编《川藏游踪略编》，1981。

苏晋仁编《通鉴吐蕃史料》，西藏人民出版社，1982。

《西藏研究》编辑部：《西藏志·卫藏通志》（合刊），西藏人民出版社，1982。

〔英〕查尔斯·贝尔：《十三世达赖喇嘛传》，冯其友、何盛秋、刘仁杰、尹建新、段稚荃、莫兆鹏合译，西藏社会科学院西藏学汉文文献编辑室编印，1985。

王尧、陈践编著《吐蕃简牍综录》，文物出版社，1986。

西藏自治区文物管理委员会编《乃东县文物志》，陕西省印刷厂印刷，1986。

《国外藏学研究译文集》（第三辑），西藏人民出版社，1987。

《通典》卷190《边防六·吐蕃》，中华书局，1988。

伍昆明：《早期传教士进藏活动史》（下册），中国藏学出版社，1992。

王尧、陈践译注《敦煌吐蕃历史文书》（增订本），民族出版社，1992。

姜怀英、噶苏·彭措朗杰、王明星：《西藏布达拉宫修缮工程报告》，文物出版社，1994。

〔美〕梅·戈尔斯坦：《喇嘛王国的覆灭》，杜永彬译，时事出版社，1994。

宿白：《藏传佛教寺院考古》，文物出版社，1996。

熊文彬：《中世纪藏传佛教艺术——白居寺壁画艺术研究》，中国藏学出版社，1996。

季羡林主编《敦煌学大辞典》，上海辞书出版社，1998。

西藏自治区建筑勘察设计院、中国建筑技术研究所历史所：《布达拉宫》，中国建筑工业出版社，1998。

（唐）玄奘、辩机：《大唐西域记校注》（上、下），季羡林等校注，中华书局，2000。

〔德〕大卫·杰克逊:《西藏绘画史》,向红茄、谢继胜、熊文斌译,西藏人民出版社、明天出版社,2001。

〔美〕米尔恰·伊利亚德:《神圣与世俗》,王建光译,华夏出版社,2002。

〔美〕本尼迪克特·安德森:《想象的共同体:民族主义的起源与散布》,吴叡人译,上海人民出版社,2003。

〔以〕丹·巴哈特、〔以〕沙龙·萨巴尔:《耶路撒冷3000年》,王立新译,山东新华出版社,2003。

〔意〕依波利多·德西迪利:《德西迪利西藏纪行》,杨民译,西藏人民出版社,2004。

Knud Larsen、Amund Sinding-Larsen :《拉萨历史城市地图集·传统西藏建筑与城市景观》,李鸽、木雅·曲吉建才译,中国建筑工业出版社,2005。

〔法〕马克·布洛赫:《为历史学辩护》,张和声、程郁译,中国人民大学出版社,2006。

法国国家图书馆、西北民族大学、上海古籍出版社编《法国国家图书馆馆藏敦煌藏文文献》(卷一、卷二),上海古籍出版社,2006。

〔美〕威廉·A.哈维兰:《文化人类学》,翟铁鹏、张钰译,上海社会科学院出版社,2006。

武斌、陈伯超:《清沈阳故宫研究》,辽宁大学出版社,2006。

于小冬:《藏传佛教绘画史》,凤凰出版传媒集团、江苏美术出版社,2006。

孙林:《藏族史学发展史纲要》,中国藏学出版社,2006。

〔法〕伯希和:《伯希和敦煌石窟笔记》,耿昇译,甘肃人民出版社,2007。

才让加:《甘丹颇章时期西藏的政治制度文化研究》,中央民族大学博士学位论文,2007。

次旦扎西:《西藏地方古代史》,西藏人民出版社,2007。

季羡林:《季羡林谈佛》,当代中国出版社,2007。

林冠群:《唐代吐蕃历史与文化论集》,中国藏学出版社,2007。

西藏自治区政协文史资料编辑部:《西藏文史资料选辑》I,民族出版社,2007。

西藏自治区政协文史资料编辑部:《西藏文史资料选辑》II,民族出版社,2007。

〔法〕G. 赛代斯:《东南亚的印度化国家》,蔡华、杨保筠译,商务印书馆,2008。

张亚莎:《11 世纪西藏的佛教艺术——从扎塘寺壁画研究出发》,中国藏学出版社,2008。

〔巴〕穆罕默德·瓦利乌拉·汗:《健陀罗:来自巴基斯坦的佛教文明》,陆水林译,五洲传播出版社,2009。

彭刚:《叙事的转向:当代西方史学理论的考察》,北京大学出版社,2009。

〔意〕图齐著,魏正中、萨尔吉主编《梵天佛地》(第四卷第一册),上海古籍出版社,2009。

杨士宏、袁建勋:《少数民族宗教艺术教程》,中国藏学出版社,2009。

桑杰端智:《藏文化与藏族人》,甘肃民族出版社,2009。

(东晋)法显:《佛国记》,《东晋求法高僧法显和〈佛国记〉》,宗教文化出版社,2010。

〔美〕拉铁摩尔:《中国亚洲的内陆边疆》,唐晓峰译,江苏人民出版社,2010。

谢继胜:《藏传佛教艺术发展史》(上),上海书画出版社,2010。

〔美〕托马斯·巴菲尔德:《危险的边疆:游牧帝国与中国》,袁剑译,江苏人民出版社,2011。

黄仁宇:《大历史不会萎缩》,广西师范大学出版社,2011。

林冠群:《唐代吐蕃史研究》,(台北)联经出版事业股份有限公司,2011。

〔英〕阿诺德·汤因比:《历史研究》,刘北成、郭小凌译,上海世纪出版社,2012。

更敦群培:《白史》,法尊译,中国藏学出版社,2012。

李翎:《藏传佛教阿弥陀佛与观音像研究》,甘肃民族出版社,2012。

宋伯胤:《宋伯胤文集·民族调查卷》,文物出版社,2012。

于涌:《移天缩地到君怀:圆明园文化透视》,深圳出版发行集团、海天出版社,2012。

王尧:《王尧藏学文集》(卷一),中国藏学出版社,2012。

韦·囊赛:《〈韦协〉译著》,巴擦·巴桑旺堆译,西藏人民出版社,2012。

当增扎西:《藏族观音文化研究》,中国藏学出版社,2013。

〔美〕Herbert Bangs:《宗教建筑学的回归:黄金分割率与现代主义的衰落》,陈亚译,电子工业出版社,2013。

梁思成、林洙:《梁》,中国青年出版社,2014。

拉巴平措、陈庆英主编《西藏通史》,中国藏学出版社,2015。

王南:《万神殿堂》,新星出版社,2015。

周贵华:《世界佛教通史》,中国社会科学出版社,2015。

杜泽逊:《文献学概要》,中华书局,2016。

罗布:《难迈的步伐》,社会科学文献出版社,2016。

〔德〕施勒伯格:《印度诸神的世界——印度教图像学手册》,范晶晶译,中西书局,2016。

沈卫荣、侯浩然:《文本与历史:藏传佛教历史叙事的形成河汉藏佛学研究的建构》,北京大学出版社,2016。

索南航旦:《世界文化遗产:布达拉官》,中国藏学出版社,2016。

王明珂:《史学反思和反思史学》,上海人民出版社,2016。

龙珠多杰:《藏传佛教寺院建筑文化研究》,社会科学文献出版社,2016。

张亚辉:《官廷与寺院》,中国藏学出版社,2016。

邓传力:《西藏寺院建筑》,西藏藏文古籍出版社,2017。

〔日〕千田稔:《细腻的文明》,杜勤译,上海交通大学出版社,2017。

单士元:《故宫营造》,中华书局,2017。

杨娜:《藏式木建筑结构基本力学性能》,科学出版社,2017。

〔意〕图齐:《到拉萨及其更远方》,李春昭译,中国藏学出版社,2017。

布达拉宫管理处编《布达拉宫藏品保护与研究》,四川大学出版社,2018。

梁启超:《中国历史研究法:中国历史研究法补录》,四川人民出版社,2018。

王明珂:《游牧者的抉择:面对汉帝国的北亚游牧部族》,上海人民出版社,2018。

《新唐书》卷二一六,《吐蕃传》上。

汉文文献(学术论文)

巴桑旺堆:《关于吐蕃史研究中几个"定论"的质疑》,《西藏研究》1983年第4期。

于乃昌:《喇嘛教与布达拉宫的建筑美学思想》,《西藏民族学院学报》1984年第4期。

单明婉:《布达拉宫奴隶制古堡浅析》,《西北建筑工程学院学报》1992年第2、3期。

王仁湘:《拉萨曲贡:雪域远古的辉煌》,《中国西藏》2001年第3期。

张云:《〈通典·吐蕃传〉的史料价值》,《中国边疆史地研究》2002年第12卷。

杨维周:《加强对世界遗产布达拉宫的综合研究——兼谈确立布达拉宫学》,《西藏大学学报》2006年第2期。

群培、亚东·达瓦次仁:《藏族史学名著〈柱间史〉初次发现与抄本传承考证》,《西藏大学学报》2009年第4期。

阴海燕:《拉萨古城形成发展历史综述》,《西藏大学学报》2009年第2期。

牛婷婷、汪永平、焦自云:《浅谈西藏政教合一时期寺庙中的宫殿建筑——以萨迦寺和哲蚌寺为例》,《华中建筑》2010年第7期。

石硕:《藏地山崖式建筑的起源及苯教文化内涵》,《中国藏学》2011年第3期。

王邦维:《奇书〈大唐西域记〉》,《文史知识》2013年第11期。

曹荣:《布达拉宫建筑特点与传统宗教的相互影响》,《兰台世界》2014
年第 3 期。

胡琦、吕超、熊坤新:《布达拉宫建筑的伦理意蕴》,《宗教与哲学研究》
2014 年第 3 期。

霍巍、王煜:《曲贡遗址之性质及相关问题讨论》,《中国藏学》2014 年
第 1 期。

萨尔吉:《西藏山南地区达隆寺壁画题记的初步考察》,《藏学学刊》
2014 年第 9 辑。

杨煦:《重构布达拉——承德普陀宗承之庙的空间布置与象征结构》,《建
筑学报》2014 年第 2 期。

安德鲁·亚历山大著,梁俊艳译《自然灾害与历史维护——传统藏式建
筑在地震和山洪中的表现》,载《8-15 世纪中西部西藏的历史、文
化与艺术》,中国藏学出版社,2015。

陈鹏辉:《清代布达拉宫的历史人类学考察》,《西藏大学学报》2015 年
第 2 期。

索南航旦著,梁俊艳译《略谈吐蕃时期的铜像》,载《8-15 世纪中西部
西藏的历史、文化与艺术》,中国藏学出版社,2015。

土登次仁、曹亭亭、黄静、田远兵:《拉萨河谷平原土地利用类型及可持
续发展研究》,《西藏大学学报》(自然科学版)2015 年第 1 期。

王邦维:《大唐西域记:历史、故事与传说》,《文史知识》2015 年第 5 期。

何贝莉:《苯教及其三界宇宙观》,《中国藏学》2016 年第 2 期。

宋红卫:《藏文化的空间句法——视觉人类学视野下的藏族空间观念》,
《民族艺术》2016 年第 1 期。

夏吾卡先:《一部吐蕃王陵的史册〈桑瓦央琼〉的研究与翻译》,《中国
藏学》2016 年第 3 期。

熊文彬、孜强·边巴旺堆:《西藏拉孜县平措林寺祖拉康大殿壁画的题
材与风格及其流派初探》,《藏学学刊》2016 年第 15 辑。

赵敏:《布达拉宫建筑艺术》,《世界宗教文化》2017 年第 5 期。

李妍妍、王景升、税燕萍、陈歆、郑国强、刘文婧、包小婷、王彤:《拉萨

河源头麦地卡湿地景观格局及功能动态分析》,《生态学报》2018年12月第38卷第24期。

肖竞、曹珂:《今生的前世——从布达拉宫的"形意轮回"看卫藏地标建筑的历史层积》,《传统建筑研究》2018年第3期。

张景峰:《敦煌莫高窟第138窟两铺报恩经变及其成因试析》,《敦煌学辑刊》2018年第4期。

李瑞奎、刘建兰:《吐蕃时期拉萨地区生态环境与都城逻些的相互影响关系》,《滇西科技师范学院学报》2019年6月。

沈琛:《吐蕃与于阗佛教交流史事考述》,《西域研究》2020年第3期。

石硕、刘欢:《从文成公主形象看中原风水、占卜知识在西藏的传播》,《西南民族大学学报》2020年第5期。

袁鸿:《阿底峡尊者:"一带一路文明使者"》,《佛门人物》2020年第9期。

旦增遵珠、恰日巴·洛桑朗杰、洪舒蔓:《清代拉萨水患治理与领主政治:四件19世纪水灾档案解读》,《西藏大学学报》2021年第3期。

杜雪瑞:《西藏阿里地区皮央石窟第351号窟壁画研究》,中国社会科学院大学硕士学位论文,2021。

罗文华、宋伊哲:《大昭寺早期壁画调查报告》,《故宫博物院院刊》2021年第9期。

王瑞雷:《古格故城白殿绘塑内容及图像程序重构——基于意大利藏学家朱塞佩·图齐及印度李·戈塔米的考察记录》,《艺术设计研究》2021年第2期。

黄辛建:《唐初汉文文献中的吐蕃书写与唐朝"吐蕃观"的建构——从〈括地志〉与〈往五天竺国传〉中的记载谈起》,《西北民族论丛》第二十二辑。

何伟:《西藏墨竹工卡县孜孜荣岩画调查简报》,《藏学学刊》第19期。

刘爽:《"金洲"重现:"塞尔登图"新解》,《国家航海》第二十五辑。

王清华:《布达拉宫的历史变迁研究》,西藏大学硕士学位论文。

王清华:《布达拉宫名称溯源》,《传承》2012年第6期。

外文文献

Michael Hens, *The Cultural Monuments of Tlbet The Central Regions Volume I The Central Tibetan Province of u Prestel. The Potala Palace—Sacred and Secular Residence of the Dalai Lamas* O Prestel Verlag, Munich, London, New York, 2014.

Michael Hens, *King Songtsen Gampo Revisited: The Royal Statues in the Potala Palace and in the Jokhang at Lhasa Problems of Historical and Stylistic Evidence.*

Ulrich Von Schroeder, *Tibet:Treasures from The Roof of the World*, *The Bowers Museum of Cultural Art*, Santa Ana, California.

Guntram Hazod, *The Stele in the Centre of the Lhasa Mandala: About the Position the 9th-Century Sino-Tibetan Treaty Pillar of Lhasa in its Historical and Narrative Context, in Kurt Tropper ed, Epigraphic Evidence in the Pre-modern Buddhist World: Proceedings of the Eponymous Conference Held in Vienna*, 14-15 Oct 2011, Wien: Universitat Wien, 2014.

Monier Monnier-Williams, *Sanskrit-English Dictionary*, M.A K.C.L.E. *at* The Clarendon Press.

后　记

　　本书是在我的博士学位论文《布达拉宫沿革史研究》的基础上，利用一年多的时间进行增补而成的。虽然书稿完成的时间相对较短，但是对于这一方面内容的考虑差不多是我十年来积累下的成果。2010 年底，我从西藏大学文学院历史系硕士研究生毕业之后入职布达拉宫管理处，并一直从事布达拉宫历史文化方面的研究工作。2017 年，我考上西藏大学文学院历史系少数民族史博士研究生后，就更加坚定了对于布达拉宫历史沿革方面的梳理之想法。在过去的十年当中，投入最多的就是对于布达拉宫历史方面的摸索，我在思考和整理资料的同时，时刻感到这一领域存在的挑战与研究空间的广阔。

　　布达拉宫历史沿革是一项极为复杂的研究课题，我虽然从本科、硕士到博士一直攻读历史学专业，算是较为彻底的历史专业科班生，但是在布达拉宫历史沿革这一浩大研究领域面前，只能如履薄冰，小心翼翼。每每遇到无法解决的问题，我更多的是感到缺乏多学科的研究方法和对各语种资料利用等方面的不足。越往后，我越深切体会到布达拉宫历史研究所涉及的学科门类之广博，绝非十年就能够得出令人信服的结论。但是，社会高速发展的当今，学术研究成果推陈出新步伐难以想象，因此，我把这一阶段的成果呈于众前，只为抛砖引玉罢了。

　　2020 年 6 月，我的博士学位论文顺利通过了答辩。之后，我对论文中的格式规范等内容进行了整理，又对与布达拉宫历史研究有着密切联系的学术问题进行了思考，用一年的时间对文稿进行了具体的调整和增补。具体来讲，第一章中，在博士学位论文内容的基础上，增加了观音信仰传入藏地的大小气候方面的内容。这是源自北京大学萨尔吉教授的提议。按照萨教授的意见，我又结合相关资料进行了补充和完善，大致梳理了这一方面的历史线索。由于这一方面的内容极为复杂，时间跨度大，语种门类多，展示全貌难以实现，缺陷依然巨大，然而梳理后感到增色不少。第二章内容在博士学位论文中没有涉及，是这次书稿重新增加的内容。作为历史学专业的学生，经常会关注历史人类学和社会学等方面的著作，特别是近年来王明珂教授的系列著作对我这一方面的思考影响甚大。我更加坚定了除了运用本专业知识外，在空间观念上的反思是历史学未来的研究趋势之一。第三章中除了"法王洞"一节之外，其余也是本书新增的内容。随着一部分藏文史料的发现以及2021年夏天与我的博士后导师、故宫博物院藏传佛教研究所罗文华研究员一行，科学地调查西藏阿里、日喀则和山南等地的众多文化遗迹，我对这一问题有了更加清晰的认识。第四章和第五章在本书中基本保留了我的博士学位论文的框架与具体内容。

　　我的博士学位论文从初稿到定稿，得到了几十位行内专家学者的指点，已在论文后记中有详细的说明，在此再次向各位师长表示衷心的感谢。

　　关于布达拉宫科学研究工作的重要性方面，时任西藏自治区政府副主席多吉次珠先生给予了高度关注，并亲临现场听取本人对于布达拉宫历史文化方面的专题汇报，会后也寄予了殷切的期望。对于本书，多吉次珠副主席更是每每询问进度，表达了极高的关注度。事务繁忙的他，依然对中华优秀文化遗产的保护和研究事业孜孜不倦，使我等晚辈深受鼓舞。

　　布达拉宫管理处党委始终大力支持本人的成长，对于书稿，处党委解决了全部的出版资金，并提供相关资料，在此表示衷心的感谢。同时感谢西藏大学研究生院，按照相关要求让我出版以毕业论文为基础的书稿。感谢我的导师次旦扎西教授近二十年来的栽培之情，感谢老师对于本人学业、生活和处事方法等各方面给予的关心与支持。而对于本书的初稿，由同事斯朗曲珍做了通篇审读，并提出内容逻辑上存在的一系列问题。此外，西藏大学巴桑罗布老师也以极大的热情，对书稿进行了细致的通读，指出了词句方面存在的许多问题。基于二位的努力，书稿才得以顺利提交出版，特此表示感谢。布达拉宫管理处文物研究室各位同人也对书稿给予最热情的关注。尤其是，在我的同事刚索南草的引荐下才有机会把拙作交给社会科学文献出版社，各位编辑老师认真负责的编校工作也给本书增添不少的光彩。另外，我的老师、朋友、同学和同事们一直关注书稿出版情况，在此一并表示感谢。

此外，感谢十余年来一直关心我的硕士生导师夏玉·平措次仁老先生。先生虽年近九旬，然而他乐观、豁达的状态和超越常人的思维时常令我自叹弗如。感谢已过九旬的洞波·土登坚赞老先生，能把他半辈子在布达拉宫工作的经历等珍贵逸事讲授于我；感谢顿旺·索多、夏珠、朗苏·日桑、益西嘉措和士丹旺波等老先生在百忙之中接受采访、与我畅谈。生命中遇见诸贤，是我一生弥足珍贵的财富。

落笔至此，书稿告一段落，还要感谢与我一起奋斗、心慈善良的爱人扎西措姆。她无论工作如何辛劳，总能以博大的母爱尽心照料儿女，揽下家里的一切琐事，让我一心忙于文字之事，更是在困境面前，也能鼓励我具有坦然面对一切的勇气与胸怀。也感谢我的两位宝宝，在我人生最绚烂的年华，拥有了你们，你们灿烂的笑容，令人动容的哭声，使我努力的方向不曾有过偏差。

感谢一直关注我的所有人，愿你们生活幸福美满。

最后，感谢布达拉宫，这一雄伟壮观的神圣宫殿。

多吉平措
2022 年 2 月于布达拉宫霭康顶

图书在版编目（CIP）数据

空间与历史：布达拉宫沿革史论 / 多吉平措著. --
北京：社会科学文献出版社，2024.1
ISBN 978-7-5228-2237-2

Ⅰ. ①空…　Ⅱ. ①多…　Ⅲ. ①布达拉宫 – 介绍　Ⅳ.
① K928.75

中国国家版本馆 CIP 数据核字（2023）第 165156 号

空间与历史——布达拉宫沿革史论

著　　者 / 多吉平措

出 版 人 / 冀祥德
组稿编辑 / 袁清湘
责任编辑 / 郑凤云
责任印制 / 王京美

出　　版 / 社会科学文献出版社·联合出版中心（010）59367202
　　　　　　地址：北京市北三环中路甲 29 号院华龙大厦　邮编：100029
　　　　　　网址：www.ssap.com.cn
发　　行 / 社会科学文献出版社（010）59367028
印　　装 / 北京联兴盛业印刷股份有限公司

规　　格 / 开　本：787mm × 1092mm　1/16
　　　　　　印　张：19.75　字　数：292 千字
版　　次 / 2024 年 1 月第 1 版　2024 年 1 月第 1 次印刷
书　　号 / ISBN 978-7-5228-2237-2
定　　价 / 98.00 元

读者服务电话：4008918866